PPP 模式基础设施投资建设管理实践

王　瑾　主编

中国建筑工业出版社

图书在版编目(CIP)数据

PPP模式基础设施投资建设管理实践/王瑾主编. —北京：中国建筑工业出版社，2018.6
ISBN 978-7-112-22036-6

Ⅰ.①P… Ⅱ.①王… Ⅲ.①政府投资-合作-社会资本-应用-基础设施建设-研究-中国 Ⅳ.①F832.48②F299.24

中国版本图书馆CIP数据核字(2018)第062191号

责任编辑：张礼庆
责任校对：张　颖

PPP模式基础设施投资建设管理实践

王　瑾　主编

*

中国建筑工业出版社出版、发行(北京海淀三里河路9号)
各地新华书店、建筑书店经销
北京科地亚盟排版公司制版
环球东方（北京）印务有限公司印刷

*

开本：787×1092毫米　1/16　印张：24½　字数：605千字
2018年6月第一版　2018年6月第一次印刷
定价：**98.00**元
ISBN 978-7-112-22036-6
(31926)

前　言

　　PPP（public-private-partnership），即政府和社会资本合作模式，是在基础设施及公共服务领域建立的一种长期合作关系，由社会资本承担投资、设计、建设、运营、维护大部分工作，并通过"使用者付费"及必要的"政府付费"获得合理投资回报，政府部门负责基础设施及公共服务价格和质量监管，以保证公共利益最大化。

　　从20世纪80年代开始，中国在电厂等基础设施建设领域陆续引入BOT的操作方式以来，BOT、TOT等操作方式吸引了国有企业、民营企业以及外国企业的大量投资参与。2014年起，国务院、各部委及各地政府出台了一系列关于PPP模式的政策性文件，并大力推广PPP模式，PPP逐渐成为了主流投融资方式，掀起了发展的新高潮。

　　西安市地下综合管廊建设PPP项目Ⅰ标段作为西安市采用PPP模式开展基础设施建设的典型代表，该项目由西安市政府授权西安市城乡建设委员会实施，于2016年启动实施，是目前国内单笔投资额最大、总公里数最长、智慧程度最高、入廊管线种类最多的城市综合管廊PPP项目。项目包括干支线综合管廊82.9km，线缆管廊182.5km，采用管廊预制、盾构等技术建造。2016年7月29日，由中国建筑股份有限公司、中国市政工程西北设计研究院有限公司、甘肃中建市政工程勘察设计研究院组成联合体（以下简称中建联合体）参加了西安市城乡建设委员会组织的本项目资格预审工作，并顺利通过资格预审。2016年8月22日，中建联合体参加了本项目竞争性磋商工作，最终被西安市城乡建设委员会确定为本项目成交供应商。

　　根据《中华人民共和国公司法》《中华人民共和国合同法》等法律法规的规定，中国建筑与西安市地下综合管廊投资管理有限责任公司签订《合资经营协议》，并组建项目公司：中建西安综合管廊投资发展有限公司（以下简称"公司"）。西安市城乡建设委员会与公司签订《特许经营协议》，授予公司在本项目项下的投资、建设、运营、维护权，并在项目特许经营期届满后根据特许经营协议的规定，将项目及配套设施完好地无偿移交给西安市城乡建设委员会或其指定机构。

　　公司成立后，经过一年多的探索与实践，在陕西省及西安市各级政府部门以及中国建筑集团有限公司的指导下，公司借助外脑，快速完成建章立制，制定、优化管理流程，实现公司化科学运行。公司成立不足1月，即取得融资批复，实现跨区管廊统一纳税，成为营改增以来西安市的首例。2017年，项目新开工干支线管廊37.4km，新开工缆线管廊20km，其中，昆明路管廊仅用7个月，于2017年5月30日提前完成主体工程建设，使大环河在汛期来临前顺利通水，打造了全国管廊建设的第一速度。公司在2017年先后承办两次全国综合管廊建设现场观摩会，昆明路、科技二路承办陕西省文明工地现场观摩会，并迎接了陕西省住建厅、贵州、重庆、山东、辽宁、深圳等一大批全国省市及行业观摩活动120余次，累计观摩人员超万人次。

　　在项目实施期间，国内还没有基础设施领域相关PPP项目的可借鉴的实施案例，作为 PPP 项目的社会资本先驱者，公司依照国务院、各部委及各地政府关于 PPP 项目的规范性文件，积极探索，勇于创新，摸索出了一条 PPP 项目实践之路，形成了《PPP 模式基础设施投资建设管理实践》一书。本书共分八篇、十七章，分别从投资、财务、合约法务、规划设计、工程建设、运营、综合、党建等版块，阐述了 PPP 模式基础设施投资建设管理的路径和方法。本书内容新颖、实用，文字通俗易懂，并精选流程图、案例、图片、经验思考等，不仅适合需要了解 PPP 模式基础设施投资建设的管理者，也适合对 PPP 模式有兴趣的读者阅读。

本书由王瑾担任主编，孔卫湘、谢建辉、刘平、郑灏、曲连峰担任副主编，编写组成员如下：陈建华、杨静雅、史娟、罗朝洪、蔡小芳、柳平、鲍仁行、鲍朋东、吴成程、段宏勃、朱坤、安彦斌、梁哲、蒋峰、任小琳、郭剑、孙锋斌、张建林、张向阳、肖飞、赵航、冯敬、张前锋、李佳文、阮翔、张鸿雁、胡蒙、张波、李杨、段晓雪、胡涛、王晓莹、刘欢、王登宇、苗祯、张文培、张恩祥、何腊平、杨学军、戴雪峰、高凡、巨娟、徐向叶、郭小庆、杨美玲、王博文、彭安娜、张欢、刘佳、邓鑫、马星、李洪波、刘松、张金涛、边俊华、邢炀。

由于编者水平所限，文中疏漏、不足乃至错误在所难免，敬请广大读者批评指正。

目　　录

第一篇　投资管理篇

第二篇　财务管理篇

第三篇　合约法务篇

第四篇　规划设计篇

第五篇　工程建设篇

第六篇　运营管理篇

第七篇　综合管理篇

第八篇　企业党建篇

第一篇　投资管理篇

第一章 投 资 管 理

1.1 PPP 项目相关政策

1.1.1 国家政策

目前，我国国家层面的 PPP 相关领域立法还未完成，因此，PPP 项目在实施过程中主要依靠国务院与各部委发布的关于支持和规范 PPP 项目实施的规范性政策文件，这些文件明确了 PPP 项目投资、建设、运营、移交等全流程的相关依据和基本要求，根据不同年份，主要有：

1. 2013 年

《中共中央关于全面深化改革若干重大问题的决定》

该文件于 2013 年 11 月 12 日中国共产党第十八届中央委员会第三次全体会议通过，是中共中央指导我国全面推进深化改革的纲领性文件。

对于财政资金的支付，要求清理、整合、规范专项转移支付项目，逐步取消竞争性领域专项和地方资金配套，严格控制引导类、救济类、应急类专项，对保留专项进行甄别，属地方事务的划入一般性转移支付；对基础设施项目融资，提出要建立透明规范的城市建设投融资机制，允许地方政府通过发债等方式拓宽城市建设融资渠道，允许社会资本通过特许经营等方式参加城市基础设施投资和运营。

该文件出台于本轮 PPP 热之前，没有提出 PPP 概念，但所使用的"特许经营"概念，与 2014 年开始逐步流行的 PPP 概念内涵一致。

2. 2014 年

12 月 2 日，国家发展改革委发布了《关于开展政府和社会资本合作的指导意见》（发改投资〔2014〕2724 号），并随文下发了《政府和社会资本合作项目通用合同指南（2014年版）》。

该文件是国家发展改革委为贯彻落实《国务院关于创新重点领域投融资机制鼓励社会投资的指导意见》（国发〔2014〕60 号）要求，制定的关于开展政府和社会资本合作的指导意见。

该文件明确"股权合作"是与"特许经营""购买服务"并列的 PPP 运作方式，并将"特许经营"和"购买服务"并列，实质上是将"特许经营"限定为"使用者付费"类PPP 项目。

明确提出 PPP 模式的适用范围，并将 PPP 项目分经营性项目、准经营性项目、非经营类项目三类，并提出分类推进的具体路径。

积极推行多评合一、统一评审的工作模式，提高审核效率。要求各地发展改革部门会同相关部门建立 PPP 项目联审机制，积极引入第三方评估机构，从项目建设的必要性、合规性、规划衔接性、PPP 模式适用性、财务可负担性以及价格和收费的合理性等方面，对项目进行综合评估。

11 月 29 日，财政部发布《关于印发〈政府和社会资本合作模式操作指南（试行）〉的通知》（财金〔2014〕113 号），并随文下发了《政府和社会资本合作模式操作指南（试行）》，该指南适用于规范政府、社会资本和其他参与方开展政府和社会资本合作项目的识别、准备、采购、执行和移交等工作。

11 月 30 日，财政部印发《关于政府和社会资本合作示范项目实施有关问题的通知》（财金〔2014〕112 号），发布了第一批 30 个 PPP 示范项目名单。

12 月 30 日，财政部印发《关于规范政府和社会资本合作合同管理工作的通知》（财金〔2014〕156 号），加强对 PPP 合同的起草、谈判、履行、变更、解除、转让、终止直至失效的全过程管理，并随文下发了《PPP 项目合同指南（试行）》。

11 月 26 日，国务院印发《关于创新重点领域投融资机制鼓励社会投资的指导意见》（国发〔2014〕60 号），对创新生态环保投资运营机制、鼓励社会资本投资运营农业和水利工程、推进市政基础设施投资运营市场化、改革完善交通投融资机制、鼓励社会资本加强能源设施投资、推进信息和民用空间基础设施投资主体多元化、鼓励社会资本加大社会事业投资力度等七大领域的投融资改革进行了部署，要求积极吸引社会资本尤其是民间资本参与项目投资建立与运营。首次以国务院文件的形式明确提出要建立健全政府和社会资本合作（PPP）机制，推广政府和社会资本合作（PPP）模式。

文件要求在公共服务、资源环境、生态保护、基础设施等领域，积极推广 PPP 模式，规范选择项目合作伙伴，引入社会资本，增强公共产品供给能力。要求规范合作关系保障各方利益。

3. 2015 年

1 月 19 日，国家发展改革委发布了《基础设施和公用事业特许经营管理办法（征求意见稿）》。

该管理办法提出特许经营适用于能源、交通运输、水利、环境保护、市政工程等基础设施和公用事业领域，与 PPP 的适用范围高度重合。基础设施和公用事业特许经营可以采取 BOT、ROT、BOOT、BOO 及国家规定的其他方式进行运作。管理办法回避了特许经营和 PPP 的关系，但在内容上将特许经营和 PPP 视为对象相同。

3 月 17 日，国家发展改革委和国家开发银行发布《关于推进开发性金融支持政府和社会资本合作有关工作的通知》，对社会资本开出了更优厚的条件，其中包括贷款期限最长可达 30 年、贷款利率可适当优惠等。

4 月 25 日，国家发展改革委、财政部、交通部、住房城乡建设部、水利部、中国人民银行等联合印发了《基础设施和公用事业特许经营管理办法》，规定将"转变政府职能，强化政府与社会资本的协商合作"作为特许经营实施的四项原则之一，并强调"行政区划的调整、政府的换届、部门调整和负责人的变更都不得影响特许经营协议的履行"。

5 月 5 日，国务院转发了文化部、财政部、新闻出版广电总局、体育总局等《关于做好政府向社会力量购买公共文化服务工作的意见》，要求努力营造政府向社会力量购买公共文化服务的良好环境，积极有序推进政府向社会力量购买公共文化服务工作，并下发了

《政府向社会力量购买公共文化服务指导性目录》，成为公共文化服务领域推进 PPP 模式的首个指导性文件。

5 月 19 日，国务院办公厅转发财政部、发展改革委、人民银行《在公共服务领域推广政府和社会资本合作模式指导意见》（国办发〔2015〕42 号），文件明确提出我国推广应用 PPP 模式应坚持依法合规、重诺履约、公开透明、公众受益、积极稳妥等五大基本原则。

提出要着力化解地方政府性债务风险，积极引进社会资本参与地方融资平台公司存量项目改造，争取通过政府和社会资本合作模式减少地方政府性债务。

要求在新建公共服务项目中，逐步增加使用政府和社会资本合作模式的比例。

文件提出严禁融资平台公司通过保底承诺等方式参与政府和社会资本合作项目，进行变相融资。这项规定有利于规范 PPP 项目的融资活动。

6 月 25 日，财政部下发《关于进一步做好政府和社会资本合作项目示范工作的通知》，进一步明确了加快推进 PPP 项目的实施和政策保障机制，并安排上报第二批 PPP 示范项目。

7 月 2 日，国家发展改革委印发了《关于切实做好〈基础设施和公用事业特许经营管理办法〉贯彻实施工作的通知》，进一步明确了贯彻落实《基础设施和公用事业特许经营管理办法》的重要意义和重点任务。

7 月 10 日，国家发展改革委、财政部、国土资源部、银监会、国家铁路局等联合下发了《关于进一步鼓励和扩大社会资本投资建设铁路的实施意见》，指出吸引社会资本进入是深化铁路投融资体制改革、加快铁路建设的重要举措。

9 月 25 日，财政部下发《关于公布第二批政府和社会资本合作示范项目的通知》，发布了第二批 PPP 示范项目名单，共 206 个，总投资金额 6589 亿元。

此次公布的第二批 PPP 项目仍以公路、轨道交通等基础设施，以及养老院、医疗设施、污水处理、教育设施、城市管廊等公用设施为主。其中，河南省 PPP 示范项目达 41 个，数量排在第一位，占比达到 20%；其次是云南省，PPP 示范项目为 18 个，排在第二位，占比为 8.7%。

12 月 8 日，财政部下发《关于实施政府和社会资本合作项目以奖代补政策的通知》，要求对中央财政 PPP 示范项目中的新建项目，财政部将在项目完成采购确定社会资本合作方后，按照项目投资规模给予一定奖励。

其中，投资规模 3 亿元以下的项目奖励 300 万元，3 亿元（含 3 亿元）至 10 亿元的项目奖励 500 万元，10 亿元以上（含 10 亿元）的项目奖励 800 万元。奖励资金由财政部门统筹用于项目全生命周期过程中的各项财政支出，主要包括项目前期费用补助、运营补贴等。

12 月 18 日，财政部发布《关于印发〈PPP 物有所值评价指引（试行）〉的通知》（财金〔2015〕167 号文），指出物有所值评价应遵循真实、客观、公开的原则。

中华人民共和国境内拟采用 PPP 模式实施的项目，应在项目识别或准备阶段开展物有所值评价。应统筹定性评价和定量评价结论，做出物有所值评价结论。物有所值评价结论分为"通过"和"未通过"。

财政部发布了《关于印发〈政府和社会资本合作项目财政承受能力论证指引〉的通知》（财金〔2015〕21 号文），文件指出，开展 PPP 项目财政承受能力论证。

开展 PPP 项目财政承受能力论证，是政府履行合同义务的重要保障，有利于规范

PPP 项目财政支出管理，有序推进项目实施，有效防范和控制财政风险，实现 PPP 可持续发展。

财政承受能力论证坚持合理预测、公开透明、从严把关，统筹处理好当期与长远关系，严格控制 PPP 项目财政支出规模。

各级财政部门（或 PPP 中心）要以财政承受能力论证结论为依据，会同有关部门统筹做好项目规划、设计、采购、建设、运营、维护等全生命周期管理工作。

4. 2016 年

8 月 10 日，国家发展改革委发布《关于切实做好传统基础设施领域政府和社会资本合作有关工作的通知》（发改投资〔2016〕1744 号）。

文件要求做好项目决策。加强项目可行性研究，依法依规履行投资管理程序。对拟采用 PPP 模式的项目，要将项目是否适用 PPP 模式的论证纳入项目可行性研究论证和决策。

建立合理投资回报机制。积极探索优化基础设施项目的多种付费模式，采取资本金注入、直接投资、投资补助、贷款利息，以及政府投资股权少分红、不分红等多种方式支持项目实施，提高社会资本投资回报，增强项目吸引力。

项目结束后，适时对项目效率、效果、影响和可持续性等进行后评价，科学评价项目绩效，不断完善 PPP 模式制度体系。

5. 2017 年

11 月 10 日，财政部印发了《关于规范政府和社会资本合作（PPP）综合信息平台项目库管理的通知》（财办金〔2017〕92 号）（下称"92 号文"）。92 号文有关"入库""清库"的规定在 PPP 圈引起不小震动。

该文件指出各级财政部门应认真落实相关法律法规及政策要求，对新申请纳入项目管理库的项目进行严格把关，优先支持存量项目，审慎开展政府付费类项目，确保入库项目质量。

11 月 17 日，"一行三会"、外汇局等五部委发布了《关于规范金融机构资产管理业务的指导意见（征求意见稿）》。资管行业作为 PPP 项目融资的主要上游资金来源，该指导意见的出台势必将对现行 PPP 项目融资模式产生根本性影响。

11 月 21 日，国资委印发《关于加强中央企业 PPP 业务风险管控的通知》（国资发财管〔2017〕192 号）（下称"192 号文"），严控中央企业投资 PPP 业务风险，严格规范 PPP 股权投资。

该文件严格准入条件，关注项目运营；严控投资规模，防止债务风险；优化合作安排，实现风险共担；规范会计核算，准确反映 PPP 业务状况；严格责任追究防范违规经营投资行为；建立 PPP 业务重大决策实施终身责任追究制。

6. 2018 年

3 月 28 日，财政部发布《关于规范金融企业对地方政府和国有企业投融资行为有关问题的通知》（财金〔2018〕23 号），该文件重点对金融企业参与国有企业、地方政府、PPP 以及政府融资平台的投融资行为进行了要求。

该文件要求国有金融企业严格落实《预算法》等的要求，除购买地方政府债券外，不得直接或通过地方国有企事业单位等间接渠道为地方政府及其部门提供任何形式的融资，不得违规新增地方政府融资平台公司贷款。该文件明确国有金融企业应按照"穿透原则"

加强资本金审查，确保融资主体的资本金来源合法合规，融资项目满足规定的资本金比例要求。该文件要求国有金融企业在与地方政府合作设立投资基金、开展资产管理和金融中介业务，以及参与 PPP 项目融资时，不得为地方政府违法违规或变相举债提供支持，并明确要求国有金融企业应以 PPP 项目规范运作为融资前提条件。此外，该文件还明确国有金融企业应严格执行出资管理、财务约束和产权管理有关规定，要求国有金融企业对存在问题的存量项目积极配合整改。

4 月 19 日，文化和旅游部、财政部联合发布《关于在旅游领域推广政府和社会资本合作模式的指导意见》（文旅旅发〔2018〕3 号），该指导意见提出在旅游景区等九大重点领域推广 PPP 模式，并鼓励金融机构早期介入项目前期准备，提高项目融资可获得性。重点提出了九大领域发展 PPP 模式：旅游景区、全域旅游、乡村旅游、自驾车旅居车营地、旅游厕所、旅游城镇、交通旅游、智慧旅游、健康旅游等新业态。

4 月 24 日，财政部发布《关于进一步加强政府和社会资本合作（PPP）示范项目规范管理的通知》（财金〔2018〕54 号），该文件旨在进一步强化示范项目规范管理，更好发挥示范项目引领带动作用。

该文件主要内容有：一、对核查存在问题的 173 个示范项目分类进行处置；二、引以为戒，加强项目规范管理；三、切实强化信息公开，接受社会监督；四、建立健全长效管理机制。此外，随文下发了《调出示范并退库项目清单》《调出示范项目清单》《限期整改项目清单》。

1.1.2　地方政策

梳理近年来陕西省各级地方政府出台的关于支持和规范地方 PPP 项目实施的相关政策、指导意见及地方标准、规范、规程，主要有：

2015 年 11 月 1 日，陕西省发展改革委发布《陕西省政府和社会资本合作（PPP）项目库管理暂行办法》的通知（陕发改投资〔2015〕1430 号）。文件指出，省发展改革委负责全省 PPP 项目库的统一建设和统筹管理，并会同省级行业管理部门和各市（区）发展改革部门，开展项目征集、评估论证、入库管理、协调推进及信息发布等工作。

全省 PPP 项目库由基础库、意向库和执行库三个子库组成。拟采取 PPP 模式的项目首先进入基础库；基础库中符合一定条件的项目经评估后转入意向库；意向库中符合一定条件的项目经评估后转入执行库。

积极做好金融服务。对于入库项目，省发展改革委除对外公布项目信息外，适时组织召开项目与金融机构对接会，为银行业、保险业、证券业、投资基金、信托业等金融机构推荐，鼓励金融机构提供规划咨询、融资顾问、财务顾问、银团贷款、委托贷款、债券发行等综合金融服务，参与项目策划、融资方案设计、融资风险控制、社会资本引荐等工作。

加快推进入库 PPP 项目前期工作，除规划选址、用地预审和重特大项目环评审批以外，逐步建立完善并联审批机制，协助项目单位办理规划选址、用地预审、环评审批、审批核准等前期手续。省发展改革委依托陕西金控集团等第三方机构，建立 PPP 专家库和咨询机构信息库，为入库项目提供指导、咨询、识别、筛选及方案编制等方面的智力服务。

2015 年 12 月 27 日，陕西省发展改革委发布《陕西省政府和社会资本合作（PPP）项目前期工作补助资金管理暂行办法》（陕发改投资〔2015〕1688 号）。

省发展改革委委托陕西金控集团等单位作为全省 PPP 项目推进服务机构，在安排 PPP 项目前期工作补助资金前，对全省 PPP 项目意向库、执行库项目进行筛选论证。投资计划下达后，陕西金控集团等单位对安排的 PPP 项目前期工作进展和资金使用情况进行跟踪评估。

对批准建设的项目，其前期工作补助资金应作为国家投资补助，按照相关规定计入建设成本。

对未获批准等因故无法实施的项目，项目单位要及时提出前期工作补助资金核销申请，报省发改委审核批准后作核销处理。同时，对因故无法实施的项目要详细说明原因和已用资金的使用情况。

项目前期工作完成或因故无法实施后结余的资金，应严格按照有关规定由省发展改革部门调整安排用于其他 PPP 项目前期工作。

1.2　PPP 项目特点

对比传统建设模式，PPP 项目有以下特点：

（1）利用社会资本方强大的资本实力以及先进的管理经验撬动大项目，相同资金的利用率高，可实现更高的经济效益、社会效益，提高社会整体的发展效率。

传统的项目建设管理模式下，政府需要花费财政收入中相当大的一部分用于城市建设，社会资本也需要承担一定的建设风险。而在现在的 PPP 模式下，政府一般只需要承担土地拆迁与赔偿的责任，以及项目所在地政府可控的法律和政策风险，而社会资本一般只需要承担过程中的融资和建设风险以及后续的运营风险，同时银行还能帮助社会资本承担很大的资金风险，超出一定范围内的风险可由政府方和社会资本方共同承担，这样就可以最大程度地提高资金的利用率，用小资金撬动大项目，实现更高的经济效益。

（2）社会资本拥有能承受投资回收期拉长的能力

传统的建设模式下，政府负责提供土地、承担短期内建设资金的筹备，社会资本只负责建设，建设期结束后，政府验收工程，支付建设费用，项目就此结束。社会资本可以在短时间内回收投入的资金，投资周期短。而现在的 PPP 模式，社会资本负责建设和运营，政府只有在建设期结束后，才会以使用者付费/可行性缺口补贴的形式逐年返还给社会资本，社会资本方应需要具有对投资回收期拉长的承担能力。

（3）要求社会资本有较强的投融资能力

PPP 项目更有利于大企业发挥其优势，因为大企业有更加专业、强大的金融团队，竞争对手也都为大企业，大企业之间强强竞争，更有利于企业的成长，大企业的投融资能力较强，管理能力也较好，可以更好地控制投融资进度，增强企业对于投融资的承担能力。

1.3　社会资本对 PPP 项目的选择

1.3.1　PPP 模式适用范围

根据财政部《关于推广运用政府和社会资本合作模式有关问题的通知》（财金〔2014〕

76 号）的规定，适合采用 PPP 模式实施的项目，具有价格调整机制相对灵活、市场化程度相对较高、投资规模相对较大、需求长期稳定等特点。重点关注城市基础设施及公共服务领域，如城市供水、供暖、供气、污水和垃圾处理、保障性安居工程、地下综合管廊、轨道交通、医疗和养老服务设施等，优先选择收费定价机制透明、有稳定现金流的项目。

财办金〔2017〕92 号规定，以下项目不适宜采用 PPP 模式实施。包括：不属于公共服务领域，政府不负有提供义务的，如商业地产开发、招商引资项目等；因涉及国家安全或重大公共利益等，不适宜由社会资本承担的；仅涉及工程建设，无运营内容的；其他不适宜采用 PPP 模式实施的情形。

1.3.2　社会资本选择 PPP 项目的原则

按照政府出台的相关政策及指导意见，在现有众多的 PPP 项目中，社会资本应选择符合国家法律法规、投资导向且符合社会资本自身的收益预期和相关要求的项目。

以西安市地下综合管廊 PPP 项目为例，该项目在采用 PPP 模式实施时已具备了如下属性：

1. 符合国家法律法规、投资导向、产业政策和区域发展规划。
2. PPP 项目的主要合规性手续已具备（见表 1-1）。

PPP 项目主要合规性手续　　　　　　　　　　　　　　　　表 1-1

序号	PPP 项目的主要合规性手续
1	发改委-关于建设工程项目建议书的批复
2	国土资源局-项目建设工程用地初审意见的函
3	环保局-关于建设工程环境影响报告书的批复
4	财政局-关于建设项目财政承受能力通过论证的函
5	财政局-关于建设项目物有所值评价通过论证的函
6	发改委-可研的批复意见
7	人民政府-关于建设项目实施方案的批复
8	规划局-建设选址意见书
9	PPP 财政入库的资料
10	财政局-纳入财政预算的函

3. 符合中国建筑股份有限公司发展战略和投资方向。
4. 符合股份公司区域化发展战略。西安市为股份公司西北区域发展战略中的重点发展城市，经济总量较大，政府信用较高且支付能力较强，人口集聚性较强，城镇化发展势头强劲，地方政府与股份公司合作关系比较密切，属于有较好市场基础的地区。
5. 符合股份公司专业化要求。按照股份公司专业化要求的定位，公司重点拓展基础设施类投资项目，包括但不限于高速公路、铁路、城市轨道交通、城市综合管廊、市政道路、大型公共设施、特色小镇和水务、节能、环保项目等。
6. 符合股份公司投资项目基本标准要求：
（1）落实投资项目施工许可、环评、用地预审、规划选址、初步设计等前期手续，明确投资运作模式，确保合法合规。
（2）项目所在地政府（签约主体）上一年度一般公共预算收入符合公司基本要求。
（3）公司施工合同额占项目总投资额比例符合预期。

（4）项目施工总承包利润率符合预期。

（5）项目年投资各方财务内部收益率符合预期。

（6）公司不为项目负债融资提供担保或增信措施。

7. 符合预算管理、稳健运营的原则。

西安市地下综合管廊 PPP 建设项目符合上述国家法律法规、发展导向及公司基本要求，故中建股份决定作为社会资本参与本项目的投标。

1.4　PPP 项目投标前期工作

PPP 项目在进入正式项目招标采购阶段前，实施方主体需要按照规范性文件要求经过 PPP 项目的识别与项目准备阶段，包括 PPP 项目建设手续审批及 PPP 模式合规性手续办理等内容。社会资本方在项目进入正式招标采购阶段前，可对项目所处地域、行业、市场环境进行了解，通过市场测试等形式与实施方就合作方式、风险分配等内容进行沟通，并完成社会资本内部立项、可研等的申报及审批手续。具体流程参见图 1-1。

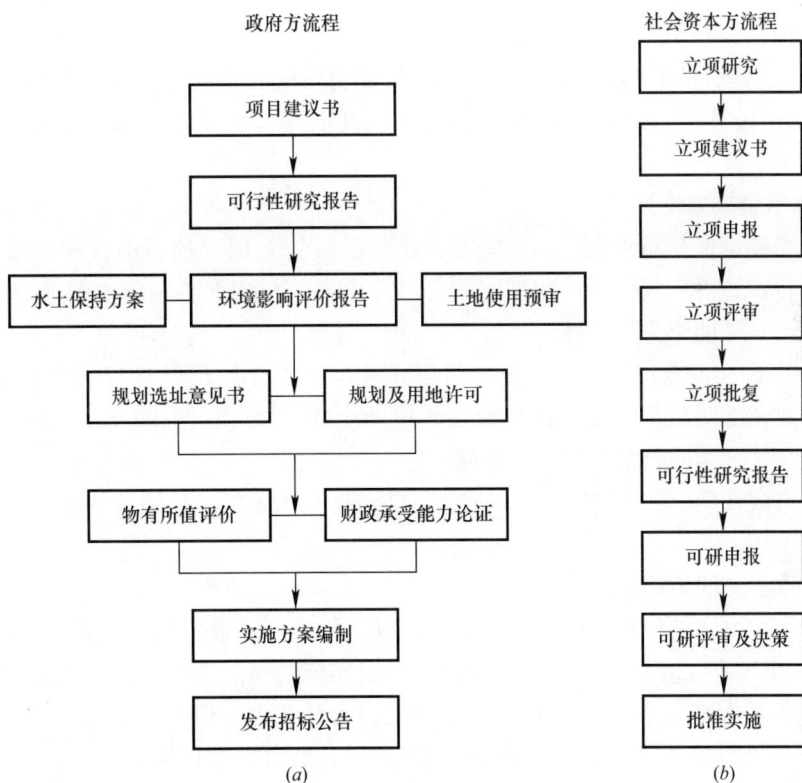

图 1-1　PPP 项目投标前期工作流程图

（a）政府方流程；（b）社会资本方流程

1.4.1　政府（发起方）前期工作

1.4.1.1　PPP 项目建设手续审批

项目建议书、可行性研究报告、水土保持方案、环境影响评价报告、土地使用预审、

9

规划选址意见书、规划及用地许可等审批文件是审查项目合法合规性的重要文件，也是投资项目获得新开工许可的前期条件。

1.4.1.2 PPP 模式相关审批

1. 物有所值评价

（1）物有所值评价适用范围

中华人民共和国境内拟采用 PPP 模式实施的项目，应在项目识别或准备阶段开展物有所值评价。

（2）物有所值评价主体和评价资料

财政部门会同行业主管部门开展物有所值评价工作。

物有所值评价资料主要包括：（初步）实施方案、项目产出说明、风险识别和分配情况、存量公共资产的历史资料、新建或改扩建项目的可行性研究报告、设计文件等。

（3）物有所值评价体系构成

物有所值评价包括定性评价和定量评价，现阶段以定性评价为主，鼓励开展定量评价。

（4）评价报告和信息披露

项目本级财政部门应在物有所值评价报告编制完成之日起 5 个工作日内，将报告的主要信息通过 PPP 综合信息平台渠道向社会公开披露，但涉及国家秘密和商业秘密的信息除外。

2. 财政承受能力论证

财政承受能力论证是指识别、测算政府和社会资本合作 PPP 项目的各种财政支出责任，科学评估项目实施对当前及今后年度财政支出的影响，为 PPP 项目财政管理提供依据。

（1）财政承受能力论证主体

各级财政部门（或 PPP 中心）负责组织开展行政区域内 PPP 项目财政承受能力论证工作。省级财政部门负责汇总统计行政区域内的全部 PPP 项目财政支出责任，对财政预算编制、执行情况实施监督管理。

同时，财政部门（或 PPP 中心）应当会同行业主管部门，共同开展 PPP 项目财政承受能力论证工作。

（2）财政承受能力评估注意要点

财政承受能力评估包括财政支出能力评估以及行业和领域平衡性评估。财政支出能力评估是根据 PPP 项目预算支出责任评估 PPP 项目实施对当前及今后年度财政支出的影响。每一年度全部 PPP 项目需要从预算中安排的支出责任，占一般公共预算支出比例应当不超过 10%。省级财政部门可根据本地实际情况，因地制宜确定具体比例，并报送财政部备案，同时对外公布。

1.4.1.3 PPP 项目实施方案

PPP 项目实施方案是对 PPP 项目的发起准备、社会资本选择、合同签订、项目建设运营、项目移交等各个阶段进行的全面的规划。

1. PPP 项目实施方案编制主体

PPP 项目实施方案由项目实施机构编制，并经政府审核确定。在实际操作中，实施方案一般由项目实施机构委托 PPP 项目咨询机构进行编制。

2. PPP 项目实施方案内容

PPP 项目实施方案应主要包括以下内容:

(1) 项目概况

项目概况主要包括项目的基本情况、主要经济技术指标和项目公司股权情况等。项目基本情况主要说明项目背景、项目实施目标和意义、采用 PPP 模式的必要性与可行性;经济技术指标主要说明项目位置、占地面积、建设运营内容、投资规模等;项目公司股权情况主要说明项目公司设立机制,明确股东各方股权比例。

(2) 风险分配框架

依据最优风险分配、风险收益对等、风险可控等原则,并结合各方风险管控能力、项目回报机制等因素对 PPP 项目实施过程中的风险进行合理分配。原则上,融资、建设、运营维护等风险主要由项目公司承担,政策、法律变更、运营环境变化等风险主要由政府方承担,不可抗力风险等由双方共同承担。

(3) 项目运作方式

目前,PPP 项目运作方式主要有委托运营、管理合同、转让-运营-移交、改建-运营-移交、建设-运营-移交、设计-建设-运营-移交和建设-拥有-运营等。项目运作方式的选择主要由项目类型、项目收费机制、项目投资收益水平等因素决定,通常借助决策树工具完成选择。

(4) 项目交易结构

项目交易结构主要明确项目公司股权结构、投融资结构、回报机制和相关配套安排。

(5) 合同体系及项目核心边界条件

PPP 项目合同体系主要包括《PPP 项目合同》(或为《特许经营协议》)《合资经营合同》《融资合同》《采购合同》《施工承包合同》《劳务合同》等,其中《PPP 项目合同》为合同体系的核心。项目核心边界条件主要明确双方权利义务边界、交易边界、履约保障边界、调整衔接边界等。

(6) 财务测算

财务测算一般以社会资本"盈利但不暴利"为原则,根据项目总投资、项目收费机制、总成本费用,在确保项目合理回报的情况下,对项目的使用者付费、可行性缺口补助(或有)及其他财务数据进行测算。

(7) 监管架构

监管架构主要包括监管主体、监管方式和内容。PPP 项目的监管主体一般为相关政府部门、合同签订各方、社会公众等;监管方式主要为行政监管、履约管理、公众监督;监管内容涵盖 PPP 项目运行的全生命周期。

(8) 采购方式选择

PPP 项目采购方式包括邀请招标、公开招标、竞争性磋商、竞争性谈判和单一来源采购。项目实施机构依据项目特点,选择合适的采购方式。

3. PPP 项目实施方案的批复

项目实施方案通过物有所值评价和财政承受能力验证的,由项目实施机构报政府审核;未通过验证的,可在实施方案调整后重新验证;经重新验证仍不能通过的,不再采用政府和社会资本合作模式。实践中，为进一步减少审批环节，可以由政府财政部门或其他部门牵头对政府和社会资本合作模式的适用性、财政承受能力以及价格的合理性等方面，对项目实施方案进行可行性评估，评估结果作为项目决策的重要依据。

项目实施方案通过本级政府审核后，需获得本级政府对实施方案的批复或相关会议纪要。

1.4.2　社会资本前期工作

以中国建筑参与西安市地下综合管廊建设 PPP 项目投标为例，社会资本方的前期工作主要包括立项研究、可行性研究的内部审批等。

1.4.2.1　立项研究

立项研究需要从投资项目与公司投资战略、投资区域、投资方向、投资原则、商业模式、与公司投资预算和财务资金状况的符合性等方面进行初步研判，并审慎选取符合投资条件项目开展跟踪和研究论证。

1. 立项建议书

经立项研究、论证，判断项目初步可行且确定投资意向后，项目发起单位应按照股份公司统一制定的示范大纲编制《项目立项建议书》，其主要内容包括项目背景、项目概况、运作模式、获取方式、项目进展、投资估算、资金来源、政府财力、合作方介绍等，判断项目是否符合国家导向和股份公司投资方向，是否符合股份公司区域化和专业化要求、预算和财务资金管控标准，投资模式是否可行等。

2. 立项申报

项目发起单位应提交以下立项申报材料：

（1）投资项目立项请示文件；

（2）项目发起单位主要负责人签字确认的《项目立项建议书》；

（3）投资意向形成和投资模式确定的相关支撑材料，如合作框架协议、项目运作模式、合规性文件等。

3. 立项评审

投资项目发起单位完成《项目立项建议书》后，最终经集团公司投资业务相关领导、总经理、董事长批准同意后，报股份公司审批。

4. 立项批复

投资项目统一由股份公司签发立项批复函，并由集团公司转批至项目发起单位。

1.4.2.2　可行性研究及投资决策

1. 可行性研究报告

（1）投资项目经股份公司批准立项后，项目发起单位应结合立项批复意见深入开展项目可行性研究及商务条件谈判等工作，条件成熟后按照股份公司统一制定的示范大纲编制《项目可行性研究报告》。

（2）《项目可行性研究报告》应以《项目立项建议书》为基础，以招标文件或实施方案等为依据，围绕主要内容进行全面、细致、深入的分析、研究和论证，并根据股份公司关于投资项目基本标准的规定编制测算表，详细测算各项数据和静态、动态指标，确保各项经济指标满足股份公司要求。

2. 可研申报

项目发起单位应提交如下可研申报材料：

（1）投资项目决策申请文件；

（2）经项目发起单位主要负责人签字的《项目可行性研究报告》；

（3）涉及系统内外多家单位合作的投资项目，原则上需同时提交合作单位内部决议文件。

3. 可研评审及决策

投资项目发起单位完成《项目可行性研究报告》后，经发起单位投资管理委员会评审，评审通过后报股份公司请示实施。

4. 批准实施

收到股份公司实施批复后，对于批准的项目，项目发起单位须严格按照股份公司批复意见，落实前提条件、主要技术经济指标及其他重要事项；对于不批准的项目，应认真分析原因。

1.5 PPP 项目的采购

1.5.1 采购方式

根据《政府和社会资本合作项目政府采购管理办法》（财库〔2014〕215 号）第四条"PPP 项目采购方式包括公开招标、邀请招标、竞争性谈判、竞争性磋商和单一来源采购。项目实施机构应当根据 PPP 项目的采购需求特点，依法选择适当的采购方式"。

其中，公开招标、邀请招标、竞争性谈判和单一来源采购是传统的政府采购方式，参照《政府采购法》及其实施条例执行；竞争性磋商是财政部新增加的一种采购方式，《政府采购竞争性磋商采购方式管理暂行办法》（财库〔2014〕214 号）《财政部关于政府采购竞争性磋商采购方式管理暂行办法有关问题的补充通知》（财库〔2015〕124 号）用以规范竞争性磋商采购活动的适用情形和基本程序。

上述五种政府采购方式的特点和适用性见表 1-2。

项目采购方式表　　　　　　　　　　　　　　　　　　　　表 1-2

采购方式	采购要求
公开招标	公开招标适用于项目边界清晰、产出说明易于标准化的工程、货物等，是应用最为普遍、程序最为透明、竞争性最强的采购方式。根据《招标投标法》第三条以及《招标投标法实施条例》第二条规定，大型基础设施、公用事业等关系社会公共利益、公众安全的项目或者全部或者部分使用国有资金投资或者国家融资的项目，其工程以及与工程建设有关的货物、服务，必须进行招标
邀请招标	邀请招标是指招标人以投标邀请书的方式邀请特定的法人或者其他组织投标，其适用情形包括：①技术复杂、有特殊要求或者受自然环境限制，只有少量潜在投标人可供选择；②采用公开招标方式的费用占项目合同金额的比例过大

续表

采购方式	采购要求
单一来源采购	对单一来源采购适用情形的规定较严格，即"只能从唯一供应商处采购的"或"发生了不可预见的紧急情况不能从其他供应商处采购的"
竞争性谈判	竞争性谈判的适用情形包括：①招标后没有社会资本投标或者没有合格标的，或者重新招标未能成立的；②技术复杂或者性质特殊，不能确定详细规格或者具体要求的；③非采购人所能预见的原因或者非采购人拖延造成采用招标所需时间不能满足用户紧急需要的；④因艺术品采购、专利、专有技术或者服务的时间、数量事先不能确定等原因不能事先计算出价格总额的
竞争性磋商	采用竞争性磋商方式开展采购适用情形包括：①政府购买服务项目；②技术复杂或者性质特殊，不能确定详细规格或者具体要求的；③因艺术品采购、专利、专有技术或者服务的时间、数量事先不能确定等原因不能事先计算出价格总额的；④市场竞争不充分的科研项目，以及需要扶持的科技成果转化项目；⑤按照招标投标法及其实施条例必须进行招标的工程建设项目以外的工程建设项目

1.5.2　西安管廊项目的采购方式

西安市地下综合管廊建设 PPP 项目由于工程体量大，涉及几十条管廊的设计、勘察、建设及运营，技术复杂，且项目招标前不能完全确定详细规格或者具体要求，故采用竞争性磋商的采购方式，采购流程如图 1-2 所示。

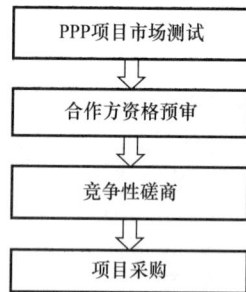

图 1-2　采购流程图

1.6　PPP 合同谈判要点及签订

根据项目行业、付费机制、运作方式等具体情况的不同，PPP 项目合同可能会千差万别，但一般来讲会包括以下核心条款：引言，定义和解释，项目的范围和期限，前提条件，项目的融资，项目用地，项目的建设，项目的运营，项目的维护，股权变更限制，付费机制，履约担保，政府承诺，保险，守法义务及法律变更，不可抗力，政府方的监督和介入，违约、提前终止及终止后处理机制，项目的移交，适用法律及争议解决，合同附件等。

PPP 项目兼具长期性、复杂性与多样性等特点，项目各参与方应在合同谈判前对项目所处地域、行业、市场环境等情况进行深入的了解，与其他参与方就合作方式、风险分配等方面进行沟通，并评估各方的项目管控能力、风险管控能力及谈判能力等，为合同谈判做好准备。

下面主要就项目建设、项目运营、付费机制三部分谈判要点进行阐述。

1.6.1 项目建设

1.6.1.1 项目设计

1. 项目设计范围及完成人

对于土建项目,设计通常分为可行性研究、初步设计和施工图设计三个阶段。

可行性研究报告及相应项目产出说明一般由政府方完成,且应作为采购文件以及最终签署的合同文件的重要组成部分。

如初步设计、施工图设计已纳入 PPP 合作范围,则一般由项目公司完成。在 PPP 项目合同签署后,项目公司负责编制或最终确定初步设计和施工图设计,并完成全部的设计工作。

2. 设计文件的审查谈判要点

(1) 项目设计文件应交由政府方进行审查。

(2) 确定设计文件的审查程序。

(3) 审查结果争议的解决程序。

1.6.1.2 项目建设

在 PPP 项目合同中,要合理划分政府方与项目公司在建设期间的权利义务,更好地平衡双方的不同诉求,确保项目的顺利实施。

1. PPP 项目合同中的建设标准和要求

设计标准,包括设计生产能力或服务能力、使用年限、工艺路线、设备选型等;施工标准,包括施工用料、设备、工序等;验收标准,包括验收程序、验收方法、验收标准;安全生产要求;环境保护要求。

2. 政府方的监督和介入权谈判把握要点

为及时了解项目建设情况,政府方往往希望对项目建设进行必要的监督或介入,政府方的监督和介入权应该有多大,也是项目建设条款的核心问题。需要强调的是,PPP 项目与传统的建设采购项目完全不同,政府方的参与必须有一定的限度,过度的干预不仅会影响项目公司正常的经营管理以及项目的建设和运营,而且还可能将本已交由项目公司承担的风险和管理角色又揽回到政府身上,从而违背 PPP 项目的初衷。政府方的监督和介入应遵循以下原则:

(1) 定期获取有关项目计划和进度报告及其他相关资料;

(2) 在不影响项目正常施工的前提下进场检查和测试;

(3) 对建设承包商的选择进行有限的监控(例如设定资质要求等);

(4) 在特定情形下,介入项目的建设工作。

1.6.2 项目运营

在 PPP 项目合同中,应合理划分政府方与项目公司在项目运营中的权利义务。项目运营的谈判要点主要有:

(1) 明确项目运营主体,主要由项目运作方式决定;

(2) 明确项目运营期限、运营期开始节点;

（3）明确项目公司与政府方的运营维护范围；

（4）明确项目设施大修养护的主体、内容、时间及相关费用承担，明确恢复性大修相关事宜；

（5）确立合规合理的运营期绩效考核办法与运营收费调价机制；

（6）明确项目移交的相关内容及程序。

1.6.3　付费机制

付费机制关系 PPP 项目的风险分配和收益回报，是 PPP 项目合同中的核心条款。

1. 付费机制的分类

政府付费：公用设施类和公共服务类项目。

使用者付费：高速公路、桥梁、地铁等公共交通项目以及供水、供热等公用设施项目。

可行性缺口补助：可包括土地划拨、投资入股、投资补助、优惠贷款、贷款贴息、放弃分红权、授予项目相关开发收益权等其中的一种或多种。

西安市地下管廊项目虽有使用者付费，但不能覆盖项目收益需求，故采用可行性缺口补贴的付费模式。

2. PPP 合同中付费机制谈判核心要素

（1）政府付费下项目可用与不可用的界定，其中"不可用"的界定更为重要；

（2）使用者付费下项目的使用费如何设定；

（3）使用者付费下政府是否需要保障项目公司的最低收入和设置机制避免项目公司获得过高的利润；

（4）项目设施在超出运营负荷标准产生的费用标准设定；

（5）唯一性条款下可要求政府承诺在一定期限内不在项目附近新建竞争性项目；

（6）项目分段运营服务费和缺口补贴计算方式；

（7）实际运营成本的确认方式。

1.7　项目公司注册

以中建西安综合管廊投资发展有限公司的注册程序为例，项目公司的注册流程共分为五个阶段，分别为：前期准备、企业名称预核准、企业网上注册申报、窗口提交资料和领取营业执照。

1.7.1　前期准备

（1）获得股份公司同意项目实施的批复（可研批复）。

（2）依据项目实施批复，起草《申请设立项目公司的请示》，起草后由区域总部企划部通过 OA 平台向股份公司报送。

（3）获得市金融办开具的投资类公司注册许可函。

对于投资类公司的注册，区别于一般的普通有限公司，公司注册前期需携带《项目公司股东单位同意设立项目公司的批复》先在市金融办开具同意投资类公司设立的许可函。

许可函用于项目公司的注册，函中应显示所要注册公司的全称及许可范围。

1.7.2　企业名称预核准

（1）名称查重

在西安红盾信息网，注册账号登录后进行拟命名的项目公司名称自动查重，如名称重复，则需要及时进行修改。

（2）名称预核准

名称查重结束后在西安红盾信息网下载《企业名称预先核准申请书》和《指定代表或者共同委托代理人的证明》进行填写并由全体投资人签署。之后携带以上资料及指定代表或者共同委托代理人的身份证复印件（本人签字）至注册地所在的工商局进行名称核准。

1.7.3　企业网上注册申报

企业名称预先核准通过之后，即可在所在区域的工商局领取《企业名称预先核准通知书》，并在西安红盾信息网上进行企业网上登记。

网上提交的两个工作日后即可在网上查询审核情况，如未通过，系统会显示需修改的内容，修改之后再次提交。

1.7.4　窗口提交资料

1. 资料准备

网上申报通过后，准备以下资料：

（1）《公司登记（备案）申请书》。

（2）《指定代表或者共同委托代理人授权委托书》及指定代表或委托代理人的身份证件复印件。

（3）全体股东签署的公司章程。

（4）股东的主体资格证明或者自然人身份证件复印件（股东为企业的，提交营业执照复印件）。

（5）董事、监事和经理的任职文件（股东会决议由股东签署，董事会决议由公司董事签字）及身份证件复印件。

（6）法定代表人任职文件（股东会决议由股东签署，董事会决议由公司董事签字）及身份证件复印件。

（7）住所使用证明。

住所使用证明会依据情况进行调整，如需场地核查表，则应前往所在地工商所开具，同时应提供房产证、租房合同、发票的复印件。如还未签订租房合同，则需要提供经营场所的单位开具经营场所证明，此证明和租房合同具有同等法律效应。

（8）《企业名称预先核准通知书》。

（9）法律、行政法规和国务院决定规定设立有限责任公司必须报经批准的，提交有关的批准文件或者许可证件复印件。

（10）公司申请登记的经营范围中有法律、行政法规和国务院决定规定必须在登记前报经批准的项目，提交有关批准文件或者许可证件的复印件。

2. 股东盖章

到此阶段，须获得股东单位同意公司设立的批复，并加盖股东公章。

3. 提交注册资料，领取受理通知书

确保需提交的所有资料无误后，交至所在区域的工商局公司注册窗口，领取受理通知书，确保无误后等待下发营业执照。

1.7.5　领取营业执照

在获得工商部门的通知并领取营业执照后，即完成工商注册所有手续。项目公司即可启动相应公章刻制、财务账号设立及税务登记等后续工作。

1.8　项目公司组织机构的设置

PPP项目公司应设立股东会、董事会和监事会，并分别按照公司章程行使职权。

1.8.1　股东会

公司由政府出资代表和社会资本出资设立，公司股东会由全体股东组成。股东会是公司的最高权力机构，公司其他机构行使的职权均直接或间接来自于股东会。公司获企业法人营业执照之日，为公司股东会成立之日。首次股东会会议由出资最多的股东召集并主持。

股东会行使下列职权：

（1）决定公司的经营方针、投资计划和经济性裁员；

（2）选举和更换非由职工代表担任的董事、监事，决定有关董事、监事的报酬事项；

（3）审议批准董事会的报告；

（4）审议批准监事会的报告；

（5）审议批准公司的年度财务预算方案、决算方案；

（6）审议批准公司的利润分配方案和弥补亏损方案；

（7）对公司增加或者减少注册资本作出决议；

（8）对发行公司债券作出决议；

（9）对公司合并、分立、解散、清算或者变更公司形式作出决议；

（10）修改公司章程；

（11）最终审定公司管理制度；

（12）项目公司外部审计机构的聘用、更换；

（13）有权对公司制度、经营决策等事项做出最终解释与决策；

（14）其他应由股东会行使的职权。

1.8.2　董事会

公司设立董事会，董事会是公司经营管理的决策机构。公司首次股东会确定公司董事会成立相关事宜。董事会设董事长一名。每名董事的任期为三年，任期届满，可连续担任。出资结构调整时，董事会结构相应调整。

董事会对股东会负责，行使下列职权：

（1）召集股东会议，并向股东会报告工作；

（2）执行股东会决议；

（3）决定公司的经营计划和投资方案；

（4）制订公司的年度财务预算方案、决算方案；

（5）制订公司的利润分配方案和弥补亏损方案；

（6）制订公司增加或者减少注册资本以及发行公司债券的方案；

（7）制订公司合并、分立、解散或者变更公司形式的方案；

（8）决定公司内部管理机构的设置；

（9）决定聘任或者解聘公司总经理及其报酬事项，并根据总经理的提名决定聘任或者解聘公司副总经理、财务总监及其报酬事项；

（10）组织制定公司的基本管理制度；

（11）公司章程规定的其他职权。

1.8.3　监事会

公司设立监事会，监事会对股东会负责，根据相关法律法规行使职权。监事会设主席，由股东从监事会中提名并经监事会过半数监事选举通过产生。监事会主席召集和主持监事会会议；监事会主席不能履行职务或者不履行职务的，由其余监事共同推举监事召集和主持监事会会议。监事的任期每届为三年。监事任期届满，可以连续委派。董事、高级管理人员不得兼任监事。监事会会议仅在亲身或通过委托人参与会议的所有监事达到法定人数时方可有效举行。

监事会行使下列职权：

（1）针对监察事项检查公司财务；

（2）对公司董事、高级管理人员执行公司职务的行为进行监督，对违反法律、行政法规、公司章程或者股东会决议的董事、高级管理人员提出罢免的建议；

（3）当公司的董事或高级管理人员的行为损害公司利益时，要求其予以纠正；

（4）提议召开临时股东会会议，在董事会不履行本法规定的召集和主持股东会会议职责时召集和主持股东会会议；

（5）向股东会会议提出提案；

（6）依照《公司法》第一百五十二条的规定，对董事、高级管理人员提起诉讼；

（7）股东会授予的其他职权。

1.8.4　经营管理机构

项目公司应根据项目实际情况设立经营管理机构，负责日常经营管理工作。以中建西安综合管廊投资发展有限公司为例，经营管理机构由总经理、副总经理、财务总监、总经济师、副书记等高级管理人员组成，总经理是公司的法定代表人。公司结合自身实际和业务发展需要，设立了投资业务部、工程管理部、合约法务部、设计规划部、财务资金部、对外协调部、运营事业部以及综合办公室等"七部一室"，并完成了部门定岗及部门职责划分，保证各项工作有序运转、管控到位（见图 1-3）。

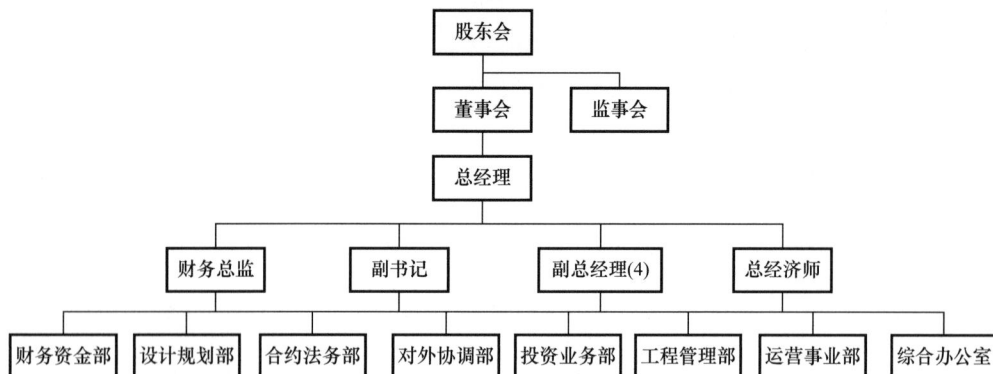

图 1-3　中建西安管廊公司组织架构图

1.9　PPP 项目实施过程中投资控制

1.9.1　投资控制的概念

PPP 项目的投资控制就是在整个项目的实施过程中，以 PPP 项目合法合规性为依据，以控制循环的理论为指导，定期地、经常性地收集工程项目的实际投资数据，进行投资的计划值（目标值）和实际值的动态比较分析（包括总投资目标和分投资目标等多层次的比较分析），进行投资预测，如发现偏差，则及时采取措施纠偏，以使建设工程的投资目标尽可能实现。

在 PPP 项目实践中，首先要确保在 PPP 项目投资全过程中项目公司及其他签约方的所有行为符合 PPP 项目的合法合规性程序，确保投资管控目标满足国家的相关规定，在此基础上对 PPP 项目投资进行全面的管控。

结合西安市地下综合管廊项目的投资管控，从以下几方面阐述。

1.9.2　合法合规性控制

1. 政策合规

密切关注国家和投资项目所在地政府下发的相关法律法规等规范性文件，及时研究分析规范性文件的内容、精神，研判对投资项目推进可能产生的影响并制定相应风险防范措施。如发现存在可能影响投资目标实现的重大风险时，应及时制定应对措施。

2. 建设程序合规

及时跟进项目用地许可、环评、用地预审、规划选址、初步设计等建设工程合法性手续是否齐全，收集项目前期相关批复文件、投资模式、签约主体等方面的合规性文件。

3. 建立合法合规的管理机制

（1）收集完善 PPP 项目前期及实施过程中所需的合法合规性手续；

（2）针对国务院和各部委持续推出最新的政策文件，结合项目公司的实际情况（模式和操作流程）对项目的整个合规性和程序进行分析对照。如有变化，及时按照相关规定进行整改。

1.9.3　投资控制实践

以西安市地下综合管廊项目为例，具体从以下几个方面开展投资控制。

1.9.3.1　管廊项目实施的前期管控

西安市综合管廊项目涉及管廊子项目众多、覆盖范围广，投资管控需落实到每条管廊。在各子项目实施前，需获得各子项目的初步设计审批，从而对项目的投资进行前期控制。

项目初步设计包含项目的概况、方案论证、设备材料及投资概算等内容。西安市地下综合管廊项目初步设计是本项目工程合规性程序的重要一环，也是项目投资控制的重要依据。实施过程中，应控制项目投资不超过批复的初步设计概算。

项目投资的前期控制重点围绕初步设计概算进行。首先要制定项目的初步设计概算模板，在外部专家及集团总部的指导下，分批次按照四步审查程序审查：设计院起草初审、项目公司复审、邀请专家预审、集团总部终审。

初步设计经严格审核之后启动报审程序。报审程序的主要步骤有：（1）登录陕西省投资项目在线审批监管平台，在线填报报审项目信息后，提交初步设计及其他相关资料电子版；（2）监管平台预受理线上信息后，提交初步设计及其他相关资料至西安市政务大厅发改委相关业务窗口；（3）窗口受理后，市发改委组织专家评审会对相关项目初步设计文件进行评审，与会专家提出评审意见；（4）设计院依照专家评审意见对初步设计文件进行修改完善，最终获得专家的通过意见；（5）专家通过后，市发改委出具相关项目初步设计批复的函件。

1.9.3.2　投资收益指标的过程监控管理

（1）过程监控内容：实施前提条件落实、投资规模控制、投资项目经营指标完成情况。

（2）过程监控指标：投资计划的执行情况、提前运营后项目静态投资回收期、投资收益率、净现值、项目公司内部收益率。

（3）项目实施过程中如发生过程监控指标不能满足公司最低要求时，应启动风险预警工作，并采取相应措施进行风险防控和化解工作。

1.9.3.3　PPP 合同执行情况管控

在投资过程中，如发生 PPP 合同条款需进行相关内容调整或补充或涉及公司重大利益变更，要及时签订补充协议，确保项目的顺利实施。

第二篇　财务管理篇

第二章　财务管理

2.1　综述

为贯彻落实《国务院关于创新重点领域投融资机制鼓励社会投资的指导意见》（国发〔2014〕60号）有关要求，鼓励和引导社会投资，增强公共产品供给能力，促进调结构、补短板、惠民生，我国PPP行业管理部门分别发布权威实施办法，落实国家发展战略。2014年9月，财政部发布《财政部关于推广运用政府和社会资本合作模式有关问题的通知》（财金〔2014〕76号）。2014年12月，发改委发布《国家发展改革委关于开展政府和社会资本合作的指导意见》（发改投资〔2014〕2724号）。两项重要文件的发布，极大地促进了国内PPP项目的推广和发展。截至2017年8月底，财政部《全国PPP综合信息平台项目库》显示，各级政府累计发布1.4万个PPP项目，合计投资额约17万亿元。

随着PPP模式在国内各领域的推广和应用，如何进行有效的财务管理也成为PPP项目实践中的一项重要课题。本书试图以西安市地下综合管廊建设PPP项目Ⅰ标段管理实践为基础对基本建设领域PPP项目财务管理加以分析探讨，力争对后续项目运作提供经验。在进入具体分析之前，有必要对PPP项目财务管理特点加以甄别，识别财务管理的核心目标，形成科学管理制度。

2.1.1　PPP项目财务管理特点

2.1.1.1　项目多业态融合

为提高公共服务水平，地方政府对大型项目坚持统一规划、统一建设、统一运营，将土地整治、市政工程、停车场、商业、轨道交通、环保、教育养老等多个产业在一个项目融合；多种业态融合也有利于增加项目自身现金回报，减少政府可行性缺口补贴。复合业态给项目公司财务管理带来巨大挑战，我们必须具备复合知识储备，准确划分业态界限，合理运用职业判断，才可能发挥好服务和监督的职能。

2.1.1.2　财务价值创造贯穿始终

PPP项目通常可以划分为项目识别、项目准备、项目采购、项目执行、项目移交5个阶段19个步骤，期限通常为10～30年。不同于传统的施工项目，也不同于单一类型的投资项目，PPP项目财务管理应坚持价值创造理念，将管理控制活动全面植根于每个阶段、每个步骤、每个期间。

在PPP项目识别阶段和准备阶段，根据参与的阶段资源整合能力，发挥融资、税务等特长，促成有利于项目融资成功的商业模式，明确复杂税务问题导致的风险分担划分；

在项目采购阶段，研究招标文件，根据建设及运营方案编制财务方案和报价方案，实现政府和社会资本共赢；在项目执行阶段，全力做好融资、资金管理、税务管理、会计基础管理工作，保障项目建设，管控风险；在项目移交阶段，做好资产评估、审计、税务筹划，确保无偿移交顺利实施。

财务管理提升价值创造能力也是现代企业推行管理会计的核心目标之一，在会计制度改革进程中，PPP 项目无疑为管理会计的应用提供了优质的载体。

2.1.1.3　项目融资是重难点

项目融资能否落地，关乎 PPP 项目成败。PPP 项目投资额大，社会资本方基本都需要进行债务融资，期限匹配、成本适度的债务融资能够为项目建设提供持续稳定的现金流，是项目执行的基本保障。因此，PPP 项目招标文件中，对于社会资本的融资经验和能力都有较高要求，在主合同文件中，亦规定融资交割的要件及期限。其目的是为确保项目融资顺利完成，确保项目落地。

PPP 项目自身的特性使得项目融资难度大。PPP 项目融资与传统项目融资既相似，又不同。现实情况中，因项目业态复杂、手续多、周期长、自身现金流差、增信少、金融机构期望收益低、监管政策变化等诸多因素，造成项目融资难度大，从谈判到落地周期也较长。因项目融资失败，进而导致项目失败的案例时有发生。在项目融资谈判过程中，需要充分了解融资风险，制定切实可行的应对措施。

2.1.1.4　复杂融资应用多

PPP 项目资本占用大，往往需要进行资本金融资。同时，金融机构也有意愿与其他社会资本组成联合体，参与项目投资，分享投资收益。受资产负债率考核影响，结构化主体需要进一步做"出表"安排，融资结构安排越来越复杂。在行业"去杠杆"的背景下，相关部门对结构化安排的监管越来越严格，方案在金融机构获批难度加大，监管部门备案和审批难度也在增加。为应对挑战，社会资本方需要培育金融投资伙伴，共同参与投标、合同谈判；要加强趋势研判和政策解读，合理设计交易结构，规范操作；也要缩短落地周期，减少风险敞口。

PPP 项目资产证券化加速。"资产证券化（ABS）"是一种资本市场融资方式，有助于企业降低资产负债率，也是社会资本方退出的重要渠道。从政府工作报告引用，到各部门密集发布实施细则，ABS 快速成为实施"去杠杆"的重要手段。对符合条件的 PPP 项目资产实施证券化，是多赢的选择。为此，项目公司需要加快投资建设、运营工作，尽快形成符合证券化条件的基础资产；要择优选聘牵头金融机构及咨询单位，提供全程跟踪服务；也要加强与政府及金融机构沟通，确保出表。

此外，采用发行企业债券、中期票据、发行信托计划、增发股票等多种筹资方式有利于增强社会资本方履约能力。这些复杂融资，对社会资本方的财务管理能力形成严峻考验。

2.1.1.5　税务筹划挑战大

税务筹划是财务价值创造的重要手段，PPP 项目给税务筹划带来的挑战主要体现在全周期、多主体两个方面，从定性和定量两个维度着手，提供详尽的分析报告。

税务筹划在项目准备阶段、项目建设阶段、运营阶段及移交阶段均有不同的贡献。在项目识别和准备阶段，社会资本方应及时参与实施方案的讨论，利用项目经验和知识储备提供专业的咨询服务。充分评估项目税务成本，提供税务负担最优的商业模式建议。在项目执行阶段，选择优惠政策多的地区注册项目公司，准确界定营业范围，从简从低认定税率。在运营阶段，提前介入运营合同拟定，避免因合同表述使税率认定从高。在移交阶段，筹划不同移交方式，确保无偿移交得到税务部门认可。

税务筹划还体现在多主体。紧密结合国家"营改增"动态，研究简易计税适用条件，同时测算简易计税对政府、投资方、施工方、分包方的影响。综合对比各方支出或税负变动情况，提出决策建议。用好用足国家"营改增"优惠政策。

2.1.1.6　风险管控要求高

PPP项目财务风险管理有别于传统投资项目，除原有财务风险外，还有融资风险、注册资金出资风险、项目收费风险、优惠政策风险、政府支付保障风险、移交风险、退出风险等。

以融资风险为例，融资风险主要指资本金融资风险和债务融资风险。若采用资本金融资，要综合考虑项目投资回报收益水平，争取资本金融资成本与项目投资收益水平相匹配。也要考虑项目公司投资回报取得时间与外部资金融资成本支付时间衔接，还要根据项目合作期限，合理设定资本金融资期限、退出时间等。同时要争取不对外部资金提供担保或增信措施，转移融资风险。对债务融资风险，应争取采取不为项目融资提供担保的银行项目融资方式。合理设计项目融资方案，通过各种融资渠道确保按照承诺与项目进度提供获得项目所需资金。取得政府方同意特许经营权质押、政府付费预期收益权质押，并注意融资期限与收益权回收周期相匹配。

2.1.1.7　全周期资金管理更迫切

全周期资金管理，动态更新，不仅有助于测算最佳现金储备，提供投融资决策依据，更可及时分析项目投资收益变动情况，不断纠偏，是确保预期投资收益实现的必要手段。

资金管理重在预算执行和分析，不仅要动态更新全周期资金计划，也要准确预算年度资金收支状况，据此制定年度筹资计划。还要实现年度资金预算的滚动管理，按季或月更新，保持未来12个月内收支计划相对准确。实现年度预算，重在按月实行计划管控，集体决策大额资金收支计划，查缺补漏，严格分析考核，严控计划外资金。

鉴于项目融合多个业态，每个业态资金流入流出预测有较强的专业性，特别是运营期的运营流入和成本支出预测难度较大，导致项目全周期资金管理准确性较差，预算执行偏差较大。项目周期长，是全周期资金管理另一大难题，如何寻求最佳现金储备，提高资金使用效率，需要较长时间探索。

2.1.1.8　会计核算在探索

现行PPP项目会计核算规则由BOT业务为基础形成，由各集团公司自主制定核算办法，国家层面还缺乏指导性较强的准则体系。会计核算主要集中项目执行和项目移交阶段，核算要点包括项目公司设立、资产核算、收入核算、合同变更、融资核算，移交、提前退出和股权变动。

对控制的判断更加复杂。由于大型PPP项目多采用联合体方式投标，股东表决权比例、可变回报金额等表现可能不一致，需要更加翔实的资料和专业的判断，确定控制方和报表合并方。

　　项目公司根据对 PPP 项目资产拥有权利实际情况采取不同的会计核算模式。合同约定项目公司同时拥有 PPP 项目资产的所有权和经营权，应将资产确认为固定资产来进行建设和使用，并依照固定资产相关会计法规核算。合同约定项目公司在特许经营期内拥有资产的使用权，政府保留资产所有权，项目公司应将运营 PPP 项目资产权利视为一项获取利益的权利，根据获取收益渠道的不同分别按照金融资产、无形资产和混合模式核算。具体应用哪种会计核算模式，应综合项目投资回报模式，可变回报金额、不同回报可划分程度、需求变化影响等因素综合判断。

　　考虑到政府和社会资本对 PPP 项目适用不同的会计准则体系，且目前政府会计准则正面临改革，我们拟从社会资本层面、依托基本成熟的企业会计准则及国际会计准则并结合相关的行业经验，对 PPP 项目的会计核算进行介绍、归纳、总结和提炼。

2.1.2　财务架构

　　根据上述 PPP 项目财务决策管理特点，形成项目公司财务架构（见图 2-1）。

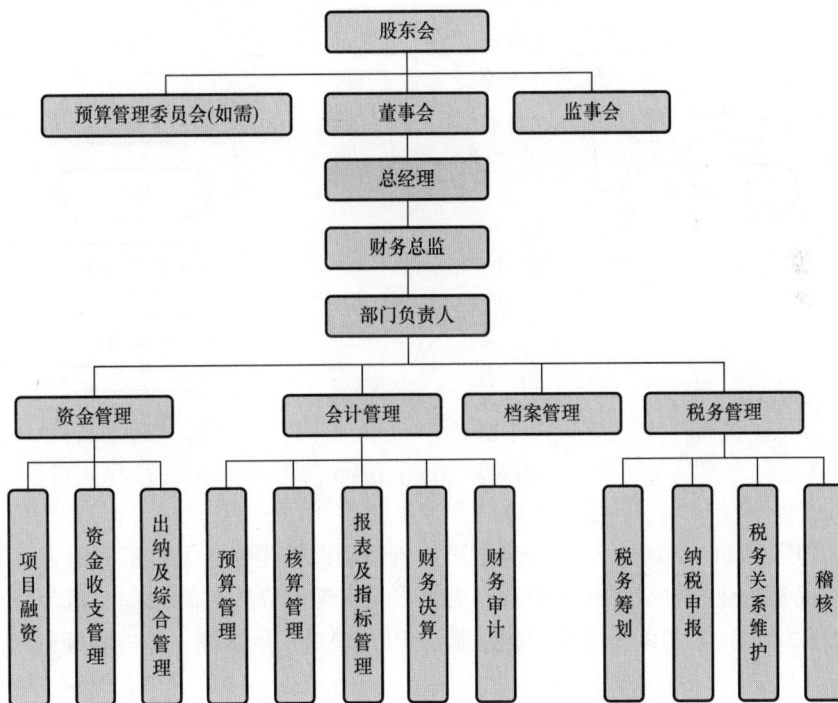

图 2-1　PPP 项目公司财务架构图

2.1.3　主要制度体系

　　项目公司应建立以下基本财务管理制度，如图 2-2 所示。

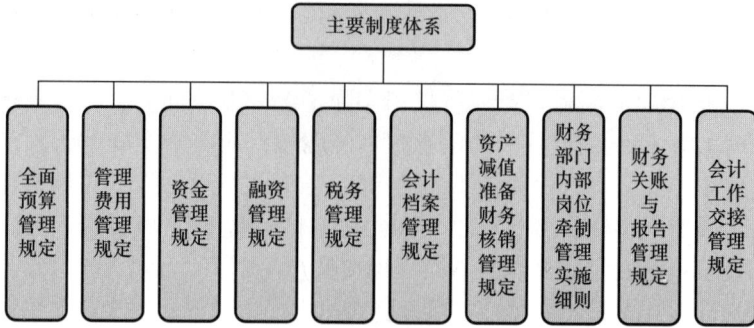

图 2-2　主要制度体系

2.1.4　主要对接单位

按工作交流对象，主要对接单位和部门如图 2-3 所示。

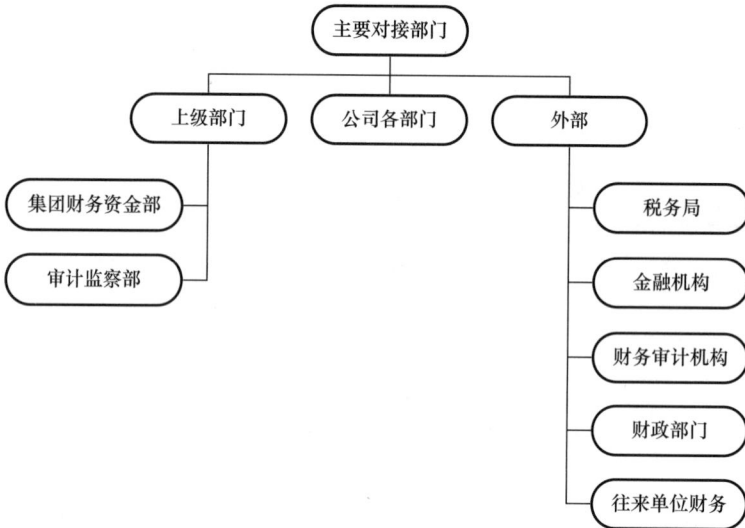

图 2-3　主要对接部门

综上，PPP 项目的多面性，给财务管理向价值创造转变提供了难得的历史机遇。财务管理人员不仅是企业经营成果的守护者，更是成为实现投资效益的关键推动者。我们唯有不断锤炼专业能力，在实践中升华，积极献身 PPP 项目发展浪潮，才能赢领时代。

2.2　前期财务

2.2.1　可研阶段

2.2.1.1　核心目标

社会资本方财务资金部门配合投资部门完成企业内部可研报批。

2.2.1.2　税务筹划

1. 报价模式筹划

考虑项目的建设内容和模式，查询税收政策，咨询税收征管部门，配合投资部门选用合适的税率，分析施工方简易计税和一般计税对投资结果的影响，采用合适的报价模式。

2. 施工方简易计税分析

对甲供材和清包工项目，施工方可采用简易计税方式。PPP项目社会资本方通常是建设方和施工方的双重角色，简易计税主要针对施工方而言，同时对建设方及政府支出有较大影响。应与项目所在地税务局沟通，了解税务备案的可行性，从政府、项目公司、施工总承包到分包各环节比较简易计税与一般计税，分析简易计税模式报价的可行性，从有利于当地政府的角度，取得政府方认可后实施。此外，施工层面采用简易计税模式属于社会资本方的重大决策，社会资本方通常需履行"三重一大"决策程序。

2.2.1.3　融资方案

在项目跟踪阶段，根据不同投标参与方式、股权结构及项目回报机制等项目资料，结合项目预期收益率，建立财务模型，匹配相应的融资方案。

2.2.2　投标阶段

2.2.2.1　核心目标

财务资金部门与投资部门共同完成资格预审及投标阶段财务方案。

2.2.2.2　税收政策背景

1. 简易计税等政策

《国家税务总局关于进一步明确"营改增"有关征管问题的公告（国家税务总局公告2017年第11号）》中规定："四、一般纳税人销售电梯的同时提供安装服务，其安装服务可以按照甲供工程选择适用简易计税方法计税。"

《国家税务总局关于建筑服务等"营改增"试点政策的通知（财税〔2017〕58号）》中规定："一、建筑工程总承包单位为房屋建筑的地基与基础、主体结构提供工程服务，建设单位自行采购全部或部分钢材、混凝土、砌体材料、预制构件的，适用简易计税方法计税。"

2. 当地税源的要求

由于大型基础设施PPP项目靠政府付费和可行性缺口补贴，造成地方财政支出较大，而"营改增"后，建筑行业增值税在法人注册地缴纳，税收无法留在当地，为满足当地税源需求，施工方采用简易计税的方式，能够将主要税收留在项目所在地。

专栏 1　投标相关证明文件办理

根据投标文件中要求提供资金实力和融资能力的相关证明文件，配合市场部门开立银行存款证明、信用等级证明、授信额度证明、贷款意向书等相关证明文件。PPP项目的投标往往要求较高的资质水平、资金实力和融资能力。通常都是大型集团作为投标人或者联合体牵头人。因投标时间紧，需提前制定证明文件办理的工作计划。

具体流程图如下：

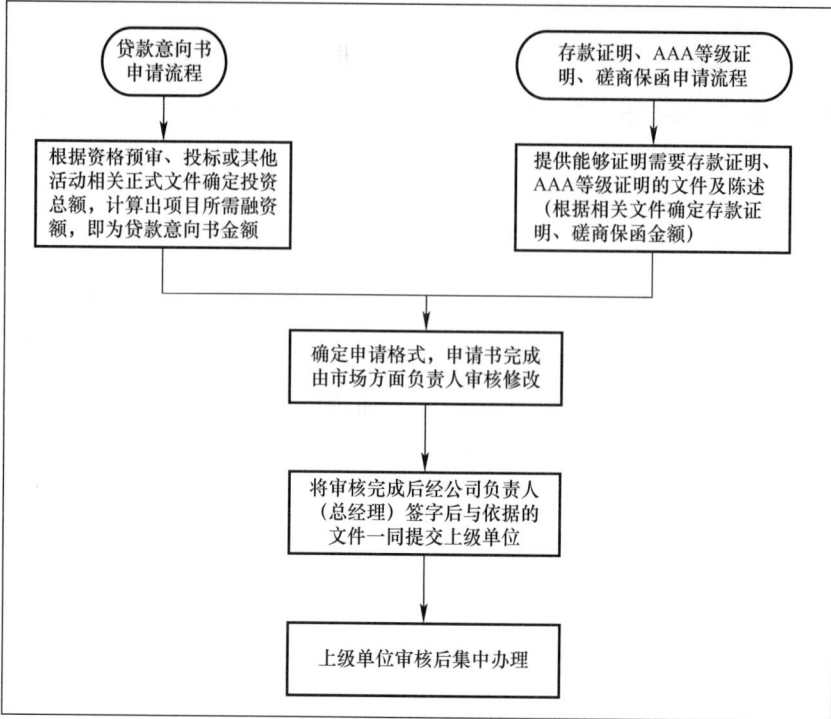

2.2.2.3　财务方案

1. 财务方案编制内容

财务方案通常包括项目简介、项目运作模式、投标人的财务状况（资金能力、融资能力等）、投资估算、资金筹措计划、融资风险及不稳定性分析、融资成本、项目财务分析及财务审计方案等内容，最后附相关证明文件。

2. 财务测算（见表2-1）

表 2-1

序号	项目	编制目的	编制依据
1	资金筹措表	测算建设内每年自有资金和债务资金筹措计划	投标文件中工程静态投资、业务部门提供的建设投资进度计划
2	借款还本付息表	测算项目生命周期内每年的还本付息情况	招标文件中还本付息的方式、资金筹措计划表中债务资金的投入进度
3	成本估算表	测算项目运营期成本费用	做好充分市场调研，考虑未来年度内通货膨胀率及物价上涨指数的影响，必要的时候需聘请专业机构提供专业数据测算
4	税金估算表	测算全周期项目税金成本	分析需要缴税的税目，研读税务政策，确定适用的税率
5	营业收入估算表	测算项目全周期的收入情况	区分不同业态和部分分别测算
6	指标分析表	从投资者、社会资本等角度分析项目的盈利能力和投资回报以及现金流情况	通常包括项目资本金现金流量表、利润与利润分配表、现金流量表、资产负债表、股东层面现金流量表

3. 报价

紧密结合招标文件中的采购标的和项目拦标价，根据报价依据拟定报价方案。

2.2.2.4 磋商阶段

1. 调整财务报价

社会资本方投标报价后，评审小组与社会资本进行谈判，谈判过程中，涉及项目实质性变动的内容，须经项目实施机构确认，并通知所有参与谈判的社会资本方。社会资本根据与采购人的谈判结果，调整财务方案。

2. 变更报价取得内部许可

当投标报价预测较内部可研审批值降低时，财务资金部门应配合投资部门向可研审批部门提前请示，请示中需明确调整报价的情况，待批准后报出。

2.2.3 项目公司组建阶段

2.2.3.1 开户及税务登记

在项目公司取得营业执照（三证合一）后，财务资金部门负责开立银行基本账户，办理机构信用代码证。在完成工商注册后，一个月内办理税务登记。

税务登记的流程如图 2-4 所示。

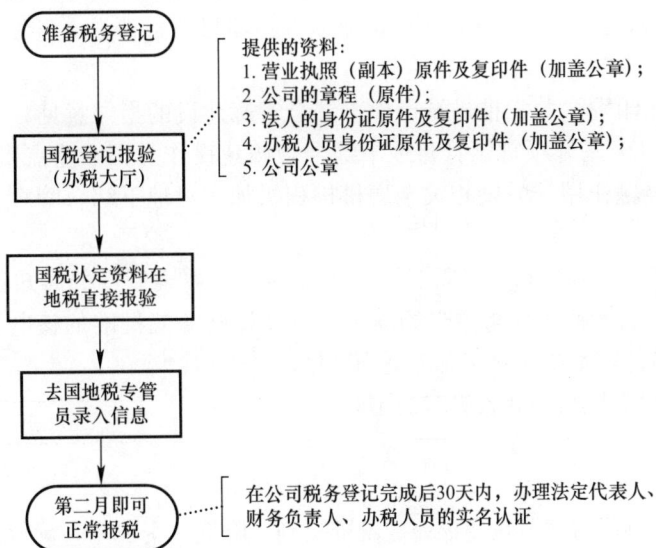

图 2-4 税务登记流程

2.2.3.2 提交财务议案

财务资金部门应及时编制相关财务议案，提交董事会、股东会审议，奠定财务资金工作基础。

2.2.4 经验与思考

2.2.4.1 投标财务模型

根据投标文件、可研报告等基础资料，了解各业态的运作模式、特许经营期、报价模式、回报机制，区分使用者付费、政府付费、政府可行性缺口补贴、使用者付费＋政府可行性缺口补贴，考虑是否需要分业态建立模型。

2.2.4.2　施工方简易计税的影响

根据"国家税务总局 2017 年第 11 号公告"和"财税〔2017〕58 号文"等税收政策，从地方政府、项目公司、投资方、施工方、分包方考虑，通过定量和定性分析，策划对各方有利的计税模式。对比一般计税，施工方简易计税方式有利于将税源留在项目所在地。

2.2.4.3　税目核定

梳理 PPP 项目建设、运营、移交全生命周期的涉税情况，积极和当地税务局沟通，核定税目及税率，避免认定不全、不准，影响后期正常纳税申报。此外，税目及税率的认定，还极大地影响项目公司收益，需提前规避相关风险。

2.3　项目融资

2.3.1　规则和规范

国家发展改革委印发《城市地下综合管廊建设专项债券发行指引》的通知（发改办财金〔2015〕755 号），鼓励各类企业发行企业债券、项目收益债券、可续期债券等专项债券，募集资金用于城市地下综合管廊建设。

国务院办公厅印发《关于推进城市地下综合管廊建设的指导意见》（国办发〔2015〕61 号）第五条第（十三）项规定：将地下综合管廊建设作为国家重点支持的民生工程，充分发挥开发性金融作用，鼓励相关金融机构积极加大对地下综合管廊建设的信贷支持力度。

国务院印发《关于调整和完善固定资产投资项目资本金制度的通知》（国发〔2015〕51 号）城市地下综合管廊、城市停车场项目，以及经国务院批准的核电站等重大建设项目，可以在规定最低资本金比例基础上适当降低。

《中国建筑股份有限公司融资管理规定》。

2.3.2　核心目标

按照特许经营协议时间节点要求完成融资交割，降低融资成本，确保股东出资及融资及时到位。

2.3.3　关键节点

2.3.3.1　资金测算

根据投资部门、工程部门和合约部门提供的项目建设投资进度、运营部门提供的运营期收入、成本。结合项目投标时的收益水平，测算项目公司可承受的融资成本的上限。参考测算结果与金融机构谈判，选择符合项目建设要求的备选金融机构。从备选金融机构中，选择条件最优的金融机构作为融资主体。资金测算表见表 2-2。

现金流量预算表　　　　　　　　　　　　　　　　表 2-2

编制单位：　　　　　　年　月　日　　　　　　　　　　　　单位：万元

		合计	2016年	2017年 小计	1月	……	12月	2018年	……	2045年
一	期初现金余额	—	—	—	—	—	—			
二	资金流入	—	—	—	—	—	—			
1	股东投入	—	—	—	—	—	—			
1.1	中建投入			—						
1.1.1	注册资本金投入									
1.1.2	补充资本金投入									
1.2	西安市管廊公司投入			—						
1.2.1	注册资本金投入									
1.2.2	补充资本金投入									
2	外部融资	—	—	—	—	—	—			
3	入廊企业收费收入			—						
4	政府可行性缺口补贴			—						
5	其他流入			—						
三	资金流出			—						
1	新建静态投资			—						
1.1	工程费用			—						
1.2	工程前期费用			—						
1.3	设计咨询费用			—						
2	回购部分建设投资			—						
3	偿还外部融资本金	—	—	—	—	—	—			
4	利息支出	—	—	—	—	—	—			
5	偿还股东投入	—	—	—	—	—	—			
5.1	偿还中建投入			—						
5.2	偿还西安市管廊公司投入			—						
6	项目管理费			—						
7	税费支出			—						
8	利润上缴支出			—						
9	其他支出			—						
四	期末现金余额		—	—	—	—	—			

2.3.3.2 股东出资

根据项目公司章程、股东会决议、年度投资计划，财务资金部门测算年度资金缺口，结合建设进度、资本金和债务资金的投入比例测算资本金出资金额，按照股权比例分别向股东申请项目资本金（见图 2-5、图 2-6）。

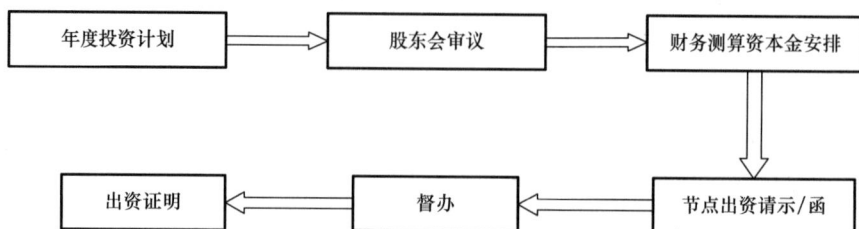

图 2-5　申请股东出资流程

2.3.3.3 信用评级

项目公司应重视金融机构对项目公司的信用评级。只有达到一定信用评级标准（一般 A 以上）的 SPV 公司才能获得银行的授信，同时评级结果还影响增信措施（如补充担保）及融资成本。

1. 注册资金尚未到位情况下的评级

通常情况下，金融机构可以通过专业贷款窗口，以 SPV 公司所投项目净利润、净现值、项目资本金报酬率、项目投资回报率等

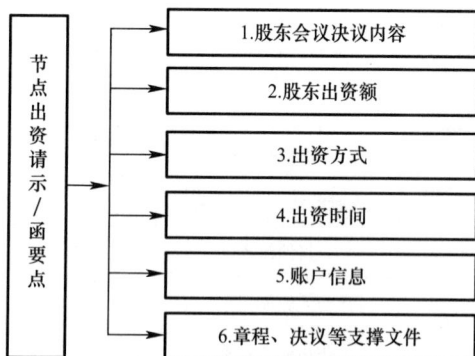

图 2-6　节点出资请示要点

指标进行定量分析，对 SPV 公司股东的信用、公司报表进行等定性分析，最终取得初始 SPV 公司综合评价结果。

2. 注册资金到位后的评级

项目公司注册资金和贷款资金到位后，金融机构每季度通过公司类企业窗口输入 SPV 公司的报表数据进行定量分析，对 SPV 公司股东的信用、公司报表等定性分析，重新取得评级结果。对未达到贷款放款评级要求的，金融机构将会停止对 SPV 公司的贷款。

2.3.3.4 金融机构的项目评估/授信审批

通过对项目收益情况计算及其股东的信用评估，贷款经办行形成评估报告，报上级行审核。就审核过程中的问题，经企业与金融机构双方充分沟通后，可由经办行完善评估报告。评估报告审核通过后，上级行组织安排贷审会，集体决策项目的授信审批。贷审会通过后，金融机构出具项目授信批复。经办行根据批复，发起利率审批流程，待审批后执行。以管廊为例，具体审批流程如图 2-7 所示。

```
┌──────────┐      约5个     ┌────────────────┐              ┌──────────┐
│ 项目公司评级 │ ←────── 工作日 │ 省行大客户部完成项目 │ ← 约5个工作日 │ 公司项目  │
└──────────┘              │ 评审并报信审部预审 │              │ 完成注册 │
     │                    └────────────────┘              └──────────┘
     │                                                          ↑
 约10个工作日                                                  1~2个月
     │                    ┌──────────┐                          │
     ↓                约5个 │ 省行信审部 │ ← 约1个月 ┌────────────────┐
┌──────────┐      工作日 │ 完成项目评审 │          │ 分行完成项目评估报 │ ← 约5个工作日
│ 省行信审部  │ ←──────   └──────────┘          │ 告及测算并上报省行 │
│ 完成项目评审 │              ↑                    └────────────────┘
└──────────┘          约5个                            ↑
                      工作日                         约1个月
          ┌──────────┐                          ┌──────────┐
          │ 召开省行信 │                          │ 支行完成项目 │
          │ 贷部门会议 │                          │ 评估报告   │
          └──────────┘                          └──────────┘
```

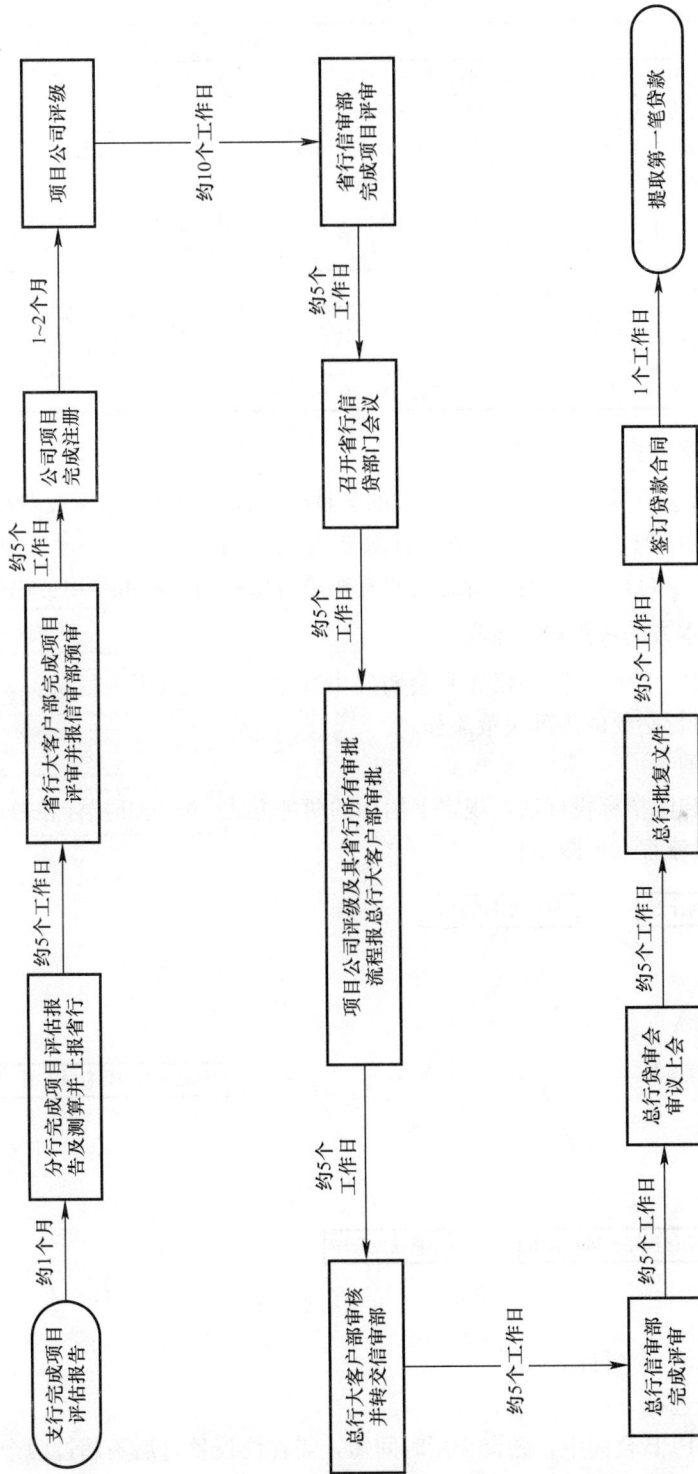

图 2-7　项目评估/授信审批流程

2.3.3.5 资料清单（见表 2-3）

授信资料清单 表 2-3

序号	资料	清单
1	公司基础资料	公司章程、营业执照、开户许可证、法人身份证、信用机构代码证
2	近期财务报表	资产负债表、利润表、现金流量表
3	公司简介	企业简介、资质等情况的介绍、公司治理结构、经营情况、高管简历等
4	财务情况	对外担保及在他行授信、抵押情况
5	合法性手续	政府项目批复、可行性研究报告＋批复、环评批复、国土资源局的批复、立项的批复、物有所值及财政承受能力评价报告、纳入中长期规划的函、入财政库的信息
6	合同文件	签订的 PPP 合同
7	股东情况	营业执照（三证合一）、信用机构代码证、开户许可证、章程、法人身份证、基本情况介绍
8	银行制式文件	关于同意查询和报送信用信息的函

2.3.3.6 融资担保方式

PPP 项目通常会有基于特许经营而形成的某种收费权（如管廊运营收费权、高速公路收费权等）。以此收费权质押可作为项目有限追索融资的一种增信手段（应取得甲方同意）。以管廊为例，项目公司在对管廊运营收费权进行质押前，已取得甲方书面同意。

2.3.3.7 社会资本方的决策审批流程

在 PPP 项目中，特许经营协议通常会明确由社会资本方负责项目融资。社会资本方进行项目融资应履行必要的内部决策流程。

1. 招标流程

《中华人民共和国招标投标法》规定了招标的两种方式——公开招标和邀请招标。

（1）公开招标流程（见图 2-8）

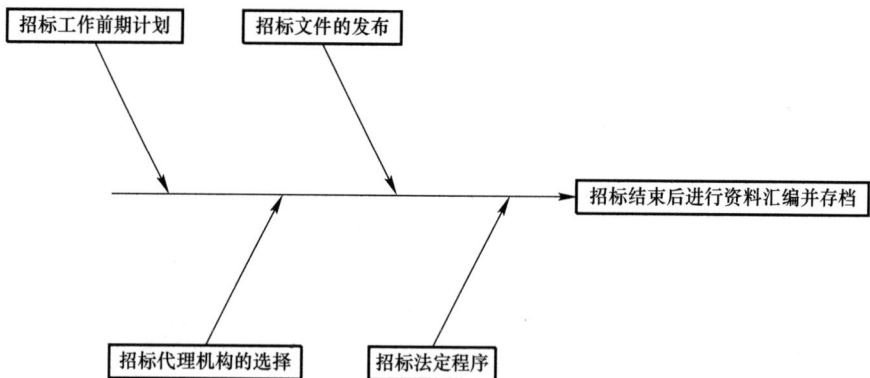

图 2-8 公开招标流程

（2）邀请招标流程（见图 2-9）

（3）招标流程选择

以管廊为例，PPP 合同中，融资交割时间短，需在协议签订后不超过两个月完成融资交割（签订融资合同）。而金融机构的贷款审批流程长，公开招标难以满足需求，选择邀请招标更适合项目的时间要求。

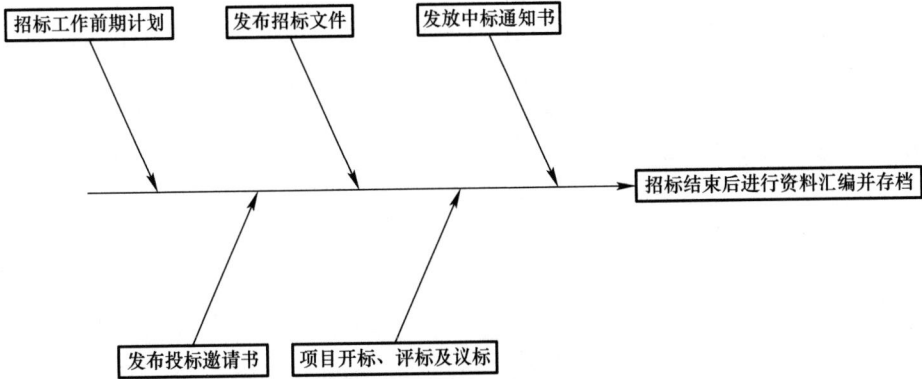

图 2-9 邀请招标流程

2. 融资方案审批（见图 2-10）

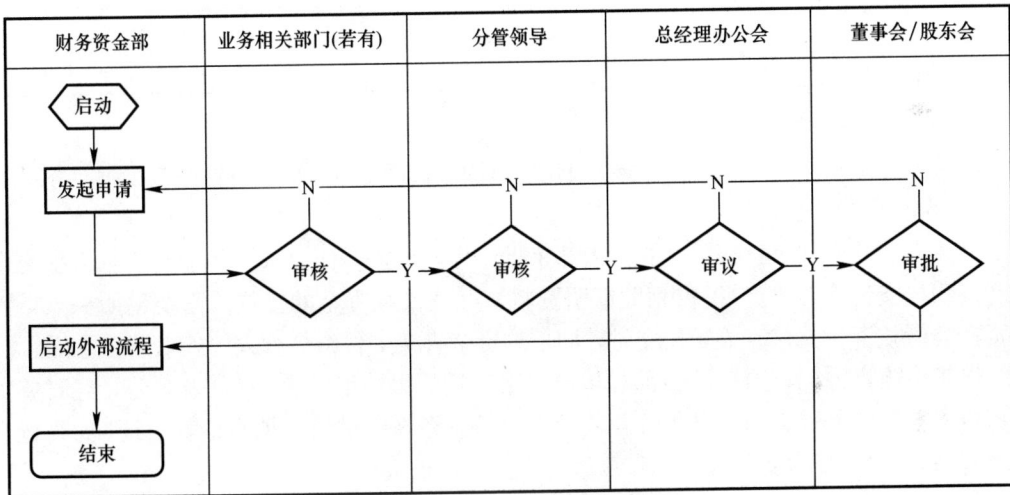

图 2-10 融资方案审批流程

3. 合同谈判评审

融资类合同为金融机构的制式合同，如需修改，需到金融机构总部评审（流程长，时间不可控，评审难度大）。对一些比较重要的约定，可在合同其他约定中明确。评审根据内部管理制度的评审权限进行。如表 2-4 所示。

合同审批表   表 2-4

合同名称				
合同金额				
合同内容摘要				
发起部门	经办人： 部门经理： 分管领导：		年 月 日 年 月 日 年 月 日	

续表

评审意见					
财务资金部	部门领导：		年	月	日
	分管领导：		年	月	日
相关业务部门			年	月	日
相关业务部门分管领导			年	月	日
总经理			年	月	日
董事长			年	月	日

4. 融资合同的签订

项目公司完成合同评审后，与金融机构签订固定资产贷款合同和特许经营权质押合同。

5. 借款资金的提取

借款人按照内部审批权限，履行内部审批流程，根据合同要求，提前向贷款人提交申请和《委托支付通知单》，提供相关证明资料，办理借款资金的提取。需要说明一点：固定资产类借款资金支付需要受托支付，即借款资金直接支付给借款人的施工承包单位。

以管廊项目为例，财务资金部门填报《银行贷款提款审批表》（见表2-5），经财务资金部申请人、财务资金部、财务分管领导审核，总经理审批后。填写提款申请、《委托支付通知书》、银行柜台支付凭证，盖章后提交贷款审批银行。

银行贷款提款审批表　　　　表 2-5

申请单位：			单位金额： 元
贷款银行名称		借款合同编号	
合同名称		担保种类	
借款用途		借款合同金额	
借款利率		借款期限	
付息约定		截至上期累计已提款	
本次申请提款		大写：	
审核/审批意见			
申请人			
财务资金部			
财务分管领导			
总经理			

制表日期：

银行办理放款流程具体流程图如图 2-11 所示。

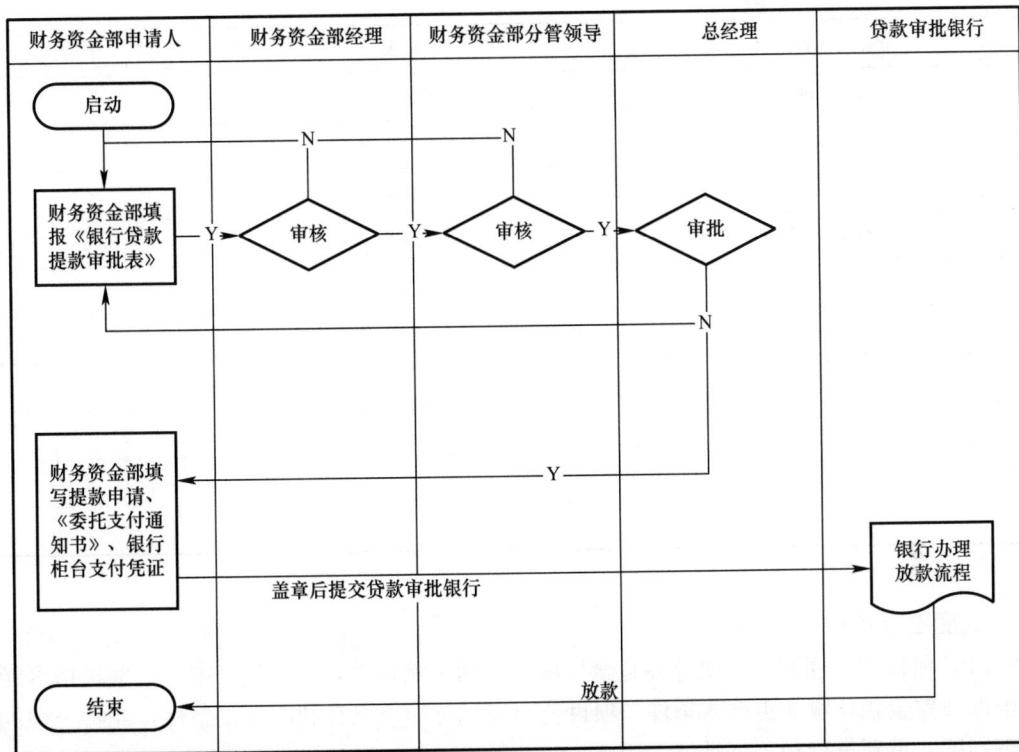

图 2-11 借款资金提取流程

6. 借款资金的偿还流程如图 2-12 所示。

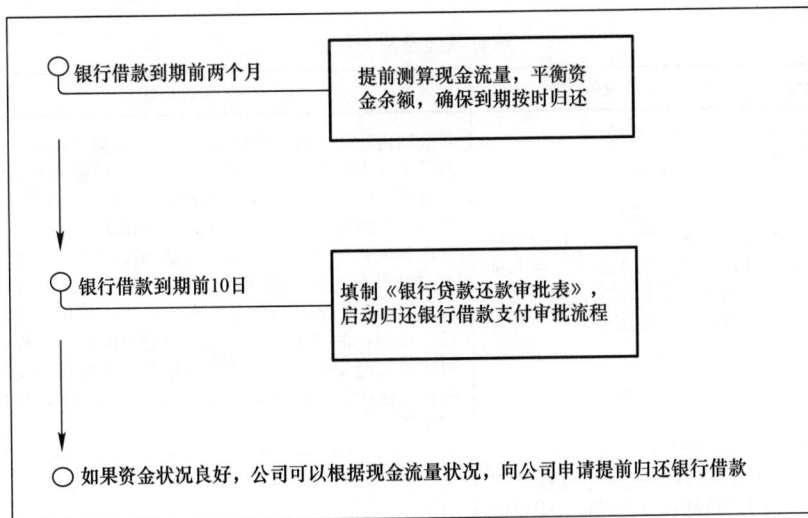

图 2-12 借款资金偿还流程

其中《银行贷款还款审批表》见表 2-6。

银行贷款还款审批表 表2-6

申请单位（盖公章）：		单位金额：元
贷款银行名称	合同编号	
合同名称	担保种类	
项目名称	合同金额	
贷款利率	贷款期限	
截至本期累计提款	截至上期累计还款	
本次申请还款	大写： 本次还款日期	
审核/审批意见		
申请人		
财务资金部		
财务分管领导		
总经理		

制表日期：

7. 变更审批

PPP项目建设期较长，受外界金融环境的变动影响较大，提款过程中，金融机构可能会根据外界金融环境变更放款条件，项目公司应尽可能争取有利的放款条件，完善公司的管理制度，重新进行相关审批。

2.3.4 经验与思考

2.3.4.1 融资风险（见表2-7）

融资风险及应对措施 表2-7

序号	风险类型	主要风险	应对措施
1	法律风险	法律法规的变化以及融资合同各方履行合同义务的意愿和能力均可能引起法律风险，进而影响资金筹措的风险	目前国内法制环境较为稳定，政府、金融机构履约能力强，法制环境发生重大变动的可能性较低，按国家关于PPP的政策规定履行相应的审批程序。选择大型国有银行为主要合作银行，其融资产品经过监管部门认可、法律文本都经过严格审核，且内部法律审核程序严谨，可适当减轻法律风险。同时，在签订融资合同时，通过与金融机构充分沟通，并经专业律师对融资合同内容进行论证，制定符合法律规范要求和保护项目公司利益的规范合同条款，融资合同履行过程中，项目公司将确实行使融资合同约定的权利并履行相应义务，从而减轻相关法律方面的风险。该风险，由项目公司及贷款银行共同承担
2	完工风险	1.因设计变更、建设标准提升、后期项目规模扩大等原因导致，不能按照原有约定完工；2.因政策性、自然灾害等不可控因素导致项目不能按期完工	积极排查风险源，分析各风险源产生原因并制定相应的应对措施，确保工程顺利实施。社会资本方发挥建设项目投资建设经验，将积极投入各项资源，确保项目顺利完工

续表

序号	风险类型	主要风险	应对措施
3	项目追加投资风险	在项目实施过程中出现设计变更、技术变更、建造标准变化、市场变化、投资超支等情况，导致项目总投资额增加，需追加融资金额的风险	在项目实施过程中，提前对可能出现资金追加风险的情况进行预警和预判，积极采取预防措施，必要时由社会资本方自有资金垫付。对于合理的投资增加，一方面按照股权比例追加项目资本金投入；另一方面就项目变更情况与金融机构沟通协商，及时变更贷款授信额增加贷款

2.3.4.2　利率市场的预判

财务资金部门应关注外部金融政策和环境的变化，合理预判金融市场资金面和利率的变化，根据建设进度需要，在合理的范围内，前置各项结算手续，防范利率上涨造成的资金成本损失风险，保证项目建设资金正常投入。

2.3.4.3　集团总部的支持

1. 战略合作

中建股份层面项目多，建设范围广、资源丰富，和金融机构总部有长期战略性合作。通过总部的支持介入，金融机构考虑长远的合作关系，可以有效降低融资成本，节省融资谈判时间，从而达到 PPP 项目融资交割的时间要求和政府方的成本要求。

2. 提前介入项目谈判

> **专栏2**　**配合金融机构做好服务和沟通工作**
>
> 在融资审批过程中，资金管理人员应该倒排时间节点，细化流程，及时询问融资进展。金融机构借款申请报告报批过程中，需经过一系机构审核，提出各类问题（不仅限于财务问题）。为保证融资进度，完成融资交割，财务资金部门要与各部门及时沟通、反馈，第一时间提供支持性文件，将资料及时补充，做好服务。
>
> 在项目投标阶段启动与金融机构的融资谈判，以便于金融机构对项目的了解，待项目中标后，启动正式的融资审批流程，能更快捷地完成授信审批，完成资金投放，减少项目前期资金压力。

2.3.4.4　创新融资管理

1. 优选金融产品类型

积极与金融机构沟通，了解其优势金融产品，在对金融机构的选择上，充分考虑对项目有利的金融产品，如部分银行的期限可转化融资产品、固定资产贷款产品中含有部分可转化的流动资金贷款，可在项目建设期循环使用，有效降低总体融资成本。

金融机构理财融资产品，不受固定资产项目受托支付的限制，但其使用年限最长不超过 15 年，对于整个生命周期在 15 年以内的 PPP 项目具有优势。

2. 资产证券化

金融机构的资产证券化产品，依托企业优质资产产生的现金流而非自身信用，可以帮助企业盘活存量资产，提高融资效率。

专栏 3　优化提款条件及还款安排

1. 优化提款条件

（1）为加快贷款审批，为推进融资审批进度，建议将较易取得支撑文件写在提款条件中；对于日后不能或很难取得的一些支撑性文件，提前和金融机构沟通解释，否则影响提款进度。

（2）签订借款合同，填写还款计划时，尽可能地留足一定的现金余额，保证资金在不能按期到位或者经营未达到预期的情况下，银行本息能正常偿还，减轻社会资本方到期还本付息的信用问题。

2. 还款方式的选择

研读投标文件中对银行借款还款的约束条件，测算在最大还款能力和等额本息的模式下，社会资本方的资本金内部收益率情况，选择有利的还款方式。

2.4　资金管理

2.4.1　规则和规范

《国务院关于固定资产投资项目试行资本金制度的通知》（国发〔1996〕35 号）规定项目资本金，是指在投资项目总投资中，由投资者认缴的出资额，对投资项目来说是非债务性资金，项目法人不承担这部分资金的任何利息和债务；投资者可按其出资的比例依法享有所有者权益，也可转让其出资，但不得以任何方式抽回。

《中国银监会关于信托公司开展项目融资业务涉及项目资本金有关问题的通知》（银监发〔2009〕84 号）规定："对股东借款、银行贷款等债务性资金和除商业银行私人银行业务外的银行个人理财资金，不得充作项目资本金，股东承诺在项目公司偿还银行或信托公司贷款前放弃对该股东借款受偿权的情形除外"。

2.4.2　核心目标

根据项目建设进度，保证资金安全，提高资金使用效率。

2.4.3　关键节点

2.4.3.1　资金预算

1. 全周期现金流预算

根据项目的建设进度，滚动编制全生命周期资金预算，反映项目投资的质量。测算项目投资层面、股东层面内部收益率水平，分析与可研测算时的偏差，发现生产经营中存在的问题。通过滚动现金流管理，与可研做比较，对于偏离预期目标的情况，及时作出分析研究，找出解决方案，使生产经营在合理、可控的轨道上运行。

2. 年度现金流预算

年末，根据项目下一年的投资计划、产值计划以及款项支付比例，考虑运营期运营成本的支出，使用者付费、政府可行性缺口补贴的流入，形成全年的现金流量。对全年需要投入的资本金、贷款进行安排。在年度中期，可结合外部环境变化和公司经营实际情况，对现金流量预算进行一次调整。每季度对预算完成情况做分析，分析原因，找到解决的办法。年度现金流量预算表见表 2-8。

资金收支预算表　　　　　　　　　　　　　　　　表 2-8

编制单位：中建西安综合管廊投资发展有限公司　　　　　　　　单位：万元

序号	项目	金额
期初余额		
其中：上存款		
一	现金收入	
（一）	股东投入	
（二）	银行贷款	
（三）	运营收费收入	
（四）	政府补贴收入	
（五）	其他收入	
二	现金支出	
（一）	还本付息	
（二）	工程款	
（三）	设计费	
（四）	运营维护费用	
（五）	其他支出	
（六）	管理费用	
期末余额		

3. 月资金计划

财务资金部汇总编制整个项目公司的月资金预算，报公司领导审核后，报总经理办公会审议通过后执行（见表 2-9）。由业务部门编报下月预付款、进度款、其他工程费、运营等支出计划，各部门编报大额管理费用支出计划，财务资金部编制贷款还本付息预算。

2.4.3.2　收入管理

1. 项目资本金流入

根据公司章程、股东会决议及项目建设进度向股东申请项目资本金；资本金的投入要先于借款资金投入项目，以匹配借款资金。

2. 债务资金流入

根据银行贷款与资本金的投入比例，按照建设资金支付需求计划向金融机构申请借款（建议按需提取，减少资金占用成本）。分析外部金融环境，在资金面紧张的情况下，提前做好准备以应对提款不到位的风险。

表 2-9

资金支出预算明细表

中建西安综合管廊投资发展有限公司 × 年 × 月资金支出明细表

编制单位（盖公章）：中建西安管廊投资发展有限公司

编制日期：

单位：万元

序号	付款内容	合同名称	收款单位	合同额	合同支付比例	账面金额	累计已结算	月计划完成工程量	累计已支付	本次应支付	本次计划支付	支付后比例	备注
1	2	3	4	5	6	7	8		9	$10=8\times6-9$	11	$12=(9+11)/8$	13
合计													
一	还本付息												
1	还本												
2	付息												
二	工程款												
1	工程预付款												
2	工程进度款												
三	勘察、设计费												
四	运营维护费用												
	……												
五	其他支出												
六	管理费及税金												

总经理：　　　　　　财务负责人：　　　　　　审核：　　　　　　制表：

2.4.3.3　支出管理

不支付资金的情况

1）未经计划审批的资金支付；

2）未签订有约束力合同的；

3）工程款未经审核的；

4）超出合同范围或支付比例的；

5）其他不符合法律法规的。

2.4.4　经验与思考

2.4.4.1　提高存量资金收益

1. 了解存款产品类型

了解银行的资金产品，对账户存款签订协定存款协议（存款利率相当于普通活期存款利率的数倍），单位协定存款灵活性和活期存款基本相同，支付不受银行的限制，有资金流入、流出自动划转，提高了公司存量资金的存量收益。

2. 借助集团优势

项目建设过程中，正常日现金余额较小，通过将总部所有项目在同一银行的资金作为一个资金包，可以争取较高存款利率，提高存量资金收益水平。

2.4.4.2　滚动现金流预算编制

1. 滚动预算编制分工（见表 2-10）

建议责任分工

表 2-10

序号	责任部门	完成内容
1	设计规划部门	编排勘察、设计进度计划
2	工程管理部门	编排施工进度计划
3	合约法务部门	（1）根据合同预付款的支付时间和比例，安排预付款支付
		（2）根据勘察、设计进度计划编排勘察、设计费的资金支付计划
		（3）根据施工进度，编排产值计划（含改迁）
		（4）工程其他费用（监理、审计）支付
4	投资业务部门	年投资额的确认
5	运营事业部门	运营服务费的回收金额及时间
6	综合办公室	办公费、员工薪酬、车辆使用费、固定资产购置等预算
7	财务资金部门	管理费用测算、项目贷款、税金、贷款利息、利润分配等

2. 预算表样表

具体表样见表 2-2：现金流量预算表。

2.4.4.3　计划与实际的对比分析

按月编制资金计划，月末对资金计划执行情况进行对比分析，发现公司管理过程中存在的问题，及时向公司管理层报告。

2.4.4.4　探讨适度资金存量方法

1. 探讨适度资金存量的出发点

在资金面紧张时，按需提款可能存在银行无额度、资金价格上涨风险，需提前做好测算工作。1）测算不同情形提款的资金成本；2）权衡成本损失和资金不能到位的风险。做出合理分析，供公司决策层参考。

2. 提前发起内部审批

PPP 项目公司的股东多为央企/大型国有企业和政府的投资平台公司，资金审批流程较长。此外，大型 PPP 项目股东资金压力大，有时采用股权融资的形式，抗风险能力脆弱。必须提前谋划、提前准备资金，保证有足够的可用资金还本付息，避免给企业造成违约的风险。

2.5　税务管理

2.5.1　行业重要法规

1.《国务院关于清理规范税收等优惠政策的通知》（国发〔2014〕62 号）

2.《国家税务总局关于执行〈西部地区鼓励类产业目录〉有关企业所得税问题的公告》（国家税务总局公告 2015 年第 14 号）

3.《关于全面推开营业税改征增值税试点的通知》（财税〔2016〕36 号）

4.《国家税务总局关于进一步明确营改增有关征管问题的公告》（国家税务总局公告 2017 年第 11 号）

5.《关于建筑服务等营改增试点政策的通知》（财税〔2017〕58 号）

6.《国家税务总局关于创新跨区域涉税事项报验管理制度的通知》（税发总〔2017〕103 号）

7.《住房城乡建设部办公厅关于征求〈建设项目总投资费用项目组成〉〈建设项目工程总承包费用项目组成〉意见的函》（建办标函〔2017〕621 号）

2.5.2　税务管理的原则

在合法、合规的前提下进行税收筹划，积极缴纳税款，防范税务风险，提升企业管理水平。

2.5.3　税收筹划

2.5.3.1　建设期税收筹划

1. 计税方式的选择

管廊项目一般建设期 2～5 年，运营期 10～25 年，项目周期不超过 30 年。项目的进项税主要来源于建设期的工程费、设计、勘察费等，需要在运营期内抵扣；PPP 项目的进项税金额较大，增加了项目的资金成本。考虑资金的时间价值，项目施工层面采用简易计税比一般计税更有利，而项目公司为一般计税，可以降低项目投资支出，减少政府缺口补贴。

目前应用简易计税的项目主要是甲供材和清包工项目，因影响项目发包模式和政府可行性缺口，施工层面如采用简易计税需要政府实施机构认可，也要报主管税务管理机关备案。

2. 所得税筹划

设在西部地区的鼓励类产业企业减按15％的税率，从事国家重点扶持的公共基础设施项目投资经营的所得定期减免企业所得税。

（1）设在西部地区的鼓励类产业企业减按15％的税率

根据《国家税务总局关于执行〈西部地区鼓励类产业目录〉有关企业所得税问题的公告》（国家税务总局公告2015年第14号），如管廊PPP项目属于《产业结构调整指导目录（2011本）（修正）》（国家发展改革委令2013年第21号）中的鼓励类产业，即第十二项城市基础设施中的第八条城镇地下管道共同沟建设；企业所得税可以减按15％。

（2）从事国家重点扶持的公共基础设施项目投资经营的所得定期减免企业所得税

根据《财政部 国家税务总局关于执行公共基础设施项目企业所得税优惠目录有关问题的通知》（财税〔2008〕46号），企业从事《公共基础设施项目企业所得税优惠目录》规定的港口码头、机场、铁路、公路、城市公共交通、电力、水利等项目的投资经营的所得，自项目取得第一笔生产经营收入所属纳税年度起，第一年至第三年免征企业所得税，第四年至第六年减半征收企业所得税（即三免三减）。企业承包经营、承包建设和内部自建自用的项目，不得享受上述规定的企业所得税优惠。

3. 其他税种的筹划

"营改增"后，营业税与增值税的最大区别是价税分离。在合同签订阶段考虑增值税额对合同额的影响，将合同额改为不含税合同额，合同条款中约定增值税率提供增值税发票的类型，可以降低印花税的支出。

2.5.3.2 运营期税收筹划

管廊项目运营期税收策划主要体现在运营服务费的税率认定。根据其他地方管廊项目经验与税务局意见，结合与政府签订的《特许经营协议》，如对入廊协议约定为"入廊租赁"合同则按不动产租赁11％征收增值税，如约定为"入廊服务"协议则可争取按6％征收增值税。在合同的性质上加强与当地主管税务机关的沟通，尽量避免认定为不动产租赁。

2.5.3.3 移交税收筹划

根据《特许经营协议》规定，PPP项目运营期结束时将项目的特许经营权无偿转让给政府指定单位。为防范税务风险，应在《特许经营协议》中对移交时的税款承担方进行明确。

2.5.4 税务管理工作

2.5.4.1 纳税申报

每月15日前在国地税电子税务局进行纳税申报，国税申报内容主要是增值税的当月进项税的认证金额及申请抵扣金额及明细（需要强调的是当月认证的进项税发票，次月15日前必须申报否则视同放弃抵扣）。由于PPP项目前期进项税额较大，在进行账务处理时要及时与税务申报金额核对，及时进行进项税的认证及转出。地税申报主要内容有印花税、附加费、工会经费及水利基金、残疾人就业保障金、社保费等。

每季度在国地税进行当季度财务报表申报及所得税的申报，5 月 31 日前进行年度所得税的汇算清缴申报，半年报、年终报表在当月纳税期间进行申报。

国税申报：

每月将收到的增值税专用发票进行扫描认证并登记进项税台账，次月 15 日前在国税电子税务局进行增值税申报（见图 2-13）。季度进行财务报表申报及所得税申报，每年 5 月 31 日前进行所得税汇算清缴申报。

图 2-13　国税电子税务局

地税申报：

印花税（各种合同、资本金、账簿、营业执照等）、附加费、工会经费及水利基金、残疾人就业保障金、车船使用税及社保费用（见图 2-14）；每季度财务报表（成立一年后）。

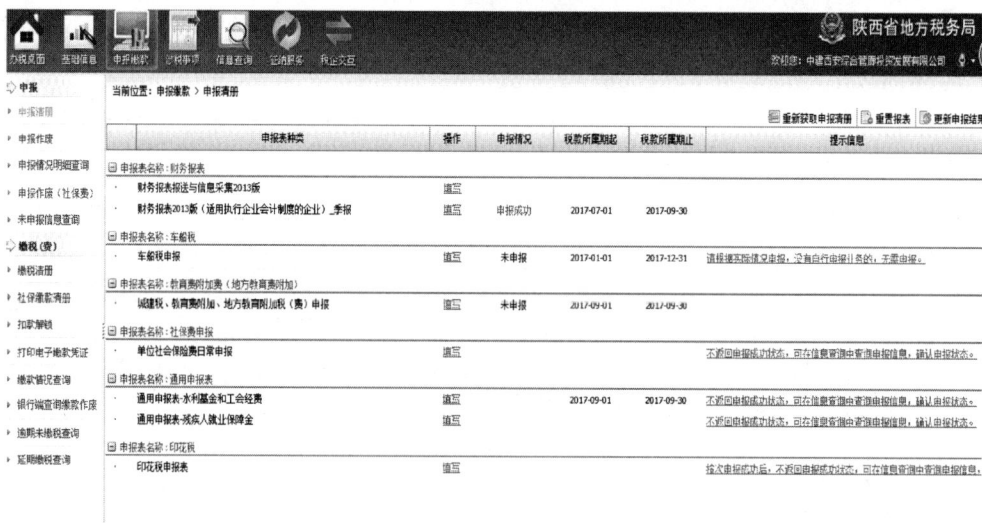

图 2-14　地税电子税务局

2.5.4.2 发票管理

对已发生的成本费用尽量获取增值税专用发票，不能提供的，应向财务资金部门提供不能获取专票的说明，报公司领导审批。

业务部门应在5个工作日内将发票抵扣联提交财务资金部门，财务资金部门负责将收到的发票进行登记，并填制《收取增值税发票登记表》。税务经办人员在收到进项发票抵扣联一个月内，通过税务机关认证窗口进行现场认证。

防范增值税发票的认证、抵扣风险。首先从源头抓起，通过对合同评审加强对发票类型、税率、认证要求及风险防范等控制风险。要求在合同谈判、选择供应商时要关注供应商的资信能力、信用等级等。其次在过程中加强发票过程管理，及时认证。另外由于PPP项目的进项税抵扣周期长，须防范发票虽然认证但不能抵扣的风险。

专栏 4 税收政策解读

目前属于"营改增"的过渡期，国家税务总局会出台一系列的政策来规范纳税管理。对国税总局出台的政策进行关注与解读是PPP项目税务管理的主要内容。虽然项目公司不属于施工单位，但是从税务管理的角度看得同时关注上游供应商、下游客户的税收政策及税率，这样在合同谈判时，对合同价格及谈判内容等方面掌握主动权。下面就2017年国税总局出台的三个主要政策进行解读。

1. 2017年国家税务总局公告11号

根据11号公告的内容，可以解读为施工企业的优惠政策，允许以内部授权或者三方协议等方式，授权集团内其他纳税人为发包方提供建筑服务，并由第三方直接与发包方结算工程款的，由第三方缴纳增值税并向发包方开具增值税发票，与发包方签订建筑合同的建筑企业不缴纳增值税。发包方可凭实际提供建筑服务的纳税人开具的增值税专用发票抵扣进项税额。

2. 2017年国家税务总局58号文

首先明确简易计税的房屋建筑地基与基础、主体结构工程服务，建设单位自行采购全部或部分钢材、混凝土、砌体材料、预制构件的，适用简易计税方法计税。注意适用是强制性的，与2016年36号文可选择不同。

自2017年7月1日起，建筑企业收到业主或发包方的预收账款的增值税纳税义务发生时间不是收到预收账款的当天。即建筑企业收到业主或发包方预收账款时，没有发生增值税纳税义务，不向业主或发包方开具增值税发票。

3. 国家税务总局税总发〔2017〕103号

关于创新跨区域涉税事项报验管理制度的通知中明确规定：

一是纳税人跨区域经营前不再开具相关证明，改为填报《跨区域涉税事项报告表》。只需要向税务部门填报相关资料就可以，这大大减轻了企业负担。

二是税务机关不再按照180天设置报验管理的固定有效期，改按跨区域经营合同执行期限作为有效期限。这项改革，避免了合同期限长的项目多次报验的情况，也是便民的一项好措施。

三是具备网上办税条件的，纳税人可通过网上办税系统，自主填报《跨区域涉税事项报告表》。这也是李克强总理提出的"让政府信息多跑路群众少跑腿"思想体现。

以上三个文件可以理解为"营改增"过渡时期国税总局为建筑企业的优惠，允许集团公司内部分公司或法人单位向建设方直接结算、开票，减少了公司的管理链条与成本。预收款纳税时间的延迟，减少了企业的税负，延迟了增值税的纳税时间。取消外管证意味着企业办税更加简单，税务管理更加简化，减轻企业的税务负担。同时这些文件给地方财政、地方税务局带来考验，因为营改增后施工部分的税源大部分流了，促使当地政府在招标时，要求企业在当地注册公司，将税源留在当地。

2.5.5 经验与思考

2.5.5.1 PPP项目跨区域经营的税务筹划

作为PPP项目，管廊施工建设是项目建设期的主要内容，需考虑如何保障项目建设期正常运行、为施工单位提供便利。如西安管廊PPP项目的施工在高新区、雁塔区等六区二县，考虑施工层面的管理成本及效益，协助施工单位（中国建筑股份有限公司）在西安市统一纳税。

2.5.5.2 所得税筹划的风险

所得税筹划存在的风险主要有三个方面，一是在《西部大开发产业目录》中"项目建设"认定15%，而PPP项目的收入来自运营与政府补贴收入；二是《西部大开发产业目录》有效期间为2010年1月1日至2020年12月31日，而PPP项目大多是2020年后才进入运营期；三是主管税务局对PPP项目优惠税率的认定有一定主观性。

2.5.5.3 个税及其他税种的筹划

根据国家税务总局公告2017年第17号《关于推广实施商业健康保险个人所得税政策有关征管问题的公告》第三条规定："有扣缴义务人的个人自行购买、单位统一组织为员工购买或者单位和个人共同负担购买符合规定的商业健康保险产品，扣缴义务人在填报《扣缴个人所得税报告表》或《特定行业个人所得税年度申报表》时，应将当期扣除的个人购买商业健康保险支出金额填至申报表'税前扣除项目'的'其他'列中（需注明商业健康保险扣除金额），并同时填报《商业健康保险税前扣除情况明细表》"。

根据该文件可以为职工购买个人商业健康保险，建立《商业健康保险税前扣除情况明细表》，作为个人所得税税前扣除依据。作为对职工的一项福利政策，并不增加职工的个税支出。

业务招待费的开支策划。根据业务招待费的性质及特点，通过在财务制度、年度预算下达、执行等方面降低业务招待费的开支。避免因业务招待费的开支过大，影响企业所得税的缴纳。

2.5.5.4 项目移交时的税务风险

PPP项目结束移交时的税务风险主要是移交时是否认定无偿转让特许经营权，为防范该风险，应在《特许经营协议》中加入兜底条款，将移交时所产生的所有税费由受让方承担。

2.5.5.5 税务管理得益于公司领导的支持

税务筹划一般需要经总经理办公会批准，取得领导的支持。在公司领导的支持下开展税务管理，实现业财融合；在PPP项目全周期、多主体两个方面，从定性、定量两个维度着手进行税务筹划，体现税务管理的价值创造。

2.6 会计管理

2.6.1 规则和规范

1. 《关于推广运用政府和社会资本合作模式有关问题的通知》（财金〔2014〕76 号）
2. 《关于印发政府和社会资本合作模式操作指南（试行）的通知》（财金〔2014〕113 号）
3. 《发改委关于开展政府和社会资本合作的指导意见》（发改投资〔2014〕2724 号）
4. 《基础设施和公用事业特许经营管理办法》（发展改革委〔2015〕25 号）
5. 《企业会计准则》（2017 版）
6. 《企业会计准则解释第 2 号》（财会 2008）
7. 《国际财务报告解释公告第 12 号——服务特许权安排》（简称 IFRIC12）
8. 《基本建设财务规则》（财政部令第 81 号）
9. 《中国建筑股份有限公司会计制度》（2009 版）
10. 《中国建筑股份有限公司 PPP 项目财务管理规则》（2016 年版）
11. 《中国建筑股份有限公司现金流量核算管理办法》
12. 《中国建筑股份有限公司增值税会计处理规定》
13. 《PPP 丛书：政府和社会资本合作项目会计核算案例》

2.6.2 核心目标

预算先导，加强预算分析，监控经营指标。规范基础会计管理，识别财务风险，加强合规性管控。通过决算和审计管理，巩固经营成果。

2.6.3 预算管理

2.6.3.1 预算特点

1. 决策机构独立完整

PPP 项目公司作为独立的法人单位，全面预算的审核及决策必须严格按照《公司法》及公司章程规定执行。

从组织机构来看，PPP 项目公司应尽可能建立预算管理委员会。

2. 资金预算及投资预算是重点

与传统的施工企业相比，PPP 项目公司全面预算更加注重资金预算及投资预算。从全面预算的编制开始到预算执行分析结束，资金与投资指标预算贯穿全面预算的始终，并占据重要地位。

2.6.3.2 编制内容

项目公司财务资金部门作为全面预算工作的牵头部门，负责发布预算通知、预算审核汇总、预算执行情况分析等工作。

以投资预算为例，公司投资预算以项目投资计划为基础，主要指标包括年度计划完成投资额、资金来源、投资项目回款等（见表 2-11）。

投资管理主要指标表

表 2-11

单位：亿元

指标名称	2××6年上半年	2××7年预算	2××7年上半年	预算完成率/%	同比增减/%
累计完成投资额					
当年完成投资额					
其中：房地产业务					
房建业					
基础设施业务					
城市综合开发业务					
投资回款					

2.6.3.3　预算编制

预算编制遵循"三下两上"的流程（见图 2-15）：

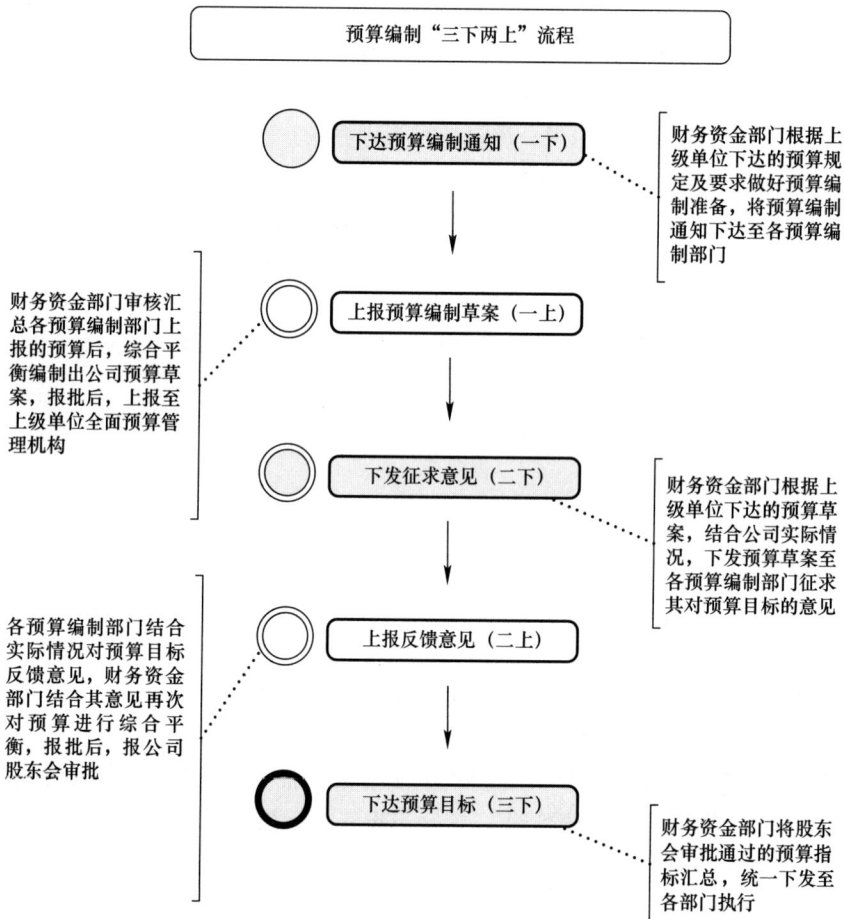

图 2-15　预算编制流程

2.6.3.4　预算执行分析

PPP项目公司预算执行分析原则上以季度分析为主，预算分析内容主要包括收入、成本、利润等经营指标分析，注重市场经营情况及投资指标的分析。项目不同阶段，预算执行分析的侧重点不同。PPP项目建设期预算分析以投资进度资金来源情况为重点；项目公司根据当前的投资形势和投资风险、融资风险进行具体分析，并据此制定有效的应对措施。在项目运营期，预算分析以运营收入和政府可行性缺口补贴为重点。

PPP项目公司预算执行分析可以与公司季度运营分析合并。

2.6.4 核算管理

PPP项目公司预算严格遵循会计准则的要求和内控管理的流程，会计核算与传统的建筑施工业务存在很大区别，具有设计建设一体化、第三方监管多、多业务融合的特点。

具体业务处理方面包括核算、决算、审计。

2.6.4.1 会计核算

1. 项目建设期

（1）核算依据

PPP项目建设期，项目公司对于PPP项目的建造服务应当按照《企业会计准则第15号——建造合同》确认相关的收入和费用。建造合同收入按公允价值计量，在确认建造合同收入的同时，分不同情况确认金融资产或者无形资产。PPP项目建设过程中发生的借款利息，应当按照《企业会计准则第17号——借款费用》的规定处理。

（2）会计核算特点

PPP项目是政府与社会资本共同参与的结果，PPP项目公司的会计核算具有三个显著特点，一是坚持社会资本方会计政策，同时受政府监督；二是全面反映建设、运营、移交的财务成果，不同阶段财务核算的侧重点不同；三是PPP项目建设周期长，风险随建设、运营、移交的生命周期逐步释放，会计核算需具有较强的前瞻性。

PPP项目建设期，项目公司核算的重点在于投资额的计量与确认。投资额核算具有全方位、全周期、多角度的特点，具体核算内容包括建安工程费、勘察费、设计费、拆改费、项目管理费、建设期利息、监理费、审计费、可研费用、保险费、建筑垃圾测量费、建筑垃圾处置费、劳保统筹基金、环评费用、城市基础设施配套费等。

（3）会计核算要点

在具体实践中，项目公司可根据合同权利中风险承担安排的不同对项目资产分别按照金融资产、无形资产、混合模式以及固定资产进行核算（见表2-12）。

建设期项目公司会计核算要点　　　　　　　　表2-12

核算模式	核算科目	辅助核算科目	核算要点
金融资产模式	长期应收款	长期应收款-其他长期应收款	1. 建设期在"长期应收款"科目归集整个工程的投资额，反映工程建设款项及累计的应计利息
			2. 按照摊余价值计量长期应收款，并确认本期应计利息收入
			3. 现金流入需区分建造服务款和运营服务款两部分
			4. 建设期借款费用不能资本化，发生时确认为费用

续表

核算模式	核算科目	辅助核算科目	核算要点
无形资产模式	无形资产	无形资产-在施特许经营权	1. 在特许经营期内向使用者提供服务并收取费用，但收费金额不确定
			2. 项目公司提供建造业务时，确认建造阶段主营业务收入；获得运营服务收入时，确认运营阶段主营业务收入
			3. 项目公司借款用于基础设施建设，符合资本化要求的利息支出，确认无形资产；借款用于满足日常运营的资金需求，不符合资本化条件的，确认财务费用
混合模式	长期应收款、无形资产		1. 将所提供建造服务的公允价值分为两个部分-基于政府保底金额确认的金融资产和剩余金额构成的无形资产，同时确定测算的金融资产和无形资产占建造收入公允价值的比重，并按此比重分别确认建造期间的建造收入及利息费用等
			2. 借款费用应根据所确认的金融资产和无形资产的相对公允价值，按照无形资产所占份额部分予以资本化

2. 项目运营期

PPP 项目进入运营期，项目公司应当按照《企业会计准则第 14 号——收入》确认相关运营收入。

按照 PPP 项目合同约定，项目公司作为 PPP 项目运营主体提供运营服务、维护整修、一次性大修、恢复性大修等工作。项目公司在运营过程中收回的款项包括两部分：运营服务获取的对价和提供建造服务形成资产的对价，对此，项目公司需合理地划分。不同资产确认模式下，运营收入及建造服务形成资产对价的回收处理有所不同。下面根据不同的资产确认模式简单介绍运营期会计处理（见表 2-13）。

运营期项目公司会计核算要点　　　　　　　　　　表 2-13

核算模式	核算科目	辅助核算科目	核算要点
金融资产模式	长期应收款	长期应收款-其他长期应收款	1. 运营期收回的款项包括提供运营服务的对价和前期提供建造服务形成资产的对价，运营收回款项在扣除了政府偿还建造服务当期金额后的余额或托底担保金额确认为运营收入
			2. 项目公司收到政府每期支付的购买服务款时，将其中支付建造服务部分冲减"长期应收款"的账面价值，运营服务部分计入主营业务收入
			3. PPP 项目公司应在运营期间继续根据内含报酬率采用摊余成本法计量并按期确认利息收入
			4. 项目公司运营期间发生的与生产经营直接相关的成本费用，计入当期成本费用
			5. 项目试运营期间发生的收入和成本形成净损益，计入长期应收款账面价值
			6. 移交之前的恢复性大修，若政府偿付该部分维修支出，费用发生时确认收入和成本；若政府不承担维修支出，应预计修复费用，并考虑时间价值的影响，在指定会计年度分摊

核算模式	核算科目	辅助核算科目	核算要点
无形资产模式	无形资产	无形资产-特许经营权	1. 将运营期内因提供运营服务而获得的收益全部确认为运营收入
			2. 运营期始定期计提无形资产摊销，并确认主营业务成本，摊销期不应超出特许经营权的经营期限；运营期间发生的与生产经营直接相关的成本费用，确认主营业务成本或者管理费用
			3. 项目试运行期间发生的收入和成本形成的净损益，计入无形资产账面价值
			4. 运营期借款利息支出不符合资本化条件，发生时应确认为费用
			5. 项目公司至少应当于每年年度终了，对无形资产的使用寿命和摊销方法进行复核，如发生无形资产进行改良升级、特许经营权延期等情况，要重新调整摊销年限和摊销金额
混合模式	长期应收款、无形资产		运营期间的收入，也要按分割比重在金融资产偿还和主营业务收入之间进行分配

存款利息收入、手续费、恢复性大修与 PPP 项目建设期会计处理相同，在此不再赘述。

3. 项目移交

项目终止时，项目公司需要向政府或政府指定机构移交项目资产。终止移交的形式包括期满终止移交和提前终止移交；移交补偿方式包括无偿移交和有偿移交（见表 2-14）。

移交时项目公司会计核算要点　　　表 2-14

序号	移交模式	核算要点
1	到期终止无偿移交	1. 项目公司将确认为无形资产的特许经营权已于运营期内摊销完毕，或者项目公司在移交期前已收到全部应收款项，金融资产余额为 0，因此移交时无须进行特别的会计处理
		2. 移交过程中发生的各项费用，按照合同约定处理
2	到期终止有偿移交	1. PPP 项目特许经营期结束，项目公司将项目资产按事先约定的固定或可确定的金额有偿移交给政府
		2. 项目公司应以移交时收到的固定价格按实际利率折现后的金额确认为相关的金融资产，并在后续期间按实际利率法核算
		3. 期末移交时，收到的移交对价直接冲减金融资产账面金额
3	提前终止无偿移交	1. 经 PPP 社会资本方与政府方一致同意，项目公司在特许经营期尚未结束，将项目资产无偿移交给政府
		2. 无形资产模式下，项目公司的特许经营权作为无形资产尚未摊销完毕；金融资产模式下，项目公司的应收款项尚未全额收回
		3. 终止并移交时，项目公司应将无形资产或金融资产账面价值全额冲销，由此产生的损失计入当期营业外支出
4	提前终止有偿移交	项目提前终止，项目公司有偿移交项目资产，根据提前终止的原因归责方不同，收到的移交对价可能大于或小于项目公司的无形资产/金融资产账面价值（含计提的减值准备），项目公司相应计入当期营业外收入或支出

2.6.4.2　财务决算

每年年末，项目公司财务资金部门下发《关于做好2×××年度财务决算工作的通知》，同时召开决算布置会，明确各部门责任分工及时间节点要求，确保各项费用及投资额及时、准确计量，按时完成年终盘点、对账、减值测试等基础工作，高效准确填报报表数据，积极配合完成会计事务所要求，顺利取得事务所审计报告。下面以西安市地下综合管廊建设PPP项目Ⅰ标段2016年财务决算为例，详细介绍PPP项目公司财务决算工作部门责任分工及时间节点要求（见表2-15，表2-16）。

2016年度财务决算部门责任分工一览表　　　　　　　　　　表2-15

序号	部门	工作任务	工作阶段
1	合约法务部门	提供年终对上对下计价资料，预计总收入、预计总成本资料，以及预计总收入、预计总成本变更的相关资料，项目主要合同原件及复印件，配合做好项目收入、成本确认工作；做好"营改增"价税分离，配合做好项目收入、成本确认工作	账务处理、预审及正式审计时
		提供建造合同所需相关信息、建造合同分析、已完工未结算存货盘点、建造合同减值测试	账务处理、预审及正式审计时
		提供诉讼事项统计表，配合做好或有事项的判定	报表编制时
2	综合办公部门	提供公司重大会议决议资料	审计时
		提供房屋、土地等重大固定资产产权证原件及复印件、配合开展资产盘点工作	年度审计时
		提供车辆等固定资产产权证原件及复印件、开展资产、实物存货盘点工作，减值测试	审计时
		提供关键人员报酬，职工人数，职工薪酬等相关资料，并对相关数据进行审核；提供劳务派遣人员及成本等相关信息；组织填报对应业务监管报表	报表编制时
		提供物资统计台账、存货盘点表、物资采购合同原件及复印件，提供集采信息数据，配合做好盘点清查、账实核对工作	现场盘点、年度审计时
		提供设备统计台账，设备盘点表，设备采购合同原件及复印件，配合做好资产清查工作	现场盘点、年度审计时
3	财务资金部门	全面牵头组织公司年度财务决算工作	决算全过程
		牵头决算审计	
		提供银行账户明细资料，银行询证函、票据、保函、贷款、利息测算表，对外担保、信托安排等资料	预审、报表编制及正式审计时
4	投资业务部门	提供投资项目台账、公司章程、远景规划、重大投资事项审批及运营情况资料；组织填报对应业务监管报表	审计时
		提供投资额及投资项目台账，重大投资事项审批及运营情况资料；配合统计投资项目信息；组织填报对应业务监管报表	年度审计时
		提供重要客户信息	年度审计时
5	工程管理部门	提供安全费用统计表及相关资料，并对安全费用计提、使用情况进行审核	报表编制、年度审计时
		提供工程形象进度资料	年度审计时
6	运营管理部门	提供管廊运营情况资料	报表编制、年度审计时

2016 年度财务决算工作时间安排　　　　　　　　　　　　　　　表 2-16

单位：中建西安综合管廊投资发展有限公司　　　　　　　　编制日期：2016 年 11 月 21 日

序号	日期	完成工作内容	达到工作状态
1	2016.12.25	年终盘点，事务所监盘/抽盘	完成各类资产（包括固定资产、低值易耗品等）、负债现场盘点工作
2	2017.1.10	完成年度财务对账，合并类填报完整并确保抵消	将 2016 年度内部交易和往来核对一致，取得确认资料，解决对账差异，同时完成网报合并类填报抵消工作
3	2017 年 1 月上旬至 2 月下旬	事务所年度审计	按照相关要求及时提供审计师所需报表系统、建造合同及其他等年度审计所需资料，配合完成年度审计工作，决算主附表定稿，达到可以集中会审要求
4	2017 年 1 月 25 日前	决算主表预报	决算主表经过审计师认可定稿
5	2017 年 1 月 30 日前	完成财务决算报表	完成决算报表
6	2017 年 2 月 8 日前	上报财务情况说明书电子版	将 2016 年度财务情况说明书电子版上传至报表系统附报文档中
7	2017 年 4 月 2 日前	审计报告（电子版）	财务报告定稿，事务所出具年度审计报告电子版
8	2017 年 4 月 5 日前	审计管理建议书、专项说明、审计情况说明书等（电子版）	事务所出具电子版审计管理建议书、专项说明、审计情况说明书等
9	2017 年 4 月 11 日前	审计报告（签字版）	事务所出具各级单位签字版审计报告
10	2017 年 4 月 21 日前	装订纸质资料	将签字盖章的报表、财务情况说明书、会计主附表、财务情况表、审计报告、会计报表附注、公司内部管理报表纸质资料装订成册并报送至集团财务资金部

2.6.4.3　财务审计

PPP 项目公司涉及的审计主要包括投资质量审计、经济责任审计、年度经营业绩审计、财务报表审计、内控审计、竣工审计、离任审计、项目移交审计等。

在 PPP 项目的合同关系中，政府和社会资本方共同参与携手合作，政府方一方面为 PPP 项目提供制度保障与可行性担保，同时平衡不同的利益方，另一方面参与监督项目质量与进展。因此，PPP 项目公司应通过与政府方协商一致的方式选择审计机构。

2.6.5　经验与思考

2.6.5.1　项目管理费及借款利息的分摊

PPP 项目常常存在多个子项目，因此 PPP 项目公司日常经营发生的项目管理费及借款利息需分摊至各个子项目。PPP 项目公司用各子项目年度产值与年度总产值占比为系数，或者以各子项目竣工产值与项目总产值占比为系数，亦或以各个子项目完成投资额与总投资额的占比为系数分摊每个子项目的项目管理费及借款利息。

以西安市地下综合管廊建设 PPP 项目Ⅰ标段为例，此项目作为目前国内单笔投资额最大、总公里数最长、入廊管线最多、技术实力最强、智慧程度最高的地下综合管廊项目，项目公司自建设期开始每条管廊独自报量、独自审计、独自结算、独自核算，因此存在项目管理费及建设期利息的分摊问题，经初步研究，拟采用以每条管廊完成投资额与总投资额的占比为基础计算每条管廊的项目管理费及借款利息。

2.6.5.2 资产账面价值的确认

PPP 项目存在多个子项目时，需单独确认每个子项目资产的账面价值。PPP 项目公司应以合理的方式归集各子项目的建安工程费、设计勘察费、审计监理费等成本，在各个子项目竣工结算时将项目管理费及借款利息分摊至子项目中，确定每个子项目资产的账面价值。

2.6.5.3 无形资产的摊销

PPP 项目公司如采用无形资产会计核算模式，自项目运营期始每月按照直线法计提无形资产摊销，并确认主营业务成本，摊销期不应超出特许经营权的经营期限，月末通过摊销无形资产、结转成本归集成本，确定主营业务成本。

专栏 5 **PPP 项目核算模式的选择**

按照 PPP 合同约定，项目公司向政府提供建设服务后，会取得政府授予的相关权利形成的对价，包括：(1) 无条件收取可确定金额的现金或其他金融资产的合同权利；(2) 在未来特定期间特许运营已建成的基础设施并收取服务费用的权利；(3) 两者兼而有之。此权利构成了项目公司对项目资产实施控制的法律基础，项目公司应根据权利中风险承担安排的不同对项目资产分别按照金融资产、无形资产和混合模式进行核算。

以西安市地下综合管廊建设 PPP 项目Ⅰ标段为例，根据《特许经营协议》第 10.4 条："入廊企业付费按照入廊企业与项目公司签订的入廊协议的约定执行……运营期政府可行性缺口补贴按照管廊服务费报价通过以下公式调整后执行……转让价款以转让时的审计金额（须经财政部门确认）为准……调整系数为甲方会同政府相关部门根据地下综合管廊绩效考核结果，乙方执行国家或陕西省或西安市发布并开始实施的强制入廊政策、入廊收费标准及措施的情况，与乙方另行协商确定。"

根据上述《特许经营协议》规定，入廊企业付费按照入廊企业与项目公司签订的入廊协议的约定执行，金额无法确定；转让价款为万寿路与幸福路地下综合管廊幸福林带建成后经财政部门确认审计金额，此金额暂时不能确定；调整系数不确定因素太多，因此政府可行性补贴金额也无法确定。

根据《特许经营协议》第 10.9.3 条："政府支付的可行性缺口补贴与考核结果挂钩。甲方依据考核结果，综合确定每年的可行性缺口补贴支付金额。当考核不合格时，甲方将依据相关的管理规定及办法给予一定的处罚，并从政府支付的可行性缺口补贴金额中予以扣除甚至暂停支付。"政府支付的可行性缺口补贴与考核结果挂钩增加了政府可行性缺口补贴金额的不确定性。

根据以上条款可知，项目公司运营期收入不构成一项无条件收取可确定金额的货币资金或其他金融资产的权利，不符合金融资产核算模式的确认条件，满足项目公司应将建造合同形成的对价确认为无形资产的确认条件。PPP 项目作为一种复杂的合同安排，项目公司应综合分析合同条款，选择 PPP 项目公司采用何种模式进行会计核算，在此过程中，应积极与主审会计师事务所沟通，取得会计师事务所的认可。

项目资本金核算

在PPP项目实施过程中，"项目资本金与注册资金差额部分"（以下简称"差额部分"）目前主要做法是计入资本公积。

这种处理方式存在以下两个特点：

（1）计入资本公积金融机构更易认可

资本公积是权益属性，不需股东进一步说明即可认定资本金投入情况。

（2）计入资本公积股东回收投资难

如将差额部分计入资本公积，则退出时，需要债权人及业主的同意，且法定减资程序较为复杂。

2.7 展望

自2014年大规模推广以来，PPP项目规模和数量迅速增加，对新技术、新工艺、新商业模式提出更高要求，也对财务管理转型提出新课题。相信随着PPP项目国家层面立法工作推进，各级政府对PPP项目合规性管控增强，会计核算规则出台及税收政策调整，行业将逐渐从规模扩张迈向成熟发展阶段，财务价值创造工作的着力点会随着PPP项目发展而不断变化。我们应更加积极发挥财务价值创造能力，聚焦战略财务力量，帮助企业实现大发展。

发挥全面预算的引领作用。坚持和改进公司预算管理体系，加强专业预算能力，调整专业预算对PPP多业态融合的支持；细化预算指标，增加管理会计指标，利用管理控制活动促进公司和项目质量效益提升。

管好用好大数据。推广使用大型ERP信息系统，与外部机构信息系统做好对接。提高业务信息、财务信息处理自动化程度，实现账务处理自动化，管理报表、披露报表及分析自动化，提高财务信息质量，促进财务组织和人员向战略财务转型。

现金为王，提高盈利质量。PPP项目业态多、周期长决定了资金承受风险能力弱，我们必须坚持全生命周期现金流预算管控体系，监测投资效益变动情况、两金增减变动情况。牢固树立"现金为王"的思想，提高资金周转效率和盈利质量。

主动税务管理，享受国家优惠。通过前述分析，我们认为综合运用多行业税收政策，应用多种税务管理手段，是确保项目落地，巩固投资收益的重要抓手。一方面，企业和项目各级管理者要树立税务管理创造价值思想，支持税务筹划。另一方面，税务专业人员应多元扩展知识储备，保持更新，锤炼做好税务管理的各项技能。

做好投资参谋。利用现金预算管理体系，优化投资空间测算指标体系，测算企业安全投资能力，引导企业和项目适度投资决策。利用融资、税务、基础财务信息优化投资项目条件，保障在施投资项目顺利实施。

会计这一古老管理科学在PPP发展实践中焕发新的活力。时代呼唤财务管理不断在发展中创新，在创新中前行。我们将时刻保持"战必胜，攻必取"的信心和决心，成为现代企业竞争的尖兵。

2.8　相关政策

2.8.1　基础设施 PPP 项目基础文件

《住房和城乡建设部关于进一步鼓励和引导民间资本进入市政公用事业领域的实施意见》（城建〔2012〕89 号）

　　　　附件：《关于进一步鼓励和引导民间资本进入市政公用事业领域的实施意见》

《国务院关于加强城市基础设施建设的意见》（国发〔2013〕36 号）

《国务院办公厅关于政府向社会力量购买服务的指导意见》（国办发〔2013〕96 号）

《国家发展改革委关于发布首批基础设施等领域鼓励社会投资项目的通知》（发改基础〔2014〕981 号）

《财政部关于推广运用政府和社会资本合作模式有关问题的通知》（财金〔2014〕76 号）

《政府和社会资本合作模式操作指南试行》（财金〔2014〕113 号）

《国家发展改革委关于开展政府和社会资本合作的指导意见》（发改投资〔2014〕2724 号）

《PPP 项目合同指南试行》（财金〔2014〕156 号）

《关于在公共服务领域推广政府和社会资本合作模式指导意见的通知》（国办发〔2015〕42 号）

《关于进一步做好政府和社会资本合作项目示范工作的通知》（财金〔2015〕57 号）

《关于切实做好〈基础设施和公用事业特许经营管理办法〉贯彻实施工作的通知》（发改法规〔2015〕1508 号）

《关于公布第二批政府和社会资本合作示范项目的通知》（财金〔2015〕109 号）

《关于积极发挥新消费引领作用加快培育形成新供给新动力的指导意见》（国发〔2015〕66 号）

《关于加快发展生活性服务业促进消费结构升级的指导意见》（国办发〔2015〕85 号）

《PPP 物有所值评价指引试行》（财金〔2015〕167 号）

　　　　附件 1：物有所值评价工作流程图
　　　　附件 2：物有所值定性评价专家打分表

《关于规范政府和社会资本合作 PPP 综合信息平台运行的通知》（财金〔2015〕166 号）

《关于开展工程建设领域各类保证金清查工作的通知》（建市〔2016〕63 号）

《关于进一步推进工程总承包发展的若干意见》（建市〔2016〕93 号）

《2016 年推进简政放权放管结合优化服务改革工作要点》（国发〔2016〕30 号）

《关于进一步共同做好政府和社会资本合作 PPP 有关工作的通知》（财金〔2016〕32 号）

《关于在市场体系建设中建立公平竞争审查制度的意见》（国发〔2016〕34 号）

《国务院办公厅关于清理规范工程建设领域保证金的通知》（国办发〔2016〕49 号）

《国务院办公厅关于进一步做好民间投资有关工作的通知》（国办发明电〔2016〕

12 号）

《中共中央、国务院关于深化投融资体制改革的意见》（中发〔2016〕18 号）

《国家发展改革委关于切实做好传统基础设施领域政府和社会资本合作有关工作的通知》（发改投资〔2016〕1744 号）

《财政部关于在公共服务领域深入推进政府和社会资本合作工作的通知》（财金〔2016〕90 号）

《关于联合公布第三批政府和社会资本合作示范项目加快推动示范项目建设的通知》（财金〔2016〕91 号）

《国家发展改革委关于印发〈传统基础设施领域实施政府和社会资本合作项目工作导则〉的通知》（发改投资〔2016〕2231 号）

《中共中央、国务院关于完善产权保护制度依法保护产权的意见》

《国家发展改革委、中国证监会关于推进传统基础设施领域政府和社会资本合作 PPP 项目资产证券化相关工作的通知》（发改投资〔2016〕2698 号）

《传统基础设施领域政府和社会资本合作 PPP 项目库管理办法试行》

《企业投资项目核准和备案管理条例》（中华人民共和国国务院令　第 673 号）

《国务院办公厅关于转发国务院国资委以管资本为主推进职能转变方案的通知》（国办发〔2017〕38 号）

《国务院办公厅关于加快推进"多证合一"改革的指导意见》（国办发〔2017〕41 号）

《关于规范开展政府和社会资本合作项目资产证券化有关事宜的通知》（财金〔2017〕55 号）

《全国投资项目在线审批监管平台运行管理暂行办法》（2017 年第 3 号令）

《国家发展改革委关于加快运用 PPP 模式盘活基础设施存量资产有关工作的通知》（发改投资〔2017〕1266 号）

2.8.2　财政管理相关文件

《国务院关于加强地方政府性债务管理的意见》（国发〔2014〕43 号）

《国务院关于创新重点领域投融资机制鼓励社会投资的指导意见》（国发〔2014〕60 号）

《关于实施政府和社会资本合作项目以奖代补政策的通知》（财金〔2015〕158 号）

《关于政府和社会资本合作项目前期工作专项补助资金管理暂行办法》（发改办投资〔2015〕2860 号）

《中央对地方专项转移支付管理办法》（财预〔2015〕230 号）

《基本建设财务规则》（财政部令第 81 号）

财政部关于印发《政府和社会资本合作项目财务管理暂行办法》的通知（财金〔2016〕92 号）

财政部关于印发《普惠金融发展专项资金管理办法》的通知（财金〔2016〕85 号）

　　　　附件 1：惠普金融专项资金管理申报表
　　　　附件 2：惠普金融专项资金申报表填表说明

《国务院办公厅关于对真抓实干成效明显地方加大激励支持力度的通知》（国办发

〔2016〕82 号）

《中央预算内投资补助和贴息项目管理办法》（国家发展改革委令第 45 号）

《关于进一步规范地方政府举债融资行为的通知》（财预〔2017〕50 号）

《关于试点发展项目收益与融资自求平衡的地方政府专项债券品种的通知》（财预〔2017〕89 号）

2.8.3　投融资相关文件

《中国人民银行关于贯彻信贷政策与加强环境保护工作有关问题的通知》（银发〔1995〕24 号）

《国务院关于固定资产投资项目试行资本金制度的通知》（国发〔1996〕35 号）

《商业银行授权、授信管理暂行办法》（银发〔1996〕403 号）

《中华人民共和国商业银行法》（主席令第 13 号）

《信贷资产证券化试点管理办法》（中国人民银行、银监会公告〔2005〕第 7 号）

《资产支持证券信息披露规则》（中国人民银行公告〔2005〕第 14 号）

《金融机构信贷资产证券化试点监督管理办法》（银监会令第 3 号）

《财政部、国家税务总局关于信贷资产证券化有关税收政策问题的通知》（财税〔2006〕5 号）

《信贷资产证券化基础资产池信息披露有关事项公告》（中国人民银行公告〔2007〕第 16 号）

《国务院关于调整固定资产投资项目资本金比例的通知》（国发〔2009〕27 号）

《银监会关于规范信贷资产转让及信贷资产类理财业务有关事项的通知》（银监发〔2009〕113 号）

《流动资金贷款管理暂行办法》（银监会令第 1 号）

《国务院关于鼓励和引导民间投资健康发展的若干意见》（国发〔2010〕13 号）

《国务院关于加强地方政府融资平台公司管理有关问题的通知》（国发〔2010〕19 号）

《国务院办公厅关于鼓励和引导民间投资健康发展重点工作分工的通知》（国办函〔2010〕120 号）

《国家发展改革委办公厅关于进一步规范地方政府投融资平台公司发行债券行为有关问题的通知》（发改办财金〔2010〕2881 号）

《银监会关于进一步规范银行业金融机构信贷资产转让业务的通知》（银监发〔2010〕102 号）

《中国人民银行关于进一步扩大信贷资产证券化试点有关事项的通知》（银发〔2012〕127 号）

《基金管理公司特定多个客户资产管理合同内容与格式准则 2012 年修订》（证监会公告〔2012〕25 号）

《基金管理公司单一客户资产管理合同内容与格式准则 2012 年修订》（证监会公告〔2012〕24 号）

《证券投资基金管理公司子公司管理暂行规定》（证监会公告〔2012〕32 号）

《中华人民共和国证券投资基金法》（主席令第 71 号）

《证券公司资产证券化业务管理规定》（证监会公告〔2013〕16 号）

《国务院关于进一步促进资本市场健康发展的若干意见》（国发〔2014〕17 号）

《证监会关于进一步推进证券经营机构创新发展的意见》（证监发〔2014〕37 号）

《国务院办公厅关于进一步推进排污权有偿使用和交易试点工作的指导意见》（国办发〔2014〕38 号）

《中华人民共和国保险法》（主席令第 14 号）

《关于妥善解决地方政府融资平台公司在建项目后续融资问题意见的通知》（国办发〔2015〕40 号）

《关于充分发挥企业债券融资功能支持重点项目建设促进经济平稳较快发展的通知》（发改办财金〔2015〕1327 号）

《项目收益债券管理暂行办法》（发改办财金〔2015〕2010 号）

《关于银行业支持重点领域重大工程建设的指导意见》（银监发〔2015〕43 号）

《关于加快融资租赁业发展的指导意见》（国办发〔2015〕68 号）

《关于调整和完善固定资产投资项目资本金制度的通知》（国发〔2015〕51 号）

《关于保险业支持重大工程建设有关事项的指导意见》（发改投资〔2015〕2179 号）

《政府投资基金暂行管理办法》（财预〔2015〕210 号）

《关于财政资金注资政府投资基金支持产业发展的指导意见》（财建〔2015〕1062 号）

《保险资金间接投资基础设施项目管理办法》（保监会主席令〔2016〕2 号）

《关于构建绿色金融体系的指导意见》（中央人民银行等六部委合发）

《保险资金间接投资基础设施项目管理办法》（中国保险监督管理委员会主席令第二号）

《国务院办公厅关于创新农村基础设施投融资体制机制的指导意见》（国办发〔2017〕17 号）

《国务院办公厅关于促进建筑业持续健康发展的意见》（国办发〔2017〕19 号）

《国务院办公厅关于进一步激发社会领域投资活力的意见》（国办发〔2017〕21 号）

《政府出资产业投资基金信用信息登记指引（试行）》（发改办财金规〔2017〕571 号）

《政府和社会资本合作（PPP）项目专项债券发行指引》（发改办财金〔2017〕730 号）

《社会领域产业专项债券发行指引》（发改办财金规〔2017〕1341 号）

《建设工程质量保证金管理办法》（建质〔2017〕138 号）

2.8.4 税收政策

《中华人民共和国企业所得税法》（主席令第 63 号）

《国务院关于清理规范税收等优惠政策的通知》（国发〔2014〕62 号）

《关于税收等优惠政策相关事项的通知》（国发〔2015〕25 号）

《国家税务总局关于执行〈西部地区鼓励类产业目录〉有关企业所得税问题的公告》（国家税务总局公告 2015 年第 14 号）

《资源综合利用产品和劳务增值税优惠目录》（财税〔2015〕78 号）

《关于全面推开营业税改征增值税试点的通知》（财税〔2016〕36 号）

《国家税务总局关于进一步明确营改增有关征管问题的公告》（国家税务总局公告 2017 年第 11 号）

《关于增值税发票开具有关问题的公告》（国家税务总局公告 2017 年第 16 号）

《关于调整增值税纳税申报有关事项的公告》（国家税务总局公告 2017 年第 19 号）

《关于将商业健康保险个人所得税试点政策推广到全国范围实施的通知》（财税〔2017〕39 号）

《关于建筑服务等营改增试点政策的通知》（财税〔2017〕58 号）

《住房城乡建设部办公厅关于征求〈建设项目总投资费用项目组成〉〈建设项目工程总承包费用项目组成〉意见的函》（建办标函〔2017〕621 号）

《国家税务总局关于创新跨区域涉税事项报验管理制度的通知》（税发总〔2017〕103 号）

第三章　保险采购管理

3.1　规则和规范

《建筑法》第四十八条要求：建筑施工企业应当依法为职工参加工伤保险缴纳工伤保险费。鼓励企业为从事危险作业的职工办理意外伤害保险，支付保险费。虽然法律法规对财产保险没有强制要求，但是建设方为了规避风险，在合同中往往要求购买保险。目前全国范围内实施的 PPP 项目，因项目规模大，周期长，建设方要求购买保险属一种行业惯例，有利于分担项目风险。

PPP 合同约定"在特许经营期内，管廊公司应根据适用法律和谨慎运营维护惯例，购买和维持规定的保险。管廊公司所投保险种包括但不限于建筑安装工程一切险、财产险（设备、设施及附属建筑物）、第三者责任险等。"

3.2　核心目标

响应 PPP 合同的要求，采购保险，分担项目风险。

3.3　关键节点

3.3.1　保险需求

1. 建设期间的保险

（1）货物运输险

责任范围：对于所有材料、设备、机器、零备件和其他物品（施工设备除外）从投保货物离开分包商或供货商在世界上任一地点的场所之时开始，至到达并卸至综合管廊场地的运输途中的所有一般及惯常的可保风险。

保险金额：对任一次运输或任一地点，相当于投保财产购买价的 110%，但不低于投保财产的全部重置价值，包括运费和保险费。

（2）建筑安装工程一切险

责任范围：在综合管廊建设、安装及运行期间及其后的十二个月内，就工程、临时工程、材料及其他将包括在项目设施内的物品的灭失或损坏的所有一般及惯常的可保风险（包括但不限于火灾、雷电、爆炸、暴雨、风暴、台风、水害、水灾、旱灾、倒塌、滑坡、地震、其他事故损失、故意破坏、设计缺陷、工艺缺陷及材料缺陷）。

保险金额：工程重置价全额。

保险期间：从建设开始之日至最终完工日及其后的十二个月。

被保险人：建设方、分包商、供应商、顾问（仅限于场地风险）政府或建设方选定的其他方（条件是该其他方拥有或可获得此保险项下的可保利益）。

（3）第三者责任险

责任范围：对在中国境内发生的与建设工程有关的第三者人身伤害或财产损失所应承担的法律责任的保险（但不包括第三者汽车保险）。

保险金额：每次事故责任限额，保险事故次数不限。

保险期间：从建设开始之日至最终完工日以及之后的十二个月。

被保险人：建设方、分包商、供货商和顾问（仅限于场地风险）、政府或建设方选定的其他方（条件是该其他方拥有或可获得此保险项下的可保利益）。

2. 运营期间的保险

建设方应在开始正式运营日或该日之前自费投保并在整个运营期内保持下列险种的保险。

（1）财产一切险

责任范围：对构成项目设施组成部分的、正在使用的综合管廊设施、设备、零配件和其他材料和/或不动产所有灭失或损坏的所有一般及惯常的可保风险（包括但不限于火灾、雷电、爆炸、自燃、风暴、暴雨、台风、洪水、水害、旱灾、恶意破坏、撞击、地震、沉降和倒塌）。

保险金额：项目设施的全部重置价值。

保险期间：以年为单位，可续延。

被保险人：建设方、政府或建设方选定的其他方（条件是该其他方拥有或可获得此保险项下的可保利益）。

（2）第三者责任险

责任范围：因运营和维护项目设施造成的对第三者的人身伤害或财产损失或损坏所应承担的法律责任。

保险金额：每次事故责任限额，保险事故次数不限。

保险期间：以年为单位，可续延。

被保险人：建设方、政府或建设方选定的其他方（条件是该其他方拥有或可获得此保险项下的可保利益）。

3.3.2 委托方式

根据 PPP 合同，考虑项目的建设内容及管理模式，是通过保险经纪公司招标还是自行招标的方式进行保险采购？能否取得政府审计认可计入总投资？需提前和建设单位、审计部门沟通，待确认后执行。以管廊为例，利用社会资本方的保险经纪公司的优势，通过保险集中采购，充分发挥规模优势，以合理保费支出获得较大风险保障及更优质保险服务，实现降本增效的目的。

3.3.3 保险方案

保险招标前期由保险经纪公司出具保险建议书，通过发起部门安排保险方案会签，征求各部门及相关分管领导意见，经总经理审核后报总经理办公会审议。通过征求意见，修改完善保险方案。

3.3.4　保险的招标

保险经纪根据修改完善后的保险方案，以管廊为例采用竞争性磋商的方式进行保险招标。经过响应文件的出售和应答文件的递交确定入选保险公司。经过与保险公司保险费率几轮的磋商，经过专家小组评审，确定中标保险公司。

3.3.5　政府的确认

根据 PPP 合同的要求，需在获准在中国经营保险业务的、具有良好信誉并经甲方同意的保险商处购买保险。项目需给建设单位发函，对保险招标结果向建设方发函，请求对保险招标进行确认。

3.3.6　保险合同签订和投保

经过公司各部门、分管领导及总经理、董事长评审通过的合同，由发起部门负责和保险公司签订合同。按照保险合同约定的费率和时间支付保费，取得保单。

3.3.7　培训及后续服务

在合同期间，保险公司应协助甲方做好保险培训工作。保险培训主要内容包括：保险合同的解释；防灾防损知识；发生事故后的索赔程序；国内外近期所发生的一些较大或较有影响的事故背景、发生的原因、造成的后果、引发的教训及该类事故的防范措施；与被保险人相同或相近行业在防灾防损方面的先进经验及最新动态；解答咨询。

3.4　经验与思考

3.4.1　选择合适的招标方式

1. 竞争性谈判方式

优点：可促进保险公司提供完善的保险服务承诺；通过充分竞争，得到优惠合理的报价；程序相对简单，工作效率高。

难点：评审、商议相结合，需要具有相当的专业技术水平和谈判技巧的相关专家。

2. 招标方式

优点：保险安排工作公正、公平、公开；对各家保险公司的情况有全面、细致的了解，有利于选出各方面符合要求的保险公司。

难点：招标成本高、周期长；操作程序严格、复杂，缺乏灵活性；需要设计完全公开的、科学的招/评标文件及评审细则。

以管廊为例，经过综合考虑各方面的情况，以竞争性谈判方式确定保险公司，既可保证保险安排公平公正，促使保险公司充分竞争，获取优惠价格，同时兼顾工作效率，达到项目公司要求。

3.4.2　选择合适的承保方式

1. 共保

优点：可以在多家保险公司相互之间形成竞争，有利于控制保险成本，促进保险公司提高服务水平。

弊端：影响被保险人的工作效率，增加沟通成本。

2. 独家承保

优点：有利于提高工作效率，节约经营管理成本；发生保险事故时，有利于缩短索赔时间，降低索赔费用，及时获得经济补偿。

弊端：保险公司服务缺乏竞争，无法对服务质量进行横向比较；项目风险过于集中，对重大项目的保障不力。

以管廊为例，采用共保方式，但承保公司不超过3家，这样既能提高工作效率，又能有效控制成本。

3.4.3　保险险种安排

1. 建筑/安装工程一切险

建筑/安装工程一切险是针对工程项目在建设过程中出现的因自然灾害和意外事故而造成的物质损失和依法应对第三者人身伤亡和财产损失承担的经济赔偿责任提供保障的一种综合性保险。

2. 无货运险需求

管廊项目需要运输的物品类型大致为两种，一是施工机具，二是施工材料。管廊项目公司自有的施工机具在运输过程中购买货运险，分包单位的施工机具由分包单位自行购买；施工材料一般情况由供货商投保货运险，直至货物运抵施工仓储，移交给施工方。项目公司无货运险需求，故不购买此项保险。

3. 先建设期保险，尽早着手运营保险

先安排建设期保险，根据建设期保险公司履约情况，管廊建设进度购买运营保险。这样可以形成一种淘汰机制，保证项目整体的保险服务。

运营保险应符合PPP合同中的运营期保险要求，首先应得取得甲方认可，方可计入运营成本，否则这部分保险费支出，不能列入政府补贴收入中。

第三篇　合约法务篇

第四章　合约法务

4.1　概述

4.1.1　相关政策

1. 国家法律法规

(1)《国家发展改革委关于发布首批基础设施等领域鼓励社会投资项目的通知》(发改基础〔2014〕981号);

(2)《关于推广运用政府和社会资本合作模式有关问题的通知》(财金〔2014〕76号);

(3)《国务院关于创新重点领域投融资机制鼓励社会投资的指导意见》(国发〔2014〕60号);

(4)《政府和社会资本合作模式操作指南(试行)》(财金〔2014〕113号);

(5)《关于政府和社会资本合作示范项目实施有关问题的通知》(财金〔2014〕112号);

(6)《国家发展改革委关于开展政府和社会资本合作的指导意见》(发改投资〔2014〕2724号);

(7)《关于规范政府和社会资本合作合同管理工作的通知》(财金〔2014〕156号);

(8)《关于印发〈政府采购竞争性磋商采购方式管理暂行办法〉的通知》(财库〔2014〕214号);

(9)《政府和社会资本合作项目政府采购管理办法》(财库〔2014〕215号);

(10)《基础设施和公用事业特许经营管理办法》(2015年第25号令)。

2. 地方法律法规

(1)《陕西省实施〈中华人民共和国招标投标法〉办法》(陕人发〔2004〕25号);

(2)《陕西省人民政府办公厅关于在公共服务领域推广政府和社会资本合作模式的实施意见》(陕政办发〔2015〕81号);

(3)《陕西省财政厅关于实施政府和社会资本合作(PPP项目)关于奖补项目政策的通知》(陕财办经〔2015〕87号);

(4)《陕西省政府和社会资本合作(PPP)项目库管理暂行办法》(陕发改投资〔2015〕1430号);

(5)《陕西省财政厅、陕西省发展改革委关于进一步推广政府和社会资本合作实施意见》(陕财办金〔2017〕53号);

(6)《陕西省财政厅关于印发〈陕西省推广运用政府和社会资本合作(PPP)模式考核奖励暂行办法〉的通知》(陕财办金〔2017〕68号);

（7）《西安市工程建设项目招标投标管理办法（试行）》（市建发〔2011〕57 号文）；

（8）《西安市人民政府关于印发西安市政府投资基本建设项目资金监督管理办法的通知》（市政发〔2010〕68 号）。

4.1.2 合约法务管理特点

PPP 项目合约管理，与传统建设项目的合约管理工作在管理流程、管理内容、管理方式上有所不同。

1. 以投资为管控重点

传统建设项目合约管理工作，核心任务是在保证实现合同履约的前提下，做好项目策划及成本控制工作，而 PPP 项目合约管理的主要任务是通过转变观念，建立科学高效的管理机制，合理控制投资，提供优质服务。

2. 审计贯穿项目始终

传统的建设项目审计工作一般为工程竣工后对建设单位的竣工决算审计，而 PPP 项目为全过程跟踪审计，从投资立项到竣工交付再到运营期，全方位开展审计工作。月度工程计量、隐蔽工程见证、工程结算、财务决算、运营成本等均需经政府审计。

管廊项目以路段为单位，建设期由市审计局委托的第三方专业机构进场实施过程跟踪审计工作，项目公司合约法务部是对接审计单位的主责部门。

3. 外部对接工作繁多

外部对接是 PPP 项目合约工作中很重要的一个环节，从政府方到审计方，从施工方到设计方，从材料供应商到运营服务商，外部对接单位繁多，涵盖了从项目立项到交付运营的全生命周期。合约管理人员必须不断提升自身素养和业务水平，适应 PPP 项目管理的需要。

4. 合同管理动态持续

西安综合管廊项目路段多且分散于各片区，施工过程中受到自然条件、地质水文、社会及人为条件等因素影响，各个路段在施工过程中所遇到的情况不尽相同，每条路段都是一个独立的项目，合同管理工作种类多、数量多，且随着项目在全生命周期内的实施进展，合同管理工作一直动态持续。

4.2 合约法务管理

4.2.1 投资估算管理

投资估算是拟建项目前期可行性研究的重要内容，是经济效益评价的基础，是项目决策的重要依据。投资估算对初步设计概算起控制作用，设计概算原则不得突破批准的投资额，并应控制在投资估算额以内。

PPP 项目建设投资估算必须高度重视方案设计，方案设计的深度，决定了投资估算的精度。

1. 方案设计

管廊项目在设计阶段遵守的原则为："五个满足、三个便于、两个减少"。

五个满足：满足规范、满足质量、满足使用功能、满足安全、满足美观靓丽。

三个便于：便于维修、便于运营、便于施工。

两个减少：减少设计变更，减少签证。

2. 编制要点

（1）工程费用计取原则

根据勘察和设计文件，相关专业提供的主要工程量及主要设备清单，参考《城市综合管廊工程投资估算指标》及类似工程的技术经济指标等，结合每条管廊的舱型、截面尺寸及经验值，制定本项目管廊的估算指标，并根据现场实际情况进行调整和修正，对造价占比较大的主要分部分项工程可套用概（预）算定额进行计算。

材料价格采用政府发布的信息价，无信息价的按厂家询价确定。

人工价格的确定，依据陕西省相关文件执行。

（2）工程其他费用的确定

依据《陕西省建设工程其他费用定额》相关规定计取。

（3）建设期贷款利息的确定

依据特许经营协议约定的方式计取。

3. 模板编制

为统一估算编制原则和依据，制定标准模板。估算编制模板见表 4-1。

4. 指标修订

前期管廊项目估算经验数据缺乏，随着管廊建设项目的推进，通过编制完成的初步设计概算指标，不断验证前期项目方案投资估算经验数据的准确性，并进行修订，不断提升后期投资估算编制的质量。

4.2.2 设计概算管理

设计概算是设计文件的重要组成部分，是在投资估算的控制下根据初步设计图纸及说明、概算定额（或概算指标）、各项费用定额（或取费标准）、设备材料预算价格等资料，用科学的方法计算、编制和确定的建设项目从筹建至竣工交付使用所需全部费用的文件。

经批准的设计概算是建设项目投资的最高限额，设计单位必须按照批准的初步设计和总概算进行施工图设计，施工图预算不能突破设计概算。

1. 管理原则

PPP 项目设计概算管理的核心原则是，充分摸排现场施工环境及实际情况，补充完善方案及图纸设计，保证设计概算的合理性和完整性。

（1）经批准的建设项目设计总概算的投资额，是该工程建设投资的最高限额，施工图预算金额不能超过概算。

（2）概算的编制责任方是设计院，设计院对概算的编制质量负责，对技术、经济指标把关，设计院应严格按照设计概算编制办法及其配套规定的相关要求进行编制，非常规措施费应参考专家论证过的类似方案合理计取。

（3）为保证概算编制的完整性和统一性，项目公司组织相关单位及设计院制定统一的概算编制原则及模板，形成概算标准化。

（4）关于定额子目选用，应结合实际项目情况，避免高估冒算造成重大偏差。

投资估算编制模板

表4-1

工程名称：

投资估算表

序号	工程和费用名称	估算价值（万元）					技术经济指标（元）			备注
		建筑工程	设备及工器具购置	安装工程	其他费用	合计	单位	数量	指标	
	建设项目总投资						m/m²			
Ⅰ	建设投资						m/m²			
	工程费用						m/m²			
一	主体土建工程						m/m²			
1	土方工程									挖方量、填量、弃方
1.1	挖方						m³			
1.2	填方						m³			
1.3	弃方						m³			
1.4	外购土方（根据实际发生计取）						m³			
2	地基处理						m³			
3	基坑支护（根据实际发生计取）									
3.1	挂网喷射素混凝土（复合）土钉墙									
3.2	钢板桩									
3.3	钢筋混凝土桩									
4	措施费（根据实际发生计取）									
4.1	施工降水									
4.2	临时便道									
4.3	围挡									
4.4	施工用电									
5	主体结构						m/m²			

续表

序号	工程和费用名称	估算价值（万元）					技术经济指标			备注
		建筑工程	设备及工器具购置	安装工程	其他费用	合计	单位	数量	指标	
5.1	标准断面						m/m²			桩号、断面面积、舱数
5.2	标准断面-箱接段						m/m²			桩号、断面面积、舱数
二	主体安装系统						m²			
1	供配电系统						m²			
2	照明系统						m²			
3	通风系统						m²			
4	排水系统						m²			
5	标识系统						m²			
三	主体弱电系统						m²			
1	消防、监控及报警系统						m²			
2	自控系统						m²			
四	廊内管线支架									
1	给水、再生水管线支架（支墩）									
2	雨水管线支架（支墩）									
3	污水管线支架（支墩）									
4	热力管线支架（支墩）									
5	天然气管线支架（支墩）									
6	电力通信管线支架（桥架、梯架）									
6.1	装配式电缆线桥架、梯架									
6.2	电力、通信管线过街管道									
五	预埋过街管道									
1	给水、再生水预埋套管						m			管材、管径、埋深
2	雨水预埋套管						m			管材、管径、埋深

续表

序号	工程和费用名称	估算价值（万元）					技术经济指标（元）			备注
		建筑工程	设备及工器具购置	安装工程	其他费用	合计	单位	数量	指标	
3	污水预埋套管						m			管材、管径、埋深
4	热力管线预埋套管						m			管材、管径、埋深
5	天然气管线预埋套管						m			管材、管径、埋深
6	电力、通信管线预埋套管						m			管材、管径、埋深
六	外部供电									
1	电力外线						km			管估
七	道路破修费						m²			根据实际发生计取
八	高压电缆保护						项			根据实际发生计取
九	河堤修复费						项			根据实际发生计取
十	交通疏导费						项			根据实际发生计取
……										
Ⅱ	工程建设其他费用	《陕西省建设工程其他费用定额》陕发改投资〔2012〕241号文								
1	建设单位管理费	按特许经营协议约定执行的地方政策计取					%			
2	建设工程监理费	价费字〔2007〕670号文规定计取								
3	节能评估费	国家计委计价格〔1999〕1283号文								
4	前期工作咨询费	国家计委计价格〔1999〕1283号文								
5	工程勘察费	根据第一部分工程费用的一定比例计取					%			
6	工程设计费	《工程勘察设计收费管理规定》标准〔2002〕10号								
7	环境影响评价费	国家计委、国家环保总局计价格〔2002〕125号								
8	劳动安全卫生评审费	按国家或主管部门发布的现行劳动安全卫生评价报告委托合同计列，或按照第一部分工程费用的一定比例计算					%			
9	场地准备及临时设施费	新建项目可根据实际工程量估算，也可按照第一部分工程费中的施工单位的标准计取；此费用不包括已列入建安工程费的施工单位临时设施费					%			

续表

序号	工程和费用名称	估算价值（万元）					技术经济指标（元）			备注
		建筑工程	设备及工器具购置	安装工程	其他费用	合计	单位	数量	指标	
10	工程保险费	可根据投保合同计列保险费用，也可按第一部分工程费用的一定比例计列					%			
11	招标代理服务费	国家计委计价格〔2002〕1980 号								
12	技术经济评估评审费	按第一部分工程费用的一定比例计列，技术复杂、建设难度大的项目取大值，反之取小值					%			
13	竣工图编制费	国家计委、建设部关于发布《工程勘察设计收费管理规定》标准〔2002〕10 号					%			
14	施工图预算编制费	按陕价行发〔2014〕88 号文								
15	竣工决算编制（审核）	按陕价行发〔2014〕88 号文								
16	文物勘探费	陕文物发〔2009〕99 号文								例：深层物探等
17	社会稳定性风险评估费	按实际发生计取								
	另：（根据实际发生计取）									
18	水利基金									
19	建设用地费									
19.1	土地征用及迁移补偿费	按实际搬迁费用计取			0	0				根据 PPP 协议，不计取
19.2	土地使用税	根据项目实际情况计取			0	0				根据 PPP 协议，不计取
19.3	租地费	以工程费用和工程建设其他费（不包括建设用地费）的一定比例计列			0	0				根据 PPP 协议，不计取
19.4	管线搬迁及补偿的费用	按实际搬迁费用计取，包括第一部分工程其他费用与工程其他建设费用之和								
20	预备费	以工程费用和工程建设其他费（不包括建设用地费）的一定比例计列								
Ⅲ	其他费用	按 PPP 协议约定的方式计算								
Ⅳ	建设期贷款利息	在编制时按当时规定计取								

（5）控制总投资，满足设计使用功能及要求的前提下，不应人为提高档次，以免造成浪费。

2. 管控要点

（1）参与设计。项目公司商务人员应全程参与设计方案内部评审会，从造价的角度提出影响投资的建议（比如物探沟，如果方案设计未明确，会造成此项费用在概算编制时计取依据缺失）。

（2）优化设计。概算编制人员要配合设计人员做好经济技术比较。如管廊基坑支护设计，原设计采用常规的钻孔支护灌注桩和钢支撑组合支护形式，这个方案在技术上是可行的，但是造价偏高，后经专家论证，认为该项目工期较短，采用拉森钢板桩结合钢支撑的围护形式同样可行，而造价更经济，节约投资更加显著。

（3）配合设计。在设计阶段，参建单位应发挥施工经验充足的优势，提前做好现场踏勘，配合设计单位采集基础数据，避免方案考虑不周全，以致现场无法实施或与现场实际不符，导致设计变更。

（4）限额设计。项目合同额应以初步设计概算为签订依据，如果在没有设计概算的情况下，参考估算签订合同时，应采用限额设计，以有效控制造价。要求设计人员以单位工程概算的建设标准、投资额和工程质量作为施工图设计的限额控制标准。即先按项目投资估算控制方案和初步设计概算，再用初步设计概算控制施工图设计和预算，使各专业在保证设计功能及技术指标的前提下，合理分解限额，把技术和经济有效结合起来。

（5）变更设计。在工程实施阶段，设计变更应尽量提前，变更发生得越早，损失越小，反之就越大。如在设计阶段，则只需修改图纸，其他费用尚未发生，损失有限；如在施工阶段变更，不仅仅需要修改图纸，甚至有可能设计、材料还需重新采购，已施工的工程可能要拆除，势必造成重大变更损失。因此，设计阶段初期，尤其要对影响工程造价的重大设计变更进行控制。

3. 管理流程（见图 4-1）

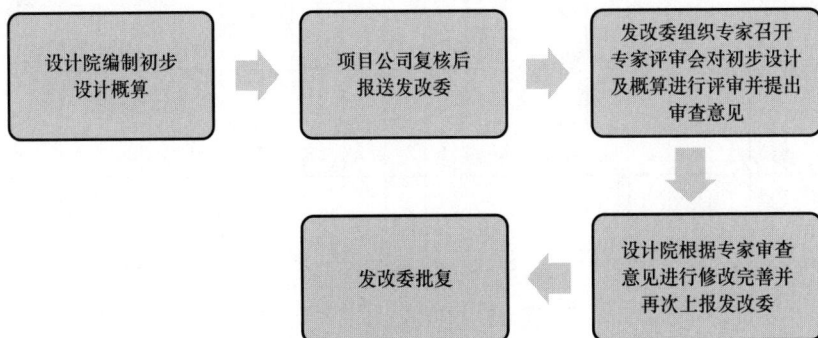

图 4-1 设计概算管理流程

4. 编制要点

为统一设计概算编制原则和依据，制定标准模板，指导工程概算的编制。概算编制模板见表 4-2。

设计概算编制模板

表 4-2

综合概算表

工程名称：

序号	工程和费用名称	概算价值（万元）					技术经济指标（元）			备注
		建筑工程	设备及工器具购置	安装工程	其他费用	合计	单位	数量	指标	
	建设项目总投资						m/m²			
I	建设投资						m/m²			
一	工程费用						m/m²			
（一）	主体土建工程									
1	土方工程						m³			挖方量、填方量、弃方
2	地基处理						m³			
3	基坑支护									
4	措施费									
5	主体结构						m/m²			
5.1	标准断面						m/m²			桩号、断面面积、舱数
5.2	标准断面-衔接段						m/m²			桩号、断面面积、舱数
5.3	节点									
	通风口						个			
	人员出入口						个			
	端部井						个			
	吊装口						个			
	逃生口						个			
	出线节点						个			
	上部维护结构						m²			结构形式
二	主体安装系统						m²			
1	供配电系统						m²			

续表

序号	工程和费用名称	概算价值（万元）					技术经济指标			备注
		建筑工程	设备及工器具购置	安装工程	其他费用	合计	单位	数量	指标（元）	
2	照明系统						m²			
3	通风系统						m²			
4	排水系统						m²			
5	标识系统						m²			
三	主体弱电系统						m²			
1	消防、监控及报警系统						m²			
2	自控系统						m²			
四	廊内管线支架									
1	给水、再生水管线支架（支墩）									
2	雨水管线支架（支墩）									
3	污水管线支架（支墩）									
4	热力管线支架（支墩）									
5	天然气管线支架（桥架、梯架）									
6	电力通信管线支架（桥架、梯架）									
6.1	装配式电缆桥架、梯架									
6.2	电力、通信管线过街管道									
五	预埋过街管道									
1	给水、再生水预埋套管						m			管材、管径、埋深
2	雨水预埋套管						m			管材、管径、埋深
3	污水预埋套管						m			管材、管径、埋深
4	热力管线预埋套管						m			管材、管径、埋深
5	天然气管线预埋套管						m			管材、管径、埋深
6	电力、通信管线预埋套管						m			管材、管径、埋深

续表

序号	工程和费用名称	概算价值（万元）					技术经济指标（元）			备注
		建筑工程	设备及工器具购置	安装工程	其他费用	合计	单位	数量	指标	
六	外部供电									
1	电力外线									暂估
七	道路破修费						km			根据实际发生计取
八	高压电缆保护						m²			根据实际发生计取
九	河堤修复费						项			根据实际发生计取
十	交通疏导费						项			根据实际发生计取
Ⅱ	工程建设其他费用									
1	建设单位管理费	《陕西省建设工程其他费用定额》陕发改投资〔2012〕241号文					项			
2	建设工程监理费	按特许经营定约执行的政府相关文件计取								
3	节能评估费	价费字〔2007〕670号文规定计取					%			
4	前期工作咨询费	国家计委计价格〔1999〕1283号文								
5	工程勘察费	可依照实物工程量定额计费方法计算，也可按第一部分工程费用的一定比例计列					%			
6	工程设计费	《工程勘察设计收费管理规定》标准〔2002〕10号								
7	环境评价影响费	国家计委、国家环保总局计价格〔2002〕125号								
8	劳动安全卫生评审费	按照国家主管部门发布的现行劳动安全卫生评价报告委托合同计列，或按照第一部分工程费的标准中定的一定比例计列					%			
9	场地准备及临时设施费	新建项目可根据实际工程量计算，也可按照第一部分工程费的一定比例计列；此费用不包括已列入建安工程费中的施工单位临时设施费					%			
10	工程保险费	可根据投保合同计列保险费用，也可按第一部分工程费用的一定比例计列					%			
11	招标代理服务费	国家计委计价格〔2002〕1980号								

续表

序号	工程和费用名称	概算价值（万元）					技术经济指标（元）			备注
		建筑工程	设备及工器具购置	安装工程	其他费用	合计	单位	数量	指标	
12	技术经济评估审查费	按第一部分工程费用的一定比例计列，建设难度大的项目取大值，反之取小值					%			
13	竣工图编制费	国家计委、建设部关于发布《工程勘察设计收费管理规定》标准[2002]10号					%			
14	施工图预算编制费	按陕价行发[2014]88号文								
15	竣工决算编制（审核）	按陕价行发[2014]88号文								
16	文物勘探费	陕文物发[2009]99号文								例：深层物探等
17	社会稳定性风险评估费	按实际发生计取								
	另：（根据实际发生计取）									
18	水利基金									
19	建设用地费									
19.1	土地征用及迁移补偿费				0	0				根据PPP协议，不计取
19.2	土地使用税				0	0				根据PPP协议，不计取
19.3	租地费				0	0				根据PPP协议，不计取
19.4	管线搬迁及补偿的费用	按实际搬迁费用计取								
20	其他费用	根据项目实际情况计取								
Ⅲ	预备费	以工程费用和工程建设其他建设费用（不包括建设用地费）的一定比例计列								包括第一部分工程费用与工程其他建设费用之和
Ⅳ	建设期贷款利息	按PPP协议约定的方式计算					在编制时按当时规定计取			

（1）工程费用计取原则

1）定额选用及组价方式

a. 主体土建工程采用市政箱涵定额；主体安装工程（以管廊主体为界，管廊以内）采用安装定额；基坑支护首先选用市政定额，市政定额没有的借用房建定额；其他项目均套用相应的市政定额子目组价。

b. 弱电系统、装配式成品支架、标识系统的安装工程费按占设备（材料）原价的百分比计算，根据项目的复杂程度和规模不同，取用不同的费率标准。

c. 主体安装工程按安装专业取费，其他均按市政专业取费。

d. 单位工程概算使用广联达 GBQ5.0 预算软件配以相应的定额库编制，计价方法采用定额计价（工料机法）计算，零星工程费费率按概算编制办法计取（土方工程不计零星工程费）。

2）价格的计费标准

a. 材料价格的确定

材料价格采用政府发布的信息价，无信息价的按厂家询价确定。

b. 人工费的计取原则

依据当地政府相关文件规定计取。

3）土方计算原则

a. 土方开挖范围：土方开挖按勘察提供的现状地面标高计算（如遇到现场有大规模堆土，依据政府相关规定按实纳入）；

b. 土方内倒距离：按管廊总长度的一半计算（当管廊规模成片分布时，统筹考虑现场堆土点及倒运土方的路线）；

c. 土方外运价格：依据《特许经营协议》及政府相关文件规定计取。

4）措施费的计费原则

a. 施工降水周期：依据施工周期合理计取；

b. 交通疏导费、道路破修费、施工便道等根据现场调研情况合理计取。

5）其他

a. 依据特许经营协议的约定，不包含管线改迁、地面附着物赔偿的费用；

b. 施工用电按架设输电线路计算；

c. 外部供电电源：按现场实际调查情况合理计取，控制中心位置已经确定的管廊，按实际确定。

（2）工程建设其他费用计取原则

1）建设单位管理费依据《特许经营协议》约定执行的政府相关文件规定计取，此费用为建设单位从项目开工之日起至办理竣工财务决算止发生的管理性开支。

2）工程监理费按建设部价费字〔2007〕670 号文规定计取，包括施工监理和勘察、设计、保修等阶段的监理。

3）前期工程咨询费按国家计委计价格〔1999〕1283 号文规定计取，包括：建设项目专题研究、编制和评估项目建议书和可研报告，以及其他与建设项目前期工作有关的咨询收费。

4）节能评估费按陕发改投资〔2012〕241 号文相关规定执行，根据节能法规、标准，对建设项目的能源利用是否科学合理进行分析评估，编制和评审节能评估报告书、节能评估报告表或节能登记表所需要的费用。陕西省暂无相关的取费依据，参考项目前期费执行。

5）勘察费按国家计委、建设部关于发布《工程勘察设计收费管理规定》计价格〔2002〕10 号文计取。

勘察费包含的内容：测绘、勘探、取样、试验、测试、检测、监测等勘察作业，以及编制工程勘察文件和岩土设计文件等收取的费用。

6）设计费按国家计委、建设部关于发布《工程勘察设计收费管理规定》计价格〔2002〕10 号文计取。在工程设计中提供编制初步设计文件、施工图设计文件收取的费用，并相应提供设计技术交底、解决施工中的设计技术问题、参加试车考核和竣工验收等服务。

7）环境影响评价费按国家计委、国家环保总局计价格〔2002〕125 号规定计取。编制环境影响报告表、环境影响报告书和评估报告表、报告书的费用。

8）劳动安全卫生评审费依据概算编制办法规定的取值区间合理计取。编制建设项目劳动安全卫生预评价大纲和劳动安全卫生评价报告，以及为编制上述文件所进行的工程分析和环境现状调查等所需要的费用。

9）场地准备费及临时设施费依据概算编制办法规定的取值区间合理计取。

场地准备费：为达到开工条件所发生的场地平整和对建设场地余留的有碍于施工建设的设施进行拆除清理的费用。

临时设施费：为满足施工需要而供到场地界区的、未列入工程费用的临时水、电、路、通信、气等其他工程费用。

10）工程保险费依据概算编制办法规定的取值区间合理计取。

包括建筑安装工程一切险、人身意外伤害险和引进设备财产保险等费用，不包括已列入施工企业管理费中的施工管理用财产、车辆保险费。

11）工程招投标代理费按国家计委计价格〔2002〕1980 号文规定计取，编制招标文件、审查投标人资格、组织投标人现场踏勘并答疑、组织开标、评标、定标以及提供招标前期咨询、协调合同的签订业务。

12）经济技术评估审查费按当地政府相关部门发布的规定计取，包括项目初步设计、施工图设计以及重大设计变更的审查，调整概算审查等费用。

13）竣工图编制费依据《工程勘察设计收费管理规定》计价格〔2002〕10 号文计取。

14）施工图预算编制费按陕价行发〔2014〕88 号文件计取。

15）竣工决算编制审核费按陕价行发〔2014〕88 号文件计取。

16）文物勘探费按陕文物发〔2009〕99 号文计取。

（3）基本预备费的计取

1）按工程费和工程建设其他费之和的百分比计算（取值范围依据概算编制办法规定计取）。

包括：a. 在进行技术设计、施工图设计和施工过程中，在批准的建设投资范围内所增加的工程和费用；

b. 由于一般自然灾害所造成的损失和预防自然灾害所采取的措施费用；

c. 在上级主管部门组织竣工验收时，验收委员会为鉴定工程质量，必须开挖和修复隐蔽工程的费用。不包括因施工质量不符合设计要求而返工重做的费用；

　　d. 经有关审查部门同意，由于设计变更所引起的废弃工程，但不包括施工质量不符合设计要求而造成的返工费用和废弃工程；

　　e. 国家和省政府颁布的政令、法规规定的其他费用。

　　2）涨价预备费：依据计投资〔1999〕1340号文件规定不计取。

　　（4）建设期贷款利息的计取

　　依据特许经营协议约定的方式计取。

　　5. 注意事项

　　（1）设计概算复核

　　项目公司依据概算模板及总体编制原则对设计概算进行复核。

　　（2）设计概算上报批复

　　设计概算经复核后上报发改委，由发改委组织相关专家召开初步设计及概算审查会，与会专家对初步设计及概算进行审查后出具审查意见。

　　设计人员根据专家审查意见进一步对初步设计及概算进行修改完善并再次上报发改委，专家对修改完善后的概算文件签字确认，最后由发改委正式发文批复。

　　（3）概算指标分析总结

　　设计概算通过发改委审查批复后，项目公司应及时对管廊造价指标进行总结分析，和国家估算指标及同类工程进行对比，与批复的施工图预算进行对比，以对后续管廊工程造价指标提供借鉴。

　　同时，项目公司对批复概算中的预备费向公司有关部门进行交底，在施工图设计和施工过程中，以合理控制使用预备费。

4.2.3　施工图预算管理

　　施工图预算是在施工图设计完成后，根据施工图设计图纸、现行预算定额、费用定额以及地区设备、材料、人工、施工机械台班等预算价格编制和确定的建筑安装工程造价的文件。

　　施工图预算必须控制在批准的初步设计概算之内。

　　1. 管理流程（见图4-2）

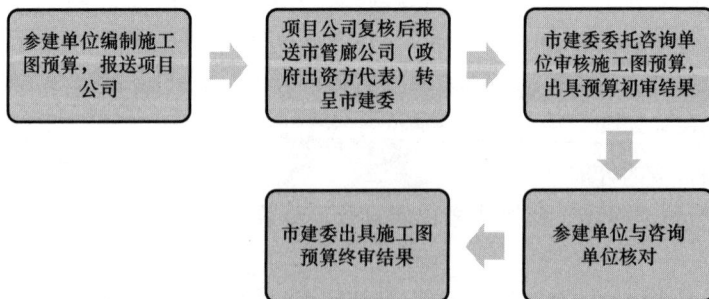

图 4-2　施工图预算管理流程

　　2. 编制要点

　　（1）制定预算模板

　　结合管廊项目的实际情况，项目公司编制预算标准模板，制定统一的格式，具体如下：

施工图预算编制说明模板

cSCEc

西安市地下综合管廊建设 PPP 项目 Ⅰ标段

×××路综合管廊
×××工程施工图预算

编　　制：

审　　核：

编制单位：

编制时间：　　　　年　　月　　日

编制说明

一、工程概况

本工程位于西安市×××区×××路，综合管廊起×××，至×××，综合管廊起点桩号为×××，终点桩号为×××，全长共计×××米，为××舱××断面，断面尺寸为×××。综合管廊收纳的管线包括×××。

二、编制范围

本项目预算包括土方工程、支护工程、主体工程、防水工程、装饰装修工程、×××等（土建工程说明，可根据具体情况修改）。

本项目预算包括供电及照明、通风、消防、×××等（安装工程说明，可根据具体情况修改）。

三、编制依据

（一）计量依据

1. 依据×××路工程设计图纸编制（依据图纸要写明）。

2. 部分无施工节点及具体做法的依据施工方案进行编制。

3. 依据现行的标准图集、规范、工艺标准、材料做法编制。

（二）计价依据

1. 2004年《陕西省市政、园林绿化工程消耗量定额》（2009年价目表）。

2. 2004年《陕西省建筑、装饰工程消耗量定额》（2009年价目表）。

3. 2004年《陕西省安装工程消耗量定额》（2009年价目表）。

4.《陕西省建设工程工程量清单计价费率》（2009年版）。

5. 主要材料价格采用《陕西工程造价管理信息》（×年第×期），信息价中没有的材料（设备）价格则通过市场询价选择。

6. 综合人工单价执行陕西省××号文。

7. 水、电、油均按照最新的西安市物价文件执行。

（以上计价依据土建和安装预算对应文件选用）

四、其他说明：

1. 本工程使用广联达GBQ5.0预算软件配以上相应定额库编制。

2. 土方开挖暂全部按照综合土方考虑，上部拆迁遗留杂填土及垃圾暂未考虑套用四类土。

3. 土方场地内运输（土方内倒）根据运输方案进行考虑，外运暂按照××公里考虑。

4. 管廊主体混凝土按泵送商品混凝土考虑。

5. 施工便道采用×××路面的结构形式。

6. 本施工图预算已包含管廊外至道路红线内范围内的过街支管及各类检

查井，包含廊外永久用电接驳及变压器报装、通信外线接驳，包含消防监控及自控系统等工程。

（此条根据各预算具体包含范围进行说明）

7. 本施工图预算暂未考虑成品保护措施费用。

8. 本施工图预算未考虑施工时可能发生的迁改费用、障碍清除等的签证费用。

9. 特殊费用的说明（扬尘污染治理费、赶工费，非常规措施费，等等）。

10. 专项措施费按照项目施工组织设计及方案进行编制。

……另有说明可继续补充。

（2）确定计价原则

依据《特许经营协议》中工程费用计价依据，按照当期陕西省市政定额等相关标准执行，人工费执行政府调差文件。

材料价格按照陕西省工程造价管理信息（材料信息价）执行，信息价中没有的材料（设备）价格，依据市场询价确定。

施工图预算采用清单计价模式，使用广联达计价软件，以市政工程建立模板，定额套用以市政工程为主，市政定额没有的借用建筑定额，按市政工程计取费用。相关措施费用项目，需依据经批准的施工组织设计及施工方案，并有详细的计算书及充足的支撑资料。

（3）编制原则

项目公司对制定的预算模板向预算编制单位进行交底，规范编制样式，并就预算中经常出现的定额套用错误及存在争议项逐条解决说明。

施工图预算应按照施工图纸及施工组织设计和施工方案进行编制，工程量计算应采用换手复核，以避免计算错误，定额的选用应符合施工方法及结构性能。

（4）编制时间要求

施工图预算作为工程价款计量及付款的依据，对项目管理至关重要。施工图预算编制工作应提前筹备，在各路段施工图设计审查合格后立即开展预算编制工作，并力求缩短编制时间，以加快施工图预算整体工作进程。

项目公司建立施工图预算工作台账，实行动态跟踪管理，通过多种措施督促预算编制单位按时完成。

（5）加强跟踪审批

施工图预算上报建委后，预算编制单位应及时与预算审核单位进行对接，核对工程量及定额子目的套用，并配合预算审核单位提供相关支撑资料，尽快出具预算审核结果。项目公司对预算终审结果的确认，应把握不能超过设计概算。

3. 风险防控

（1）预算上报滞后

各路段施工图纸审核合格后，应立即启动施工图预算编制工作，在规定时间内完成编制并上报，尽早通过政府审核出具工程量清单，以指导项目计量及价款支付。项目已经开工建设，施工图预算未确定，存在过程计量不准确、工程款超付的风险。

（2）预算超过概算

经批准的设计概算是工程建设投资的最高限额。施工图预算与设计概算相比，若预算金额偏大，一是审核审减的风险较大，造成审计费用较高；二是预算经批复后形成工程量清单，项目按工程量清单进行结算，最终结算金额超过概算总投资，调概难度非常大，不利于工程竣工结算的尽早定案。

如果设计院概算人员对现场实际情况掌握不够，措施费用考虑不足，定额错套及漏项、设备及材料价格与市场价格偏离等容易造成概算金额偏低，将影响工程造价的控制，影响投资资金的合理搭配。因此，设计概算在编制阶段就要注意编制依据的准确合理、编制范围的准确性、工程量计算的准确性、定额子目的正确套用及无错套、漏套等。同时，编制单位应加强对单位工程概算的审核，使审核后的概算尽可能真实地反映设计内容、施工条件和实际价格。

4.2.4 招标管理

1. 招标依据

为规范公司的采购行为，提高招标采购效益，根据《中华人民共和国招标投标法》《西安市工程建设项目招标投标管理办法》（市建发〔2011〕57号）及PPP项目公司《采购管理办法》等相关法律、法规及公司制度，实施PPP项目招标工作。

2. 招标范围

施工总承包、勘察、设计单位为特许经营协议通过竞争性磋商选用确定，在PPP项目实施阶段不再另行招标，其余需要招标的项目范围见表4-3。

PPP项目公司招标采购统计表 表4-3

序号	招标内容	招标主体	招标方式	备注
1	监理单位	政府出资方	公开招标	
2	图审单位	政府出资方	公开招标	
3	管廊主体结构定线、验线	政府出资方	公开招标	
4	招标代理	项目公司	公开招标	
5	试验检测	项目公司	公开招标	
6	基坑监测	项目公司	公开招标	
7	安全环境影响评估	项目公司	公开招标	
8	现状调查评估	项目公司	公开招标	
9	物业管理	项目公司	公开招标	
10	沉降观测	项目公司	公开招标	
11	临电工程	项目公司	公开招标	
12	文物勘探	项目公司	直接委托采购	
13	建筑垃圾测量	项目公司	直接委托采购	
14	水准点测量	项目公司	直接委托采购	

3. 流程及要点

（1）招标流程

1）公开招标管理流程（见图4-3）

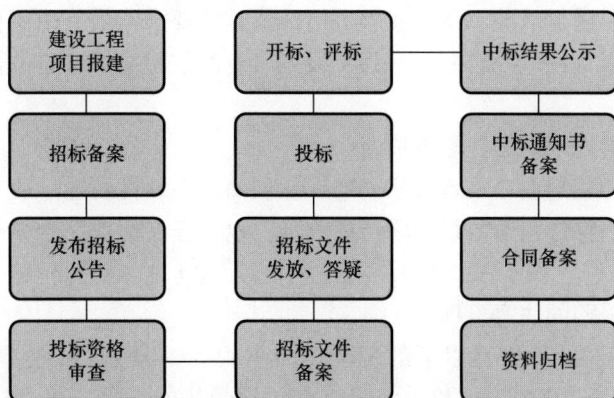

图4-3 公开招标管理流程

2）公司直接委托采购及零星采购管理流程（见图 4-4）

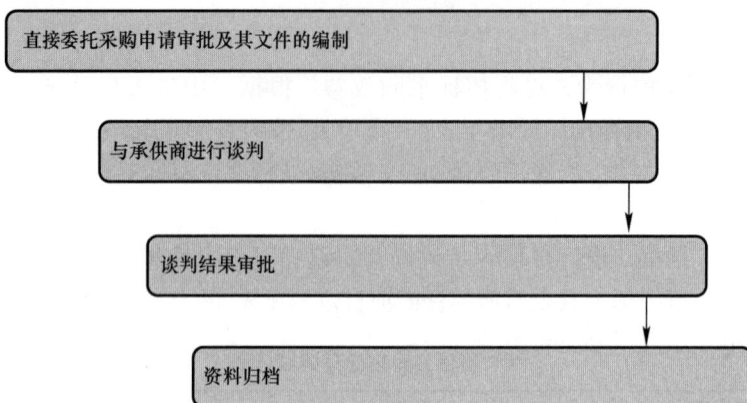

图 4-4　公司直接委托采购及零星采购管理流程

（2）管理要点

1）建设工程项目招标报建时，政府招投标管理办公室审查立项审批文件及政府批复的城建执行计划，并对建设资金落实情况及征地拆迁完成情况进行审核，完成上述工作后方具备招标条件。

2）采用公开招标方式的，应当发布招标公告，招标公告应当通过国家指定的报刊、信息网络或者其他媒介发布，以便在更大范围内选择符合资质要求、实力雄厚的单位参与竞争，实现工程造价和质量最优化。

3）招标人应当确定投标人编制投标文件所需的合理时间，自招标文件开始发出之日起至投标人提交投标文件截止之日止，最短不得少于 60 天。依据招投标法规定，合理安排标书售出、现场勘查、标前会议、投标等之间的时间间隔，以确保招标的合规性。

4．注意事项

（1）公开招标的注意事项

公开招标是委托招标代理机构负责招标，一是注意招标时间满足国家招投标法规定的期限，即自招标文件开始发出之日起至投标人提交投标文件截止之日止，最短不得少于 60 天。二是在招标文件编制前应向招标代理提供采购合同名称、范围、内容、工期或服务成果提交的目标日期、满足的技术条件或服务标准及其他要求，最终由招标代理单位汇总编制成招标文件。招标文件应以合同条件为主线，所有的技术、服务以及商务条款等，均应纳入合同条件。

（2）公司直接委托采购的注意事项

依据公司采购管理制度，采购对象是唯一承供商、垄断性行业、股东或其母公司集中采购选定的承供商、特许经营协议中联合体成员，以上任一情形下的采购可采取直接委托采购。

（3）公司零星采购的注意事项

采购的标的总额在 10 万元以下的货物类、工程类、服务类的采购，可采用零星采购。但零星采购前应进行多方比价，将最终比价后最优的承供商按直接委托采购流程要求处理。

4.2.5 合同管理

1. 管理特点

管廊项目签署的合同种类多、数量多，项目从立项、投标、建设到运营，签订的合同包括但不限于表4-4。

西安市地下综合管廊合同统计表　　　　　　　　　　　　表 4-4

序号	合同名称	备注
1	投资合作协议书	特许经营协议
2	项目合作协议书（中建内部）	
3	办公场所租赁合同	
4	办公场所装修合同	
5	办公设备采购合同	
6	环境影响评价委托协议	
7	测绘合同	
8	技术咨询合同	
9	勘察合同	
10	设计合同	
11	招标代理合同	
12	建设监理委托合同	
13	建设工程造价咨询合同（专项咨询）	
14	施工总承包合同	
15	委托测量测绘协议	
16	施工图设计文件及勘察文件审查合同	
17	管廊主体结构定线、验线合同	
18	物业管理委托协议	
19	工程保险费合同	
20	融资协议	
21	项目贷款合同	
22	入廊合同	

2. 合同分类

根据管廊 PPP 项目特性及签约主体，结合项目实施情况，对签署的合同分类如表4-5所示。

PPP 项目合同分类表　　　　　　　　　　　　表 4-5

招标主体	委托人	合同向对方	合同类型	举例
西安市建委	西安市建委	项目公司	两方合同	特许经营协议等
市管廊公司	市管廊公司	项目公司承供商	三方合同	监理合同、施工图审查合同等

续表

招标主体	委托人	合同向对方	合同类型	举例
特许经营协议已明确，不需要招标	项目公司	联合体	甲乙双方	施工总承包、勘察、设计合同
项目公司	项目公司	承供商	两方合同	试验检测、基坑监测等
政府相关部门	项目公司	测量机构	两方合同	委托测量合同等

3. 管理依据及流程

（1）管理依据

1）特许经营协议；

2）竞争性磋商文件；

3）公司合约管理手册；

4）公司采购管理办法。

（2）管理流程（见图 4-5）

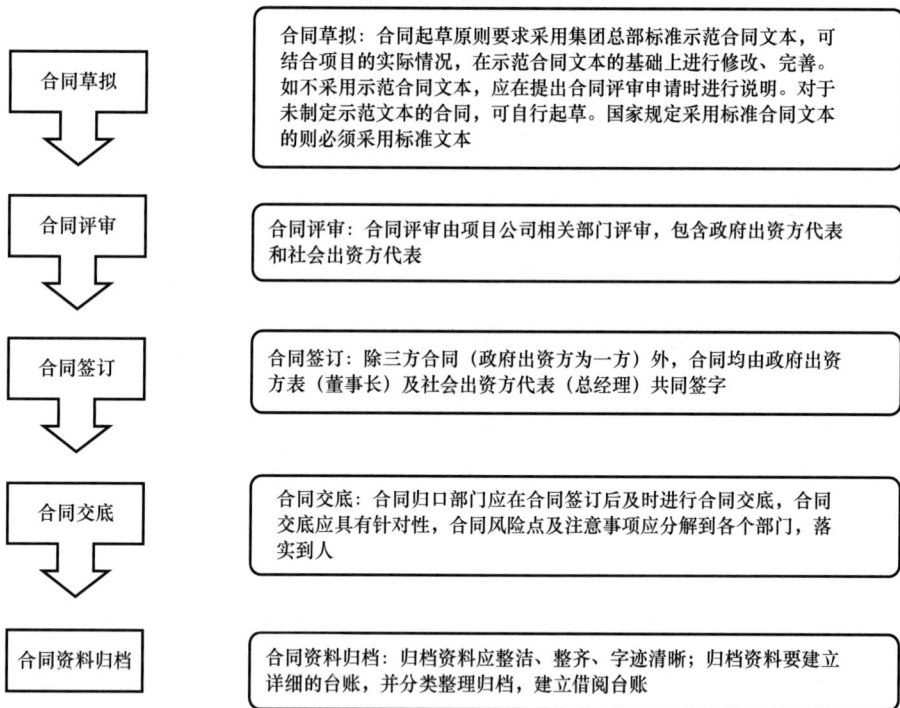

合同草拟

合同草拟：合同起草原则要求采用集团总部标准示范合同文本，可结合项目的实际情况，在示范合同文本的基础上进行修改、完善。如不采用示范合同文本，应在提出合同评审申请时进行说明。对于未制定示范文本的合同，可自行起草。国家规定采用标准合同文本的则必须采用标准文本

合同评审

合同评审：合同评审由项目公司相关部门评审，包含政府出资方代表和社会出资方代表

合同签订

合同签订：除三方合同（政府出资方为一方）外，合同均由政府出资方表（董事长）及社会出资方代表（总经理）共同签字

合同交底

合同交底：合同归口部门应在合同签订后及时进行合同交底，合同交底应具有针对性，合同风险点及注意事项应分解到各个部门，落实到人

合同资料归档

合同资料归档：归档资料应整洁、整齐、字迹清晰；归档资料要建立详细的台账，并分类整理归档，建立借阅台账

图 4-5 合同管理流程

4. 风险防控

项目公司针对特许经营协议、施工总承包合同等合同履约过程中存在的各项风险，召开风险防控专题会，并形成风险分析管控成果清单，针对每条履约风险制定对应化解措施，并落实到人。

4.2.6　过程管理

1. 合同修订

管廊项目在建设过程中，受规划调整、征地拆迁延期等因素影响，特许经营协议合同范围内的某些路段不具备实施条件，业主提出调整路段建设任务，这种情况下项目公司需及时与政府签订相关补充协议，并修订其他相关合同。

2. 工程签证

（1）管理要点

管廊项目为勘察、设计、施工联合体中标，在方案设计及施工图设计中，项目公司应组织做好设计内部审查工作，最大程度保证设计的合理及准确性，减少签证事项的发生。

当签证事项发生时，项目公司应及时组织做好现场见证工作，严格审核签证资料，以最终通过政府及审计单位审核。

（2）管理流程（见图 4-6）

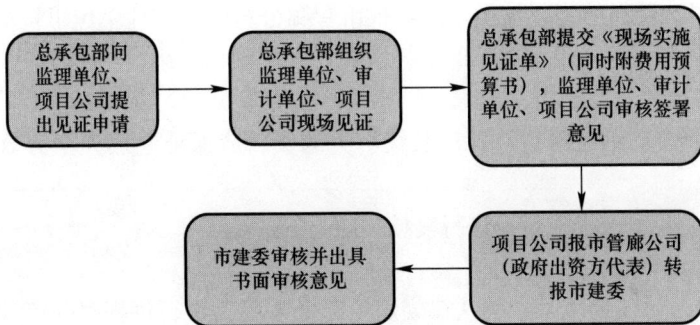

图 4-6　签证管理流程

（3）注意事项

1）政府过程监督

PPP 项目建设总投资额为经政府指定审计单位审核确认的总投资额。为降低投资风险，将政府监督纳入到签证管理的流程当中，以确保签证费用得到审计确认。

2）签证资料要完善

签证资料应以文字、图像、影像等多手段全过程记录，必须以书面形式留底存档，作为签证的重要支撑依据，保证其完整性，做到有理可寻、有据可依。

3. 计量管理

（1）管理依据

在过程跟踪审计单位正式开展工作之前，依据特许经营协议、施工总承包合同、政府审批的投资估算、设计概算以及施工图预算，进行过程计量及工程款支付。审计咨询单位开展工作后，依据审计咨询单位出具的审核报告进行工程款支付。

（2）管理流程

1）月度计量流程

a. 总承包单位每月 22 日前将当月形象进度审批表报送监理单位、项目公司，监理单位和项目公司在 2 日内审核完毕；

b. 总承包单位根据确认的形象进度编制预算书，填报工程计量审核单和工程款支付申请表，在每月 27 日前报送监理单位审核，监理单位在 5 日内审核完毕并将审核结果报送项目公司；

c. 项目公司对资料的完整性进行初审后，报市管廊公司转送审计单位审核；

d. 项目公司收到审计单位出具的审核报告后，办理付款手续。

2）竣工结算流程

a. 工程竣工并验收合格后，总承包单位应在施工总承包合同约定的期限内将完整的结算书及附件资料，报监理单位审查；

b. 监理单位对总承包单位报送的竣工结算资料严格审查，将审查意见反馈给总承包单位，总承包单位按审查意见补充完善工程结算书；监理单位将完善后的结算书报送项目公司；

c. 项目公司对资料的完整性初审后，报市管廊公司转送审计单位审核；

d. 项目公司收到审计单位出具的审核报告后办理确认手续。

（3）风险防控

1）严格按照合同约定执行，凡涉及经济类的资料应保证手续齐全有效，防止过程资料有不合规现象。

2）过程中定期对工程建安费进行复核，防止结算超概算。

4. 审计对接

依据特许经营协议要求及相关法律规定，PPP 项目需进行过程跟踪审计。结合管廊项目特点，首先由西安市建委安排预算审核单位对施工图预算、迁改预算、变更签证预算等进行审核形成工程量清单；其次由审计局委派的审计咨询单位依据预算审核结果对工程费及迁改费进行工程进度和施工结算审计，对工程建设其他费及建设期利息进行审计以最终形成竣工决算审计。为降低项目公司投资风险，满足审计要求，应注意以下要点：

（1）预算编制要合理

施工图预算作为过程计量和付款依据，工程量计算要准确，定额组价子目选择要合理、依据充分。

（2）认质认价要有效

认质认价结果需获得政府主管部门的书面确认，以确保其有效性。

（3）招标及合同签订要合规

严格按照公司招标采购管理制度，对参加竞标单位信息进行多方面核查，保证招投标过程公开、透明。合约条款齐全严谨，符合现行法律法规。

（4）计量资料齐全有效

过程计量审核必须严格按照公司制度和合同约定执行，资料留存完备整齐。

（5）签证手续齐全

签证事实、费用要真实合理，签字人有合法授权，保证签证的有效性。

4.2.7 认质认价管理

1. 目的

管廊项目为费率招标，做好认质认价工作，为施工图预算及工程结算工作提供价格依据，确定项目投资。

2. 管理原则

管廊项目特许经营协议中约定：

材料价格按照陕西省工程造价管理信息（材料信息价）执行。信息价中未提及的材料、设备价格最终确定主要遵循以下原则：

（1）信息价后期发布的，参照信息价执行。

（2）西安市财政评审中心有招标控制价的，参照招标控制价执行。

（3）西安市类似市政工程项目已有结算价的，参照该类似结算价执行。

（4）通过上述方法仍未达成一致的，由甲方或其授权机构会同乙方、西安市财政局、西安市审计局、监理单位共同通过市场询价确认。注：认价原则中的甲方指西安市建委。

3. 管理流程

（1）项目公司提出不少于3个拟采用的产品品牌（厂商）和价格，报市管廊公司（政府出资方代表）。

（2）市管廊公司组织相关专家，按照设计要求，结合材料和设备的重要性及维护难易程度，确定产品的使用等级，并进行技术复核和筛选后，分别报送政府相关部门。

（3）政府相关部门组织对筛选出的产品进行询价，并按照平均值确定产品认价结果。

（4）项目公司按照核价结果在选定的品牌（厂商）中自行采购。

4. 注意事项

（1）制定合理的认价程序

合理的认价程序会缩短认价周期、取得合理的认价结果。项目公司应及时与政府部门沟通确定认质认价程序，认质认价程序应符合项目特点并具有可操作性，以尽早取得认质认价结果。

（2）参数、特性描述清晰准确

设计图纸对各项材料（设备）都有明确的规格参数、特殊性能要求，不同的参数与性能对应不同的价格，所以准确描述规格参数与特殊性能至关重要。

4.2.8 改迁管理

1. 管理特点

管廊项目地下管线改迁工作含在施工总承包合同范围内，由各产权单位下属企业负责具体实施，各实施单位编制改迁预算经过总承包单位、项目公司复核后上报市建委，以市建委审核后的改迁预算作为总承包单位签订迁改合同、预付款、过程计量付款的依据，最终以审计单位审定金额作为结算的依据，计入项目总投资。

2. 管理流程（见图 4-7）

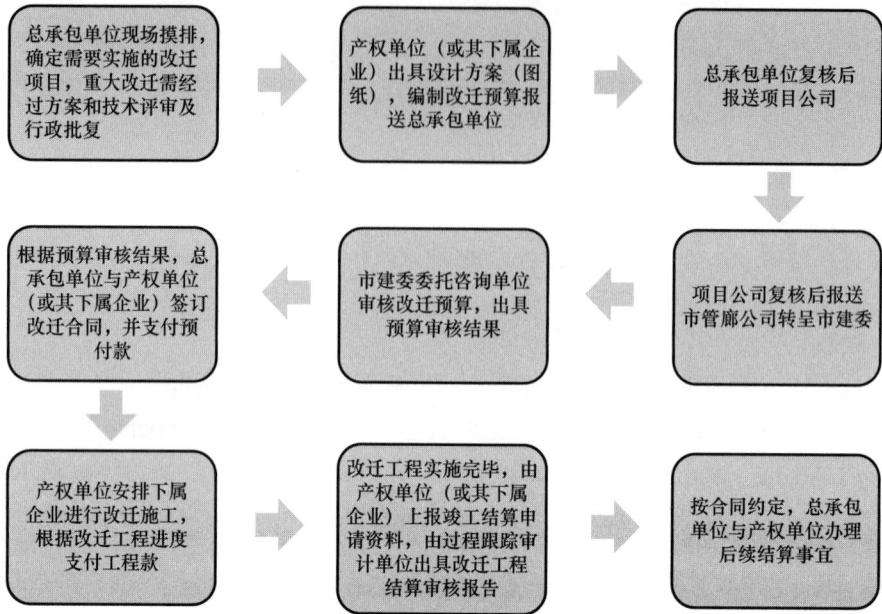

```
┌─────────────────┐     ┌─────────────────┐     ┌─────────────────┐
│ 总承包单位现场摸排，│     │ 产权单位（或其下属 │     │                 │
│ 确定需要实施的改迁 │ ──▶ │ 企业）出具设计方案（图│ ──▶ │ 总承包单位复核后  │
│ 项目，重大改迁需经 │     │ 纸），编制改迁预算报│     │ 报送项目公司     │
│ 过方案和技术评审及 │     │ 送总承包单位     │     │                 │
│ 行政批复          │     │                 │     │                 │
└─────────────────┘     └─────────────────┘     └─────────────────┘
                                                          │
                                                          ▼
┌─────────────────┐     ┌─────────────────┐     ┌─────────────────┐
│ 根据预算审核结果，总│     │                 │     │                 │
│ 承包单位与产权单位 │     │ 市建委委托咨询单位 │     │ 项目公司复核后报送 │
│ （或其下属企业）签订│ ◀── │ 审核改迁预算，出具 │ ◀── │ 市管廊公司转呈市建委│
│ 改迁合同，并支付预 │     │ 预算审核结果     │     │                 │
│ 付款              │     │                 │     │                 │
└─────────────────┘     └─────────────────┘     └─────────────────┘
        │
        ▼
┌─────────────────┐     ┌─────────────────┐     ┌─────────────────┐
│ 产权单位安排下属  │     │ 改迁工程实施完毕，由│     │                 │
│ 企业进行改迁施工，│     │ 产权单位（或其下属 │     │ 按合同约定，总承包 │
│ 根据改迁工程进度  │ ──▶ │ 企业）上报竣工结算申│ ──▶ │ 单位与产权单位办理 │
│ 支付工程款        │     │ 请资料，由过程跟踪审│     │ 后续结算事宜     │
│                 │     │ 计单位出具改迁工程 │     │                 │
│                 │     │ 结算审核报告     │     │                 │
└─────────────────┘     └─────────────────┘     └─────────────────┘
```

图 4-7　改迁管理流程

3. 管理要点

（1）改迁方案提前论证，合理控制投资

根据现场管线普查资料及现场实际勘察结果，对改迁工程实施必要性进行论证，重大改迁必须通过技术评审及行政批复。严控不必要的改迁和过度改迁，造成不必要的投资。

（2）改迁产权单位多为垄断性行业，邀请政府部门出面协调

由于改迁工程涉及的大多为垄断性行业，为了尽快推进改迁工作和降低投资风险，邀请政府部门负责对改迁预算进行审核。

（3）改迁预算审核与现场实施时间差的解决办法

改迁工程必要性论证和预算从编制到审核达成一致意见需要一定的时间，为满足现场施工需要，总承包单位可与产权单位签订暂定价合同，最终以政府审定价格为准。

4.3　项目案例

案例一：估算管理

管廊项目建设初期，因设计院估算编制人员对现场实际摸排的情况掌握不够，加之国家出台的综合管廊估算指标偏低，也缺乏类似工程的经验指标，编制方案投资估算额偏低，导致出现概算超估算的现象。

××路缆线管廊位于路东侧人行道下。南起科技路北侧，北至牟家村北侧规划路，全长共计 1.14km，为单舱矩形断面，断面面积 5.72m²，断面尺寸 2.2m×2.6m；收纳的管线包括电力、通信。该缆线廊在方案设计阶段按照常规估算指标编制投资估算，之后在初

步设计阶段套用定额及计取相关措施费用后，概算额远大于投资估算额。

为避免投资估算偏离实际的情况，编制人员加强了现场调研摸排，并且随着管廊开工项目的不断增多，使估算指标得到不断修正，后续管廊的方案投资估算编制质量明显提高。

案例二： 合同管理

（1）监理合同

根据政府文件，项目监理单位由政府出资方代表招标确定，费用计入项目公司总投资，签订三方合同。

监理的招标及合同签订模式既满足了政府监管要求，也满足现场建设施工需求。

（2）建筑垃圾委托测量合同

建筑垃圾处置费属于政府行政性收费，市建筑垃圾清运方量核准办公室（以下简称市核准办）通过抽签方式确定测量单位后，将测量任务电话通知测量单位。政府文件要求建设方与测量单位签订委托测量测绘协议，测量单位要求协议执行市核准办下发的制式版本（不能修改）。为完善协议条款，项目公司与测量单位多次沟通，在签订协议时由测量单位出具委托测量测绘协议补充说明，补充说明主要包括四方面内容：

1）测量单位由市核准办抽签确定；

2）建筑垃圾测量量及费用计算方式；

3）增值税税率及发票要求；

4）补充说明作为合同附件盖测量单位公章具有法律效力。

本协议的签订方式主要适用于政府职能部门确定承供商但无相关书面资料且采用制式协议的情况。

第四篇　规划设计篇

第五章 项目勘察

5.1 勘察概述

5.1.1 相关政策

5.1.1.1 国家政策

中共十八届三中全会指出，改革开放是党在新时代条件下带领全国各族人民进行的新的伟大革命，是当代中国最鲜明的特色，是决定当代中国命运的关键抉择，是党和人民事业大踏步赶上时代的重要法宝。面对新形势新任务，必须在新的历史起点上全面深化改革。全面深化改革的总目标是完善和发展中国特色社会主义制度，推进国家治理体系和治理能力现代化。经济体制改革是全面深化改革的重点，核心问题是处理好政府和市场的关系，使市场在资源配置中起决定性作用和更好发挥政府作用。公有制为主体、多种所有制经济共同发展的基本经济制度，是中国特色社会主义制度的重要支柱，也是社会主义市场经济体制的根基。必须毫不动摇鼓励、支持、引导非公有制经济发展，激发非公有制经济活力和创造力。

作为运用市场规则和社会力量优化资源配置的有效举措，政府与社会资本合作（PPP）模式成为适应"国家治理现代化"、"市场起决定性作用"、"加快转变政府职能"、"建立现代财政制度"、"推动新型城镇化健康发展"要求的一次变革。根据中共十八届三中全会精神，为从政策法规方面引导 PPP 模式的健康发展，自 2014 年以来，国家层面出台了一系列与 PPP 模式发展及应用相关的政策，主要如下：

（1）2014 年 9 月 21 日国发〔2014〕43 号

《国务院关于加强地方政府性债务管理的意见》

（2）2014 年 9 月 23 日财金〔2014〕76 号

《关于推广运用政府和社会资本合作模式有关问题的通知》

（3）2014 年 11 月 16 日国发〔2014〕60 号

《关于创新重点领域投融资机制鼓励社会投资的指导意见》

（4）2014 年 11 月 29 日财金〔2014〕113 号

《政府和社会资本合作模式操作指南（试行）的通知》

（5）2014 年 11 月 30 日财金〔2014〕112 号

《关于政府和社会资本合作示范项目实施有关问题的通知》

（6）2014 年 12 月 2 日发改投资〔2014〕2724 号

《关于开展政府和社会资本合作的指导意见》

含《政府和社会资本合作项目通用合同指南》〔2014〕

（7）2014 年 12 月 30 日财金〔2014〕156 号

《关于规范政府和社会资本合作合同管理工作的通知》

（8）2014 年 12 月 31 日财库〔2014〕214 号

《政府采购竞争性磋商采购方式管理暂行办法》

（9）2014 年 12 月 31 日财库〔2014〕215 号

《关于政府和社会资本合作项目政府采购管理办法的通知》

（10）2015 年 2 月 13 日财建〔2015〕29 号

《关于市政公用领域开展政府和社会资本合作项目推介工作的通知》

（11）2015 年 3 月 10 日发改投资〔2015〕445 号

《关于推进开发性金融支持政府和社会资本合作有关工作的通知》

（12）2015 年 4 月 7 日财金〔2015〕21 号

《关于政府和社会资本合作项目财政承受能力论证指引的通知》

（13）2015 年 4 月 21 日财综〔2015〕15 号

《关于运用政府和社会资本合作模式推进公共租赁住房投资建设和运营管理的通知》

（14）2015 年 4 月 25 日第 25 号令

《基础设施和公用事业特许经营管理办法》

（15）2015 年 5 月 11 日国办发〔2015〕40 号

《关于妥善解决地方政府融资平台公司在建项目后续融资问题的意见》

（16）2015 年 5 月 22 日国办发〔2015〕42 号

《关于在公共服务领域推广政府和社会资本合作模式指导意见的通知》

（17）2015 年 6 月 25 日财金〔2015〕57 号

《关于进一步做好政府和社会资本合作项目示范工作的通知》

（18）2015 年 6 月 30 日财库〔2015〕124 号

《财政部关于政府采购竞争性磋商采购方式管理暂行办法有关问题的补充通知》

（19）2015 年 9 月 25 日财金〔2015〕109 号

《关于公布第二批政府和社会资本合作示范项目的通知》

（20）2015 年 12 月 18 日财金〔2015〕158 号

《关于实施政府和社会资本合作项目以奖代补政策的通知》

（21）2015 年 12 月 18 日财金〔2015〕166 号

《关于规范政府和社会资本合作（PPP）综合信息平台运行的通知》

（22）2015 年 12 月 18 日财金〔2015〕167 号

《PPP 物有所值评价指引（试行）》的通知

（23）2016 年财政部

《政府和社会资本合作法》征求意见

（24）2017 年 11 月 10 日财办金〔2017〕92 号

《关于规范政府和社会资本合作（PPP）综合信息平台项目库管理的通知》

（25）2017 年 11 月 17 日国资发财管〔2017〕192 号

《关于加强中央企业 PPP 业务风险管控的通知》

5.1.1.2 地方政策

根据 2014 年国家财政部发文，当前在我国 PPP 模式主要可用于基础公共设施的建设，具体包括：交通、住建、环保、能源、教育、医疗、体育健身和文化设施等领域。PPP 模式的推广能够为各级政府解决基础设施建设的投融资问题，尤其在中西部这些亟需发展基础设施建设的省份具有广阔的发展空间，也为地方政府大力发展地区经济带来积极影响，为此，陕西省政府为推动和规范 PPP 模式在本省的发展，鼓励和保障 PPP 模式在本省的应用，相继出台了若干政策与措施，主要如下。

（1）2014 年 6 月 13 日《陕西省发展和改革委员会关于鼓励社会资本参与重点项目建设的通知》（陕发改经体〔2014〕688 号）

主要内容：

1）坚持增量优先、盘活存量、示范先行、分类推进的原则。

2）对于向社会资本放开的项目，由推进主体和行政主管单位根据项目特性和建设情况，探索创新吸引社会资本的模式，提出具体合作方式。

3）在基础设施等领域实施鼓励社会资本投资的示范项目，有利于进一步落实企业投资自主权，优化投资结构，加快经济转型升级；有利于激发社会资本活力，提高项目运营效率，增强我省发展的内在动力。

（2）2014 年 8 月 1 日《陕西省人民政府办公厅转发省住房城乡建设厅等部门关于鼓励社会资本参与城市基础设施建设意见的通知》（陕政办发〔2014〕114 号）

主要内容：进一步开放市场，拓宽社会资本参与城市基础设施建设运营的领域；对具备一定条件的城市基础设施项目，鼓励社会资本参与或允许跨地区、跨行业参与投资、建设和运营，建立政府引导、社会参与、政企分开、市场运作的城市基础设施建设投融资体制。创新体制机制，鼓励社会资本参与城市基础设施建设运营，与此同时，加强组织领导，强化行业监管。

（3）2014 年 12 月 18 日《陕西省发展和改革委员会关于转发〈国家发展改革委关于开展政府和社会资本合作的指导意见〉的通知》（陕发改经体〔2014〕1570 号）

主要内容：开展政府和社会资本合作（PPP），是贯彻落实中共十八大和十八届三中全会精神的重要内容，是创新投融资机制、拓宽社会资本投资渠道的重要举措，也是转变政府职能、改进工作作风的重要步骤。各市（区）、各部门要充分认识进入新常态开展政府和社会资本合作的重要性、必要性和紧迫性，切实解放思想、转变观念、转变职能，把政府和社会资本合作放在投融资工作的突出位置，抓紧制定具体政策措施和实施办法，加快推进政府和社会资本合作项目储备和实施。

1）高度重视政府和社会资本合作工作；

2）加快建立政府和社会资本合作（PPP）项目库；

3）加大对 PPP 项目支持力度；

4）全力推进政府和社会资本合作项目。

（4）2015 年 8 月 28 日《陕西省人民政府办公厅关于在公共服务领域推广政府和社会资本合作模式的实施意见》（陕政办发〔2015〕81 号）

主要内容：PPP 模式有利于充分发挥市场机制作用，提升公共服务的供给质量和效率，实现公共利益最大化。推广 PPP 模式，有利于转变政府职能、实现政企分开和政事分开，有利于打破行业准入限制、激发经济活力和创造力，有利于完善财政投入和管理方式、提高财政资金使用效益，是创新公共服务供给和投入方式、提高公共服务供给效率和质量的重要举措，是创新投融资体制机制、增强经济增长内在动力的重要手段，是稳增长、调结构、促改革、惠民生的重要途径。

（5）2015年2月26日《陕西省人民政府关于深化预算管理制度改革的实施意见》（陕政发〔2015〕10号）

主要内容：全省各级政府要加快建立包括一般公共预算、政府性基金预算、国有资本经营预算、社会保险基金预算在内的定位清晰、分工明确的政府预算体系，将政府的收入和支出全部纳入预算管理。加大政府性基金预算、国有资本经营预算与一般公共预算的统筹力度。

全省各级政府要进一步细化政府预决算公开内容，除涉密信息外，政府预决算支出全部细化公开到功能分类的项级科目和经济分类的款级科目。专项转移支付预决算按项目按地区公开，基层民生专项资金要将分配结果公布到户到人。

全省各级财政部门要会同各部门，结合国民经济和社会发展规划纲要及国家宏观调控政策，研究编制三年滚动财政规划。

（6）《陕西省人民政府办公厅关于在公共服务领域推广政府和社会资本合作模式的实施意见》（陕政办发〔2015〕81号）

（7）《陕西省政府和社会资本合作（PPP）项目库管理暂行办法》（陕发改投资〔2015〕1430号）

（8）《陕西省财政厅关于公布陕西省首批政府和社会资本合作示范项目的通知》（陕财办金〔2015〕83号）

（9）《陕西省财政厅关于实施政府和社会资本合作（PPP）项目奖补政策的通知》（陕财办金〔2015〕87号）

（10）陕西省财政厅关于转发财政部《PPP物有所值评价（试行）的通知》（陕财办金〔2016〕1号）

（11）《陕西省财政厅关于转发财政部规范政府和社会资本合作（PPP）综合信息平台运行的通知》（陕财办金〔2016〕2号）

（12）2016年12月28日陕西省住房和城乡建设厅和陕西省质量技术监督局联合发布《陕西省城镇综合管廊设计标准》

该规范明确综合管廊设计相应技术内容，主要包括：规划、总体设计、管线设计、附属设施设计、结构设计等。

5.1.2 勘察特点

PPP模式的发展不但能够为各级政府解决基础设施建设的投融资问题，同时也为工程勘察行业带来了良好的发展机遇，如为勘察企业产业链上下游延伸提供机遇；为基础设施建设带来持续稳定的增长、促进基建行业市场发展、为勘察企业带来更多"走出去"的机会等。同时，PPP模式的发展也为勘察企业开展长期、有效融资带来挑战，要求勘察企业具有较高的整合资源能力、项目营运管理能力，对勘察企业的人才结构、人才综合能力提出了更高的要求。

5.1.2.1　勘察环境变化

PPP项目勘察工作所面临的环境变化，主要包括以下几个方面：

（1）投资主体的变化

随着PPP模式的广泛应用，社会资本特别是民间资本进入一些具有自然垄断性、过去以政府资金和国企投资为主导的公共产品和服务领域，投资主体趋于多样化。PPP项目的管理主体与建设组织形式也相应发生了改变，勘察企业需要适应管理主体与建设组织形式变化所带来的更高要求。

（2）项目类型及规模的变化

PPP模式主要应用于基础公共设施建设，如道路、桥梁、铁路、地铁、隧道、港口、河道疏浚等基础设施项目，供电、供水、供气、供热以及污水处理、垃圾处理等公用事业项目和学校、医疗、养老院、监狱等社会事业项目。与传统的政府工程项目相比，往往存在建设内容复杂、建设规模庞大、建设投资巨大、合作周期较长、风险变数较大等特点。而勘察企业在历史条件下形成的专属行业化、细分专业化的特点，应满足PPP项目对全过程效率的追求，进一步促进产业链上下游的整合，形成勘察、设计、施工全阶段整体化与紧密合作形式。

（3）业主要求的变化

PPP项目本质上是对绩效的追求，这使得社会资本投资人往往对工期和成本等绩效较政府投资人更加敏感。要求勘察环节除了满足相关技术标准外，应更加注重对勘察工期的控制和关乎建设投资的重大技术方案的经济技术比选，提出最优的综合方案。

（4）项目周期的变化

传统的工程建设项目，建设阶段划分较为明确，工程勘察项目的周期主要对应于相应的工程设计阶段，主要任务是为不同阶段的工程设计提供工程地质依据与建议。而PPP模式的工程建设项目，要求提供项目的全生命周期服务，特别是建设内容较多的复杂项目，更是要求勘察服务向项目的前后两端延伸。在PPP项目的前期策划阶段，服务于竞争性磋商前半段的竞争性谈判和后半段的公开招标的综合报价与评审；在PPP项目的实施阶段与运营阶段，为工程施工与项目运营提供相关的专业技术支持。因此，PPP项目的勘察应更加重视与融资、设计、施工以及维护等环节的互动。

（5）项目实施条件的变化

当前采用PPP模式开展的工程项目，如城市地下综合管廊工程，普遍具有建设区域广泛、建设规模巨大的特点，是一项庞大的系统工程。国务院办公厅《关于推进城市地下综合管廊建设的指导意见》国办发〔2015〕61号指出，城市地下综合管廊工程应"先规划、后建设"，倡导规划先行的原则，建设程序也要求采用"先勘察，后设计，再施工"的原则。然而由于综合管廊工程在我国尚处于起步阶段，综合管廊专项规划编制、项目立项、工程勘察、工程设计及PPP项目在推进中对工期的控制，导致上述各阶段工作间隔时间短、短期内存在相互交叉的现象，致使勘察项目实施条件与传统工程项目发生较大变化，因此，PPP项目的勘察应更加重视与设计互动与沟通。

5.1.2.2　对勘察的要求

PPP项目的发展为工程勘察行业带来了良好的发展机遇，同时也对传统勘察企业提出了更高的要求，主要包括以下几方面：

（1）合理的人才结构

PPP项目涉及领域广，工程类型多、工程问题杂、组织形式复杂、管理要求高，因此，对参与PPP项目的勘察企业人才结构提出了更高的要求。在专业方面，不仅需要工程测量、工程勘察、水文地质、工程物探、工程检测与监测、岩土设计等方面的专业技术人才，也需要法律、财会、概预算等方面的专业技术人才，同时更需要具备相关知识和经验的复合型人才和项目管理人才。

（2）较高综合能力的人才

PPP项目涉及的岩土工程问题较多且较为复杂，技术要求高，解决这些问题不仅需要相应的专业能力，还需要有思维创新、技术创新和管理创新等能力，需要以参与的PPP项目为平台，引导勘察企业从传统低技术、低附加值及创新不足的产业市场向高技术、高附加值及创新型新模式转型，逐步实现由传统的单一勘察业务向覆盖工程建设产业链全过程中，涉及"大岩土"的新业务模式的转变升级，这些均需要勘察企业具有较高综合能力的人才。

（3）较高的资源整合能力

鉴于历史原因，国内的绝大多数勘察企业在历史条件下形成的专属行业化、细分专业化特点仍相当明显，企业规模尚不够强大，特色专业领域尚不够宽广，产业集成度尚不成体系，因此，独立的勘察企业对执行规模庞大、类型繁多、工期紧张的超大型PPP项目，需具有较高的资源整合能力，将传统的区域竞争和全国竞争转化为区域合作和全国合作，将传统的行业竞争和跨界竞争转化为行业合作和跨界合作，通过对良好的社会资源的充分整合，实现PPP项目的绩效最大化。

（4）全面的创新能力

思维创新能突破常规思维的界限，以超常规甚至反常规的方法、视角去思考问题，提出与众不同的解决方案，从而产生新颖的、独到的、有社会意义的思维成果；技术创新可以提高生产效率，降低生产成本；管理创新可以使企业的日常运作更有秩序，便于管理，同时可以提高企业有限资源的配置效率。因此，创新是所有勘察企业的目标，也是企业核心竞争力的重要组成部分。勘察成果的优劣在任何情况下都扮演着实现物有所值的重要角色，在社会资本主导的PPP项目追求绩效最大化的过程中，更加需要勘察企业的创新意识和较为全面的创新能力。

（5）更高要求的勘察工作模式

PPP项目不仅需要"技术可行、经济合理"，而且需要"风险可控、运行有效、社会认同"；不仅要保证为社会公众提供安全、高效的公共服务和产品，而且要把项目的效益放在全生命周期和全产业链上去考核、测算。

5.1.3 勘察定位

5.1.3.1 勘察的定位

PPP项目的开展，勘察企业的参与形式主要有以下四种：

一是作为主导单位，牵头组建项目公司。实力雄厚的勘察企业可作为PPP项目主导单位，聚集社会资源和政府资源，对接政府PPP项目，组建PPP项目公司。这种模式下，对勘察企业的资金实力、政府关系要求很高，适用于大型央企勘察设计集团。

二是合作大企业集团，直接投资。勘察设计企业可通过与具有较强实力背景的大型建筑央企、大企业集团合作，利用勘察设计咨询等前端优势参与 PPP 项目，与资金实力较强而勘察设计能力欠缺的大企业集团优势互补，通过微比例跟投，分享一定的投资收益。

三是通过 PPP 产业基金，间接介入。勘察设计企业可通过建立 PPP 产业基金的方式，以融资平台的身份参与 PPP 项目，凭借融资平台优势，带动 PPP 项目投资和承接相关勘察设计咨询业务。

四是作为项目勘察设计方，参与方案设计。勘察设计企业也可作为 PPP 项目的分包商，参与项目的方案设计。此种方式下，PPP 项目对于勘察设计企业而言仅仅相当于产品销售渠道，与一般的项目没有太大区别，企业仅获得项目的勘察设计收费。

鉴于历史原因，国内的绝大多数勘察企业只向业主提供单一的勘察服务，勘察服务于工程设计，与设计企业具有较强的关联性，而在资本积累、EPC 管理能力等方面存在明显缺陷，因此，在 PPP 模式下，勘察企业多是与设计企业一起参与 PPP 项目。而 PPP 项目，对勘察企业的要求已不再是传统的勘察服务，而是要勘察企业立足于建设工程全生命周期来定位自己的服务。勘察企业一定要重视自己的信誉和履约能力，调整心态，从过去勘察、设计、施工在不同阶段各自为主体，不同阶段相对分离的状态中转变为勘察、设计、施工"一家人"的 PPP 模式的全阶段整体组织形式。

5.1.3.2　勘察的作用与影响

勘察专业是在严格遵守技术标准、法规的基础上，对工程地质条件做出准确的评价，正确处理和协调经济、资源、技术、环境条件的制约，使设计项目能更好地满足业主所需要的功能和使用价值，能充分发挥项目投资的经济效益。

PPP 项目具有很高的管理与服务要求，勘察设计企业至少需具备以下两项核心能力：

一是良好的品牌声誉。PPP 项目多为国内基础设施建设和公共服务项目，业主为政府部门，良好的品牌声誉有助于获得业主认可。

相比于建筑施工企业，勘察设计企业收入规模体量很小，如果能够通过 PPP 项目扩张主营业务，收入增加的比例会更高。勘察设计企业要不断提高自身实力，积极在未来 PPP 项目热潮中，争取到更多的发展机会。

二是强大的业务能力。首先，PPP 项目收益率良莠不齐，而项目收益率却是统一给出的平均值，且 PPP 项目周期普遍较长，因此，参与资本对 PPP 项目经济前景的分析和判断就显得尤为重要，需要参与 PPP 投资的勘察设计企业具备较强的项目经济性分析能力，对 PPP 项目长期盈利能力有专业的判断。其次，参与 PPP 项目的勘察设计企业需要对项目全过程负责，项目建设成本的高低也会影响勘察设计企业的最终收益。而项目建设成本的高低，除了受建设期成本管控影响外，很大程度上取决于前期的设计方案，设计企业需要有出色的设计规划能力，在前期设计阶段就充分考虑项目建设成本，进行设计最优化处理，保证以最低成本完成项目建设要求，而出色的设计离不开精细的勘察。最后，在项目运营阶段，强大的运营维护保养能力和丰富经验也能够减少项目建设和运营阶段故障或缺陷的发生。面对 PPP 项目对勘察工作要求的变化，勘察企业要做"从幕后到台前"的转变，充分发挥自身专业优势全面提升参与项目的价值。

勘察质量的高低主要体现在是否准确、客观反映地质情况（包括但不限于：各层土的物理力学指标参数、不良地质体和特殊土对建设工程的影响、地下水埋藏条件、关键地震参数等）。勘察提供的参数，直接关系到地基与基础形式、岩土工程设计形式和主体结构协调设计，不同形式的设计在质量、安全、造价上千差万别，一个错误的参数可能造成失之毫厘谬以千里的影响。这些"形式"与建设工程的质量、造价、工期密切相关，所以勘察质量的高低对项目具有重要影响。

岩土工程设计在整个项目中也有重要意义。首先岩土工程设计所从事的大部分都是隐蔽工程，地质情况千差万别，没有绝对相同的两个岩土工程设计案例，就如同没有绝对一样的两片树叶一样。目前城市用地日趋紧张，为了追求更高品质的城市规划设计理念，越来越多的市政设施、基础服务设施转向地下，对地下空间的开发和利用要求逐渐提高，这对岩土设计提出了更高的要求。一般来说广义岩土工程占项目总造价的比例为 10% ～ 20%，且随着地下空间开发的复杂程度的增加这一比例在逐渐提高，岩土工程实施占的总工期高的能达到项目总工期的 1/3，且岩土工程施工带来的安全风险较大。一个成功的岩土工程设计案例应该是安全可靠、技术可行、经济合理。

管廊建设中的岩土工程设计在有条件时应采用新材料、新工艺、新技术，大力倡导绿色岩土理念，比如采用玻璃纤维筋、可回收锚索、钢板桩等，这些新技术的利用能大大加强城市地下空间后期开发利用水平。

5.2 勘察范围及内容

5.2.1 勘察范围

勘察作为 PPP 项目的参建方，工作范畴应涵盖 PPP 项目全生命周期各个阶段。概括下来主要包括：项目预评估、项目投标、工程勘察、工程设计、工程施工、运营维护等阶段。勘察工作服务于工程建设各阶段，并提供相应的勘察成果。

5.2.2 勘察内容

工程勘察在 PPP 模式下，包括的内容更广，包含测绘、勘探（物探）、取样、试验、测试、检测、监测及岩土工程设计等。

PPP 项目各阶段勘察的主要工作内容：

（1）项目预评估：参与项目前期评估，从地质角度判断项目可能的投资风险，判别项目优劣，为项目公司投资决策提供依据。

（2）项目投标：根据招标文件要求，协助项目公司编制投标文件中与勘察专业相关章节，参与制定项目实施总体方案。

（3）工程勘察：根据勘察任务委托书要求，完成项目各个阶段的工程勘察任务。在可研阶段，勘察单位应积极收集附近场地地质资料，通过现场调查及区域地质资料分析，提供准确的地质资料，为决策方提供可靠的技术支持；在初步设计阶段，充分和设计方沟通，依据其提供的最新设计资料，确定勘察方案及大纲，并在实施工程中，始终保持和设计的无障碍沟通。在设计条件变化后，积极调整勘察方案，确保勘察成果的针对性及深度；在施工图阶段，充分利用前期的勘探工作量，力求节约资源，优化勘察方案，使后续勘察能顺利快速进行，按节点出具设计所需资料，并保证勘察成果顺利通过施工图审查；在施工阶段，针对具体工点所出现的特殊工程地质问题，进行施工阶段勘察。体现动态设计，信息化施工的工程设计施工原则。

（4）工程设计：根据设计进度，提供各设计阶段所需的勘察资料。在初步设计阶段提供初勘资料，在施工图设计阶段提供详勘资料，以满足各设计阶段对勘察资料的需求。

（5）工程施工：协助施工单位做好施工阶段勘察专业配合工作，在必要时开展施工勘察工作。

（6）运营维护：协助运营单位制定科学的运营维护方案。

PPP项目面临多种协调工作，勘察专业作为参建方，不等不靠，积极响应，使项目顺利、快速推进。

5.3 勘察流程及要点

综合管廊PPP项目的勘察工作流程主要依据工程特点及实施过程的需要划分，一般可分为以下几个阶段：项目可研阶段进行的工程地质测绘及调查、初步设计阶段进行的初步勘察、施工图设计阶段进行的详细勘察、施工阶段必要的施工勘察等。

综合管廊PPP项目各个阶段勘察工作开展流程如图5-1所示。

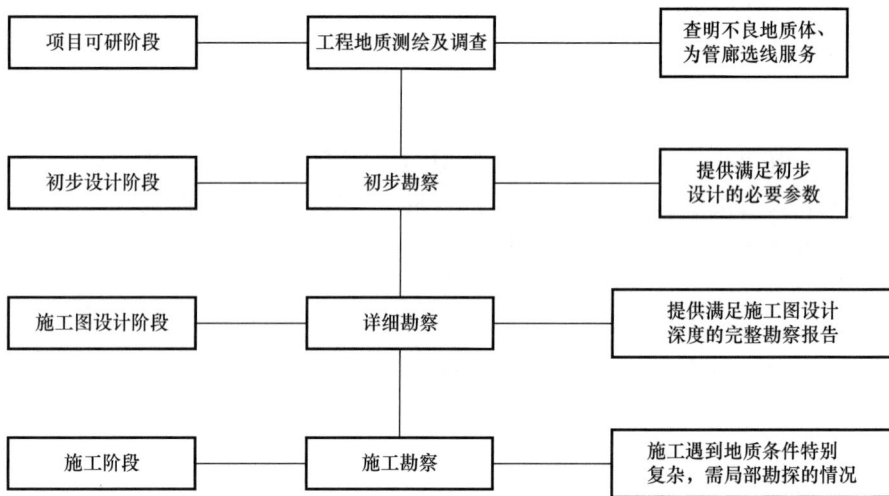

图 5-1 综合管廊 PPP 项目各阶段勘察工作流程

综合管廊 PPP 项目详勘阶段具体工作流程如图5-2所示。

5.3.1 勘察流程

5.3.1.1 勘察计划制定

PPP项目落地后，依据项目工程内容、工作范围、进度计划等目标，勘察参与方要积极跟进，编制详细的勘察作业计划，并报项目公司相关部门审批。

勘察计划的制定应依据市建委、各区政府、管委会的建设任务要求及项目公司的投资计划等编制，且需要明确以下内容：

（1）勘察范围：明确勘察项目包含的管廊数量，各条管廊的性质（干线管廊、支线管廊和缆线管廊等)、长度、断面尺寸及道路设计红线范围等。

（2）勘察内容：依据项目公司对应管理部门（设计方）下发的各个勘察阶段的任务委托书开展勘察工作。

（3）进度计划：明确各个勘察阶段总体时间节点，各条管廊的勘察周期及勘察阶段（初步勘察、详细勘察等）的具体时间节点。

5.3.1.2 资料收集及现场踏勘

综合管廊是一种综合性很强的线性市政设施，勘察过程中的基础资料收集工作尤为重要。应搜集的资料主要包括自然环境资料、区域地质资料、水文地质资料、地裂缝资料、现状地下障碍物资料等。具体可参见表 5-1。

综合管廊勘察及基坑支护降水设计所需资料清单　　表 5-1

资料类型	资料内容	收集部门
1. 地质资料	（1）原始地形地貌测绘资料； （2）区域地质资料； （3）水文地质资料； （4）西安市地裂缝资料	地调院 测绘局
2. 地下既有管线资料	（1）给水、雨污水管线资料； （2）地下热力、天然气管线资料； （3）地下电力、通信管线资料； （4）地下排水暗渠资料； （5）其他影响勘察及岩土设计的地下障碍物	各管线产权单位及规划部门
3. 道路交通资料	（1）现状道路交通情况； （2）勘察外业可能占用的道路资料	道路部门 交警部门
4. 其他相关资料	（1）综合管廊初步设计资料（平面、纵断等）； （2）综合管廊勘察相关技术规范	设计院 建设主管部门

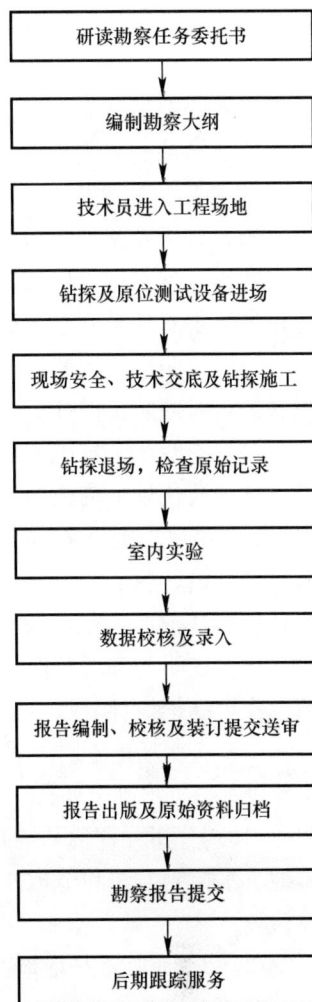

管廊勘察必须重视踏勘，其主要目的是了解管廊沿线地形地貌、地表水体、不良地质体、道路交通情况等，为勘察及基坑支护设计工作开展提供必要依据。资料收集和踏勘工作量大，需要对接的部门多，为保证前期工作的高效性，可采用专人负责、分类对接的模式。

5.3.1.3 编制勘察大纲

在完成基础地质资料收集、现场踏勘后，按照项目公司主管部门出具的勘察任务委托书编制勘察大纲。

勘察的具体任务是：

（1）调查了解拟建管廊场地及其影响范围内的环境地质条件，查明拟建场地内是否存在不良地质作用及可能存在的不良地质作用的类型、成因、分布范围、发展趋势和危害程度，对场地的稳定性做出评价，提出整治或防治措施和建议。

（2）查明拟建场地与拟建管廊范围内的地层结构、地层岩性、各岩土层的分布范围、埋深、厚度及层面起伏变化。查明各层地基土的物理力学性质及其工程特性，分析和评价

右侧流程图：

研读勘察任务委托书
↓
编制勘察大纲
↓
技术员进入工程场地
↓
钻探及原位测试设备进场
↓
现场安全、技术交底及钻探施工
↓
钻探退场，检查原始记录
↓
室内实验
↓
数据校核及录入
↓
报告编制、校核及装订提交送审
↓
报告出版及原始资料归档
↓
勘察报告提交
↓
后期跟踪服务

图 5-2 综合管廊 PPP 项目详勘工作开展流程

地基的稳定性、均匀性及其承载能力，为拟建管廊基础类型的确定和持力层的选择提供依据和建议。

（3）查明拟建场地湿陷性黄土、填土等特殊性岩土的分布范围及其性质，对黄土的湿陷程度、场地的湿陷类型与地基的湿陷等级做出评价，对其他特殊性岩土的工程性质及对工程的危害程度做出分析评价，对特殊性岩土地基处理提供建议。

（4）查明拟建场地地下水的赋存条件及地下水位变化幅度，为基坑降水和确定抗浮水位与防水设计水位提供依据；查明地下水的水质状况，判定地下水对建筑材料的腐蚀性，评价地下水对地基基础设计和施工的影响。

（5）查明地基土的易溶盐含量，评价地基土对混凝土结构及钢结构的腐蚀性，为建筑材料的抗腐蚀防护设计提供依据。

（6）查明场地抗震类别，确定建筑场地类别，提供场地的抗震设计参数，评价场地的液化性和液化处理措施。

（7）查明场地工程地质条件和岩土工程性质，选择拟建管廊适宜的基础持力层，提供地基基础设计所需的岩土参数。对工程岩土条件作出分析与评价，选择适宜的基础持力层，提出基础形式和地基处理方案建议。

（8）查明与基坑开挖有关的场地条件、土质条件和工程条件，提供边坡稳定性计算参数及支护结构设计参数，提出基坑支护选型建议。

（9）查明场地土层力学性质和分布特点，提出地基处理建议，对湿陷性黄土地基处理提出建议；根据地基土分布特点，对场地可能出现土岩组合的不均匀地基提出处理方法建议。

（10）分析并评价基坑开挖过程中地下水位控制对支护系统和邻近建筑物的影响，提出地下水控制方法和施工控制建议，并提出施工方法和施工中可能遇到问题的防治措施及建议。

（11）查明临近场地地面建筑和地下管网等暗埋物的分布情况，分析施工开挖放坡和降水对地上建筑的影响，查明地上建筑对基坑放坡范围的限制，查明基坑开挖对地下暗埋管道的破坏和对放坡的影响。根据场地地基土工程性质与管道周边环境条件，提出管廊开挖与基坑支护方法的建议，提供基坑边坡稳定性验算和基坑支护设计所需岩土工程参数。

5.3.1.4　勘察外业实施

（1）根据项目特点、规模及时间节点要求，成立由项目负责人为第一责任人的勘察项目组，确保组织架构合理，能完全胜任勘察工作，配备满足现场实施勘察作业的机械设备及物资；

（2）开钻前人工探明可能存在的各类地下管线及障碍物，并做好技术、安全交底，确保勘察作业安全；

（3）严格按照勘察大纲开展工作，取样及原位测试试验须满足规范要求，原始记录必须准确无误，严禁事后补记及涂改；

（4）现场取得的原状样及水样及时密封并送实验室，不得扰动原状样、改变其含水量，对于一级试样要保证其应力状态；

（5）野外作业应减小对交通及周围环境影响，且钻孔过程中不得污染周围环境，在既有道路附近钻探的应清洗作业场地，并按要求对钻孔封填。

5.3.1.5 室内土工实验

勘察成果的核心是数据，室内土工试验成果质量高低直接决定了勘察质量。试验能揭示土这种碎散多相地质材料的一般和特有力学性能。土工试验经过测试岩土试样，得到了岩土的力学性、物理性、动力性以及渗透性等各项指标，从而为工程设计和施工提供参数，室内土工试验必须遵循现行国家规范《土工试验方法标准》GB/T 50123—1999 的相关要求。

5.3.1.6 勘察报告编制

岩土工程勘察报告应根据任务要求、勘察阶段、岩土工程条件等具体情况编写，应真实反映勘察场地的地形、地貌、构造、地层、地下水、岩土性质、不良地质现象、环境工程地质问题及其他要求查明的问题，并进行合理正确的岩土工程分析评价，对工程建设中的岩土工程问题提出建议，满足工程建设对勘察的要求。岩土工程勘察报告是所有勘察活动智慧的集中体现，在勘察项目负责人的总体安排下精心编制勘察报告、按时提交是勘察单位的基本职责。

5.3.2 勘察要点

5.3.2.1 勘察管理要点

（1）合理安排项目勘察时间节点

根据勘察工作内容，分析各条管廊后续可能的实施时间（征地拆迁计划、城建计划、施工措施、工期影响、天气状况、治污减排期间工期影响），确定各项目勘察时间安排。

（2）建立资料收集渠道

同政府 PPP 项目建设主管部门、规划部门、城建档案馆、相关设施产权单位建立资料收集渠道，提高资料收集准确性及效率。

（3）明确项目重要节点

根据项目建设条件、与现状设施交叉影响，明确勘察工作实施的难点和重点，提前做出预案。

（4）勘察阶段工程质量控制

科学制定勘察方案，精心组织实施，资料完善、数据可靠、评价正确、建议合理。

（5）明确施工交底及配合流程

做好施工前交底工作，制定与项目相符的勘察过程管理表单，明确各方责任。

5.3.2.2 管廊勘察技术特点

西安市地下综合管廊建设 PPP 项目Ⅰ标段中，管廊岩土工程勘察的主要技术特点有：

（1）解决多段管廊穿越城市河流的地质问题

河流是城市重要的生态环境及水源，管廊实施过程中一般采取下穿河流的形式，常用的下穿形式主要有暗挖法及顶管法。为了保护河流及管廊能顺利施工，要求管廊与河底之间要有一定的保护距离，这就要求控制性钻孔深度要考虑这一因素，孔底要深入到管廊基底以下满足变形计算深度要求。在穿越河流区段还应重点查明地层的渗透性，为管廊的防渗设计提供参数。在穿越起止端要考虑明挖和暗挖的衔接段可能采用的支护形式，一般常用的支护形式是排桩＋内支撑或桩＋锚索，在勘察孔深设计时应预估支护桩桩长，孔深应超过桩底标高一定深度。

（2）解决多段管廊与地铁交互影响的地质问题

管廊建设紧邻或穿越地铁已经是一种常态，地铁作为城市交通的生命线，其重要性不言而喻，在涉地铁路段，管廊建设要根据西安市地铁办的要求在不影响地铁建设或运营的情况下实施，需要对初步设计方案进行安全性评估，最终经地铁办会签后才能出施工图。在这些区域勘察工作就要有预见性，布设的控制性勘探孔要深入管廊基底以下一定深度以满足变形计算需要，且要进入可能采用的支护桩桩底标高以下数倍桩径深度，平面上也应加密钻孔，采用的原位测试及室内试验取得的数据（比如基底土层的湿陷性等）要满足后期主体结构设计及基坑支护设计的需要。

（3）解决管廊穿越主城区重要干道的地质问题

按照规划要求新建道路时管廊须同步实施，这种路段对交通影响相对较小。目前西安市正在实施的"缆线落地计划"管廊都位于市区既有道路下方，如何在管廊建设中既能将市区道路交通压力降到最低，还能保证施工过程中的安全且考虑方案的经济性就显得很重要。周围环境很复杂的区域（如紧邻多层浅基础建筑物、地下管网密布、有大量行道树及地面市政设施难以迁移等）一般多采用顶管施工，顶管工作时工作井必不可少，工作井既作为顶管的始发和接收井，也作为管廊后期的出线节点、通风及逃生出口，是管廊的主要附属设施。勘察工作开展时要紧密和设计沟通，在有顶管井的位置必须设计控制性勘察孔，孔深应超过可能采用的支护桩桩底以下数倍桩径。

（4）解决多段管廊穿越西安地裂缝的处理问题

西安市的地裂缝很发育，管廊作为线性工程，穿越地裂缝不可避免，管廊穿越地裂缝的位置关乎管廊结构过地裂缝处理位置，对精度要求很高，不能影响后期管廊运营。地裂缝的埋深及活动性也是影响管廊结构的关键参数，比如地裂缝埋深浅、目前还在频繁活动的，管廊用顶管或盾构穿越可能在地裂缝段产生错位或断裂，采用暗挖法施工，采用柔性防水连接过地裂缝可以有效解决这些问题。在详勘阶段查明地裂缝的具体位置、类型、分布特征、活动性与变形速率等，评价地裂缝对工程的影响，提出综合处理措施建议。

（5）解决管廊穿越多种特殊性土层的处理问题

特殊土（填土、湿陷性黄土、饱和土等）对工程建设影响很大，勘察阶段必须要查清其范围、深度及对管廊建设影响，并有针对性地提出处理措施和建议。本项目涉及缆线管廊及综合管廊，缆线管廊多数位于城市市区，已有城市市区场地条件复杂，人为建设活动频繁，填土深度变化大，对工程建设影响较大，在市区进行的管廊建设勘察任务摸清填土的深度、性质很有必要。其次西安地区的湿陷性黄土，尤其是自重湿陷性黄土对管廊建设影响很大，在详勘阶段必须查清楚其湿陷性、范围及厚度，提出科学合理的地基处理建议。饱和土后期的固结沉降大，很容易造成管廊的沉降、不均匀沉降，严重的可能还会引起管廊开裂，影响管廊使用。在详勘时查明饱和土的性质，预估其工后沉降，提出地基处理建议对管廊建设意义重大。

（6）解决管廊建设的环境水文地质条件评价问题

地下结构的抗浮水位受场地工程地质、水文地质条件的影响，决定于地下水的补给、径流、排泄条件，了解不同地区地下水的赋存形式和运移规律，依据地下水多年动态观测资料，确定历史最高水位，综合其影响因素后预测未来水位变化趋势，确定综合管廊工程的设计抗浮水位。抗浮水位影响管廊的结构设计、工程造价和运营安全。因此，在保障工程安全的同时，确定经济合理的抗浮设计水位尤为重要。

（7）管廊建设需考虑对文物的保护问题

众所周知，西安是十三朝古都，古建筑及文物非常丰富，勘察工作实施过程中必须加强对古建筑和文物的保护，提供的勘察技术成果也应满足后期基坑支护设计对其保护的需求。

（8）解决复杂多样的岩土技术问题

管廊项目建设面临众多岩土技术问题，包括基坑支护、降水、地基处理、环境条件（地下管网、临近建筑物、历史建筑等）保护等。管廊勘察目前还没有很有针对性的指导性规范，这对勘察提出了更高的要求，要求勘察工作要有预见性、前瞻性，深度要能满足将来设计条件可能面对的变化。

（9）解决岩土设计与相关方的协调问题

管廊项目周边环境条件的复杂性，要求岩土设计应达到精细化、数字化、信息化、动态化。在前期方案设计阶段，积极与项目部、主体结构设计单位及外围相关单位对接，尽可能掌握详细、准确的基坑支护设计边界条件，确保方案阶段的设计技术经济合理。在方案设计阶段、施工图设计阶段以及施工阶段根据外围设计施工条件的动态变化及时优化设计，确保基坑支护设计与边界条件和施工的有效衔接和同步。根据环境条件、施工组织、交通疏导等，不同条件组合变化，不断优化基坑支护设计，同时完善与推进标准化设计。

（10）重视项目全生命周期的勘察技术服务

鉴于PPP项目的特点，勘察作为一个专业应全生命周期参与。在项目竞争性磋商与投标阶段，较为细致地阐明主要岩土工程问题，为综合报价的合理性提供地质依据；在项目可研阶段，从地质条件角度对选线提出专业建议，为设计避让重大地质风险提供预警；在初步设计阶段和施工图设计阶段，提前与设计做充分的对接沟通，弄清楚设计意图，有针对性地提出设计所需参数和特殊处理措施建议；在运营阶段，提出与地质有关的工程设施维护要求，针对运营阶段的特殊要求，通过工程监测，提前预测可能发生的变形，提出处理意见等。

5.4　勘察管理

5.4.1　勘察管理目的及内容

勘察管理是一项策划和监控的活动过程，通过勘察管理，合理有效解决项目勘察实施的难点和要点，确保勘察工作顺利开展，保证项目勘察工作安全、质量、进度目标实现。

PPP项目勘察管理贯穿于工程项目全生命周期的各阶段：项目前期阶段（工程地质调查及测绘、踏勘），项目准备阶段（初步勘察），项目实施阶段（详细勘察、施工勘察）；项目运营阶段（技术服务）。根据项目所处的不同阶段，有针对性地对项目勘察标准、进度、质量进行管理与控制，确保勘察工作顺利进行及勘察文件的完整性、准确性、可实施性。

5.4.2　勘察管理要点

PPP模式下的勘察工作管理在勘察工作阶段起着非常重要的作用，使勘察工作有序化、规范化、标准化，其管理要素主要有以下几方面。

5.4.2.1 标准管理

勘察单位应依据市建委、各区政府、管委会等相关政府部门关于管廊建设的相关意见要求，结合建设条件，在满足勘察规范的前提下，按照勘察任务委托书编制项目勘察大纲。同时根据政府建设管理部门对项目建设实施周期的要求以及建设环境（气象、水文、地质等自然条件），明确各阶段勘察工作的深度。勘察工作应按计划进度完成，满足预定的勘察标准及深度要求。

5.4.2.2 安全管理

认真落实安全生产岗位责任制，明确勘探作业人员、技术管理人员的安全职责，做到分工、责任双落实。加强安全教育，搞好安全生产，严格执行现场安全生产规定。

（1）勘探工作开展前，对勘探区域内的周边环境、地下管线等情况进行全面、详细摸排，在施工中采取相应措施，防止事故发生。

（2）现场设立兼职安全员，负责现场安全检查，做好防火、防盗、防事故工作，检查安全和督促隐患整改。

（3）村镇、交通线路等区域内的勘探现场，及时设立施工班组安全工作区，并悬挂或围设安全警示标志。

（4）勘探施工对路面形成破坏时，应及时予以恢复，每一勘探点结束后，及时按要求回填夯实，并清理干净勘探现场。

（5）在人口密集、行人来往频繁的地段施工时，采取围挡措施，防止非施工人员误入勘探现场。

（6）勘探工作时，对设备采取有效安全防护措施。

（7）进入勘察现场人员需佩戴安全帽。作业人员穿棉织品或防静电工作服、鞋等，配置简单医疗用品，发生意外事故时能在现场快速处理。

5.4.2.3 进度管理

场地基本具备条件时，及时进场。现场勘探、测试、室内水土试验、室内资料整理及勘察报告编制提交及时，保证设计工期，必要时按照建设单位及设计部门的进度要求分阶段提交相应的阶段性勘察成果资料，具体有以下措施：

（1）强化项目管理，组织精干的勘察队伍，配备熟练的技术人员，参加本项目的工作；

（2）根据各工作阶段的工作量、计划工期及拟投入的机械设备效率，综合考虑场地条件、人员素质及其他不确定因素，组织多台勘探测试设备同时进场开展工作，在计划工期内完成野外勘探测试工作；

（3）按日考核工作进度，根据具体施工情况及时调配人员及设备；

（4）配置相应数量的技术与施工人员，分工明确，各负其责，超前解决影响施工进度的各种问题；

（5）内业工作与外业工作同步开展，实行100%的计算机资料整理与计算机制图工作，最大限度地提高工作效率；

（6）配备可靠的物质资源，为适应本工程的勘察工作，要求勘察部门必须加强设备维护保养和物资、钻机配件供应力量。保证设备完好率达到100%和物资配置率、钻机配件到位率达到100%，确保勘察工作的顺利完成。

5.4.2.4 质量管理

勘察项目的质量目标是：勘察过程的各个环节全面受控，成品100％合格，最终成果达到优良级，确保勘察成果资料满足设计和施工的要求，顺利通过施工图审查，争创省级优秀勘察成果奖。

强化组织管理，工程勘察项目领导小组由总工程师任主管领导，组织精干的勘察队伍，以项目负责人为龙头，院骨干力量为基础，组织一支精干的勘察队伍，具体有以下质量管理措施：

（1）勘察过程严格按照QEO管理体系文件管理，项目组内部成立质量、环境与职业健康安全控制小组，由项目负责人和技术负责人组成，强化质量、环境与职业健康安全的控制；

（2）与设计单位加强联系，充分了解设计人员，特别是结构设计人员对工程勘察的参数要求，认真编制勘察纲要，并编制各专业的实施细则；

（3）编制详细的勘察工作方案及钻探、测试、试验工作细则，对勘察作业各班组进行技术交底、做到统一要求、统一标准。各环节按质量运行体系受控，成果符合规范要求；

（4）加强勘察各工序管理，严格控制勘察各工序接口，保证第一手勘察资料的准确性；施工前及施工中，项目技术负责人向相关的作业班组及人员进行技术交底并跟踪进行技术指导，及时汇总原始资料予以确认，并进行初步整理，对发现的问题及时提出改正措施并负责监督整改，严禁不合格品进入下道工序；

（5）根据勘察任务与要求，选用具有所需准确度和精确度的勘测设备，且各种设备均通过计量认证。使用前认真检查确认，使用过程中，如发现测试设备偏离校准状态，应停止使用，并经重新校准后再使用；

（6）勘察文件严格按招标文件及规范规程要求进行编制，并符合各阶段文件内容和深度的要求。文件形成过程中严格执行评审验证制度，加强各级校核（作业人自校，工程校核人校核）及审核和审定，确保满足工程要求。保证勘察成果技术质量的科学性、先进性与可靠性，满足各阶段设计需要，使勘察成果达到优良标准。

勘察项目组织机构如图5-3所示。

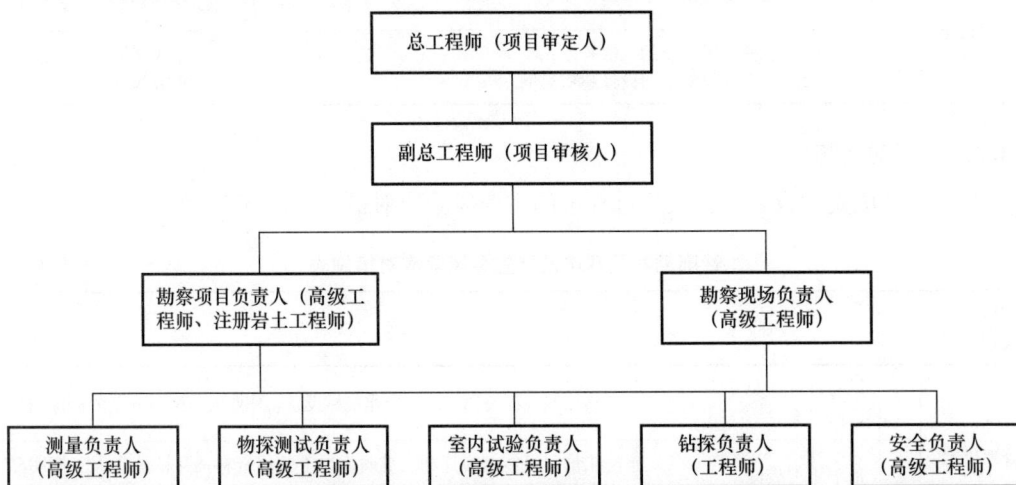

图5-3 勘察项目组织机构图

5.4.3　勘察风险控制

5.4.3.1　风险源识别及评估

PPP 项目中勘察的风险主要有：管理风险、环境风险、技术风险、质量风险及财务风险等。风险评价主要包括：风险事件发生的可能性、可能造成的危害程度，对风险进行定性或定量分析，并依据其影响程度进行分析排序。

具体如表 5-2 所示：

管廊勘察设计风险源识别及评估　　　　　　　　　　　　　　　　表 5-2

风险类型	风险内容	风险评估
1. 管理风险	(1) 勘察外业人员人身安全风险； (2) 既有管线及地下构筑物破坏风险； (3) 古建筑及地下文物毁坏风险； (4) 劳务分包单位管理风险	重大风险 重大风险 一般风险 重大风险
2. 环境风险	(1) 勘察外业对周围环境可能造成的破坏； (2) 岩土设计时周边环境带来的设计风险	一般风险 一般风险
3. 技术风险	(1) 现状道路交通情况； (2) 勘察外业可能占用的道路资料； (3) 搜集的原始地质资料不准确； (4) 岩土设计边界条件发生变化	一般风险 一般风险 重大风险 重大风险
4. 质量风险	(1) 地质构造活动性对工程影响评价是否准确； (2) 地裂缝位置及活动性探明是否准确； (3) 黄土湿陷性判断问题； (4) 饱和砂土液化判别问题； (5) 饱和软（黄）土判别问题； (6) 不均匀地基的评价问题； (7) 高地下水位对工程的影响评价问题； (8) 岩土设计的精度及深度达不到要求； (9) 勘察报告编制精度及深度达不到要求	一般风险 重大风险 一般风险 一般风险 一般风险 一般风险 一般风险 重大风险 重大风险
5. 财务风险	(1) 各种原因造成的二次补勘； (2) 岩土工程施工图设计超概算问题	重大风险 重大风险

5.4.3.2　应对措施

勘察及基坑支护设计项目实施过程中的主要风险应对措施见表 5-3。

管廊勘察及基坑设计主要风险应对措施表　　　　　　　　　　　表 5-3

类别		风险源	应对措施
管理风险	1	勘察外业人员人身安全	严格按照规程及作业手册操作机械设备，作业人员配备齐全的劳保用品
	2	地下重要管线	施工前尽可能搜集详细、准确的地下管线资料，开钻前应人工探明勘探孔位置无地下管线方可施工
	3	劳务分包	对劳务分包队伍进行全方位管理、确保其提供的服务满足项目要求

类别	内容	风险源	应对措施
环境风险	1	勘察外业影响环境	勘察外业开始前应制定严格的环境保护措施，并严格执行
	2	岩土设计环境风险	基坑支护设计开始前充分摸排周边地上及地下障碍物，设计时予以考虑
技术风险	1	现状道路对勘察及岩土设计可能造成的影响	勘察作业方案制定时应将现状道路影响降到最低，基坑支护设计考虑开挖影响范围
	2	搜集的原始资料不准确	对收集到原始资料应多方印证，确实无误方可使用
	3	岩土设计边界条件变化	设计开始前应全面摸排周边环境情况，与相关单位充分对接，对可能存在的条件变化有预判。采用动态设计、数字设计、信息法设计等方式
质量风险	1	地质构造活动	借助工程区域地裂缝探查资料来评价其影响
	2	西安地裂缝	采用综合手段探明拟建地下管廊沿线所穿越地裂缝的具体位置、类型、分布特征、活动性与变形速率等，评价地裂缝对工程的影响，提出综合处理措施建议
	3	黄土湿陷性	详细查明各拟建地下管廊区段湿陷性黄土的分布范围与厚度，对黄土的湿陷程度、场地湿陷类型和地基湿陷等级作出评价，提出地基处理方案建议，为地基处理设计提供依据
	4	饱和砂土液化	详细查明拟建地下管廊沿线饱和砂土层的分布区段与分布深度，对饱和砂土的液化趋势进行评判，对液化等级进行划分，对影响地下管廊建设的液化层的处理提出措施建议，以消除饱和砂土液化产生的危害
	5	饱和软（黄）土	详细查明拟建地下管廊沿线饱和软（黄）土的分布区段、分布厚度及其工程性质，评价饱和软（黄）土对工程的影响，并针对不同区段、不同性质的饱和软（黄）土提出适宜的处理措施建议
	6	岩土设计精度及深度不达标	充分利用所有设计资料，考虑各种工况下基坑的安全风险。细部构造及节点详图确保无遗漏，要能满足现场施工需要。落实层层校核及审核程序
	7	勘察精度及深度不达标	充分收集资料、严格按照勘察任务委托书及合同要求开展工作。按照规范要求深度编制，落实层层校核及审核程序
	8	不均匀地基	查明不同区段的岩土组合以及性质差异明显的各岩土层的平面分布及层位起伏变化情况，详细查明各岩土层的工程性质，对地基的均匀性作出评价，提出不均匀地基的处理措施建议
	9	高地下水位	查明含水岩土层类型、渗透性、富水性及水位变化幅度等基本内容，为基坑降水和确定抗浮水位与防水设计水位提供依据，另一方面应重点评价浸水岩土层的压缩性指标和强度指标，为水位下岩土层中的基坑开挖与支护、软基处理以及构筑物变形验算提供精准的岩土设计参数
财务风险	1	二次补勘风险	制定勘察大纲时要充分考虑各种风险，对可能出现的情况要有预判，并在制定方案阶段采取有效措施予以避免
	2	岩土设计超概算风险	在初步设计阶段要充分考虑设计边界条件可能的变化，增强风险意识。在初步设计阶段要把主要设计边界条件摸透，避免出现设计变更

5.4.4 勘察考核

（1）考核对象

考核主体为政府主管部门，考核对象为管廊勘察单位。

（2）考核内容

考核内容包括：勘察安全、勘察质量、勘察进度、勘察服务。

（3）考核方法及标准

1）考核采取定性和定量相结合的方式。

2）评分方法实行百分制，见表5-4。

勘察工作考核评分表　　　　　　　　　　表 5-4

姓名		职位		考核日期		
项目及考核内容					配分	得分
勘察安全 （30%）	勘察过程中环保意识很高、对交通无影响，无安全事故				30 分	
	勘察过程中环保意识高、对交通几乎无影响，无安全事故				20～30 分	
	勘察过程中环保意识不高、对交通有影响，无安全事故				10～20 分	
	勘察过程中环保意识差、有轻微安全事故				5～10 分	
	出现重大安全事故				5 分以下	
勘察质量 （30%）	提交勘察成果一次性通过审查，无违反规范条款				30 分	
	提交勘察成果一次性通过审查，无违反规范强条				20～30 分	
	提交勘察成果一次性通过审查，有一般性错误				10～20 分	
	提交勘察成果未一次性通过审查，一般错误多				5～10 分	
	提交勘察成果未通过审查，有违反规范强条				5 分以下	
勘察进度 （20%）	具有超前意识，每次均能按时提交勘察成果				20 分	
	基本能按时提交勘察成果				15～19 分	
	偶尔不能按时提交勘察成果				10～15 分	
	经常不能按时提交勘察成果				5～10 分	
	在反复督促之下才能提交勘察成果				5 分以下	
勘察服务 （20%）	能提供非常周全的服务				20 分	
	能提供较周全的服务				15～19 分	
	能提供基本的服务				10～15 分	
	在督促之下尚能提供服务				5～10 分	
	在督促之下提供的服务质量也不高				5 分以下	

5.5　中建西安综合管廊勘察案例分析

案例一：科技八路综合管廊工程勘察及基坑支护设计案例

工程勘察：科技八路综合管廊位于现状科技八路道路北侧，西起道路设计里程 K1＋870（科技八路与规划经十四路交叉口），东至道路设计里程 K4＋032（科技八路与丈八北路交叉口），全长约 2162m，全段为综合管廊。分为明挖段和盾构段实施，明挖段综合管廊基坑开挖深度约 7.5～8.5m，与经十二路交叉处基坑深度约 17m，盾构工艺井基坑开挖深度约为 19.5～21.2m。

在方案可研阶段勘察单位从地质条件方面提供了技术支持，在方案初设阶段提供了岩土工程勘察中间资料，在施工图设计阶段，按照任务委托要求出具了完整的详勘报告。

勘察现场作业采用了钻探及静力触探、标准贯入试验、剪切波速测试等联合手段，准确探明了地层、地下水及场地地震参数。做了大量室内试验，主要包括：直接剪切试验、三轴剪切试验、静止侧压力试验、无侧限抗压强度试验、天然坡角试验、黄土湿陷性试验、颗粒分析试验、粘粒含量试验等。

通过查阅西安地裂缝资料，f7地裂缝可能穿越本工程盾构区间，受地裂缝影响，穿越段拟采用暗挖法施工，详细查明地裂缝对整个工程建设的安全及投资有重大影响。针对f7地裂缝开展了专项勘察，在收集已有地裂缝勘察资料的基础上，采用现场钻探、坐标测量等手段，根据80m深度钻孔所揭示的地层变化情况，运用综合分析的方法确定f7地裂缝从科技八路地下综合管廊里程K3+340~K3+360处通过。

通过外业勘探及室内试验，对影响工程建设的主要指标进行了评价，主要包括：地震液化、场地稳定性、场地建设适宜性、地基土湿陷性、地基土渗透性与赋水性、水土腐蚀性、地基土工程性质、地基土均匀性等。

明确对工程建设可能造成影响的参数：地基承载力及岩土工程参数、地基土的承载力特征值、压缩模量、桩基设计参数、地层的基床系数、基坑支护设计参数、围岩等级、地基土石工程分级等。

针对本工程建设提出了有针对性的建议：基础方案建议、明挖段基坑支护方案建议、盾构工艺井基坑支护方案建议、基坑开挖措施建议、基坑降水建议、地裂缝段工程措施建议、暗挖施工措施建议、盾构施工措施建议、防渗抗浮措施建议等。针对施工对环境可能造成的影响，提出了处理建议：基坑开挖引起的环境岩土工程问题，施工对主要建（构）筑物影响，施工对已有道路、管道的影响，施工中主要岩土工程问题，施工中的其他安全措施等建议。

在工程实施过程中配合处理岩土工程问题，解决土方开挖、基坑支护及降水中遇见的技术问题，解决岩土工程实施过程中与周围环境相互作用关系。

基坑支护及降水设计：科技八路基坑明挖段北侧采用土钉墙支护、南侧采用悬臂式灌注桩或微型桩支护；暗挖段1号工艺井采用直径1m的混凝土灌注桩加一道钢筋混凝土支撑、2道高压旋喷锚索、2道钢管内支撑支护，2号、3号、4号工艺井采用直径1m的灌注桩加4道钢管内支撑支护，4个工艺井降水均采用管井降水。

科技八路基坑周围环境复杂，地质条件复杂，盾构工艺井基坑深度达到21.2m，施工荷载复杂，龙门吊对差异沉降及变形很敏感。基坑设计中采用数字化、信息化、精细化、动态设计。在前期方案阶段，积极与项目部、主体结构设计单位及外围相关单位对接，尽可能掌握详细、准确的基坑支护设计边界条件，确保方案阶段的设计技术经济合理。在施工图设计阶段根据外围边界条件的动态变化及时优化设计，确保基坑支护设计与边界条件和施工的有效衔接和同步，持续推进标准化设计。在施工阶段提供无缝对接技术支持，确保施工顺利进行。

案例二：南北三号路延伸段综合管廊工程勘察及基坑支护设计案例

工程勘察：南北三号路延伸段为规划道路，管廊全长约661m。现状为农业用地及施工用地，周围环境比较简单，拟建工程重要性等级为一级，场地复杂程度等级为二级，岩土条件复杂程度等级为二级，综合确定岩土工程勘察等级为甲级。

南北三号路延伸段地下综合管廊沿线共布置16个勘探点，其中3个探井，7个取样钻孔，2个原位测试孔，4个一般性鉴别孔。勘探点总体沿拟建综合管廊两侧边线呈"之"

字形布置，勘探点间距一般为 50m；管廊交汇节点及地质条件明显变化处，加密勘探点。勘探孔根据任务不同分为技术孔（取样孔、探井、原位测试孔）和鉴别孔两类，其中取样孔和探井数量占总孔数一半以上，取样孔、探井及原位测试孔数占总孔数 2/3 以上。一般性钻孔孔深 15m，控制孔深度 20～25m。

在方案可研阶段勘察单位从地质条件方面提供了技术支持，在方案初设阶段提供了岩土工程勘察中间资料，在施工图设计阶段，按照勘察任务委托书要求出具了完整的详勘报告。

勘察现场作业采用了钻探、探井、静力触探、标准贯入试验等联合手段，准确探明了地层情况。做了大量室内试验，主要包括：直接剪切试验、三轴剪切试验、静止侧压力试验、无侧限抗压强度试验、天然坡角试验、黄土湿陷性试验、颗粒分析试验、黏粒含量试验等。

通过外业勘探及室内试验，对影响工程建设的主要指标进行了评价，主要包括：场地稳定性、场地建设适宜性、地基土湿陷性、地基土工程性质、地基土均匀性等。

明确对工程建设可能造成影响的参数：地基承载力及岩土工程参数、地基土的承载力特征值、压缩模量、地层的基床系数、基坑支护设计参数、围岩等级、地基土石工程分级等。

针对工程建设提出的建议：基础方案建议、基坑支护设计建议等。针对施工对环境可能造成的影响，提出了处理建议：基坑开挖引起的环境岩土工程问题，施工对主要建（构）筑物影响，施工对已有道路、管道的影响，施工中主要岩土工程问题，施工中的其他安全措施等建议。

基坑支护设计：常宁新区周围环境简单，地下水位埋深大，地质情况好。南北三号路为拟建道路，基坑开挖对周围环境影响较小。通过对周边环境、地层情况及基坑深度综合研判基础上，通过技术经济性分析，确定基坑支护设计采用放坡挂网喷护，对局部深度达到 12m 的节点处，采用复合土钉墙支护，既满足了安全需求，又使项目成本降到最低。

第六章 项目设计

6.1 设计概述

6.1.1 相关政策

6.1.1.1 国家政策

1. 2013年9月26日，国务院办公厅出台《关于政府向社会力量购买服务的指导意见》，该意见分为充分认识政府向社会力量购买服务的重要性、正确把握政府向社会力量购买服务的总体方向、规范有序开展政府向社会力量购买服务工作、扎实推进政府向社会力量购买服务工作四部分。

该意见要求按照积极稳妥、有序实施、科学安排、注重实效、公开择优、以事定费、改革创新、完善机制的原则，"十二五"时期政府向社会力量购买服务工作在各地逐步推开，统一有效的购买服务平台和机制初步形成，相关制度法规建设取得明显进展。到2020年，在全国基本建立比较完善的政府向社会力量购买服务制度，形成与经济社会发展相适应、高效合理的公共服务资源配置体系和供给体系，公共服务水平和质量显著提高。要求规范有序开展政府向社会力量购买服务工作，要进一步明确购买主体、承接主体、购买内容、建立健全购买机制、资金管理和绩效管理。各级政府要加强组织领导、健全工作机制、严格监督管理、做好宣传引导，确保确定的目标任务顺利完成。

2. 2014年9月21日，《国务院关于加强地方政府性债务管理的意见》（国发〔2014〕43号）提出，赋予地方政府依法适度举债融资权限，加快建立规范的地方政府举债融资机制。同时，坚决制止地方政府违法违规举债等。

意见中明确了加强地方政府性债务管理主要遵循以下原则：一是疏堵结合。修明渠、堵暗道，赋予地方政府依法适度举债融资权限，加快建立规范的地方政府举债融资机制。同时，坚决制止地方政府违法违规举债。二是分清责任。明确政府和企业的责任，政府债务不得通过企业举借，企业债务不得推给政府偿还，切实做到谁借谁还、风险自担。政府与社会资本合作的，按约定规则依法承担相关责任。三是规范管理。对地方政府债务实行规模控制，严格限定政府举债程序和资金用途，把地方政府债务分门别类纳入全口径预算管理，实现"借、用、还"相统一。四是防范风险。牢牢守住不发生区域性和系统性风险的底线，切实防范和化解财政金融风险。五是稳步推进。加强债务管理，既要积极推进，又要谨慎稳健。在规范管理的同时，要妥善处理存量债务，确保在建项目有序推进。

其主要内容围绕建立规范的地方政府举债融资机制，包括：一是通过明确举债主体、规范举债方式、严格举债程序等措施，解决好"怎么借"的问题。二是通过控制举债规模、限定债务用途、纳入预算管理等措施，解决好"怎么管"的问题。三是通过划清偿债责任、建立风险预警、完善应急处置等措施，解决好"怎么还"的问题。此外，为确保改革平稳过渡，《意见》明确提出妥善处理存量债务，既要确保在建项目后续融资，又要切实防范风险。

制定国务院43号文对于我国社会发展意义重大，一方面可以管理地方债务，促使地方政府能更好更快地建设廉洁政府；另一方面，国家也可以通过国务院43号文进一步规范我国金融机构的发展，促进我国市场经济的稳健运行。

3. 2014年9月23日，《财政部关于推广运用政府和社会资本合作模式有关问题的通知》（财金〔2014〕76号）要求，充分认识推广运用PPP模式的重要意义，积极稳妥做好项目示范工作，切实有效履行财政管理职能，加强组织和能力建设，尽快形成有利于促进PPP发展的制度体系。

政府和社会资本合作模式是在基础设施及公共服务领域建立的一种长期合作关系。通常模式是由社会资本承担设计、建设、运营、维护基础设施的大部分工作，并通过"使用者付费"及必要的"政府付费"获得合理投资回报；政府部门负责基础设施及公共服务价格和质量监管，以保证公共利益最大化。

政府和社会资本合作项目从明确投入方式、选择合作伙伴、确定运营补贴到提供公共服务，涉及预算管理、政府采购、政府性债务管理，以及财政支出绩效评价等财政职能。当前推广运用政府和社会资本合作模式，首先要做好制度设计和政策安排，明确适用于政府和社会资本合作模式的项目类型、采购程序、融资管理、项目监管、绩效评价等事宜。

4. 2014年11月16日，《国务院关于创新重点领域投融资机制鼓励社会投资的指导意见》（国发〔2014〕60号）提出，进一步放开市场准入、创新投资运营机制、推进投资主体多元化、完善价格形成机制等方面的创新措施。

针对生态环保、农业水利、市政设施、交通、能源设施、信息和民用空间设施、社会事业等7个重点领域，提出了吸引社会投资的政策措施。重点是放宽市场准入，提出了进一步创新生态环保投资运营机制、鼓励社会资本投资运营农业和水利工程、推进市政基础设施投资运营市场化、改革完善交通投融资机制、鼓励社会资本加强能源设施投资、推进信息和民用空间基础设施投资主体多元化、鼓励社会资本加大社会事业投资力度等7个方面的重大措施。这些措施将有效降低相关领域的进入门槛，可以说是为社会资本参与重点领域建设指明了方向。针对创新投融资方式，提出了建立健全政府和社会资本合作机制——也就是PPP、充分发挥政府投资的引导带动作用、创新融资方式等3大方面的措施，为社会资本指明了参与途径和方式。

5. 2014年12月2日，《国家发展改革委关于开展政府和社会资本合作的指导意见》（发改投资〔2014〕2724号）提出，鼓励和引导社会投资，增强公共产品供给能力，促进调结构、补短板、惠民生。

政府和社会资本合作（PPP）模式是指政府为增强公共产品和服务供给能力、提高供给效率，通过特许经营、购买服务、股权合作等方式，与社会资本建立的利益共享、风险分担及长期合作关系。开展政府和社会资本合作，有利于创新投融资机制，拓宽社会资本投资渠道，增强经济增长内生动力；有利于推动各类资本相互融合、优势互补，促进投资主体多元化，发展混合所有制经济；有利于理顺政府与市场关系，加快政府职能转变，充分发挥市场配置资源的决定性作用。准确把握政府和社会资本合作的主要原则，合理确定政府和社会资本合作的项目范围及模式，建立健全政府和社会资本合作的工作机制，加强政府和社会资本合作项目的规范管理，强化政府和社会资本合作的政策保障，扎实有序开展政府和社会资本合作。

6. 2015 年 3 月 10 日，国家发展和改革委员会、国家开发银行联合发布《关于推进开发性金融支持政府和社会资本合作有关工作的通知》，开发银行在监管政策允许范围内，给予 PPP 项目差异化信贷政策。

一是加强信贷规模的统筹调配，优先保障 PPP 项目的融资需求；二是对符合条件的 PPP 项目，贷款期限最长可达 30 年，贷款利率可适当优惠；三是建立绿色通道，加快 PPP 项目贷款审批；四是贯彻《国务院关于创新重点领域投融资机制鼓励社会投资的指导意见》关于"支持开展排污权、收费权、集体林权、特许经营权、购买服务协议预期收益、集体土地承包经营权质押贷款等担保创新类贷款业务"的要求，积极创新 PPP 项目的信贷服务。

7. 2015 年 4 月 25 日，国家发展和改革委员会、财政部、住房和城乡建设部、交通运输部、水利部、中国人民银行令第 25 号联合发布《基础设施和公用事业特许经营管理办法》，鼓励和引导社会资本参与基础设施和公用事业建设运营，提高公共服务质量和效率，保护特许经营者合法权益，保障社会公共利益和公共安全，促进经济社会持续健康发展。

该办法确定了适用领域，即在能源、交通、水利、环保、市政等基础设施和公用事业领域开展特许经营。同时明确了适用范围：境内外法人或其他组织均可通过公开竞争，在一定期限和范围内参与投资、建设和运营基础设施和公用事业并获得收益。

办法健全了政策措施，强调要完善特许经营价格和收费机制，政府可根据协议给予必要的财政补贴，并简化规划选址、用地、项目核准等手续。也强化了融资支持，提出允许对特许经营项目开展预期收益质押贷款，鼓励以设立产业基金等形式入股提供项目资本金，支持项目公司成立私募基金，发行项目收益票据、资产支持票据、企业债、公司债等拓宽融资渠道。政策性、开发性金融机构可给予差异化信贷支持，贷款期限最长可达 30 年。并且明确，要严格履行合同，实施联合惩戒，以保障特许经营者合法权益，稳定市场预期，吸引和扩大社会有效投资。

8. 2015 年 5 月 22 日，住房和城乡建设部、国家质量监督检验检疫总局联合发布《城市综合管廊工程技术规范》，明确综合管廊设计相应技术内容包括：规划、总体设计、管线设计、附属设施设计、结构设计、施工及验收和维护管理等。

9. 2015 年 5 月 22 日，国务院办公厅转发《财政部　发展改革委　人民银行关于在公共服务领域推广政府和社会资本合作模式指导意见的通知》（国办发〔2015〕42 号）提出，大力推动融资平台公司与政府脱钩，进行市场化改制，健全完善公司治理结构，对已经建立现代企业制度、实现市场化运营的，在其承担的地方政府债务已纳入政府财政预算、得到妥善处置并明确公告今后不再承担地方政府举债融资职能的前提下，可作为社会资本参与当地政府和社会资本合作项目，通过与政府签订合同方式，明确责权利关系。

10. 2015 年 8 月 3 日，国务院发布《关于推进城市地下综合管廊建设指导意见》，明确到 2020 年，建成一批具有国际先进水平的地下综合管廊并投入运营，反复开挖地面的"马路拉链"问题明显改善，管线安全水平和防灾抗灾能力明显提升，逐步消除主要街道蜘蛛网式架空线，城市地面景观明显好转。

要全面贯彻落实中共十八大和十八届二中、三中、四中全会精神，按照《国务院关于加强城市基础设施建设的意见》（国发〔2013〕36 号）和《国务院办公厅关于加强城市地下管线建设管理的指导意见》（国办发〔2014〕27 号）有关部署，把地下综合管廊建设作为履行政府职能、完善城市基础设施的重要内容。

一是要在做好试点的基础上，总结国内外先进经验和有效做法，逐步提高城市道路配建地下综合管廊的比例，全面推动地下综合管廊建设。

二是到 2020 年，要建成一批具有国际先进水平的地下综合管廊并投入运营，反复开挖地面的"马路拉链"问题明显改善，管线安全水平和防灾抗灾能力明显提升，逐步消除主要街道蜘蛛网式架空线，城市地面景观明显好转。

三是要立足于实际，加强顶层设计，积极有序推进。要做到规划先行，明确质量标准，完善技术规范，满足基本公共服务功能。要以政府为主导，发挥市场作用，吸引社会资本广泛参与。

11. 2015 年 11 月 26 日，国家发展改革委、住房和城乡建设部发布《关于城市地下综合管廊实行有偿使用制度的指导意见》（发改价格〔2015〕2754 号），该指导意见的出台，为明确城市地下综合管廊使用费的收费机制、社会资本进入方式以及激励社会资本进入的政策选择途径，为建立健全城市地下综合管廊有偿使用机制，形成合理的城市综合管廊建设与运营主体选择机制提供重要的政策支持。该指导意见是国家贯彻落实市场在资源配置中起决定性作用和更好发挥政府作用，形成合理收费机制，调动社会资本投入积极性，促进城市地下综合管廊建设发展，提高新型城镇化发展质量的重要举措。

其核心内容主要为以下三点：第一，建立主要由市场形成价格的机制。城市地下综合管廊各入廊管线单位应向管廊建设运营单位支付管廊有偿使用费用。各地应按照既有利于吸引社会资本参与管廊建设和运营管理，又有利于调动管线单位入廊积极性的要求，建立健全城市地下综合管廊有偿使用制度。第二，城市地下综合管廊有偿费的基本构成。城市地下综合管廊有偿使用费包括入廊费和日常维护费。入廊费主要用于弥补管廊建设成本，由入廊管线单位向管廊建设运营单位一次性支付或分期支付。日常维护费主要用于弥补管廊日常维护、管理支出，由入廊管线单位按确定的计费周期向管廊运营单位逐期支付。第三，应用 PPP 模式加快社会资本参与城市地下综合管廊建设和运营管理。各地应灵活采取多种政府与社会资本合作（PPP）模式，推动社会资本参与城市地下综合管廊建设和运营管理，依法依规为管廊建设运营项目配置土地、物业等经营资源，统筹运用价格补偿、财政补贴、政府购买服务等多种渠道筹集资金，引导社会资本合作方形成合理回报预期，调动社会资本投入积极性，促进城市地下综合管廊建设发展。

12. 2016 年 7 月 1 日，《国务院办公厅关于进一步做好民间投资有关工作的通知》（国办发明电〔2016〕12 号）提出，努力营造一视同仁的公平竞争市场环境，进一步放开油气勘探开发等领域准入。

通知要求，各省（区、市）人民政府、各有关部门要进一步清理行政审批事项，及时破除各种关卡，该取消的行政审批事项要坚决取消，该给市场的权力要尽快放给市场。要对照国家政策要求，坚持一视同仁，抓紧建立市场准入负面清单制度，进一步放开民用机场、基础电信运营、油气勘探开发等领域准入，在基础设施和公用事业等重点领域去除各类显性或隐性门槛，在医疗、养老、教育等民生领域出台有效举措，促进公平竞争。

13. 2016 年 8 月 10 日，国家发展和改革委员会发布《关于切实做好传统基础设施领域政府和社会资本合作有关工作的通知》（发改投资〔2016〕1744 号）。明确要求各地发展改革部门会同有关行业主管部门，切实做好能源、交通运输、水利、环境保护、农业、林业以及重大市政工程等基础设施领域政府和社会资本合作（PPP）推进工作。

14. 2017 年 1 月 13 日，国家发展和改革委员会发布《政府出资产业投资基金管理暂行办法》，提出优化政府投资方式，发挥政府资金的引导作用和放大效应，提高政府资金使用效率，吸引社会资金投入政府支持领域和产业。

15. 2017 年 11 月 16 日，财政部发布《关于规范政府和社会资本合作（PPP）综合信息平台项目库管理的通知》（财办金〔2017〕92 号）提出，由各省级财政部门统一部署辖内市、区、县财政部门开展入库项目集中清理工作，财政部 PPP 中心负责开展财政部 PPP 示范项目的清理工作。

通知提出了规范项目库管理的三大举措：一是实行分类管理。将项目库按阶段分为储备清单和项目管理库，储备清单内的项目重点用于孵化和推介，项目管理库内的项目要接受严格监管，确保全生命周期规范运作。二是统一新项目入库标准。明确不适宜采用 PPP 模式实施、前期准备工作不到位、未建立按效付费机制的项目不得入库，提升入库项目质量。明确下一步政策方向，即优先支持通过 PPP 模式盘活存量公共资产，审慎开展政府付费项目，防止财政支出过快增长，突破财政承受能力上限。三是组织开展已入库项目集中清理。组织各地财政部门将操作不规范、实施条件不具备、信息不完善的项目清理出库，推动各地建立健全专人负责、持续跟踪、动态调整的常态化管理机制，提升项目库信息质量和管理水平。

16. 2017 年 11 月 26 日，国资委正式印发了《关于加强中央企业 PPP 业务风险管控的通知》（国资发财管〔2017〕192 号），从强化集团管控、严格准入条件、严格规模控制、优化合作安排、规范会计核算、严肃责任追究六方面来防范央企参与 PPP 的经营风险。

通知给出以下三点要求：一是纳入中央企业债务风险管控范围的企业集团，累计对 PPP 项目的净投资（直接或间接投入的股权和债权资金、由企业提供担保或增信的其他资金之和，减去企业通过分红、转让等收回的资金）原则上不得超过上一年度集团合并净资产的 50%，不得因开展 PPP 业务推高资产负债率。二是集团要做好内部风险隔离，明确相关子企业 PPP 业务规模上限；资产负债率高于 85% 或近 2 年连续亏损的子企业不得单独投资 PPP 项目。三是集团应加强对非投资金融类子企业的管控，严格执行国家有关监管政策，不得参与仅为项目提供融资、不参与建设或运营的项目。

6.1.1.2 地方政策

1. 2014 年 1 月 18 日，《陕西省人民政府关于加强城市基础设施建设的实施意见》（陕政发〔2014〕4 号）提出，加强重点领域建设，提升城市基础设施水平，重点领域建设包括：加强道路交通基础设施建设；加大城市管网建设和改造力度；加快污水和垃圾处理设施建设；加强城市公共服务配套设施建设；加强生态城市体系建设；加快智慧城市建设。同时应强化保障措施，切实把城市基础设施建设任务落到实处。

2. 2014 年 6 月 13 日，《陕西省发展和改革委员会关于鼓励社会资本参与重点项目建设的通知》（陕发改经体〔2014〕688 号）提出，在基础设施等领域推出 39 个鼓励社会资本参与建设营运的示范项目。

坚持增量优先、盘活存量、示范先行、分类推进的原则。对于向社会资本放开的项目，由推进主体和行政主管单位根据项目特性和建设情况，探索创新吸引社会资本的模式，提出具体合作方式。在基础设施等领域实施鼓励社会资本投资的示范项目，有利于进一步落实企业投资自主权，优化投资结构，加快经济转型升级；有利于激发社会资本活力，提高项目运营效率，增强我省发展的内在动力。

3. 2014 年 8 月 1 日，《陕西省人民政府办公厅转发省住房城乡建设厅等部门关于鼓励社会资本参与城市基础设施建设意见的通知》（陕政办发〔2014〕114 号）提出，鼓励开放市场，鼓励社会资本进入，带动陕西基础设施建设发展。

进一步开放市场，拓宽社会资本参与城市基础设施建设运营的领域；对具备一定条件的城市基础设施项目，鼓励社会资本参与或允许跨地区、跨行业参与投资、建设和运营，建立政府引导、社会参与、政企分开、市场运作的城市基础设施建设投融资体制。创新体制机制，鼓励社会资本参与城市基础设施建设运营，与此同时，加强组织领导，强化行业监管。

4. 2015 年 8 月 28 日，《陕西省人民政府办公厅关于在公共服务领域推广政府和社会资本合作模式的实施意见》（陕政办发〔2015〕81 号）提出，让广大人民群众享受到优质高效的公共服务，在改善民生中培育经济增长新动力。

PPP 模式有利于充分发挥市场机制作用，提升公共服务的供给质量和效率，实现公共利益最大化。推广 PPP 模式，有利于转变政府职能、实现政企分开和政事分开，有利于打破行业准入限制、激发经济活力和创造力，有利于完善财政投入和管理方式、提高财政资金使用效益，是创新公共服务供给和投入方式、提高公共服务供给效率和质量的重要举措，是创新投融资体制机制、增强经济增长内生动力的重要手段，是稳增长、调结构、促改革、惠民生的重要途径。

5. 2016 年 11 月 14 日，陕西省政府办公厅发《西安市人民政府办公厅关于加快城建 PPP 项目建设的实施意见》。明确将按照"特事特办、部门受理、简化程序、并联审批、限时办结"的要求，结合西安市实际，进一步优化投资环境，加快推进城建 PPP 项目落地。

西安市由市建委牵头负责，市财政局、市发改委配合，制定西安市城建 PPP 项目计划，确定 PPP 项目及项目实施机构、前期责任单位、政府出资代表，并纳入全市城建计划管理。

在社会投资人确定、方案设计报审、开工手续办理等工作内容上，意见提出了明确的时间要求。其中，在项目计划下达后，由市规划局在 5 个工作日内出具规划初审意见，由市国土局在 5 个工作日内出具国土初审意见，市环保局在 10 个工作日内出具审批意见，可研报告编制完成后，由项目实施机构或前期责任单位报市发改委，市发改委在 10 个工作日内完成审批，项目实施机构依据市政府批准的实施方案，按有关规定在市建设招标平台或市财政采购平台，通过公开招标或竞争性磋商等方式，在 60 个日历天内，确定 PPP

项目社会投资人。

6. 2016 年 12 月 28 日，陕西省住房和城乡建设厅和陕西省质量技术监督局联合发布《陕西省城镇综合管廊设计标准》，旨在为陕西省综合管廊设计领域提供标准的技术支持。该规范明确在陕西实施的综合管廊设计相应技术内容包括：规划、总体设计、管线设计、附属设施设计、结构设计等。

6.1.2　设计特点

6.1.2.1　设计环境的变化

PPP 项目工程设计工作所面临的市场环境变化，主要包括以下几方面。

（1）投资主体的变化

随着 PPP 项目的广泛采用，社会资本特别是民间投资进入一些具有专业垄断性、过去以政府资金和国企投资为主导的公共产品和服务领域，投资主体将趋于多样化。

（2）项目类型及规模的变化

PPP 项目主要运用于基础设施项目（道路、桥梁、铁路、地铁、隧道、港口、河道疏浚等）、公用事业项目（供电、供水、供气、供热以及污水处理、垃圾处理等环境治理项目）和社会事业项目（学校、医疗、养老院、监狱等）等领域。与传统的设计项目相比，综合性强、规模大、投资大、影响力大。

（3）业主要求的变化

PPP 项目对工期和成本等绩效较政府更加敏感，要求设计环节除了满足相关技术规范外，与融资、施工以及维护等环节有更紧密的联系，提供科学的系统方案。

6.1.2.2　对设计的要求

PPP 模式对传统设计企业提出的新要求，主要包括以下几方面：

（1）人才综合素质

由于 PPP 项目涉及领域较广，对人才的需求也较为广泛。不仅需要专业技术人才，而且需要法律、财会、税收、金融人才的参与，更需要具备相关知识的复合型人才担任项目经理或者负责人。领军人才、创新人才和复合型人才队伍成为设计单位承担 PPP 工程项目的重要支撑。

（2）设计内容

PPP 项目不仅需要提供精细化的设计服务，而且要提供全生命周期的服务。从前期阶段规划设计和法律、金融与财会的咨询服务，到工程实施阶段的建设管理，再到建成后的生产经营和运营维护，以及特许经营期满后的移交等诸多内容。

（3）设计工作模式

PPP 项目不仅需要"技术可行、经济合理"，而且需要"风险可控、运行有效、社会认同"；不仅要保证为社会公众提供安全、高效的公共服务和产品，而且要把项目的效益放在全生命周期和全产业链上去考虑、测算。

（4）差异性和创新能力

PPP 模式主要的差异表现为：比政府自行投资建设交付同样服务，在质量安全保障的前提下使用更低的成本或获得更大的价值，实现公共产品或者服务交付通常会比政府主导的供给方式对创新有更高的期待和要求。

创新是企业核心竞争力的重要组成部分，设计方案的优劣在任何情况下都扮演着实现物有所值的重要角色，因此设计中的创新必不可少。尽管政府在很多时候成为创新的倡导者，但从公共部门运行的本质和其对风险的承受能力而言，创新的根本驱动必然来自于最具冒险精神的企业，而非政府公共部门。因此，对比政府投资主导的公共项目，社会资本主导的 PPP 模式更加需要设计企业的创新意识和能力。

6.1.3　设计定位

传统工程项目中，设计主要承担着施工图设计任务，是委托方施工图设计提供者。在 PPP 模式下，要求设计单位立足于建设工程全生命周期来定位自己的服务，为客户提供更有价值的服务。

在项目前期的规划定位、中期咨询、投标、方案设计、初步设计、施工图设计和建成后的运营、维护等阶段全程服务。在项目实施进度控制、项目风险控制、成本控制、投资回报等方面为业主方提供最具可靠和前瞻性的信息，并协同业主做出正确的判断。扮演一流的咨询者，一流的系统方案提供者，一流的设计者，一流的技术支持者。

6.2　设计工作范围及内容

6.2.1　设计工作范围

设计单位主要工作包括：项目咨询、项目预评估、项目建议书、可行性研究、项目投标、工程设计、施工配合等。一般可分为前期咨询、中期设计、后期服务三个阶段。

政府前期已完成项目可行性研究报告编制或初步设计工作，PPP 项目从配合投标开始执行。

6.2.2　设计工作内容

PPP 项目设计工作的具体内容如下。

（1）项目投标：根据招标要求，协助 PPP 商编制投标文件，制定项目实施总体方案。

（2）工程设计：根据业主要求，完成项目工程设计，包括资料收集、方案设计、初步设计、施工图设计阶段。

（3）工程施工：做好施工过程的现场配合工作。

（4）运营维护服务：协助运营单位制定科学的运营维护方案。

6.3　设计工作开展的流程及要点

PPP 项目设计工作的流程的划分主要是依据工程特点及实施过程的需要进行，以综合管廊项目为例，设计工作一般可分为以下几个阶段：设计计划的制定；资料收集及现场调研；方案设计；初步设计；施工图设计及施工配合等阶段。同时，由于 PPP 模式与综合管廊工程相结合的特殊性，使得设计工作的各阶段具有与传统项目设计工作的显著差异。PPP 综合管廊项目设计工作开展具体流程如图 6-1 所示。

	明确设计任务及要求
设计计划的制定	编制工作大纲,确定技术路线、工作内容、成果构成、进度安排等内容
	安排人员分式,确定设计、校核、审核、专业负责、项目负责等岗位人员

	分析项目特点,编制资料收集清单
资料收集及现场调研	安排专人走访各相关政府部门及管线产权单位,收集项目相关规划及现状资料
	组织人员现场进行现场踏勘,了解拟建场地道路、交通、实施条件及特殊设施等
	基础资料及现场调研成果的整理和分析

	根据已有基础资料,初步确定管廊设计方案,明确入廊管线、平面、断面等设计参数
方案设计	与相关政府部门、管线产权单位及工程各参建方进行对接,进一步优化设计
	专家技术评审
	根据专家意见进一步修改完善,形成最终方案并报政府相关部门批复

	根据方案设计文件及批复要求,进一步深化方案设计,明确相关节点等细节设计
初步设计	按要求编制初步设计文件和图纸,完成工程投资概算
	专家技术评审
	根据专家意见进一步修改完善,形成最终初步设计并报政府相关部门批复

	根据初步设计文件及批复要求,进一步深化初步设计,达到施工图设计深度要求
施工图设计	图纸校审并修改完善,形成最终设计文件并报送施工图审查单位审查
	根据审图意见进一步修改完善,形成最终设计图纸并交付建设单位

	建设单位组织施工单位、监理单位等对施工图进行图纸会审,提出相应问题
施工配合	设计单位对设计进行技术交底,说明设计理念及注意事项,并对图纸问题进行解答
	设计单位配合建设单位即时解决施工过程中遇到的相应问题

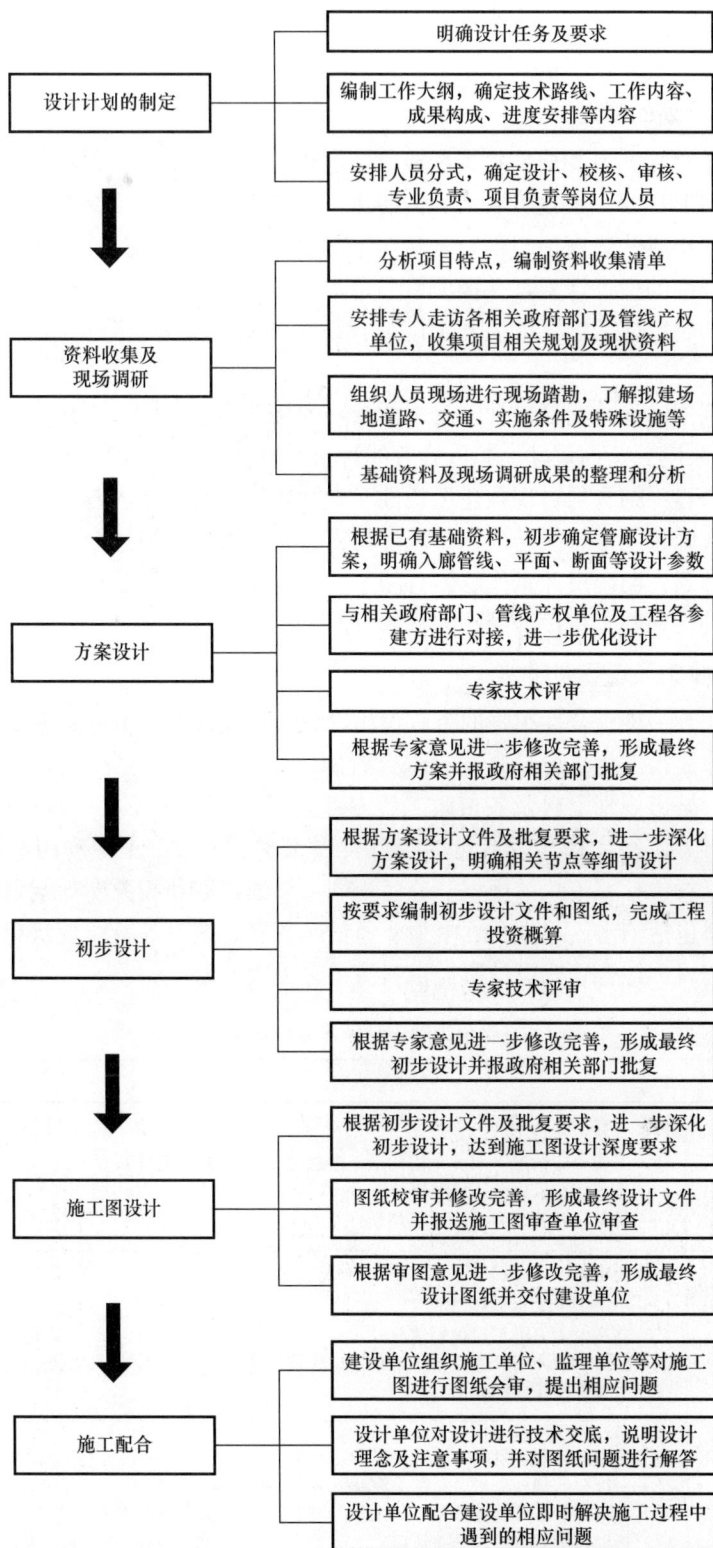

图 6-1 PPP 综合管廊项目设计工作流程图

6.3.1　设计工作开展流程

6.3.1.1　设计计划的制定

PPP 项目落地后，其相应的投资规模、工程内容、工作范围、预期目标、进度计划等也初步确定。PPP 项目一般规模较大、内容丰富、综合性强，特别是综合管廊工程往往是由多条综合管廊构成的管廊项目群，地区分布也比较分散。为便于项目设计工作的管理，首先需要制定详细的设计计划，并报项目公司审批。

设计计划的制定应依据行政主管部门的建设任务要求及项目公司的投资计划等编制，且需明确以下内容。

（1）设计范围：设计项目包含的管廊数量，各条管廊的性质（干线管廊、支线管廊和缆线管廊等）、长度、断面尺寸、拟入廊管线种类及设计红线范围等。

（2）设计内容：结合项目现状建设条件明确管廊设计的具体内容，特别是附属工程的设计内容，如入廊管线，管线迁改，预埋过街支管，套管，预留过街支廊等。

（3）进度计划：明确设计工作总体时间节点，各条管廊的设计周期及各设计阶段（方案设计、初步设计和施工图设计等）的具体时间节点。

6.3.1.2　资料收集及现场调研

综合管廊作为一种综合性很强的市政设施，设计过程涉及多专业、多部门的协同，基础资料收集工作显得尤为重要且复杂。综合管廊工程设计所需的资料包括自然环境资料、经济社会情况、城市规划资料及各市政工程专业资料等。自然环境资料包括气象、水文、地质和环境资料等；经济社会资料包括经济发展水平、人口、土地利用和城市布局资料等；城市规划资料包括城市总体规划、分区规划、详细规划和相关专项规划资料等；各市政工程专业资料包括给水、再生水、电力、通信、燃气、热力等管线现状和规划资料及综合管廊规划等资料。综合管廊设计所需资料清单详见表 6-1。

综合管廊设计所需资料清单

表 6-1

资料类型	资料内容	收集部门
1. 现状管网资料	（1）现状市政管网普查资料； （2）旧管分布情况（旧管是指使用年限超过 20 年的市政管线）； （3）现状综合管廊分布情况； （4）各部门对管线入廊的意愿调查	各管线单位 规划部门
2. 规划管网资料	（1）各市政专项规划资料； （2）市政主干管规划分布情况； （3）高压电力电缆卜地规划情况； （4）防涝行泄通道（或大型排水暗渠）规划情况； （5）近期管网建设计划情况	各管线单位规划部门
3. 城市规划资料	（1）城市总体规划资料； （2）密度分区规划资料，包括高密度开发区分布情况等； （3）城市地下空间规划资料，包括地下空间重点开发区域分布情况； （4）近期建设重点片区分布情况； （5）城市更新区域分布情况； （6）城市近期建设规划情况	规划部门 建设部门

资料类型	资料内容	收集部门
4. 道路交通资料	（1）现状道路（可不含支路）分布情况； （2）规划新建、改扩建道路（可不含支路）分布情况； （3）城市地下道路、轨道规划以及现状情况； （4）近期道路与轨道交通建设计划情况	市政部门 规划部门 建设部门 地铁部门
5. 其他相关资料	（1）地形图，1：1000～1：10000； （2）地质条件分布情况； （3）经济社会发展情况； （4）电力隧道、轨道、管渠、道路等大型市政设施立项情况； （5）地下管线现状管理体制及规划设想； （6）综合管廊现状管理体制及规划设想； （7）地下管线、综合管廊、地下空间等相关法律法规； （8）综合管廊相关技术规范	地质部门 统计部门 规划部门 建设部门 地铁部门 管线单位

现场调研包括现场踏勘、走访及座谈，主要目的是进一步落实拟建综合管廊道路路况、交通流量、交通重要性、沿线用户需求等，分析管廊施工期间的交通影响程度及可行应对措施，为下阶段方案设计提供参考。

资料收集和现场调研的工作量大，涉及部门多，为保证前期工作的高效性，实际操作过程中应根据所涉及部门类型设置相应的对接部门或人员，采用专人负责，分类对接的模式。

6.3.1.3 方案设计

在完成资料收集与现场调研后，即可开展综合管廊方案设计。有时二者也可同步进行，互为补充。设计人员根据设计任务书的要求，结合已收集的基础资料及现场调研资料，依据相应的法律法规及设计规范，选择合理的技术系统，构思满足设计要求的设计方案。方案设计组首先需对前期收集的基础资料进行分析和评估，判定基础资料的完备性和准确性，不满足要求需重新补充相应资料，直至满足要求后即可开展方案策划工作。方案策划即根据设计要求提出多种可行设计方案，经多方案技术经济比选后确定推荐的技术方案并进行深化设计。设计方案完成后由设计单位组织相关人员进行内部审查，方案通过后则可报请相关主管部门进行专家技术审查，审查通过后报相关政府部门批复，审查不通过需重新进行方案论证。详细过程参见图6-2。

综合管廊方案的一般原则为：

（1）综合管廊的建设应符合"将城市规划、建筑、社会与经济发展、城市景观、技术、基础设施、道路交通等方方面面尽早地、有效地统一起来"的原则和目标。

（2）综合管廊工程应结合道路交通和各类市政公用事业管线的专业规划进行设置。

（3）纳入综合管廊工程的管线，应尽可能符合各管线产权单位制定的维修管理要求。

（4）综合管廊的断面布置在满足维修管理要求的基础上，应尽量紧凑，同时应适当考虑预留远期发展的空间，以充分体现经济合理。

（5）综合管廊应考虑各类管线分支、维修人员和设备材料进出的特殊构造接口。

（6）综合管廊需考虑设置供配电、通风、给排水、照明、防火、防灾、报警系统等配套设施系统。

（7）综合管廊的土建结构及附属设施应配合道路工程一次建设到位，所纳入的各类公用管线可按地区发展逐步敷设。

方案设计阶段应明确入廊管线种类和规格、管廊断面尺寸、平面位置、覆土深度、孔口类型及分布、出线形式及节点布置等，对于管廊与其他工程（如地铁、铁路、河道、桥梁等）相互影响的，应提出相应的解决措施并进行专项方案设计。同时，设计单位要同施工、勘察、支护等设计单位同步沟通，明确管廊施工措施及相应的基坑支护方案等。

方案设计阶段的成果一般包括：

（1）方案设计说明书

主要内容有：1）对项目的概述，包括项目设计背景、设计原则以及其他必要说明；2）管线入廊分析及建设条件阐述，管廊的设计条件等；3）综合管廊的方案设计，包括总体设计、节点设计、结构设计、附属设施设计以及标识系统设计等；4）综合管廊与相关工程的关系；5）新技术新材料的应用；6）投资估算等。

（2）方案设计图纸

主要内容有：1）总体设计，包括总平面、标准断面及纵断面设计图；2）建筑设计，包括建筑平面、各类孔口及管廊交叉等建筑节点设计图；3）附属设施设计，包括消防、监控及报警、供电及照明、通风、排水、标识系统设计图。

6.3.1.4 初步设计

在方案设计通过审查后，进行初步设计。城市地下综合管廊工程初步设计是批复的可行性研究报告（或方案设计）的深化，它要依据项目的可行性研究报告（或方案设计）来确定设计原则、设计标准、设计方案和重大技术问题。结合西安管廊项目的设计经验，应完成以下几方面内容。

（1）清晰定义项目边界

明确设计依据、设计原则、设计指导思想，明确项目组成、场地特点、总图运输、原材料消耗及来源、建构筑物设计、关键管线、设备及仪器仪表选型、消防、劳动安全、工业卫生、环境保护等。

（2）勘察综合管廊沿线工程地质状况

初步设计阶段应完成拟建场地的初步勘察工作，初步确定管廊沿线地质条件、有无不良地质、湿陷性、地裂缝分布、地上及地下设施、地下水位情况等，为管廊结构设计、地基处理、施工工法等的确定提供可靠依据。

（3）明确管廊建设重大技术问题的解决方案

在初步设计阶段，各专业应对本专业内容的设计方案或重大技术问题的解决方案进行综合技术经济分析，论证技术上的适用性、可靠性和经济上的合理性，必要时进行专项方案论证，明确管廊相关技术问题的解决方案。

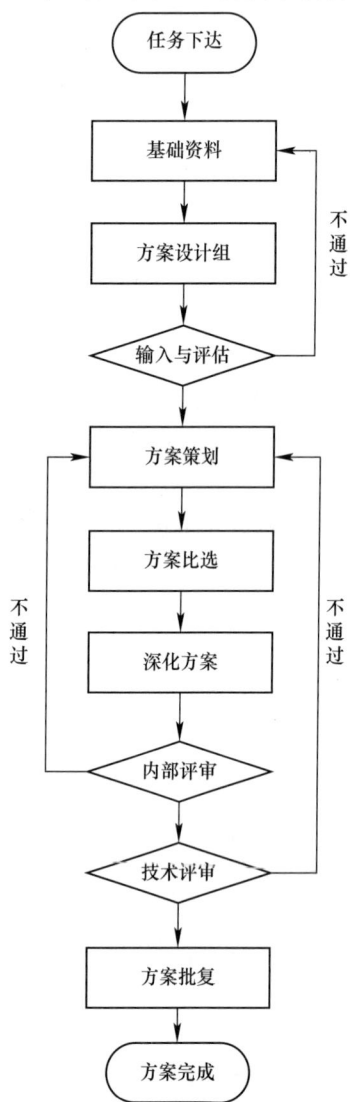

图 6-2 方案设计流程图

（4）做好工程初步设计概算

工程初步设计概算是初步设计阶段的重要内容，是项目前期造价控制的重要文件。初步设计概算的编制应依据国家相关规范、初步设计图纸及说明文件等文件，同时充分考虑现场条件和施工方案，保证概算编制的完整性、准确性。

（5）完成工程初步设计审查

初步设计文件系统是工程设计的重要组成部分，也是工程实施所依托的重要的系统文件，因此该文件系统应符合国家行政主管部门颁布的规范要求。初步设计文件编制完成以后应该报相关行政主管部门审批。工程初步设计审查的主要内容有：项目初步设计是否符合国家方针、政策和行业规范、标准的要求；是否符合可行性研究要求；是否切合实际、安全适用、技术先进可靠、经济合理等。初步设计审查是进一步优化设计的过程。

综合管廊初步设计文件一般由设计说明书、设计图纸、主要设备及材料表和工程概算书等四部分内容组成。初步设计文件的编排顺序为：1）封面；2）扉页；3）初步设计文件目录；4）设计说明书；5）主要设备及材料表；6）初步设计图纸；7）工程概算书。

初步设计文件深度应满足审批要求：1）应符合已审定的设计方案；2）能据其确定土地征用范围；3）能据其估算主要设备及材料用量；4）应提供工程设计概算，作为审批确定项目投资的依据；5）能据其进行施工图设计。

6.3.1.5　施工图设计

施工图设计是根据已批准的初步设计或设计方案而编制的可供进行施工和安装的设计文件。施工图设计内容以图纸为主，应包括封面、图纸目录、设计说明（包括设计总说明和各专业的设计说明书）、设计图纸（包括总体设计、结构设计、建筑设计、附属设施设计、专项管线设计等图纸）等。设计文件要求齐全、完整，内容、深度应符合规定，文字说明、图纸要准确清晰，整个设计文件应经过严格的校审，经各级设计人员签字后，方能提出。施工图设计文件的深度应满足以下要求：（1）能据其编制施工图预算；（2）能据其安排材料、设备订货和非标准设备的制作；（3）能据其进行施工和安装；（4）能据其进行工程验收。

6.3.1.6　施工配合

施工现场设计配合是设计工作的重要组成部分。设计单位在施工图交付后至验收期间，配合建设单位处理涉及设计的有关事宜，说明施工图设计意图并指导实施，解答和解决实施过程中的问题，参与重大施工方案和指导性施工组织方案研究，参加安全质量问题调查处理、工程验收等工作。

建设单位要加强对施工现场设计配合工作的管理，及时将实施过程中发现的设计问题反馈设计单位，并督促设计单位及时解决。

设计单位应建立及时研究解决现场重大设计问题和现场快速研究解决一般设计问题的工作机制，以弥补设计缺陷，完善和优化施工图设计，全过程履行设计责任和义务，提高设计及服务质量。

6.3.2　设计工作开展要点

6.3.2.1　设计计划制定的要点

（1）充分考虑不利影响因素，统筹协调各类建设计划

PPP项目特别是综合管廊项目由于综合性强，涉及面广，设计工作的开展往往受到多

因素的制约。设计单位在制定设计计划时，应根据确定设计管廊的内容和特点，全面分析可能导致设计工作无法正常开展的前置条件（如基础资料完整性、相关工程方案不确定性、特殊节点方案不确定性、地勘资料及时性以及与河流、地铁、道路等工程的交叉处理等），合理预估相关因素的影响程度，科学制定项目的设计周期。

同时，PPP综合管廊项目一般是一个包含多条管廊的项目群，各条管廊的标准定位、建设进度计划、考核要求等不尽相同。因此，在制定综合管廊设计计划的过程中，应与相关政府主管部门、项目公司等相互沟通，统筹协调相关建设计划、考核目标、投资计划等，在整体项目周期的基础上详细制定各条管廊的设计计划。

（2）保证合理的设计周期

PPP综合管廊项目作为重要的市政基础设施，一般均属于重点建设项目，建设时间紧、任务重。设计工作作为项目建设的重要前置环节，对于项目整体进度、投资及质量具有重要影响。因此，对于PPP综合管廊项目在制定设计计划时，除了要把控项目整体进度、协调好各阶段的工作周期外，应保证合理的设计周期，防止盲目压缩设计周期。

6.3.2.2 资料收集及现场调研的要点

（1）建立完善的资料收集渠道和反馈机制

基础资料收集工作是设计工作顺利开展的前提，其重要性不言而喻。特别是对于综合管廊项目，方案设计需要大量的基础资料作为支撑条件，往往需要与建委、规划、国土、水务、市政公用、地铁等部门以及相关设施产权单位产生关联。如果基础资料不完整或者不准确，很可能会导致后期方案设计的反复，甚至产生错误，为设计工作带来较大的风险，对整个项目产生不利影响。为了提高资料收集准确性及效率，需建立完善的资料收集渠道，资料收集应由设计单位、项目公司及施工单位共同参与。建立由设计单位提出具体需求，施工单位通力配合，项目公司具体协调的体制，三者共同合作，互为补充。同时，为应对基础资料的变化对设计带来的影响，须严格把控资料来源途径，做到及时反馈，统一协调，把设计风险降到最低。

（2）重点关注现场实施条件，降低重复设计风险

拟建场地的周边环境对于后期方案设计会产生直接影响，现场调研需要重点关注拟建管廊沿线地形地貌、相关设施（如河流、铁路、公路、桥梁、地铁等地上建筑物）等有可能对管廊建设产生影响的特殊设施，进行相应的影响分析，为后续设计提供参考，防止设计方案与现场实际脱离，降低重复设计风险。

6.3.2.3 设计阶段的工作要点

（1）重视相互对接，明确项目重要节点分析

城市地下综合管廊设计应遵守安全性和经济性的原则，在综合管廊设计之前需事先建立管线系统网络规划。在城市地下综合管廊设计时必须坚持专业化的原则，前期做好各个专业的调查研究工作，从多角度多专业考虑管廊的设计。设计过程中需加强不同专业、不同部门、不同设计单位等之间的相互对接，明确重要节点分析，保证项目可实施性。设计阶段的工作要点有以下几部分内容。

1）入廊管线种类及规格的确定

《城市综合管廊工程技术规范》中规定：给水、雨水、污水、再生水、天然气、热力、

电力、通信等城市工程管线可纳入综合管廊。从技术角度明确了 8 种市政管线可以入廊。《国务院办公厅关于推进城市地下综合管廊建设的指导意见》中明确规定：已建设地下综合管廊的区域，该区域内的所有管线必须入廊，既有管线应根据实际情况逐步有序迁移至地下综合管廊。中共中央国务院《关于进一步加强城市规划建设管理工作的若干意见》中指出：凡建有地下综合管廊的区域，各类管线必须全部入廊，管廊以外区域不得新建管线。2016 年 6 月 17 日，住房城乡建设部部长陈政高在推进城市地下综合管廊建设电视电话会议上的讲话中指出，"坚决落实管线全部入廊的要求，绝不能一边建设地下综合管廊，一边在管廊外埋设管线，天然气和污水必须全部入廊"。在对此文件的解读中指出，对雨水管道不做强制要求，适条件入廊。

考虑到各类市政管线特性不同，在综合管廊设计中应根据当地社会经济发展状况和地质、地貌、水文等自然条件，经过技术、经济、安全以及维护管理等因素综合考虑后确定入廊管线的种类。给水、再生水、电力、通信、天然气、热力等压力管线入廊受制约条件少，管廊空间利用率高，可优先入廊。而对于雨水、污水等重力流管线入廊对地形、地势及上下游管线接入等要求较高，影响管廊竖向布置，需进行技术经济比较后确定是否入廊。

入廊管线的规格应根据前期调查所得资料对规划区域内管线需求进一步预测，并协调及征询各管线产权单位的需求。了解各管线未来的发展计划，并根据未来城市发展的计划预测管线短、中、长期的需求及未来可能发生的困难与解决办法。

2）管廊横断面的确定

综合管廊断面布置一般遵循以下原则：综合管廊断面形式应根据纳入管线的种类、规格、数量、安装要求、施工方法、预留空间等确定；综合管廊内的管线布置宜根据纳入的管线种类、规模及周边用地性质等确定；设计时应将管线分支口较少的舱室布置在管廊中间，沿途出线较多的舱室布置在两侧，分别设置管线分支口、预埋套管引出，便于后期维护管理；综合管廊断面尺寸应满足管线运输、安装、检修、维护作业所需的空间要求；天然气管道应在独立舱室内敷设；热力管道不应与电力电缆同舱敷设；给水管道与热力管道同侧布置时，给水管道宜在热力管道下方布置；进入综合管廊的排水管道应采用分流制，雨水纳入综合管廊可采用管廊结构本体或采用管道排水方式；污水管道纳入综合管廊应采用管道排水方式，污水管道宜设置在综合管廊底部。

目前，城市综合管廊的断面形式还没有形成通用和统一的标准断面形式，一般设计是根据纳入管线的种类及规模、建设方式、预留空间等确定。现根据综合管廊的断面形式，可分为矩形断面、圆形或椭圆形断面、马蹄形断面和异形断面。

矩形断面是城市综合管廊最常见的断面形式，一般适用于新开发区、新建道路等空旷区域，目前我国已建和在建的综合管廊中大多为矩形断面。矩形断面相对于其他断面形式，建设成本低，舱内空间的利用效率高，保养维修操作和空间结构分割容易，便于工程管线的布设。若采用明挖法施工时，应优先考虑采取矩形断面。

圆形或椭圆形断面一般适用于支线型市政综合管廊和缆线型市政综合管廊。其优点是可以在繁华城区的主干道和穿过地铁、河流等障碍物时采用顶管法、盾构法施工，这样可以减少对人们日常生活和交通的影响，保护了市容环境。但缺点是断面的利用率低，建设成本高，而且容易产生不同市政管线之间的空间干扰，增大了各管线部门之间的协调难度。

马蹄形断面的优缺点介于矩形断面和圆形或椭圆形断面之间，但是，当工程地质条件适合采用暗挖法施工时，建议采用马蹄形断面。

3）管廊平面位置及覆土深度的确定

综合管廊平面位置应考虑与所通过位置的在建或规划建筑物的桩、柱、基础设施的平面位置相协调。综合管廊原则上设置在道路的下部，并且平面线形与道路中心线相吻合。同时要考虑与道路的现状、规划和其他设施规划进行充分的协调和衔接。总体来说，应遵循下列原则：综合管廊布置在道路两侧地块对公用管线的需求量大的一侧；尽可能满足综合管廊与其他管线的交叉要求；综合管廊接出管线的长度较短；综合管廊对道路及两侧建筑物的影响较小；充分满足道路规划对综合管廊管位的要求；综合管廊投料口、通风口、出入口等设施与道路景观及功能的结合；道路两侧有市政管廊（线）带或绿化带时，管廊布置在市政管廊（线）带或绿化带内。

综合管廊的埋深影响沟槽开挖深度，进而对实施管廊两侧现状建筑造成影响，也直接影响管线交叉。综合管廊的埋深应根据设置位置、道路施工、行车荷载和管廊的结构强度、投资等因素综合确定。结合道路横断面下的具体位置、排水管道与其发生交叉穿越的情况、结构抗浮要求等情况综合考虑，在满足外部条件下，尽可能采用浅埋方式敷设。设计原则如下：竖向设计应充分遵循"满足需求、经济适用"的原则；综合管廊纵断应基本上与所在道路的纵断保持一致，以减少土方开挖量；综合管廊的纵坡变化处应满足各类管线折角的要求；综合管廊纵断最小坡度需考虑管廊内排水的需要；排水管线纳入综合管廊内时，综合管廊的纵断坡度需要考虑排水坡度的要求。

4）管廊节点设计

综合管廊节点设计包括人员出入口、逃生口、吊装口、通风口、管线分支口等，节点设计既要满足管廊自身运营维护的需要，也要结合片区管廊规划合理优化，兼顾经济性的需求。

人员出入口：每条管廊应设置人员出入口不少于两处，为方便后期运营巡检人员方便进出管廊，人员出入口可采用钢梯与出地面楼梯结合的垂直交通方式，除天然气舱为独立出入口其余舱室均可共用一个出入口。根据片区综合管廊的布置形式，为方便检修人员进入，人员出入口的服务半径不超过800m（即两个人员出入口间距约1600m），人员出入口出地面部分可根据相应区位城市规划部门要求设计统一造型，达到与周围环境协调统一。

逃生口：电力（缆线）舱、天然气舱每个防火分区设置1处逃生口，综合舱、电力（缆线）舱逃生口结合设置，天然气舱独立设置，间距不超过200m布设一个。逃生口尺寸不小于1.0m×1.0m，宜设置于机动车道与非机动车道分隔带内，避免对行人交通的影响。当逃生口位于人行道范围内时，井盖宜与人行道完成面平齐，当逃生口位于绿化带内时井盖高出绿地高度应满足城市防洪要求。逃生井盖采用在内部使用时易于人力开启，且在外部使用时非专业人员难以开启的安全井盖。

吊装口：吊装口尺寸满足设备吊装、管线、管件等综合管廊内管线安装、维护、更换的需要。不超过400m设置一组吊装口，吊装口尺寸最终根据纳入管线的常见规格确定。吊装口位于人行道时，顶部宜与人行道完成面齐平；当位于绿化带内时，顶部高出绿地高度应满足城市防洪要求。

通风口：每个防火分区或者相当于一个防火分区设置一处进排风口，进排风口宜设置于林带绿化带及道路分隔绿化带内，进排风口露出地面，与道路景观结合设计，进气采用合并布置以减少出地面孔口数量，排风电力舱综合舱结合布置，天然气排风与其他各类孔口间距不小于10m。风口安装防雨百叶，天然气舱排风口距地通风口部分满足相应专业规范及规定条件下做到体量最小，露出地面部分，可根据相应区位城市规划部门要求设计统一造型，以达到与周围环境协调统一。

管线分支口：综合管廊与外部管线相互衔接，与非管廊道路的衔接，与地块用户的衔接部位，均应设置管线分支口。管线分支口可采用上出线和下出线两种形式，出线距离和规格应结合两侧地块现状及规划需求确定，以满足周边地块的需求。

5）管廊施工方式的确定

综合管廊在施工过程中结合其主要结构开挖形式差异可以将施工方式分为两种，即明挖法、暗挖法。具体施工方法主要有明挖现浇法、预制拼装法、浅埋暗挖法、盾构法和顶管法几种。

明挖法是管廊施工的首选方法，适用于场地地势平坦，没有需保护的建筑物且具备大面积开挖条件的地段，通常用于新建开发区和园区，与道路新建同步进行。

明挖预制拼装法是一种较为先进的施工方法，在发达国家较为常用。适用于城市新区或类似硅谷、城市中大型会展中心等现代化的城市新型功能区。

浅埋暗挖法适用于不宜明挖施工的土质或软弱无胶结的砂、乱石等地层，尤其对城市地面建筑物密集、交通运输繁忙、地下管线密布，且对地面沉降要求严格的情况下修建埋深较浅的地下结构工程更为适用，对于高水位的类似地层，采用堵水、降水或排水等措施后也可采用此工法。

盾构法是在盾构保护下修筑软土隧道的一类施工方法。这类方法的特点是地层掘进、出土运输、衬砌拼装、接缝防水和盾尾间隙注浆充填等作业都在盾构保护下进行，并需随时排除地下水和控制地面沉降，因而是工艺技术要求高、综合性强的一类施工方法。

顶管施工是继盾构施工之后而发展起来的一种地下管道施工方法，特别适用于大中型管径的非开挖铺设，具有经济、高效，保护环境的综合功能。这种技术的优点是：不开挖地面；不拆迁，不破坏地面建筑物；不破坏环境；不影响管道的段差变形；省时、高效、安全，综合造价低。

设计过程中应根据拟建管廊区域现状及施工条件，结合各条管廊的设计断面形式、尺寸、覆土深度等因素，经技术经济比较后确定。

6）管廊与其他市政设施相交叉时的处理办法

综合管廊布置在道路下方，将会与道路其他设施发生平面或竖向上关系，主要包括综合管廊与道路绿化、河流、铁路、地铁、人行天桥、现状及规划管线等相关工程的关系，因此有必要对综合管廊与上述设施的关系进行分析，并在设计过程中采取相应处理措施。

① 综合管廊与道路绿化的关系

综合管廊必须考虑人员进出口、逃生口、吊装口及内部通风等多处节点设置，为尽量避免综合管廊孔口对道路景观的影响，孔口一般设置于道路绿化带上，因此孔口建筑设计时必须综合考虑与绿化带及道路整体设计视觉效果，达到景观效果与使用功能相结合。

② 综合管廊与现状河流的关系

综合管廊平面一般布置于非机动车道、人行道或绿化带下，但局部地段会因与城市河流交叉导致综合管廊需采取一定的工程措施穿越河流。综合管廊穿越河流可采取下穿河道或上跨河道两种方案。

下穿河道的工程措施具有以下优点：综合管廊布置于地下，有较好连续性；不影响地面建（构）物景观；不影响河道泄洪能力。但同时具有以下缺点，例如：施工不方便，需采取围堰、基坑支护等措施；防水、抗浮措施需加强；措施费用较高。同时综合管廊下穿河道时应选择在河床稳定的河段，最小覆土深度应满足河道整治和综合管廊安全运行的要求，根据河道的航运等级，确定综合管廊顶部距离河道底的距离。

上跨河道的工程措施具有以下优点：综合管廊上跨河道部分，类似于桥梁施工，便于实施；措施费用较低。缺点包括：综合管廊结构庞大，导致上跨部分影响沿线景观；综合管廊需跨越河道后急需入地，因河道相对较窄，导致综合管廊在地面穿出、穿入的竖向折角较大，影响管线布置；所设置桥墩对河道流水通畅性有一定影响；上跨部分安全防护措施需加强。

③ 综合管廊与地铁的关系

综合管廊与地铁建设过程中会遇到交叉或平行敷设的情况。当综合管廊与地铁相交时需考虑与地铁的竖向位置关系，采取相应的措施与地铁进行避让。而综合管廊与地铁平行敷设时，虽与地铁隧洞在空间上可以有效避让，但管廊的相应节点会与地铁站点发生位置冲突，因此需要在平面上进行避让。

④ 综合管廊与铁路的关系

综合管廊建设在某些区域会与城市内的铁路相交，因此当综合管廊穿越现状铁路段时，需要与铁路部门进行相应的沟通，采取一定的施工方式穿越铁路。

⑤ 综合管廊与人行天桥的关系

综合管廊布置在人行道下局部位置可能会与人行天桥相交，因此综合管廊廊体及节点位置需要考虑避让人行天桥，且施工过程中需要对人行天桥的基础采取一定的保护措施。

⑥ 综合管廊与现状或规划管线的关系

综合管廊一般建设在现状或规划道路下，综合管廊与管线可能会产生平面或竖向的交叉。现状管线在平面上影响管廊施工，可对现状管线进行改迁。对与管廊竖向交叉的现状管线，可根据管道的重要程度，考虑埋深增大不多的情况下，综合管廊可选择下穿管线。规划管线与综合管廊相交时，可以根据管廊位置对规划管线进行一定的调整。

（2）设计阶段工程投资控制

工程初步设计概算是初步设计文件或技术设计文件的重要组成部分，概算经批准后是基本建设项目投资的最高限额。也是控制施工图设计和施工图预算的依据。

各设计阶段形成的造价：投资估算、初步设计概算（修正概算）、施工图预算之间相互制约、相互补充，前者控制后者，后者补充前者，共同组成工程造价的控制系统。初步设计概算的准确性是项目造价管理的关键因素，应控制在批准的建设项目可行性研究报告投资估算允许浮动幅度范围内，这个指标便是控制施工图设计的重要参数。

设计阶段的投资影响到项目的全生命周期，投资控制应从项目全局出发，对项目建设至运营的全局分析。一方面，在项目设计阶段要对方案做经济比选，合理确定设计方案，以降低项目建设成本；另一方面，提高概算全面性和准确度，概算编制过程中，编制人员除了要准确计算图纸中相应工程量以外，还应充分考虑现场条件，合理记取相应的施工措施、土方内倒、管线迁改、交通疏导、零星工程费及预备费等各项费用，避免漏项。

与其他市政项目相比，综合管廊项目基坑支护费用在项目总投资中的占比往往较大。概算编制时应引起高度重视，加强现场踏勘及与设计人员的沟通，合理选择支护形式，准确计算支护工程费用，提高概算的全面性和准确度，在概算编制过程中，避免漏项。

PPP项目对初步设计概算的编制提出了更高的要求，工程、经济、法律、运营、管理五位一体，从项目的建设期到运营期，全方位、全过程掌握项目造价管理，为项目前期的投资决策、后期的投资管控，提供有力的数据支持。

（3）加强设计质量控制，提高施工图设计质量

在工程建设的设计阶段，设计文件的质量对于整个项目的工程质量具有十分重要的影响，尤其是对于PPP项目来讲，对于保证项目顺利实施，发挥PPP项目优势作用更为明显。因此，在设计工作开展过程中，应充分发挥内部控制与外部控制相结合的设计文件质量控制模式，提高设计文件质量，减少后期设计变更，降低PPP项目实施风险。

内部控制即设计单位内部需制定严格的质量控制体系，加强设计方案的内部评审，严格执行设计图纸的"校核-审核-审定"三级校审体系，保证设计方案经济合理，有效减少图纸的"错、漏、碰"等问题。为确保校审质量及效率，加强对校审工作的管理，建立各岗位责任制度、内部质量管理体系、各项管理规定、奖惩规定等规章制度，明确各岗位的工作内容、工作职责以及工作标准，将责任落实到人。

外部控制即按要求全面贯彻落实施工图审查制度。施工图审查对于其质量保证至关重要，我国的法规与规范性文件明确规定了施工图设计文件必须经过审查才能进行施工。在实际的施工图审查中，通过对施工图的科学审查，能够有效确保施工图的设计质量，及时的发现设计中存在的质量问题与安全隐患，最大程度上避免实际使用中出现的安全事故，避免了资源的浪费与经济的损失。科学合理的施工图审查能够有效确保国家及地方有关节能、环保、绿色等相关规范、规定在施工图设计中落实到位，从根本上维护了国家和社会公共利益。

6.3.2.4　施工配合的要点

1. 规范设计交底内容和流程

为了减少图纸中的差错、遗漏、矛盾，将图纸中的质量隐患与问题消灭在施工之前，使设计施工图纸更符合施工现场的具体要求，避免返工浪费，设计单位必须依据国家设计技术管理的有关规定，对提交的施工图纸，进行系统的设计技术交底。在施工图设计技术交底的同时，监理单位、设计单位、建设单位、施工单位及其他有关单位需对设计图纸在自审的基础上进行会审。

设计交底与图纸会审是保证工程质量的重要环节，也是保证工程质量的前提，也是保证工程顺利施工的主要步骤。监理和各有关单位应当充分重视。制定与项目相符的施工交底流程及表单管理，明确各方责任。

综合管廊项目设计交底的主要内容应包括：工程设计的主导思想、设计构思和要求、采用的设计规范、确定的抗震设防烈度、防火等级、基础、结构、内外装修及机电设备设计，对主要建筑材料、构配件和设备的要求、所采用的新技术、新工艺、新材料、新设备的要求以及施工中应特别注意的事项等。

设计交底工作由各级生产负责人组织，各级技术负责人交底。重大和关键施工项目必要时可请上级技术负责人参加，或由上一级技术负责人交底。各级技术负责人和技术管理

部门应督促检查技术交底工作进行情况。

设计交底与图纸会审工作的程序为：

（1）设计单位介绍设计意图、结构设计特点、总体布置与要求、施工中注意事项等。（2）各有关单位对图纸中存在的问题进行提问。（3）设计单位对各方提出的问题进行答疑。（4）各单位针对问题进行研究与协调，制定解决办法。（5）形成技术交底会议纪要，并经各方签字认可。

2. 建立健全即时反馈的配合机制

为提高施工配合效率，有效应对施工过程中遇到的特殊问题，加快项目实施进度，降低 PPP 项目施工过程的风险，做好施工过程中的设计配合工作是十分必要的。设计单位应加强与建设单位、施工单位及监理单位等的协调，建立统一的信息沟通平台，组建"项目负责人-专业负责人-设计人员"三位一体的配合人员体系，做到专业问题专人解决，实现对问题的即时反馈、即时处理、即时解决。

6.4　设计工作管理

6.4.1　设计管理工作的目的

设计管理是一项筹划和监控的活动过程，通过设计管理，合理有效解决项目建设实施的难点和要点，确保工程项目的标准和规模，保证项目进度、质量及投资控制，顺利达到项目运营目标，从而实现项目全生命周期的成本控制和有效管理。

6.4.2　设计管理工作内容

设计管理贯穿于项目前期方案设计阶段、项目准备阶段（工程设计、方案审批、施工招标及谈判、设备采购及招标等）、项目实施阶段（施工配合、设计变更及施工、监理协调等）以及项目运营阶段（总结评估、售后服务等）。

根据项目的不同设计阶段有针对性地对项目设计标准、进度、质量进行管理与控制，确保设计工作顺利进行及设计文件的完整性、准确性、可实施性。

6.4.3　管理要点

PPP 项目设计管理的作用在于使设计工作有序化、规范化、标准化，其管理要点主要有以下几方面。

（1）标准管理

设计单位应依据政府主管部门关于管廊建设的相关意见要求，结合建设条件、地方财政能力等，在满足设计规范的前提下，提出项目设计标准，并报送政府部门核准。同时根据政府主管部门对项目建设实施周期的要求以及建设环境（气象、水文、地质等自然条件），明确各阶段设计工作的深度。设计工作应按计划进度完成，满足预定的设计标准及深度要求。

（2）进度管理

依据政府主管部门年度建设计划，编制设计工作计划书以明确项目设计进度安排；设计单位应严格按照已提交的设计工作计划书及已下达的设计任务通知单开展设计工作，并按照已提交的设计计划，上报各阶段设计成果；及时跟进审批进度并及时向项目公司汇报进度信息。

以管廊项目为例，按照管廊建设进度要求，按时完成各项下达任务。每条综合管廊独立建档，档案内容包括：

1）总体说明，包括概况、地质情况、总投资等；

2）管廊位置示意图、平面布置图、纵断面布置图；

3）管廊设计进度信息汇总，以日为记录单位；

4）管廊方案评审批复、规划条件等政府性批复文件；

5）管廊设计进度阶段工作时间点，具体阶段应参见设计规章制度中设计流程。

（3）质量管理

设计中的质量管理应按照设计阶段划分质量控制目标和重点，设计准备阶段的重点是质量计划和技术准备，设计阶段的质量管理应当随着设计进度、设计条件变化确定重点。同时还要制定不同专业的管理控制措施；重点部位动态管理，专人负责跟踪和记录；加强信息反馈，确保人员、方法、环境等质量因素处于受控状态；当发生质量缺陷或质量事故时，必须分析原因、分清责任，采取有效措施进行整改。

6.4.4 设计工作风险管控

（1）风险源识别

设计过程中常见的风险源主要有资料来源、建设条件、设计变更、工程投资等。

1）资料来源

在设计前需要政府主管部门提供综合管廊设计的相关资料，如管廊所在道路的规划图，管线数量，尺寸及位置等，如果所提供的资料与现状道路存在差别，或是资料漏提等，将导致设计与施工存在对接不当。

2）建设条件

综合管廊在建设过程中往往涉及多个方面，地下如排水、供电、燃气、通信等，在设计时要协调好相关管线的布置，是否纳入管廊或者是迁改安排都会产生很多影响，如果布置不当或是对未来管线的规划不合理则会产生很多问题，隐藏很多未知风险；地上对于影响管线开挖的建筑物也要进行征地拆迁，征地拆迁问题复杂，影响多样化，设计时应对于这些风险进行逐一甄别，未进行合理的规避将会引起相关很多社会问题。

3）设计变更

出现设计变更的风险主要来源于设计边界条件在设计阶段至施工进场阶段的变化等因素；由于PPP项目工程融资方式的特殊性，出现设计变更产生的工期、投资变化，将会严重影响项目的顺利推进。

4）工程投资

设计单位应充分结合项目实施的现场实际情况及同步实施的交叉工程建设时序，进行科学、合理的方案设计；同时应作出尽量详尽且切合实际的项目投资估、概算，如果设计过程中不注意合理规划导致设计费用过高，则项目在报批时会存在审批不通过的风险，以及需要进行二次设计；或者设计时没有充分考虑到远期需求或是施工可能存在保证施工安全的措施费用而导致的工程投资估、概算不足，设计工程在实施中导致的资金短缺无法正常实施，或是短期或长期会出现的各种潜在风险。

（2）风险评估

风险评价主要包括：风险事件发生的可能性；可能造成的危害程度；因风险发生而遭受损失的相关人及其受损性质；预计发生时间，等等。风险评估依据风险规划、风险识别成果、项目进展、数据准确性及可靠性等条件，对风险进行定性或定量分析，并依据其影响程度进行分析排序。

（3）应对措施制定

针对不同风险等级制定相应的应对措施。根据项目的进度推进编制风险日志，利用风险日志对项目的风险进行动态跟踪，根据项目的时间、成本与质量目标，综合权衡风险的性质、影响范围与程度，最终实现对风险的有效管理。

1）设计变更的防控

出现设计变更的风险主要来源于设计边界条件在设计阶段至施工进场阶段的变化等因素。由于 PPP 项目具备设计及施工单位同时进场的条件，项目公司可以组织施工单位与设计勘察单位同时对项目建设环境条件进行踏勘摸底，并相互校核环境条件的准确性，最大限度地减少因设计依据、边界条件及外部环境变化产生的设计变更，以零变更为管控目标。

2）变更流程管控

为规范设计变更行为，保证工程建设质量，控制工程投资，提高工程设计水平。根据综合管廊工程建设特点，制定严格的设计变更管理流程。

① 因施工现场环境发生变化引起原设计依据及边界条件发生变化的工程变更。

项目部提出工程变更并说明变更原因及建议（签字并盖章），经监理对现场情况的真实性确认并提出意见（签字并盖章）后，由设计单位进行技术复核（签字并盖章），项目公司审核确认（签字并盖章）；确认无误后设计单位将变更电子文件发送至项目部，项目部依据设计变更编制完成变更预算并提交项目公司进行复核；复核无误后由项目公司报送政府主管部门完成设计变更会签审批。

② 因设计依据变化及设计做法调整引起的设计变更。

设计单位提出设计变更并说明变更原因及建议（签字并盖章），由项目公司审核；审核无误后，设计单位将变更电子文件发送至项目部，项目部编制完成变更预算并提交项目公司进行复核；复核无误后，由项目公司报送政府主管部门完成设计变更会签审批。

3）工程投资控制

限额设计是建设项目投资控制系统中的一个重要环节，一项关键措施。限额设计是按照投资或造价的限额进行满足技术要求的设计。它包括两方面内容，一方面是项目的下一阶段按照上一阶段的投资或造价限额达到设计技术要求，另一方面是项目局部按设定投资或造价限额达到设计技术要求。

确定合理的限额设计目标是非常重要的，目标过高难以实现，目标过低会失去限额设计的意义。初步设计的限额设计目标是在初步设计开始前，根据批准的可行性研究报告及其投资估算确定的；同样，施工图设计的限额设计目标是在施工图设计开始前，根据批准的初步设计文件及其投资概算确定的。在整个设计过程中，设计人员与经济管理人员密切配合，做到技术与经济的统一。设计人员在设计时以投资或造价为出发点，做出方案比较，有利于强化设计人员的工程造价意识，优化设计；工程经济人员及时进行造价计算，为设计人员提供有关信息和合理建议，达到动态控制投资的目的。

6.4.5　设计工作考核

（1）考核对象

考核主体为项目公司，考核对象为综合管廊设计单位，设计工作完成后，项目公司根据考核依据文件（设计计划、设计配合要求、设计任务通知单、设计跟踪检查记录单）对设计单位进行打分。

（2）考核内容

考核内容包括：设计质量、设计管理、设计进度、设计服务。

（3）考核方法及标准

1）考核采取定性和定量相结合的方式。

2）评分方法实行百分制，可参考表6-2。

3）考核责任主体根据每个项目的具体情况制定。

设计考核评分表（参考）　　　　　　　　　　　　　　　　表 6-2

考核项目	考核内容	评分标准	得分	备注
设计	设计管理	具有相应的设计资质，质量体系完整	设计单位具有相应的设计资质		
			质量体系完整，各级人员配备齐全		
			相关备案手续齐备		
	设计质量	设计安全、经济、合理、先进	符合规划要求		
			符合国家及有关行业规范标准的要求		
			设计理念先进，采用新技术、新材料		
			设计中体现节约意识，概算编制合理		
			结构形式、地基处理、基坑围护等合理、安全		
			主要设备、材料选择得当		
			图纸审查中未出现违反强制性条文的情况		
			包含人防、防洪、节能、环境保护等方面的措施		
			充分考虑到现场环境条件，便于施工		
	设计进度	在阶段规定期限内完成	月工作计划		
			季度工作计划		
			及时上交材料		
			按照指定格式上交材料		
	设计服务	服务工作周期	出图周期是否按合同约定时间		
			设计中充分考虑业主意见和要求		
			设计人员现场服务良好		
			对工地出现的设计问题解决及时、准确		

6.5　中建西安管廊设计案例分析

西安市地下综合管廊规划远期形成"一环、六放射、多组团"的干支线和支线地下综合管廊结构体系，总长约 350.5km；缆线管廊结合电力、线路新建、改建及城市道路新建、改建时同步建设，远期形成完整的网络体系。规划范围为西安市中心城区及部分外围新城、产业区（常宁组团、沣东新城、渭北工业区、国际港务区）。近期（2016-2020 年）规划建设干支线、支线综合管廊共计 130.5km，其中干支线管廊总长 81.7km，支线管廊总长 48.8km；缆线管廊共计 365km。

西安市地下综合管廊是目前国内规模最大、里程最长、一次性投资最高的综合管廊项目，项目建设采用 PPP 模式，分为两个标段。中建西安综合管廊投资发展有限公司负责承建Ⅰ标段管廊建设，项目主要位于西安南片区，包括高新区、常宁新区、航天基地、雁塔区、莲湖区、新城区、户县及蓝田县等区域。总投资约 92.21 亿元。入廊管线包括给水、再生水、污水、雨水、电力、通信、热力、天然气等。管廊建设遵循，统一规划，统筹推进，分批分期实施，新区成片成网，老区结合道路改造、旧城改造、地铁轨道建设实施，优先实施主线的原则，秉承"前瞻性、先进性、实用性、智慧性"的设计理念，有效融合现代信息技术、BIM 技术、物联网技术、新型施工工艺等先进设计技术。

案例一：常宁片区综合管廊

常宁新区是西安五个城市组团之一，是市委、市政府"南优战略"主阵地，规划建设成为生态人文宜居新区，常宁新区地下综合管廊规划服务面积 50.5km^2，规划管廊总长度 46km（见图 6-3），形成"一中心多辐射"的格局，一中心按照"六纵四横"棋盘式布置，设置监控中心一座，实现了管廊的互联互通，是西安市首个成网状建设的区域，显著地提升了区域的市政设施服务水平。

常宁新区为黄土塬地形，东高西低，污水入廊比城区具有较大优势，综合管廊规划容纳电力、通信、给水、再生水、热力、燃气、污水、雨水等八类管线，实现所有市政管线全部全面入廊，部分管廊内配备工程检修车。可全面解决常宁新区市政管线需求，同步实现了既有 110kV 高压入廊，有效释放土地资源。

图 6-3　常宁新区综合管廊规划图

根据 2016 年 6 月住房城乡建设部陈政高部长电视电话会议指示"坚决落实管线全部入廊的要求,绝不能一边建设地下综合管廊,一边在管廊外埋设管线,天然气和污水必须全部入廊"。原常宁新区规划入廊管线种类已不能满足国家政策需求。作为西安管廊建设试点区域,应按照部委要求保证入廊管线种类齐全,满足功能需求的基础上,管廊建设成网成片。

项目公司制定了详细的管廊实施方案,从设计源头上把关,要求管廊建设应满足百年需求,既不能盲目做大浪费,也不能目光短浅,不满足远期需求。建立由管线单位认可、专家讨论通过、市建委同意批复的层层把关体制。由管委会带头,给设计单位提供基础资料,多次对接各入廊管线单位需求,设计单位提出方案,确保管廊满足使用功能。

方案完成后,由市管廊公司组织技术讨论,对管廊方案进行仔细研究商讨,汇总各专业专家的意见,对管廊方案进行细化。再由市规划局根据区域总体规划及专项规划进行复核,出具规划条件。之后将方案提交给市建委,由市建委协调处最后把关,从管廊道路位置关系、管廊埋置深度、与其他直埋管线影响、施工开挖支护等各个细节仔细推敲,认真研究,审核通过后出具批复,方可进入正式设计阶段。设计单位完成施工图设计后,由市管廊公司委托第三方图纸审查单位进行图纸审核,提出专业问题修改,最后提交给具体施工单位。保证严格把好每一个关卡,为管廊建设提供最好的保障体系。

常宁新区综合管廊的顺利实施是多部门协同、多资源整合、多渠道推进的结果,将为山水常宁、生态新城的建设提供重要的保证。

案例二:东西二号路综合管廊

东西二号路综合管廊位于常宁新区东西二号路下,西起子午大道,东至城南大道,全长共计 2012m,为四舱矩形断面,局部因无污水管道为三舱断面。入廊管线包括电力、通信、给水、再生水、污水、热力、天然气共 7 种管线,设有综合舱、污水舱、缆线舱和天然气舱(详见图 6-4)。

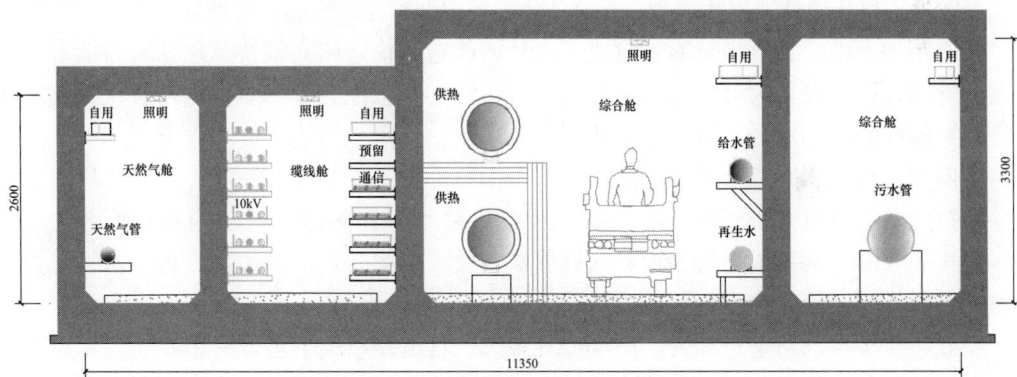

图 6-4 东西二号路综合管廊断面示意图

航飞路南侧规划路为规划新建道路,现状道路两侧为农田及小区,整体地势东高西低,高差约 28m,道路纵坡大。根据污水管道设计资料,污水管道同道路坡向自东向西重力自流排入污水处理厂,管道埋深在 3.8~7.6m。根据相关政策要求,将污水管道纳入综合管廊后,管廊埋深增加不大同时不影响污水管道过流能力的情况下,考虑将污水管道纳入综合管廊。为便于污水管道的运行维护,考虑污水管道纳入综合管廊后单舱敷设。

污水管道纳入综合管廊,污水预留支管通过井筒与主管连接,同时污水管道还应设置检查及清通设施。污水管与通信同舱布置，为了保障养护人员的安全，管道系统设计应严格密闭。按照上述原则，污水管道检查、清通及通气设施利用污水预留支管井筒及衔接管设置，同时还配备硫化氢、甲烷等监测设施。

案例三：昆明路综合管廊

昆明路综合管廊位于西安市西郊现状昆明路下，为西安市"六放射"主干管廊之一，西起皂河，东至西二环，总长度3550m，双层五舱钢筋混凝土结构。管廊纳入给水、再生水、电力、通信、热力、天然气共6种管线，同步改造现状大环河，改造长度3742m。

根据西安市轨道交通线网规划及西安市快速路建设计划，昆明路建设综合管廊的同时建设有地铁五号线、城市快速干道，现状道路浅层分布着8类18条现状管线，同时西安市南郊和西郊地域主要泄洪渠（大环河）位于道路北侧。

为保证综合管廊建设与管线改迁、地铁五号线和城市快速干道有机衔接，由于现状管线及在建工程的限制，管廊只有与大环河改造相结合，才能与管线干扰最小，消除各工程之间的矛盾，提出了包含大环河为一体的综合管廊的设计方案。由于大环河为重要的泄洪通道，工程建设必须在汛期5月30日前完成，总工期仅为223天，设计必须在40天内完成，设计压力巨大。

在中建领导要求和全力支持下，要求齐心协力、攻坚克难，保证项目的按时完成。组建项目设计团队，同步协调西安市建委、规划局、建设局、市政公用局、市地铁办等部门。项目组成员深入现场排查，与各建设方一起剖析存在的问题，综合分析昆明路现状情况，10天内完成了方案设计，并向各级进行四轮汇报后确定，深化方案的同时开展施工图设计，组成40余人的设计团队，仅用30天便完成施工图设计。

管廊断面创新性地采用了上下双层的结构形式，上层为两舱室雨水箱涵，下层为三舱室管廊，将给水、再生水、雨水、电力、通信、热力、天然气等管线纳入管廊（详见图6-5）。综合管廊出入口与地铁通道相结合，充分体现了实用性和经济性的设计理念。

昆明路地下综合管廊设计有效解决了大环河改造、快速路高架桥及地铁五号线等工程涉及的管线迁改问题，设计坚持以安全性、科学性、智慧性为原则，在国内首次成功解决了管廊穿越地裂缝的难题，保证了管线安全。

案例四：科技六路综合管廊

科技六路综合管廊位于西安市高新区科技六路下，管廊西起经十四路，东至丈八北路，全长2089m，为四舱矩形断面；入廊管线主要有电力、通信、给水、再生水、热力及天然气，设有综合舱、热力舱、电力舱和天然气舱（详见图6-6）。

经五路与科技六路垂直相交，由于经五路为现状道路，地下埋设有给水、污水、热力及电力通信等各种管线，若综合管廊采用开挖施工管迁量大，且经五路为高新区南北向主要交通通道，明挖施工对交通影响较大。因此，经技术经济综合比较后确定采用暗挖形式下穿经五路现状道路。

综合管廊暗挖施工时，为保证地下现状给水、污水、热力管道的安全运行，暗挖断面距现状管道底净距控制在3.0m；由于综合管廊总宽度较大，若采用全断面一次通过施工难度过大且安全风险较高，为保证施工安全及上部管线安全运行，穿越段将综合管廊由四舱断面分为两个两舱断面分别暗挖施工，两条暗挖管廊间距按一倍暗挖洞径考虑。暗挖断面如图6-7所示。

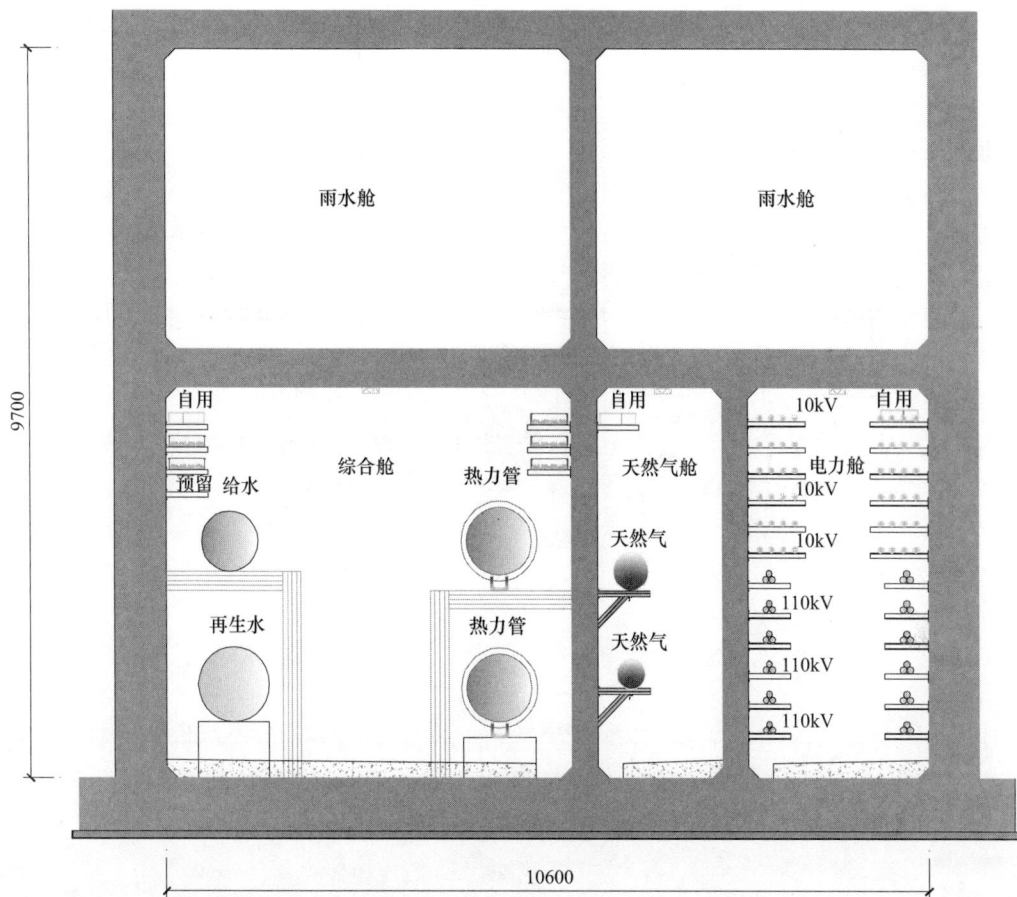

图 6-5 昆明路综合管廊断面示意图

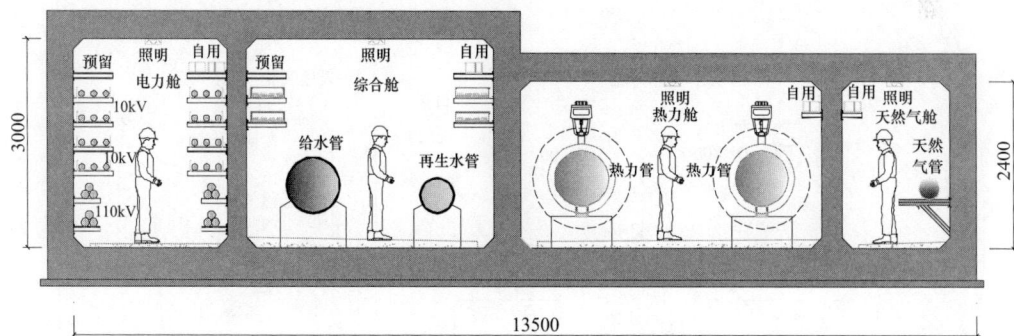

图 6-6 科技六路综合管廊断面示意图

综合管廊采用暗挖法穿越下穿道路，有效避免了道路开挖对交通的影响，减少管线迁改量，节约了工程造价。

案例五：雁南一路缆线管廊

雁南一路缆线管廊西起长安南路东至翠华路，再沿翠华路向南至昌明路十字，全长共计 1185m。为双舱圆形断面，内径 3.5m，入廊管线包括 110kV 电力、10kV 电力和通信管线，设有电力舱和通信舱（详见图 6-8）。

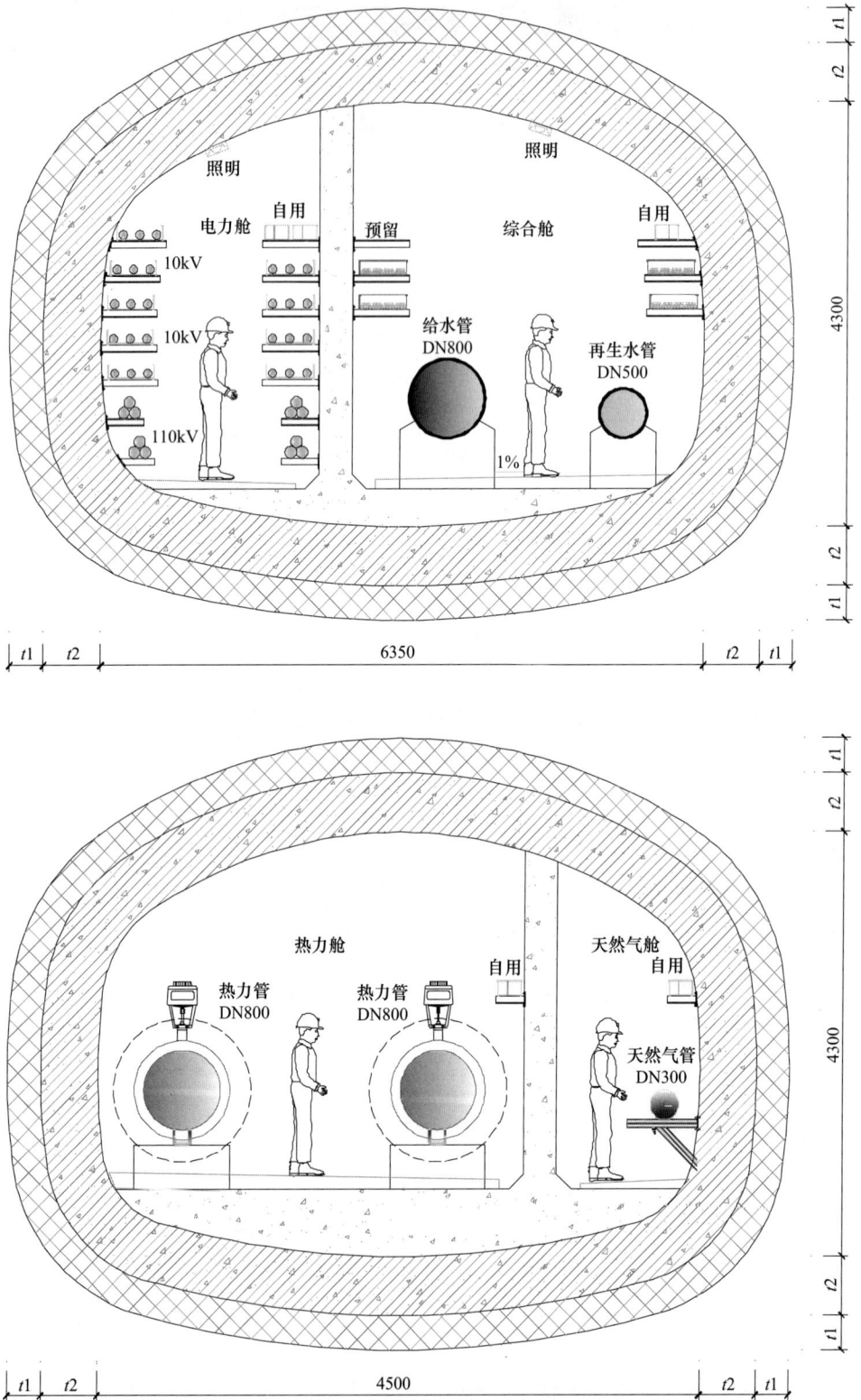

图 6-7　科技六路综合管廊暗挖断面示意图

西安市雁南一路缆线管廊建设是《西安市 2017 年线网落地计划》中重点项目，同时也是省重点项目西安市国家广电大剧院配套实施工程。管廊是否能按时建设完工直接影响到国家广电大剧院是否能顺利竣工开馆。

经现场实地踏勘，本次工程建设范围雁南一路道路全长 1.17km，该段道路是位于雁塔区核心地段的一条主要交通要道，是通往大雁塔、芙蓉园、省博物馆、省植物园主要路由，道路两侧分布大学、中学、小学，地段商业繁华、人流密集、车流量大（早晚高峰期 26000 辆/h）且道路两侧人行道树木繁茂，若采用常规明挖现浇法施工，涉及行道树迁移、交通导改工程量极大；同时根据道路现状管线普探资料，现状道路两侧分布有热力、天然气、雨水、污水、给水、通信等多种市政管线，明挖实施是必涉及大量管线改迁。综合考虑工程实施范围地上附着物、地下管线迁改工程量，工程施工工期要求，工程造价经济合理性，最终确定采用顶管实施方案。

管廊全线采用顶管实施，圆形断面直径 3.5m，可容纳 110kV 电缆 4 回、10kV 电缆 36 回、通信桥架 6 层。

设计中通过对顶管井与管廊节点结合布置，极大减少缆线管廊顶管井的设置，节约工程造价及工期；同时避免树木拆迁 120 棵，减少现状雨污水、燃气、热力、电力管线改迁合计 3.1km。

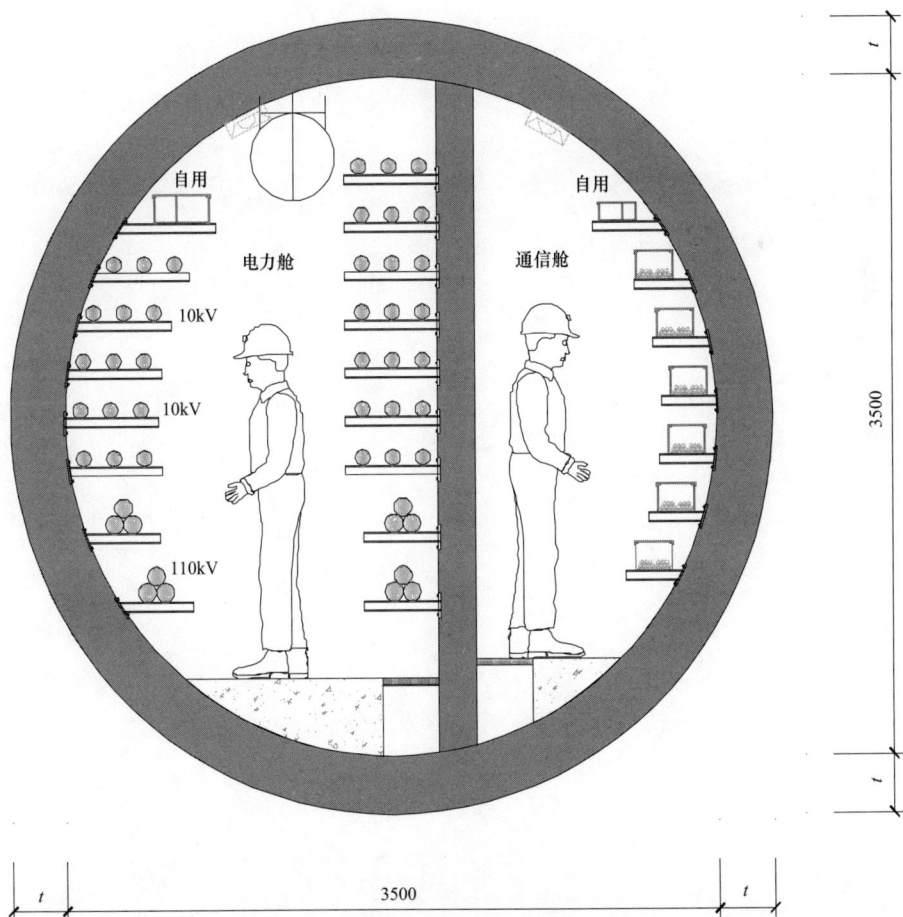

图 6-8　雁南一路缆线管廊断面示意图

第五篇　工程建设篇

第七章 前 期 手 续

西安市地下综合管廊建设 PPP 项目Ⅰ标段建设手续办理，以西安市人民政府办公厅 2016 年 11 月 17 日印发的 88 号文件作为审批依据（见附件十）。

按照西安市办公厅 88 号文件要求，办理 PPP 项目各项相关建设手续，需对接市规划局、市建委、市政公用局、市政设施局等相关单位，协调办理审批手续、流程及审批所需的资料、文件，其中涉及资料 15～25 项、涉及意见会签单位 0～5 家，意见会签完成时间 5～20 个工作日，在手续资料齐全且不涉及意见会签时，正常情况下预计 30 个工作日取得施工许可证。

质量监督手续前提必须确定施工方、设计勘察方、监理、第三方检测单位等单位。申请施工许可证的项目路段必须在国土用地意见、环评报告的项目批准后。

（1）中建西安管廊公司办理建设手续流程（见图 7-1）

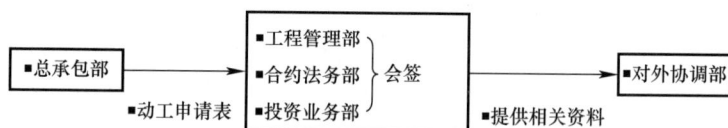

图 7-1 办理建设手续流程

（2）各部门配合工作的内容和时间节点

1）设计规划部在取得建委批复 15 日内提供方案图、案件数据信息表、施工图技术资料、质量安全申报书附录四、附录五等文件（见附件二）。

2）合约法务部提供第三方检测单位承诺书（见附件二）。

3）总承包部在动工申请表会签后 7 日内提供安全生产备案登记表（见附件七）、质量安全申报书附录一（见附件二）、附录二（见附件二）、安全防护措施、施工组织设计报批表。

4）对外协调部负责联系监理单位填写质量安全申报书附录三（见附件二）。

5）投资业务部负责提供西安市城乡建设委员会关于综合管廊项目执行计划复函。

6）安全生产备案登记表（见附件七）设计规划部负责加盖设计单位、勘察单位印章，对外协调部负责加盖监理单位印章，总承包部负责加盖建设单位、施工单位印章。

7）质量安全申报书（见附件六）：

建设单位、监理单位、施工图审查机构等信息由对外协调部填写。

建筑面积、结构类型、层数等信息由设计规划部提供。

工程造价信息由投资业务部提供。

工程名称、地点、工期计划、施工单位、工程明细等信息由总承包部提供。

设计单位、勘察单位等信息由设计规划部提供。

检测单位信息由合约法务部提供。

对外协调部进行信息统一整理填表，盖章。

8）安全生产备案登记表（见附件七）：

申报企业、监理单位、建设单位、企业安全生产许可证号、法人代表、企业性质、企业地址、传真电话、电子邮箱、工程承包、电话等信息由对外协调部收集并填写。

工程造价信息及依据由投资业务部提供。

工程面积、结构类型、层数等信息由设计规划部提供。

安全生产责任制情况、安全管理分册情况、采用的外包工情况和管理措施、安全生产目标等信息由总承包部提供。

安全生产备案表需要附安全防护方案、施工组织设计审批表等由总承包部提供。

现将与开工手续办理各相关部门的审批流程、所需资料及重点事项，详述如下。

7.1 市规划局进行方案设计图审批

7.1.1 规划审批依据

以下内容摘自《西安市人民政府办公厅 88 号文件》第 4 页：

项目实施机构负责协调前期手续的办理，政府出资代表负责办理所有行政审批手续。项目计划下达 5 个工作日内，相关职能部门向项目实施机构确定一名处级干部作为联络人，涉及该部门的有关手续均由联络人负责协调办理。

（十一）规划审批。对审定的 PPP 项目方案设计图纸的审批盖章等相关规划审批手续办理，由市规划局在 2 个工作日内完成，需提供的资料包括，政府出资代表申请（许可的主体暂定为政府出资代表）、经市建委或市政府审定的方案设计。

7.1.2 窗口审批流程

准备市规划局审批所需资料，报送政务大厅规划局窗口（详见图 7-2）。

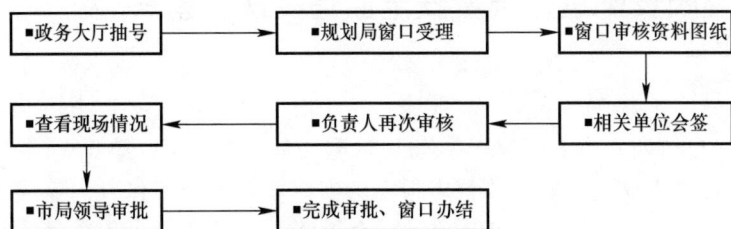

图 7-2 规划设计窗口审批流程

无会签意见时规划审批工作完成时间为 10～20 个工作日。

意见会签工作完成时间为 5～20 个工作日。

例：阿房路、常宁东西二、三、四号路 3 月 31 日于规划局报审，4 月 19 日完成审批。

7.1.3 审批所需资料（见表7-1）

表 **7-1**

序号	名称	负责单位	序号	名称	负责单位
1	政府出资代表申请书	政府代表单位	5	案件数据信息表	设计单位
2	填写立案申请表	建设单位	6	规划设计条件	市规划局
3	法人委托书	政府代表单位	7	市建委批复	建委综建办
4	发改委批复	政府代表单位	8	方案图	设计单位

7.1.4 重点事项

（1）第8项：规划局审批的图纸为方案设计图，并且平面布置图为A3加长版（起点、终点坐标与桩号对应，有拐点坐标），方案图中包括设计说明、位置图、总平面图、平面布置图、横断面、纵断面、道路关系图，每页需盖设计院印章，加长版图纸和封面页需有政府出资方代表单位印章，以规划设计条件和市建委批复为依据，由市规划局审核。

（2）地铁会签，涉及地铁会签的路段需在规划局审核完方案图后。①由规划局相关人员在总平面图纸上写明"请会地铁单位意见"，并加盖报建专用印章。②转交政务大厅地铁办窗口，领取地铁会签所需材料清单，以及安全保障承诺书，申请表。③地铁办会签完成后，将带有地铁办意见以及印章的图纸，反馈至政务大厅规划局窗口，等待再次审核。

（3）西安市规划局负责的城六区以外的区域，需会签相关规划分局意见。协调市规划局向相关分局出工作联系函。将工作联系函以及相关图纸，报送相关分局办公室接收。会签完成的方案图反馈至市规划局窗口，等待再次审核。

（4）其他相关单位会签，需在规划局审核完方案图后，①由规划局相关人员在总平面图纸上写明"请会相关单位意见"，并加盖报建专用印章。②联系相关单位，协调会签事宜。③会签完成后，将带有会签意见以及印章的图纸，反馈至政务大厅规划局窗口，等待再次审核。

7.2 市建委质安站进行质量安全监督受理、备案

7.2.1 审批依据

以下内容摘自《西安市人民政府办公厅88号文件》第4页、第5页：

（十二）建设工程质量和安全监督申报。由市建委在3个工作日内完成办理。需提供的资料包括：1.PPP项目公司或PPP项目社会投资人提交建设工程质量监督申报书（两份原件），2.勘察、设计、建设、施工、监理等五方项目负责人法人授权书和质量承诺书（一份，原件），3.规划部门审核过的项目方案图（复印件），4.PPP协议和PPP项目社会投资人中标通知书（一份，复印件），5.工程监理合同或中标通知书（一份，原件），6.施工图审查合格书或分阶段审查报告（一份，原件），7.安全生产备案登记表（一份、原件）。具备1、3、4、5、7项资料，可进行质量安全监督受理，并展开相关工作，待其余资料完善后对其进行建设工程质量和安全监督备案。

7.2.2　窗口审批流程

准备质量安全监督申报的手续资料，报送政务大厅市建委处（详见图 7-3）。

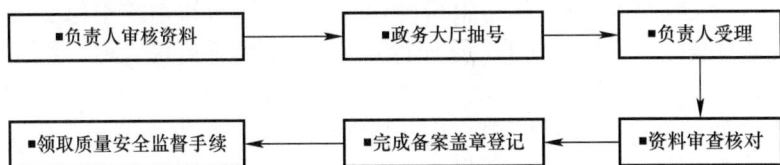

```
┌──────────────┐      ┌──────────────┐      ┌──────────────┐
│■负责人审核资料│ ──→ │■政务大厅抽号  │ ──→ │■负责人受理    │
└──────────────┘      └──────────────┘      └──────────────┘
                                                    │
                                                    ↓
┌──────────────┐      ┌──────────────┐      ┌──────────────┐
│■领取质量安全  │ ←── │■完成备案盖章  │ ←── │■资料审查核对  │
│  监督手续     │      │  登记         │      │              │
└──────────────┘      └──────────────┘      └──────────────┘
```

图 7-3　质量安全监督申报手续

备案工作 1～3 个工作日完成。

7.2.3　审批所需资料（见表 7-2）

表 7-2

序号	名称	负责单位	序号	名称	负责单位
1	质量安全监督申报书	建设单位	7	附录一至六	各相关单位
2	规划审批方案图	政府代表单位	8	PPP 协议中标通知书	建设单位
3	施工总承包合同	建设单位	9	监理中标通知书合同	政府代表单位
4	施工图技术资料	建设单位	10	安全生产备案登记表	建设单位
5	施工组织设计报批表	施工单位	11	中建股份授权书	建设单位
6	各项目经理任命书	施工单位	12	安全防护措施	施工单位

7.2.4　重点事项

（1）第一项质量安全监督申报书（见附件六）中信息由施工单位、建设单位提供，建设单位负责填写申报（两份）。

（2）第七项附录一至六（见附件二），附录一建设单位信息、附录二施工单位信息、附录三监理单位信息、附录四设计单位信息、附录五勘察单位信息、附录六第三方检测单位信息。①附录三，根据市政府要求由政府代表确定监理，建设单位向政府代表单位上报监理进场计划表，政府代表单位根据计划表安排监理招投标等相关事宜。②附录六，项目进场后由建设单位招标确定第三方检测单位信息（附录一至六各两份，一份质安站备案、一份建设单位留底）。

（3）第十项安全生产备案登记表（见附件七）中，工程造价需有相关有效的文件（市建委关于管廊方案的复函或城建执行计划）作为依据。施工组织设计报批表与安全生产备案登记表中相关人员需一致（安全备案登记表三份；施工组织设计报批表两份，一份质安站留底、一份办理施工许可证）。

（4）第十二项安全防护措施，封面需有编制人、审核人、审批人。

7.3　市建委建筑业处进行施工许可证申请、核发

7.3.1　审批依据

以下内容摘自《西安市人民政府办公厅 88 号文件》第 5 页：

（十三）施工许可。由市建委在 5 个工作日内完成审批。需提供的资料包括：1. PPP 项目公司或 PPP 社会投资人书面施工许可证申请表，2. 建设用地初审意见（复印件），3. 规划部门审核过的项目方案图（复印件），4. 环评报告（复印件），5. 满足施工需要的技术资料（经审批的设计图纸、施工组织设计），6. 中标通知书或中标文书证明（复印件），7. 工程监理合同或中标通知书（复印件），8. 质量安全监督受理，9. 施工企业资质证书（复印件）。可分段、分期核发《施工许可证》，或具备 1、2、3、4、6、7、9 项所涉及资料，及分段分期工程具备第 5 项资料，可采取施工许可证备案形式，待其余资料完善后核发施工许可证。

7.3.2　窗口审批流程

准备施工许可证申请手续资料，报送市政务大厅市建委窗口（详见图 7-4）。

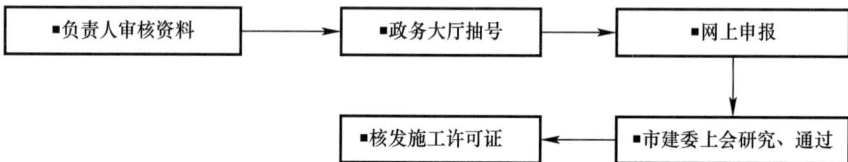

图 7-4　施工许可证申请手续

施工许可证申请、核发工作 3～7 个工作日完成。

7.3.3　审批所需资料（见表 7-3）

序号	名称	负责单位	序号	名称	负责单位
1	施工许可证申请表	建设单位	7	国土局用地意见	政府代表单位
2	规划审批的方案图	政府代表单位	8	环评报告批复	政府代表单位
3	合同价格依据文件	建设单位	9	施工图技术资料	建设单位
4	施工总承包合同	建设单位	10	PPP 协议中标通知书	建设单位
5	监理中标通知书合同	政府代表单位	11	施工企业资质证书	建设单位
6	质量安全监督手续	建设单位	12	施工组织设计报批表	施工单位

7.3.4　重点事项

（1）施工许可证申请表（见附件八）内填写的合同价格需有相关有效的文件（市建委关于管廊方案的复函或城建执行计划）作为依据。另需填写施工许可证登记表（见附件九）粘贴于档案袋封面处（施工许可证申请表两份、施工许可证申请登记表一份）。

（2）网上申报施工许可证项目报建。

网址：http://www.sxtzxm.gov.cn。陕西省投资项目在线审批监管平台。

注册：以单位信息注册。

申报流程见图 7-5。

相关问题需联系：陕西省信息中心 029-63918203

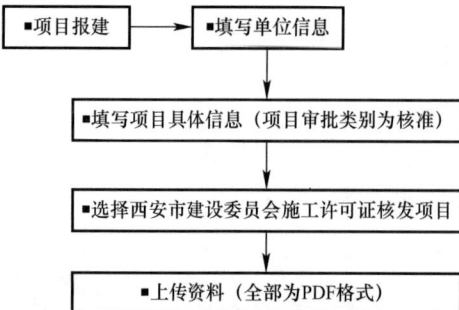

图 7-5　网上申报施工许可证流程

西安市地下综合管廊建设PPP项目I标段开工手续办理详解

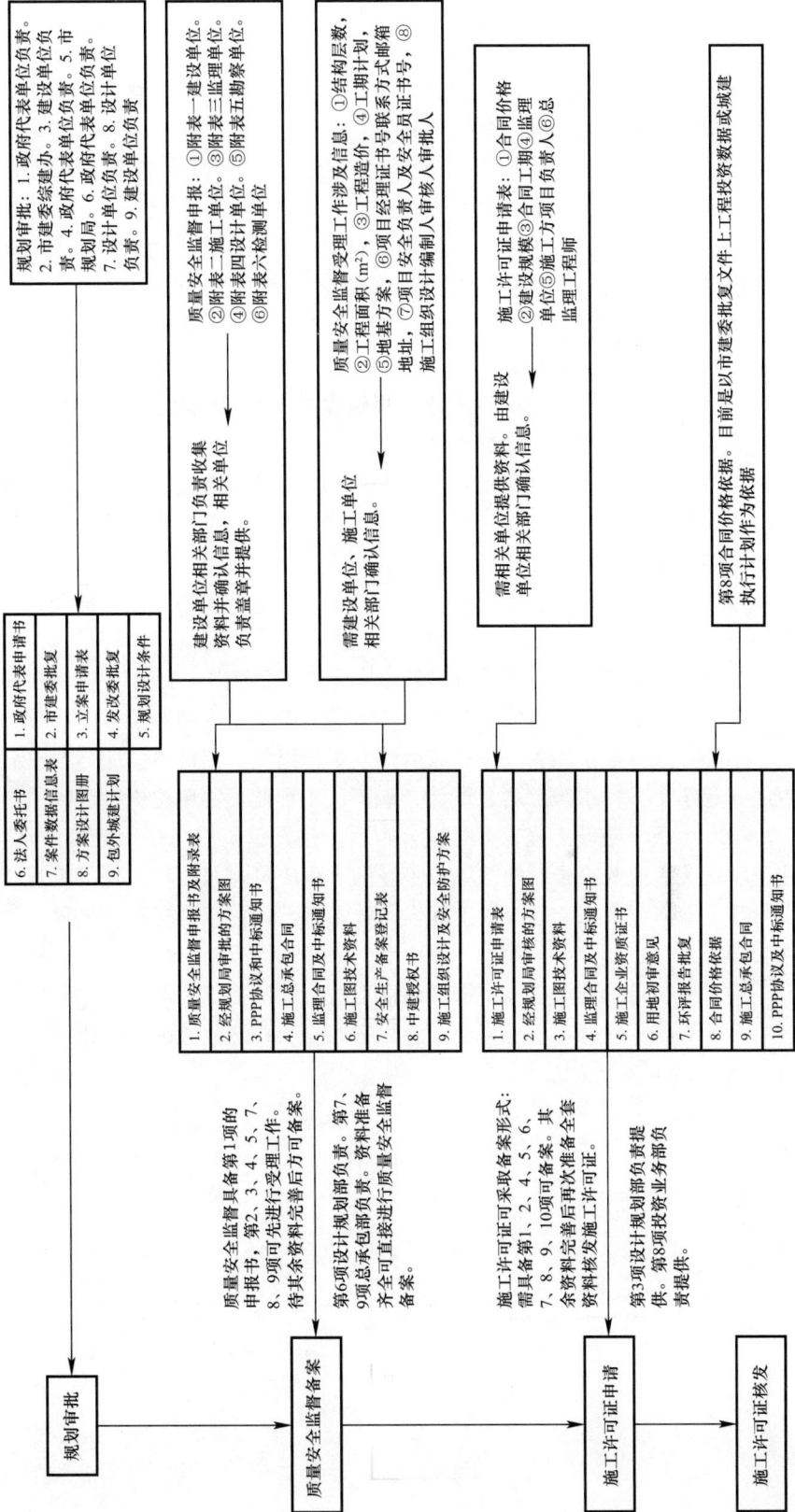

附件一

规划审批

1. 政府代表单位委托书
2. 市建委综批复
3. 立案申请表
4. 发改委批复
5. 规划设计条件
6. 法人委托书
7. 案件数据信息表
8. 方案设计图册
9. 包外城建计划

规划审批：1. 政府代表单位负责。2. 市建委综办。3. 建设单位负责。4. 政府代表单位负责。5. 市规划局。6. 政府代表单位负责。7. 设计单位负责。8. 设计单位负责。9. 建设单位负责

质量安全监督备案

1. 质量安全监督申报表及附录表
2. 经规划局审批的方案图
3. PPP协议和中标通知书
4. 施工总承包合同
5. 监理合同及中标资料
6. 施工图技术资料
7. 安全生产备案记录表
8. 中建授权书
9. 施工组织设计及安全防护方案

质量安全监督申报：①附表一建设单位。②附表二施工单位。③附表三监理单位。④附表四设计单位。⑤附表五勘察单位。⑥附表六检测单位。

建设单位相关部门负责收集资料并确认信息，相关单位负责盖章并提供。

质量安全监督受理工作涉及信息：①结构层数，②工程面积（m²），③工程造价，④工期计划，⑤地址，⑥项目经理证号及联系方式邮箱地址，⑦项目安全负责人及安全员证书号，⑧施工组织设计编制人审核人审批人

质量安全监督受理工作涉及信息采集，施工单位、相关部门确认信息。

质量安全监督具备第1项的申报书，第2、3、4、5、7、8、9项可先进行受理审理工作，待其余资料完善齐全后方可备案。第6项设计规划部门负责。第7、9项总承包部负责。资料准备齐全可直接进行质量安全监督备案。

施工许可证申请

1. 施工许可证申请表
2. 经规划局审核的方案图
3. 施工图技术资料
4. 监理合同及中标通知书
5. 施工企业资质证
6. 用地规划意见
7. 环评报告批复
8. 合同价依据
9. 施工总承包合同
10. PPP协议及中标通知书

施工许可证申请表：①合同价格②建设规模③合同工期④监理单位⑤施工方项目负责人⑥总监理工程师

需相关单位提供资料。由建设单位相关部门确认信息。

施工许可证可采取备案形式：需具备第1、2、4、5、6、7、8、9、10项可备案。其余资料完善后再次准备全套资料核发施工许可证。第3项设计规划部门负责，第8项投资业务部负责提供。

施工许可证核发

施工许可证依据。目前是以市建委批复文件上工程投资数据或城建执行工程计划作为依据

第8项合同价格合格后以建委批复文件上工程投资数据或城建执行工程计划作为依据

157

附件二

《陕西省建设工程质量和安全生产管理条例》摘抄

第十一条　建设单位在与勘察、设计、施工、监理、检测等单位签订的合同中，应当明确约定双方的工程质量和安全生产责任。

第十二条　建设单位应当根据建设工程的特点和技术要求，组织勘察、设计、施工、监理等与工程建设有关各方进行设计交底和图纸会审。

第十三条　建设单位应当严格按照国家有关档案管理的规定，及时收集、整理建设项目各环节的设计图纸和文件资料，建立健全建设项目档案。

第十四条　建设单位应当将建设工程安全文明施工措施费计入工程造价，并在开工前一次性足额给付施工单位。

第十五条　建设单位应当委托具有相应资质的工程质量检测单位进行建设工程质量检测，并签订书面合同。

第十六条　按照合同约定，由建设单位提供建筑材料、建筑构配件和设备的，建设单位应当保证建筑材料、建筑构配件和设备符合技术标准、设计文件和合同要求，并依法承担相应的质量责任。

第十七条　建设单位不得明示或者暗示施工单位使用不合格的建筑材料、建筑构配件和设备。

第十八条　建设单位应当提供符合安全条件的施工场地，协调解决施工现场各施工单位及毗邻区域内影响施工安全的问题。

第十九条　建设工程竣工验收由建设单位组织。建设单位应当自收到建设工程竣工报告之日起二十日内组织勘察、设计、施工、工程监理等单位进行验收。

第二十条　建设工程竣工验收合格后，建设单位应当在十五日内将竣工验收备案表、建设工程竣工验收报告、施工单位签署的工程质量保修书等文件报工程所在地县级以上建设行政主管部门备案。县级以上建设行政主管部门可以委托建设工程质量安全监督机构具体受理。

第二十二条　建设单位不得将建设工程的地基基础分部、主体分部和屋面工程分部发包给不同的施工单位，不得将建设工程中的一项检测业务拆分委托不同的检测单位。

附录一

建设单位质量安全管理承诺

本单位工程建设中，认真履行《建筑法》《建设工程质量管理条例》《建设工程安全生产管理条例》《陕西省建设工程质量和安全生产管理条例》等相关法律法规的规定，保障工程质量和安全生产、保障人民群众生命和财产安全，并依法承担相应责任。本单位承诺按规定向质安站提交规划审批、施工许可、施工合同、监理合同、施工图设计文件审查意见等资料，并确保真实有效。严格按国家地方规定的建设程序，配备满足项目要求的建设单位管理班子，确定符合相应资质的勘察、设计、施工、监理、施工图审查、工程质量检测责任主体单位，并进行建设全过程质量、安全生产行为监督管理，严格审查施工、监理项目部专业配备和人员资格。按照建设部《建设工程质量检测管理办法》规定，由本单位委托具有相应资质的检测机构进行质量检测。

建设单位项目管理人员表

职务	姓名	技术职称	分管业务	电话
项目负责人				

法定代表人（签字）：

施工单位（章）
年　　　月　　　日

法定代表人授权书

兹授权我单位　　　　　　　（姓名）担任

工程项目的建设项目负责人，对该工程项目的建设工作实施组织管理，依据国家有关法律法规及标准规范履行职责，并依法对设计使用年限内的工程质量承担相应终身责任。

本授权书自授权之日起生效。

被授权人基本情况			
姓名		身份证号	
注册执业资格		注册执业证号	

被授权人签字：

授　权　单　位（盖章）：

法　定　代　表　人（签字）：

授权日期：　　年　月　日

工程质量终身责任承诺书

本人受单位（法定代表人）授权，担任工程项目的施工项目负责人，对该工程项目的施工工作实施组织管理。本人承诺严格依据国家有关法律法规及标准规范履行职责，并对设计使用年限内的工程质量承担相应终身责任。

承 诺 人 签 字：
身 份 证 号：
注 册 执 业 资 格：
注 册 执 业 证 号：
签 字 日 期：　　年　　月　　日

《陕西省建设工程质量和安全生产管理条例》摘抄

第二十八条 施工单位应当按照设计文件和技术标准组织施工,对建设工程的施工质量和安全生产负责,并履行下列义务:

(1)建立健全质量责任制、安全生产责任制和重大危险源监管、安全生产教育培训制度;

(2)确定项目负责人、技术负责人、专业工长和项目质量员、安全员、试验员、测量员、资料员、材料员等施工管理人员;

(3)设立安全生产管理机构,配备专职安全生产管理人员;

(4)严格工序管理和施工质量检验,做好质量和安全生产相关资料的收集整理;

(5)制定重大事故应急预案;

(6)承建主体结构的施工单位在施工期间对建设工程沉降进行观测;

(7)法律法规规定的其他责任。

第二十九条 建设工程总承包单位对承包的建设工程质量和安全生产负责;总承包单位将专业工程分包给其他单位时,分包单位按照合同约定对其分包工程的质量和安全生产向总承包单位负责。

第三十条 施工单位项目负责人不得同时承担两个及两个以上的建设工程项目,不得委托他人代行职责。项目负责人的变动须经建设单位书面同意。

第三十二条 施工单位应当将建设单位给付的安全文明施工措施费,用于施工安全防护用品(具)以及设施的采购和更新、安全施工措施的落实、安全生产条件的改善等,不得挪作他用。

第三十九条 施工单位应当为进入施工现场的人员购买意外伤害保险。实行施工总承包的,由总承包单位支付意外伤害保险费。意外伤害保险期间自建设工程开工之日起至竣工验收合格止。

第四十条 生产、销售单位所提供的建筑材料、建筑构配件及设备、商品混凝土和有关安全生产防护用品(具)应当符合有关技术标准的质量要求,并对所生产和销售的产品质量负责。

第四十一条 出租施工设备、机具和周转材料时,出租方应当向承租方提供相应的生产许可证、产品合格证和检验合格证明。

第四十二条 安装、拆卸建筑起重机械和整体提升脚手架、模板等自升式架设设施,应当编制拆装方案、制定安全施工措施,并由专业技术人员现场监督。建筑起重机械和整体提升脚手架、模板等自升式架设设施安装完毕后,安装单位应当自检,出具自检合格证明,并向施工单位进行安全使用说明,办理验收手续并签字。

第四十三条 建筑起重机械的产权单位首次出租或者首次安装建筑起重机械前,应当到本单位工商注册所在地县级以上建设工程质量安全监督机构办理备案。建筑起重机械的使用单位应当自建筑起重机械安装验收合格之日起三十日内,到建设工程所在地县级以上建设工程质量安全监督机构办理使用登记。禁止出租或使用国家明令淘汰或者超过使用年限的建筑起重机械设备。

附录二

项目施工单位质量安全管理承诺

本单位承诺在工程施工过程中，严格遵守《建筑法》《建设工程质量管理条例》《建设工程安全生产管理条例》《陕西省建设工程质量和安全生产管理条例》等相关法律、法规的规定，认真履行质量、安全管理职责，健全质量、安全管理体系，严格管理分包单位，按要求每月对项目进行检查，确保工程质量和安全符合国家标准，并依法承担相应责任。

经研究，本单位决定组成如下项目管理机构，保证相关人员配备符合要求，并能长期坚守岗位，资格、证书符合要求并真实有效。项目经理等主要管理人员如有变更，在征得建设单位同意后，应按规定办理应变程序，报质安站备案。

施工单位项目管理人员表

职务	姓名	技术职称	专业	联系电话	备注
					已取得相应资格及三类人员考核证书
					已取得相应资格及三类人员考核证书
					已取得相应资格

法定代表人（签字）：

项目经理（签字）：

施工单位（章）

年　　　月　　　日

法定代表人授权书

兹授权我单位 　　　（姓名）担任

工程项目的施工项目负责人，对该工程项目的施工工作实施组织管理，依据国家有关法律法规及标准规范履行职责，并依法对设计使用年限内的工程质量承担相应终身责任。

本授权书自授权之日起生效。

被授权人基本情况			
姓名		身份证号	
注册执业资格		注册执业证号	

被授权人签字：

授　权　单　位（盖章）：

法　定　代　表　人（签字）：

授权日期：　　年　月　日

工程质量终身责任承诺书

　　本人受单位（法定代表人）授权，担任

　　工程项目的施工项目负责人，对该工程项目的施工工作实施组织管理。本人承诺严格依据国家有关法律法规及标准规范履行职责，并对设计使用年限内的工程质量承担相应终身责任。

承 诺 人 签 字：

身 份 证 号：

注 册 执 业 资 格：

注 册 执 业 证 号：

签 字 日 期：　　　年　　月　　日

《陕西省建设工程质量和安全生产管理条例》摘抄

第四十四条　工程监理单位与被监理工程的施工单位、质量检测单位有隶属关系或者其他利害关系的，不得承担该建设工程的监理业务。工程监理单位不得从事建筑材料、建筑构配件和设备的经营活动。

第四十五条　工程监理单位应当选派相应资格的工程项目总监理工程师和监理工程师进驻施工现场。总监理工程师对工程项目的质量和安全生产监理负总责。总监理工程师的变动须经建设单位同意。

总监理工程师和监理工程师不得同时承担两个及两个以上建设工程项目的监理，也不得委托他人代行监理职责。

第四十六条　建设工程项目的总监理工程师应当根据监理工程的实际，制定建筑材料、建筑构配件和设备取样送检的见证计划，并组织实施。

第四十七条　工程监理单位应当审查施工组织设计中的安全技术措施或者专项施工方案是否符合工程建设强制性标准。

工程监理单位在监理过程中，发现存在质量问题或者安全事故隐患的，应当要求施工单位整改；情况严重的，应当要求施工单位停止施工，并及时报告建设单位。

施工单位拒不整改或者不停止施工的，工程监理单位应当及时报告建设工程质量安全监督机构。

附录三

项目监理单位质量安全管理承诺

本单位承诺在工程施工过程中，严格遵守《建筑法》《建设工程质量管理条例》《建设工程安全生产管理条例》《陕西省建设工程质量和安全生产管理条例》等相关法律、法规的规定，认真履行质量、安全监理职责，健全质量、安全管理体系，设置配备符合国家、地方规定和项目需要的工程项目管理班子。确保工程质量和安全符合国家标准，并依法承担相应责任。

经研究，本单位决定组成如下项目管理机构，保证相关人员资格、证书符合要求并真实有效。项目总监等主要人员如有变更，在征得建设单位同意后，应按规定办理变更程序，报质安站备案。

监理单位项目管理人员表

职务	姓名	技术职称	专业	联系电话	备注
项目总监					

　法定代表人（签字）：

　项 目 总 监（签字）：

监理单位（章）

年　　　月　　　日

法定代表人授权书

兹授权我单位　　　　　　　（姓名）担任

工程项目的监理项目负责人，对该工程项目的监理工作实施组织管理，依据国家有关法律法规及标准规范履行职责，并依法对设计使用年限内的工程质量承担相应终身责任。

本授权书自授权之日起生效。

被授权人基本情况			
姓名		身份证号	
注册执业资格		注册执业证号	

被授权人签字：

授　权　单　位（盖章）：

法 定 代 表 人（签字）：

授权日期：　　年　月　日

工程质量终身责任承诺书

本人受单位（法定代表人）授权，担任

工程项目的施工项目负责人，对该工程项目的监理工作实施组织管理。本人承诺严格依据国家有关法律法规及标准规范履行职责，并对设计使用年限内的工程质量承担相应终身责任。

承 诺 人 签 字：

身 份 证 号：

注册 执业 资格：

注册 执业 证号：

签 字 日 期： 年 月 日

《陕西省建设工程质量和安全生产管理条例》摘抄

第二十三条　勘察单位应当按照法律、法规和工程建设技术标准进行勘察，提供的地质、测量、水文等勘察成果文件必须真实、准确，满足建设工程质量和安全生产的要求。

第二十四条　勘察单位在勘察作业现场应当采取有效安全防范措施，保证各类管线、设施和周边建筑物、构筑物的安全。

第二十五条　设计单位应当按照法律、法规和工程建设技术标准进行设计，防止因设计不合理导致建设工程质量和安全生产事故发生。

设计文件应当符合国家规定的深度要求，图纸配套，说明清晰，内容完整。采用新结构、新材料、新工艺的建设工程和特殊结构的建设工程，设计单位应当在设计中提出保障工程质量和安全生产的措施建议。

除有特殊要求的建筑材料、专用设备、工艺生产线等外，设计单位不得指定生产厂、供应商。

第二十六条　勘察单位和设计单位应当做好下列工作：

（一）参加建设单位组织的设计图纸会审，做好设计文件交底；

（二）向施工、监理单位详细说明施工图设计文件，及时处理与设计相关的技术问题；

（三）参加建设工程地基基础、主体结构及其主要隐蔽工程和工程竣工质量的验收；

（四）参加建设工程质量和安全生产事故分析，提出技术处理方案。

第二十七条　施工图审查单位按照国家规定，对房屋建筑工程和市政基础设施工程的勘察成果文件、施工图设计文件进行审查。审查合格的，出具审查合格书，并将审查单位盖章的全套施工图交还建设单位。

施工图审查单位发现勘察成果文件、施工图设计文件违反法律、法规和工程建设技术标准的，应当退回建设单位并书面说明原因。勘察成果文件、施工图设计文件经修改后，重新报原审查单位审查。

施工图审查单位对审查合格的勘察成果文件、施工图设计文件承担法律责任，不得出具虚假审查合格书。

任何单位和个人不得擅自修改审查合格的施工图设计文件。

附录四

项目设计单位质量安全管理承诺

本单位承诺在工程施工过程中，严格遵守《建筑法》《建设工程质量管理条例》《建设工程安全生产管理条例》《建设工程勘察设计管理条例》《陕西省建设工程质量和安全生产管理条例》等相关法律、法规的规定，认真履行质量、安全职责，保证建设工程设计质量，确保工程质量和安全符合国家标准，并依法承担相应责任。经研究，本单位决定组成如下项目组，保证相关人员资格、证书符合要求并真实有效。

设计单位项目人员表

职务	姓名	技术职称	专业	联系电话	备注
项目负责人					
注册建筑师					
注册结构师					

法定代表人（签字）：

设计单位（章）
年　　月　　日

法定代表人授权书

兹授权我单位　　　　（姓名）担任

工程项目的设计项目负责人，对该工程项目的设计工作实施组织管理，依据国家有关法律法规及标准规范履行职责，并依法对设计使用年限内的工程质量承担相应终身责任。

本授权书自授权之日起生效。

被授权人基本情况			
姓名		身份证号	
注册执业资格		注册执业证号	
			被授权人签字：

授权单位（盖章）：

法定代表人（签字）：

授权日期：年　　月　　日

工程质量终身责任承诺书

本人受单位（法定代表人）授权，担任

工程项目的设计项目负责人，对该工程项目的设计工作实施组织管理。本人承诺严格依据国家有关法律法规及标准规范履行职责，并对设计使用年限内的工程质量承担相应终身责任。

承诺人签字：

身份证号：

注册执业资格：

注册执业证号：

签字日期： 年 月 日

《建设工程勘察质量管理办法》摘抄

第六条　工程勘察企业必须依法取得工程勘察资质证书，并在资质等级许可的范围内承揽勘察业务。

工程勘察企业不得超越其资质等级许可的业务范围或者以其他勘察企业的名义承揽勘察业务；不得允许其他企业或者个人以本企业的名义承揽勘察业务；不得转包或者违法分包所承揽的勘察业务。

第七条　工程勘察企业应当健全勘察质量管理体系和质量责任制度。

第八条　工程勘察企业应当拒绝用户提出的违反国家有关规定的不合理要求，有权提出保证工程勘察质量所必需的现场工作条件和合理工期。

第九条　工程勘察企业应当参与施工验槽，及时解决工程设计和施工中与勘察工作有关的问题。

第十条　工程勘察企业应当参与建设工程质量事故的分析，并对因勘察原因造成的质量事故，提出相应的技术处理方案。

第十一条　工程勘察项目负责人、审核人、审定人及有关技术人员应当具有相应的技术职称或者注册资格。

第十二条　项目负责人应当组织有关人员做好现场踏勘、调查，按照要求编写《勘察纲要》，并对勘察过程中各项作业资料验收和签字。

第十三条　工程勘察企业的法定代表人、项目负责人、审核人、审定人等相关人员，应当在勘察文件上签字或者盖章，并对勘察质量负责。

工程勘察企业法定代表人对本企业勘察质量全面负责；项目负责人对项目的勘察文件负主要质量责任；项目审核人、审定人对其审核、审定项目的勘察文件负审核、审定的质量责任。

第十四条　工程勘察工作的原始记录应当在勘察过程中及时整理、核对，确保取样、记录的真实和准确，严禁离开现场追记或者补记。

第十五条　工程勘察企业应当确保仪器、设备的完好。钻探、取样的机具设备、原位测试、室内试验及测量仪器等应当符合有关规范、规程的要求。

第十六条　工程勘察企业应当加强职工技术培训和职业道德教育，提高勘察人员的质量责任意识。观测员、试验员、记录员、机长等现场作业人员应当接受专业培训，方可上岗。

附录五

项目勘察单位质量安全管理承诺

本单位承诺在工程施工过程中，严格遵守《建筑法》《建设工程质量管理条例》《建设工程安全生产管理条例》《建设工程勘察设计管理条例》《建设工程勘察质量管理办法》《陕西省建设工程质量和安全生产管理条例》等相关法律、法规的规定，认真履行质量、安全职责，保证建设工程勘察质量，确保工程质量和安全符合国家标准，并依法承担相应责任。经研究，本单位决定组成如下项目组，保证相关人员资格、证书符合要求并真实有效。

勘察单位项目勘察人员表

职务	姓名	技术职称	联系电话	备注
项目负责人				
注册岩土工程师				

法定代表人（签字）：

勘察单位（章）

年　　月　　日

法定代表人授权书

　　兹授权我单位　　　（姓名）担任

　　工程项目的勘察项目负责人，对该工程项目的勘察工作实施组织管理，依据国家有关法律法规及标准规范履行职责，并依法对设计使用年限内的工程质量承担相应终身责任。

　　本授权书自授权之日起生效。

被授权人基本情况			
姓名		身份证号	
注册执业资格		注册执业证号	
		被授权人签字：	

授权单位（盖章）：

法定代表人（签字）：

授权日期：　　　年　　　月　　　日

工程质量终身责任承诺书

　　本人受单位（法定代表人）授权，担任

　　工程项目的勘察项目负责人，对该工程项目的勘察工作实施组织管理。本人承诺严格依据国家有关法律法规及标准规范履行职责，并对设计使用年限内的工程质量承担相应终身责任。

承诺人签字：

身份证号：

注册执业资格：

注册执业证号：

签字日期：　　年　　月　　日

附录六

项目质量检测单位承诺

本单位承诺在工程施工中，依据《建筑法》《建设工程质量管理条例》《建设工程质量检测管理办法》《陕西省建设工程质量和安全生产管理条例》等相关法律、法规和工程建设强制性标准，接受建设单位委托，对涉及结构安全项目的抽样检测和对进入施工现场的建筑材料、构配件的见证取样检测，确保检测数据和检测报告的真实性和准确性，保证建设工程质量，并依法承担相应责任。

检测单位技术负责人和主要检测人员表

职务	姓名	技术职称	联系电话	备注
总工程师				

法定代表人（签字）：

检测单位（章）

年　　　月　　　日

《陕西省建设工程质量和安全生产管理条例》摘抄

第四十八条　工程质量检测单位应当对送检的建筑材料、建筑构配件、设备试样和委托单进行核对，并记入检测报告。

工程质量检测单位在对工程实体检测前，应当根据技术标准和工程实际，对委托检测内容制定检测方案，并在工程监理和施工单位的全程见证下实施。

第四十九条　工程质量检测单位应当建立健全检测管理控制程序和检测业务信息化系统，按照有关技术标准进行检测，出具的检测报告应当真实、可靠，并对检测结论负责。

工程质量检测单位应当将检测过程中发现的建设单位、监理单位、施工单位违反有关法律、法规和工程建设强制性标准的情况，以及涉及结构安全检测结果的不合格情况，及时报告工程所在地建设工程质量安全监督机构。

第五十条　工程质量检测单位应当建立档案管理制度，对工程质量检测合同、委托单、原始记录和检测报告统一连续编号，不得随意抽撤、涂改。

第五十一条　工程质量检测单位不得设立分支机构，不得转包检测业务，不得伪造数据出具虚假的检测报告。

工程质量检测单位不得与其所检测工程的相关责任单位存在隶属关系或者其他利害关系。

附件三

法人委托书

（法人或其他组织的委托代理人用）

委托单位（个人）名称：

委托单位（个人）地址：

法人（负责人）姓名：　　　　　　　职务：

身份证号：　　　　　　　　　　　　电话：

受委托人姓名：　　　　　　　　　　职务：

工作单位名称：

身份证号：　　　　　　　　　　　　电话：

西安市规划局：

　　_____在我单位任_____职务，是我单位法定代表人，特此证明。兹在项目中委托_____为我单位（个人）的委托代理人，全权委托处理。

　　注：我单位所委托报建人员承诺遵守法律法规，按规定的立案要求、时限、环节办理规划审批手续。所有报送的文件资料均真实、合法、有效，否则，造成的一切法律后果由我单位自行承担。

委托人（负责人）签字：

被委托人签字：

委托单位盖章：

年　　　月　　　日

附件四

建设类 管线工程 表 C3

西安市规划局立案申请表

建设项目名称					报建编号		
建设项目地址		区	路	街（村）	号		

申请人	名称		地址				
			电话		邮政编号		
	组织机构代码或自然人身份证号码						
	IC 编码	1.□□□□□□□□	2.□□□□□□□□		3.□□□□□□□□		
	受委托人		联系电话	办公：	手机：		

立案类别	规划验收类	业务性质	管线工程
		业务内容	□申请管线工程规划设计条件 □管线工程设计方案审查 □申请管线工程《建设工程规划许可证》 □调整管线工程《建设工程规划许可证》及附图附件 □其他
		管线类别	□电 □讯 □管 □水 □排 □其他

规划局历史审批及相关资料	立案所需文件内容（须参照立案标准规定填写）	文件编号	张数
	1. 申请函（原件）		1
	2. 授权委托书（原件）		1
	3.		
	4.		
	5.		
	6.		
	7.		
	8.		
	9.		
	10.		
	11.		
	12.		

	文书发送方式	□直接到窗口领取 □邮政速递

| 备注 | 1. 根据有关法律规定，申请人应如实提交有关资料和反映真实情况，并对申请材料实质内容的真实性负责。以虚报、瞒报、造假等不正当手段取得批准文件的，将依法予以撤销。
2. 申请人有权进行陈述和申辩。申请人可以在我局作出行政许可（或行政处罚）决定之前向我局提交书面陈述申辩意见 | 我单位已阅知有关备注说明，并承诺对申报资料的真实性及数据的准确性（含电子文件与图纸的一致性）负责，自愿承担虚报、瞒报、造假等不正当手段而产生的一切法律责任

（申请单位盖章）
年 月 日 |

附件五

案件数据信息表

<table>
<tr><td rowspan="3">工程设计单位</td><td>名称</td><td></td><td colspan="2"></td><td>报建特许人及编号</td><td></td></tr>
<tr><td>地址</td><td colspan="3"></td><td>资质等级</td><td></td></tr>
<tr><td>联系人</td><td></td><td>电话</td><td></td><td>资质证号</td><td></td></tr>
<tr><td colspan="2">建设用地规划许可证</td><td colspan="2"></td><td>地形图号</td><td colspan="2"></td></tr>
<tr><td colspan="2">用地总面积
（平方米）</td><td colspan="5"></td></tr>
</table>

现申报的道路桥梁工程内容及规格：

	起止点	管径规格	管线长度	距离地面高度	平面位置
道路 工程					

	起止点	管径规划	管线长度	埋设深度	平面位置
桥梁 工程					

原规划批准的道路交通工程内容及规格：
（适用于调整道路交通工程《建设工程规划许可证》及附图附件）

	起止点	管径规格	管线长度	距离地面高度	平面位置
道路 工程	（管廊项目只填此行）				

	起止点	管径规格	管线长度	埋设深度	平面位置
桥梁 工程					

备注	根据有关法律规定，申请人应该如实提交有关材料和反映真实情况，并对申请材料实质内容的真实性负责。以虚报、瞒报、造假等不正当手段取得行政许可或批准文件的，将依法予以撤销	我单位已阅知有关备注说明，并承诺对申报资料的真实性及数据的准确性（含电子文件与图纸的一致性）负责，自愿承担虚报、瞒报、造假等不正当手段而产生的一切法律责任 （工程设计单位盖章） 　　年　　月　　日

附件六

建质监〔20　　〕　　　号

建设工程质量安全监督

申　报　书

工程名称：西安市地下综合管廊建设 PPP 项目 I 标段
建设单位：中建西安综合管廊投资发展有限公司

填 报 说 明

一、本申报书由工程建设责任主体单位认真填写，签章后由建设单位统一报送至西安市建设工程质量安全监督机构，经监督机构审签加盖公章后生效，是工程合法施工的凭证之一，是建设工程质量安全监督机构依法监督的凭证。申报书一式两份，建设单位留存一份，监督机构留存一份；

二、申报书所填写内容应与建设规划审批、设计文件、工程承包合同书等合法有效文件一致；

三、责任主体单位在建设过程中，项目负责人或主要管理人员发生变动，应经建设单位审查同意后，及时书面告知监督机构。

一、工程概况

工程名称	西安市地下综合管廊建设 PPP 项目 I 标段（总承包部负责提供）				
工程地点	（总承包部负责提供）				
建筑面积	（设计规划部提供）m²	结构类型	（设计规划部提供）	层数	（设计规划部提供）
单位工程明细	（总承包部负责提供）				
工程造价	万元（投资业务部提供）	工期计划	（总承包部负责提供开工竣工时间）		
地基方案					

二、责任主体单位简况

建设单位		（性质）资质等级	其他有限责任公司	法定代表人	（对外协调部提供）	详见附表一
施工单位		资质等级	施工总承包特级	项目经理	（总承包部提供）	详见附表二
监理单位		资质等级		项目总监	（对外协调部提供）	详见附表三
设计单位		资质等级	市政行业甲级	项目负责人	（设计规划部提供）	详见附表四
勘察单位		资质等级	工程勘察类综合甲级	项目负责人	（设计规划部提供）	详见附表五
检测单位		资质等级		联系人	（合约法务部提供）	详见附表六
施工图审查机构	（对外协调部提供）	资质等级		联系人及电话		

三、工程建设各责任主体单位承诺见附录一至六。

四、该申报工程项目，我站自申报书生效之日起七日内展开监督工作。本站重申：建设单位应按法律、法规规定办理各项建设手续，凡未取得"施工许可证"的工程，一律不得开工；工程竣工验收合格十五日内，办理竣工验收备案，凡未按相关法律法规、规定取得消防、环保、规划等管理部门竣工认可的工程，不得办理竣工验收备案登记。

经办人签字：　　　　　　　　经办人签字：

法人代表签字：　　　　　　　法人代表签字：

建设单位（章）　　　　　　　质安站（章）

年　月　日　　　　　　　　　年　月　日

投诉电话：(029) 85579213

《建筑法》中有关建设、设计、施工、监理单位的责任内容

第三十二条 建筑工程监理应当依照法律、行政法规及有关的技术标准、设计文件和建筑工程承包合同，对承包单位在施工质量、建设工期和建设资金使用等方面，代表建设单位实施监督。

工程监理人员认为工程施工不符合工程设计要求、施工技术标准和合同约定的，有权要求建筑施工企业改正。

工程监理人员发现工程设计不符合建筑工程质量标准或者合同约定的质量要求的，应当报告建设单位要求设计单位改正。

第三十三条 实施建筑工程监理前，建设单位应当将委托的工程监理单位、监理的内容及监理权限，书面通知被监理单位的建筑施工企业。

第三十六条 建筑工程安全生产管理必须坚持安全第一、预防为主的方针，建立健全安全生产的责任制度和群防群治制度。

第三十七条 建筑工程设计应当符合按照国家规定制定的建筑安全规程和技术规范，保证工程的安全性能。

第三十八条 建筑施工企业编制施工组织设计时，应当根据建筑工程的特点制定相应的安全技术措施；对专业性较强的工程项目，应当编制专项安全施工组织设计，并采取安全技术措施。

第三十九条 建筑施工企业应当在施工现场采取维护安全、防范危险、预防火灾等措施；有条件的，应当对施工现场实行封闭管理。

施工现场对毗邻的建筑物、构筑物和特殊作业环境可能造成损害的，建筑施工企业应当采取安全防护措施。

第四十条 建设单位应当向建筑施工企业提供与施工现场相关的地下管线资料，建筑施工企业应当采取措施加以保护。

第四十一条 建筑施工企业应当遵守有关环境保护和安全生产的法律、法规的规定，采取控制和处理施工现场的各种粉尘、废气、废水、固体废物以及噪声、振动对环境的污染和危害的措施。

第四十四条 建筑施工企业必须依法加强对建筑安全生产的管理，执行安全生产责任制度，采取有效措施，防止伤亡和其他安全生产事故的发生。

建筑施工企业的法定代表人对本企业的安全生产负责。

第四十五条 施工现场安全由建筑施工企业负责。实行施工总承包的，由总承包单位负责。分包单位向总承包单位负责，服从总承包单位对施工现场的安全生产管理。

第四十六条 建筑施工企业应当建立健全劳动安全生产教育培训制度，加强对职工安全生产的教育培训；未经安全生产教育培训的人员，不得上岗作业。

第四十七条 建筑施工企业和作业人员在施工过程中，应当遵守有关安全生产的法律、法规和建筑行业安全规章、规程，不得违章指挥或者违章作业。作业人员有权对影响人身健康的作业程序和作业条件提出改进意见，有权获得安全生产所需的防护用品。作业人员对危及生命安全和人身健康的行为有权提出批评、检举和控告。

第四十八条 建筑施工企业必须为从事危险作业的职工办理意外伤害保险，支付保险费。

第五十条 房屋拆除应当由具备保证安全条件的建筑施工单位承担，由建筑施工单位负责人对安全负责。

附件七　　　　　　　　　　　　　　　　　　　　编号：

西安市建设工程项目开工安全生产备案登记表

工程名称：（总承包部）

申报企业：（对外协调部）

建设单位：（对外协调部）

监理单位：（对外协调部）

联 系 人：　　　联系电话：

填报日期：　　　年　　月　　日

西安市建设工程质量安全监督站印制

工程地址	（总承包部提供）		工程面积	（总承包部提供）
结构·层数			工程造价	万元
开工日期			竣工日期	
企业名称			安全生产许可证号	
法人代表			企业性质	
企业地址			传真电话	
			电子邮箱	
工程承包			电话	
项目经理	（总承包部提供）		证书号	（总承包部提供）
联系方式	（总承包部提供）		电子邮箱	（总承包部提供）
项目安全负责人及安全员	（总承包部提供）		证书号	（总承包部提供）
施工组织设计（施工方案）编制与审核	编制人	（总承包部提供）	职称（职务）	（总承包部提供）
	审核人	（总承包部提供）	职称（职务）	（总承包部提供）
	审批人	（总承包部提供）	职称（职务）	（总承包部提供）
附：审核人、审批人授权书或文件、施工组织设计方案审批表（总承包部提供）				
针对工程特点拟采取的主要安全措施	包括打桩、基坑支护、土方开挖、支拆模板、高处作业、起重吊装、脚手架、临时施工用电、塔吊、物料提升、外用电梯等均需有相应的安全措施。 （附页详细说明） （总承包部提供）			
安全生产责任制建立情况	有（无）	（安全责任制由哪一级制定？哪一年起执行？）		
		（总承包部提供）		
企业质量安全管理分册情况	有（无）	上年审验结果		上年事故情况
		（总承包部提供）		（总承包部提供）
本工程使用外包工情况和采取的管理措施	（总承包部提供）			
本工程安全生产目标	（总承包部提供）			
本工程创建文明工地目标	（总承包部提供）			
施工企业自审意见	勘察设计单位意见	监理单位意见		建设单位意见
（总承包部） 年　月　日	（设计规划部） 年　月　日	（对外协调部） 年　月　日		（总承包部） 年　月　日
监督机构安全评价	本工程为开工前的安全生产评价结论 （合格、基本合格、不合格）			
	评语： （盖　章） 年　月　日			

注：1. 质量安全监督机构在接到备案登记表后，应在封面盖备案登记专用章。

2. 此表一式三份，盖章后有效。质安监督机构、施工单位、建设单位（监理单位）各执一份。

附件八

建筑工程施工许可证

申　请　表

编号

中华人民共和国住房和城乡建设部制

表一：

工程简要说明

建设单位名称		所有性质	
建设单位地址		电话	
法定代表人		建设单位项目负责人	
工程名称			
建设地点			
合同价格			
建设规模			
合同工期			
施工单位			
监理单位			
施工单位项目负责人		总监理工程师	
勘察单位			
设计单位			
勘察单位项目负责人		设计单位项目负责人	
申请单位： 　　　　　　　　　　　法定代表人（签章）　　　　　　单位（盖章） 　　　　　　　　　　　　　　　　　　　　　　　　年　月　日			

表二：

建设单位提供的文件或证明材料情况

用地批准手续	
建设用地规划许可证	
建设工程规划许可证	
施工现场是否具备施工条件	
中标通知书及施工合同	
施工图设计文件审查合格证明	
监理合同或建设单位工程技术人员情况	
质量、安全监督手续	
资金保函或证明	
无拖欠工程款情形的承诺书	
其他资料	
审查意见：	
（发证机关盖章）	
经办人： 审查人： 年 月 日	

注：此栏中应填写文件或证明材料的编号。没有编号的，应由经办人审查原件或资料是否完备。

附件九

施工许可证登记表

注意：表中各单位名称必须按合同填全称

建设单位			
工程名称		工程结构	
建设地址			
建设规模	m	合同价格	万元
勘察单位		勘察单位 项目负责人	
设计单位		设计单位 项目负责人	
施工单位		施工单位 项目负责人	
监理单位		总监理工程师	
合同工期			
建设单位联系人 联系电话			
施工现场状况			
施工许可证编号			

附件十

西安市人民政府办公厅关于加快
城建 PPP 项目建设的实施意见

市政办发〔2016〕88 号

各区、县人民政府，市人民政府各工作部门、各直属机构：

为进一步优化投资环境，加快推进城建 PPP 项目落地，按照"特事特办、部门受理、简化程序、并联审批、限时办结"的要求，结合我市实际，现就加快我市城建 PPP 项目建设提出如下实施意见：

一、适用范围

（一）本实施意见适用于西安市行政区划范围内，纳入西安市年度城建维护投资计划，以 PPP 方式实施的城建项目。其他项目可参照执行。

二、计划制定

（二）由市建委牵头负责，市财政局、市发改委配合，制定我市城建 PPP 项目计划，确定 PPP 项目及项目实施机构（负责 PPP 项目组织实施的单位）、前期责任单位（负责 PPP 项目方案设计、手续办理等前期工作的单位）、政府出资代表（PPP 项目公司中代表政府出资的单位），并纳入我市城建计划管理。

三、社会投资人确定

（三）可研报告审批。在项目计划下达后，由市规划局在 5 个工作日内出具规划初审意见，由市国土局在 5 个工作日内出具国土初审意见，由项目实施机构或前期责任单位在 35 个日历天内编制完成环评报告书并报市环保局审批，市环保局在 10 个工作日内出具审批意见；项目如需编制社会稳定风险评估报告、安全评价报告、节能评估报告等，由项目实施机构或前期责任单位在项目计划下达后 35 个日历天内完成。项目实施机构或前期责任单位与方案设计同步开展可研报告编制，在方案设计确定后 10 个工作日内完成；可研报告编制完成后，由项目实施机构或前期责任单位报市发改委，市发改委在 10 个工作日内完成审批，需提供的资料包括，相应资质单位编制的可研报告、环境影响报告审批文件、项目规划初审意见、项目土地初审意见，如项目需要，可提供稳评、安评、能评等其他资料。

（四）实施方案审批。由项目实施机构采购咨询单位，编制物有所值报告、财政承受能力评估报告和 PPP 项目实施方案（实施方案编制与方案设计同步开展，在方案设计确定后 10 个工作日内完成）。在实施方案初步确定、具备评估条件后，由市财政局在 5 个工作日内完成对物有所值报告、财政承受能力评估报告的审批，通过后，由项目实施机构将项目实施方案报市政府审批。

（五）确定社会投资人。项目实施机构依据市政府批准的实施方案，按有关规定在市建设招标平台或市财政采购平台，通过公开招标或竞争性磋商等方式，在 60 个日历天内，确定 PPP 项目社会投资人，签订协议；社会投资人在协议签订后 20 个工作日内，注册 PPP 项目公司并融资交割到位。政府出资代表在 60 个日历天内，招标确定 PPP 项目工程监理公司。

四、方案设计报审

（六）前期资料收集。市级各相关部门及管线单位，在项目计划下达后10个工作日内（供电部门15个工作日内），向项目实施机构或前期责任单位提供所需的总规、控规、管线实测、地形图、管线专项规划、水文气象等资料，提供资料应满足设计需要的格式。如有保密需要，可与实施机构或前期责任单位签订保密协议。资料收集如需经费，由政府出资代表承担。

（七）规划条件。由市规划局在城建计划下达后20个工作日内，向项目实施机构或前期责任单位出具PPP项目规划设计、必要的场地初勘等条件。

（八）方案设计编制。项目实施机构或前期责任单位可采用竞赛等方式确定设计单位，充分征求相关部门和区（县）、开发区意见，在项目计划下达后75个日历天内编制完成方案设计。

（九）方案审批。由项目实施机构或前期责任单位将方案设计报市建委，市建委在10个工作日内完成审查，需提供的资料包括，项目规划、初勘等条件及项目方案设计文件、项目实施机构或前期责任单位出具的项目初审意见。

（十）初步设计和施工图编制。由项目前期责任单位或PPP项目公司在55个日历天内，编制完成初步设计和施工图设计。

五、开工手续办理

项目实施机构负责协调前期手续的办理，政府出资代表负责办理所有行政审批手续。项目计划下达后5个工作日内，相关职能部门向项目实施机构确定一名处级干部作为联络人，涉及该部门的有关手续均由联络人负责协调办理。

（十一）规划审批。对审定的PPP项目方案设计图纸的审批盖章等相关规划审批手续办理，由市规划局在2个工作日内完成，需提供的资料包括，政府出资代表书面申请（许可的主体暂定为政府出资代表）、经市建委或市政府审定的方案设计。

（十二）建设工程质量和安全监督申报。由市建委在3个工作日内完成办理。需提供的资料包括：1. PPP项目公司或PPP项目社会投资人提交建设工程质量监督申报书（两份，原件），2. 勘察、设计、建设、施工、监理等五方项目负责人法人授权书和质量承诺书（一份，原件），3. 规划部门审核过的项目方案图（复印件），4. PPP协议和PPP项目社会投资人中标通知书（一份，复印件），5. 工程监理合同或中标通知书（一份，复印件），6. 施工图审查合格书或分阶段审查技术报告（一份，复印件），7. 安全生产备案登记表（一份，原件）。具备1、3、4、5、7项资料，可进行质量安全监督受理，并开展相关监督工作，待其余资料完善后对其进行建设工程质量和安全监督备案。

（十三）施工许可。由市建委在5个工作日内完成审批。需提供的资料包括：1. PPP项目公司或PPP社会投资人书面施工许可证申请表，2. 建设用地初审意见（复印件），3. 规划部门审核过的项目方案图（复印件），4. 环评报告（复印件），5. 满足施工需要的技术资料（经审批的设计图纸、施工组织设计），6. 中标通知书或中标文书证明（复印件），7. 工程监理合同或中标通知书（复印件），8. 质量安全监督受理，9. 施工企业资质证书（复印件）。可分段、分期核发《施工许可证》，或具备1、2、3、4、6、7、9项所涉及资料，及分段分期工程具备第5项资料，可采取施工许可备案形式，待其余资料完善后核发施工许可证。

（十四）挖掘、占用城市道路许可。项目涉及施工占道有关费用（道路占用费、路面修复费、质量保证金）免除，施工完成后由 PPP 项目公司负责，按不低于原标准对施工占道范围内道路及相关设施修复。对于新建道路等对城市交通影响较小的项目，挖掘、占用城市道路许可由市市政局在 10 个工作日内完成审批，需提供资料为下列第 1、2、3、4 项；对于改扩建等对城市交通有较大影响的项目，挖掘、占用城市道路许可由市市政局和市公安局交警支队联合，在 10 个工作日内完成审批，需提供资料为下列第 1、2、3、4、5 项；对于管线改迁项目，挖掘、占用城市道路许可由市市政局和市公安局交警支队联合在 10 个工作日内完成审批，需提供资料为下列第 1、4、5、6 项。

需提供资料列项：1. PPP 项目公司或 PPP 项目社会投资人书面申请表，2. 施工许可证或施工许可备案，3. 施工组织设计，4. 施工期间围挡方案，5. 施工期间交通组织方案及配套交通设施设置方案，6. 市规划局审核的迁改管线位置图。

（十五）绿化迁移审批许可。除重大的绿化迁移（合计超过 30 株或单株胸径超过 40 厘米的，不含未经统一规划建设、自由生长、价值不高的杂树或野生苗木）应报市政府审批外，其他由市城管局在 5 个工作日内完成审批；城市公共用地范围内绿化迁移，均由市城管局审批。

需提供的资料包括，PPP 项目公司或 PPP 项目社会投资人书面申请表、经市建委或市政府审定的方案设计、拟迁移城市树木平面位置示意图、拟迁移城市树木现状照片。

（十六）河道施工许可。项目涉及河道施工许可由市水务局在 5 个工作日内完成审批。需提供的资料包括，PPP 项目公司或 PPP 项目社会投资人填写的陕西省河道管理范围内建设项目申请书，经市建委或市政府审定的方案设计，建设项目涉及的河道与防洪部分的设计方案及技术资料（包括平面布置图、结构图，并能体现出与河道及现有防洪工程的关系）。对于跨河、穿河、跨堤、穿堤的桥梁、闸坝、管道等建设项目，需提供《防洪影响评价报告》。建设项目涉及其他部门、第三方利益时，应提供与对方的相关资料及其他必备资料、批文或协议。

六、征地拆迁及环境保障

（十七）城建 PPP 项目所在区（县）政府、开发区管委会，应指定一名副区（县）级领导及责任单位，专门负责土地征收及环境保障工作。

（十八）项目计划下达后 10 个工作日内，区（县）政府、开发区管委会按照计划要求，制定详细土地征收计划，明确责任，倒排工期，报项目实施机构。

（十九）城建 PPP 项目的土地征收，由市本级按照"一事一议"的原则确定土地征收的补助标准。

（二十）严厉打击聚众阻拦、强买强卖、强揽工程、强拉土方、强供机械材料等影响项目正常施工的行为，对工作落实不力的单位和个人按照《西安市影响投资环境行为处理办法》（市监函〔2016〕11 号）相关规定查处。

（二十一）城建 PPP 项目在冬季"禁土令"期间可继续进行土方作业。启动二级及以上重污染天气应急响应期间，除土方作业外，其他施工可不停工，相应的供料企业可不停产。有关噪声审批和土方清运管理参照《西安市人民政府关于印发抓项目促投资稳增长若干意见的通知》（市政发〔2016〕31 号）文件第十六条、十八条执行。

七、管线迁改

（二十二）由 PPP 项目公司或社会投资人与各管线单位对接，编制管线迁改工程方案设计。由市建委会同市规划局、市市政局及管线单位等共同审查，市规划局根据审查结果，在 2 个工作日内进行规划审批。

（二十三）项目涉及的管线迁改，各水、电、气、热、通信等管线单位应优先安排，管线改迁工程可列为应急工程。

八、奖惩考核

（二十四）将城建 PPP 项目建设纳入全市目标责任考核体系，由市建委负责，市考核办配合，加强管理，严格考核。

附件：西安市城建 PPP 项目前期工作流程图（此处略）

西安市人民政府办公厅

2016 年 11 月 14 日

第八章 管 线 改 迁

8.1 概述

管线改迁工作是地下综合管廊工程的关键工作。管廊工程建设前要对管廊实施范围内地下已有管线进行改迁施工，包括天然气、热力、电力、雨污水等众多管线。针对管廊线性工程特点，主抓重点区域的改迁进度，保证主要节点尽早开工对管廊建设整体进度至关重要。在改迁过程中需要对接的产权单位众多，改迁工程专业性强，改迁流程及手续各不相同，改迁工作任务多、难度大。

改迁主要包括两方面重要工作，首先就是报建审批的办理，其次就是现场施工。影响改迁进度较大的几个因素：前期资料的收集，改迁方案的审批，各产权单位交叉作业的安排和管理，水电接驳等。要注意为保证居民冬季供暖，北方地区热力改迁工作需在供暖季前一个月完成。

8.2 重要工作

（1）依据项目规划、摸排信息及管线资料情况，对接相关产权单位。

本项工作的插入时间越早越好，摸清改迁的可行性和初步的改迁方案，可以为管廊方案设计提供参考，方便后期管廊建设工作的开展。

（2）根据管廊建设需求，编制改迁方案、预算。

改迁方案可以由改迁单位自行编制或委托管廊设计院进行设计出图，根据改迁方案，由各改迁单位编制预算，上报 SPV 公司。

（3）向规划局办事大厅递交资料，报建完成。

各产权单位要在规划窗口进行报建工作，报建工作可以与预算编制工作同步进行。报建所需提供的资料需要提前准备妥当，提交资料后经过现场探勘定线方可进入规划审批程序。

（4）将方案、资料报市建委相关部门，经审批后实施。

改迁方案经过规划审批盖章完成后，与预算一起上报 SPV 公司。

8.3 改迁流程

8.3.1 热力管道改迁流程（见图 8-1）

其他注意事项：

1. 热力改迁若在供暖期内，则实施的可能性不大；

热力管道改迁流程表		
时间	流程	注意事项
	对接产权单位人员	热力公司生产运行部：工程概况，政府批文
项目部自行控制，确定迁改范围	踏勘现场	热力公司生产运行部
与上一步同步	报送企业资质项目审批资料	资料包括营业许可证、组织机构代码、税务登记证、法人委托书；项目审批资料该步骤可有第二步同步进行
时间5~7工作日	上报至热力公司总部、对接工作	过程中多沟通，催促对方尽快确定查勘时间
	报送管廊施工图	图纸必须是盖章蓝图，须提前沟通设计院出图
时间7~10工作日	热力公司根据管廊图纸编制管迁方案及管迁图纸（热力公司设计院设计）	编制过程中，与我项目部及时沟通
时间7~10工作日	管迁方案返回项目，无问题可报送规划局审批、定线，出具定线报告	规划局审批过程中，我项目部配合
时间10~15工作日	规划局审批完成后，将方案发送至项目	
时间不好提前确定	根据管迁方案，双方谈判合同、费用	
	热力公司所属施工单位施工（开挖、回填内容合同约定）	我项目办理挖掘占道手续，施工需在我方围挡范围内
	施工完成热力公司竣工验收	
	付清尾款，定期回访	

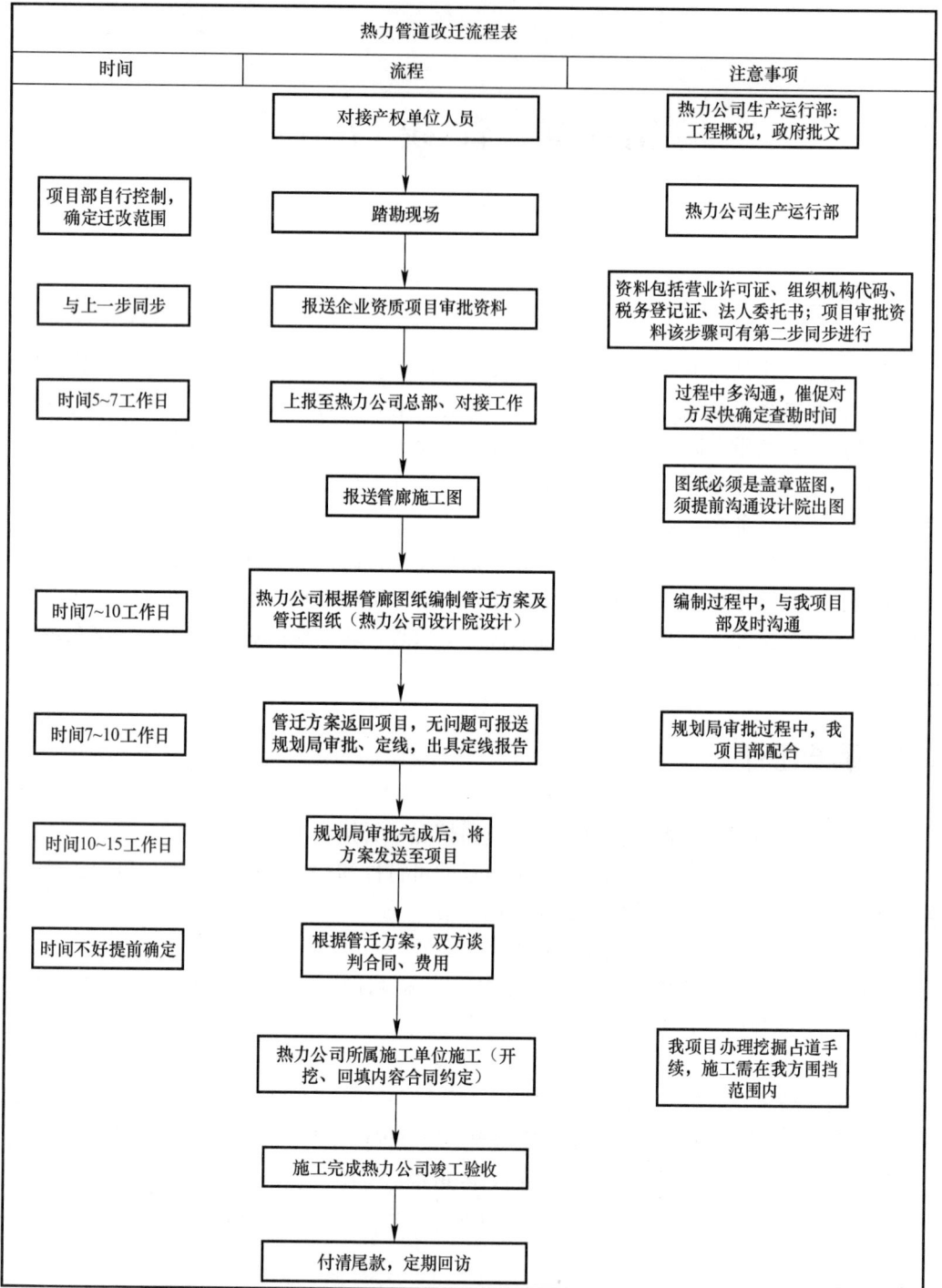

图 8-1 热力管道改迁流程

2. 若为工业用热，则需要和热力公司协调，提前对接用热单位。

8.3.2 天然气管道改迁流程（见图 8-2）

其他注意事项：

天然气管道改迁流程表

时间	流程	注意事项
说明工程概况	对接天然气产权单位	天然气产权单位负责人
总承包单位、产权单位、管廊工程设计院共同参加	踏勘现场，确定迁改范围	巡线员
过程中对迁改方案进行沟通	报送迁改资料至天然气产权单位	资料包括营业许可证、组织机构代码、税务登记证、法人委托书；项目审批资料，及管廊设计院出具的迁改方案，被委托代理人身份证及迁改申请表
时间5~7工作日	天然气规划技术部审核管迁方案，办理内部审批手续	规划部
	天然气产权单位依据迁改方案，自己设计院设计施工图纸	天然气施工图设计师
	天然气产权单位报预算、出设计图，同时签订改迁协议，并按合同要求付预付款	1.天然气产权单位维修部合同员 2.付款后天然气产权单位才会进场施工
	天然气产权单位指派项目经理进场，改迁队伍进场施工，天然气产权单位委托监理进行施工监理	天然气产权单位改迁项目经理
	现场施工，焊接探伤、打压、验收（内部程序）	
	碰口施工（维修部另外安排施工人员进行），需不停气封堵，需从外地过来封堵特种专业人员进行	1.维修部部长 2.碰口一般在夜间，需提前沟通好时间，安排好照明等
	天然气产权单位提供竣工资料，进行竣工验收，付清尾款	
	廉政回访	

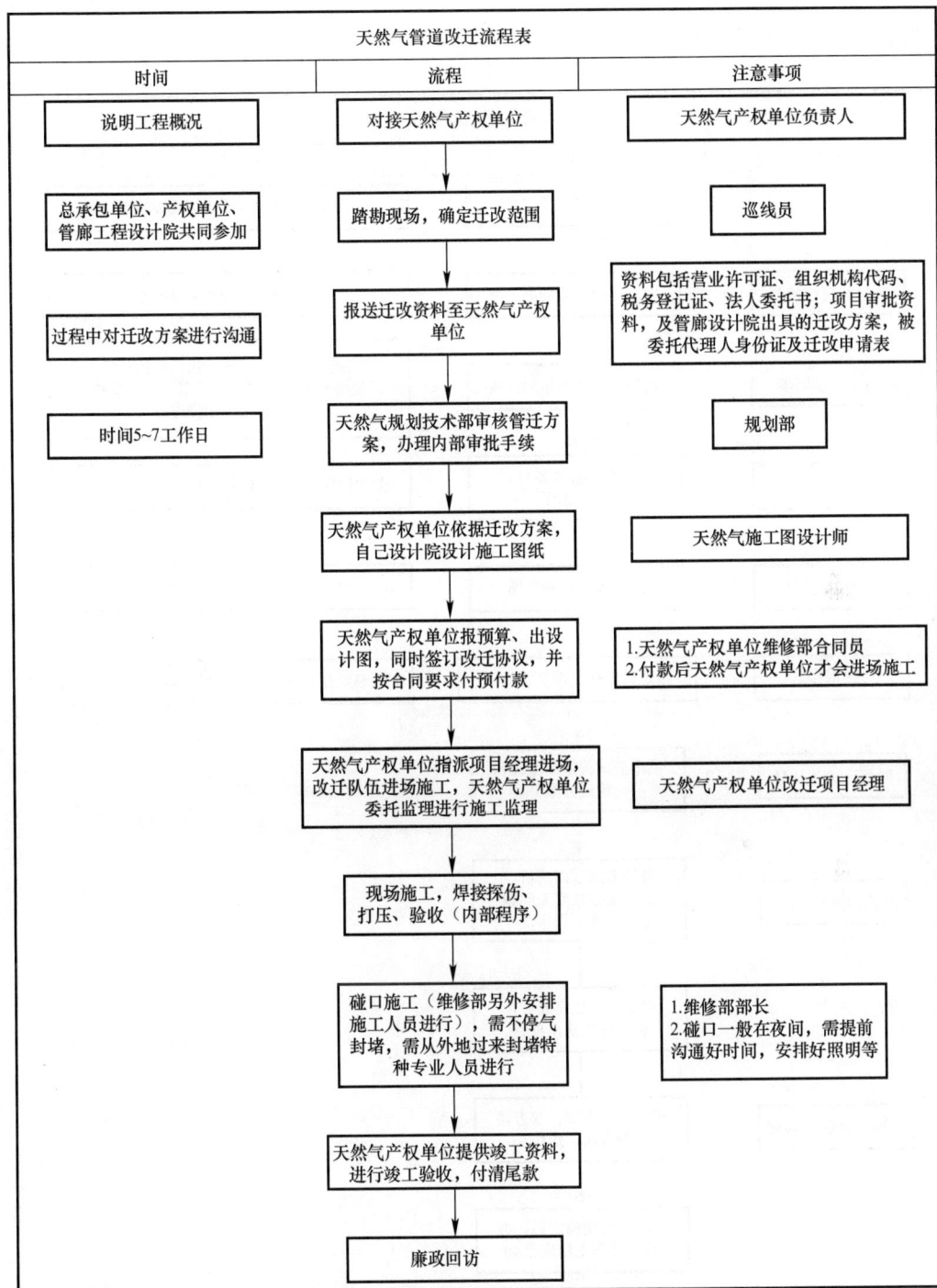

图 8-2　天然气管道改迁流程

1. 上述是临迁天然气管道程序；

2. 需实施单位办理挖掘占道手续，施工需在实施单位围挡范围内，验槽由规划局和天然气公司组织。

199

8.3.3　电力管线改迁流程（见图 8-3）

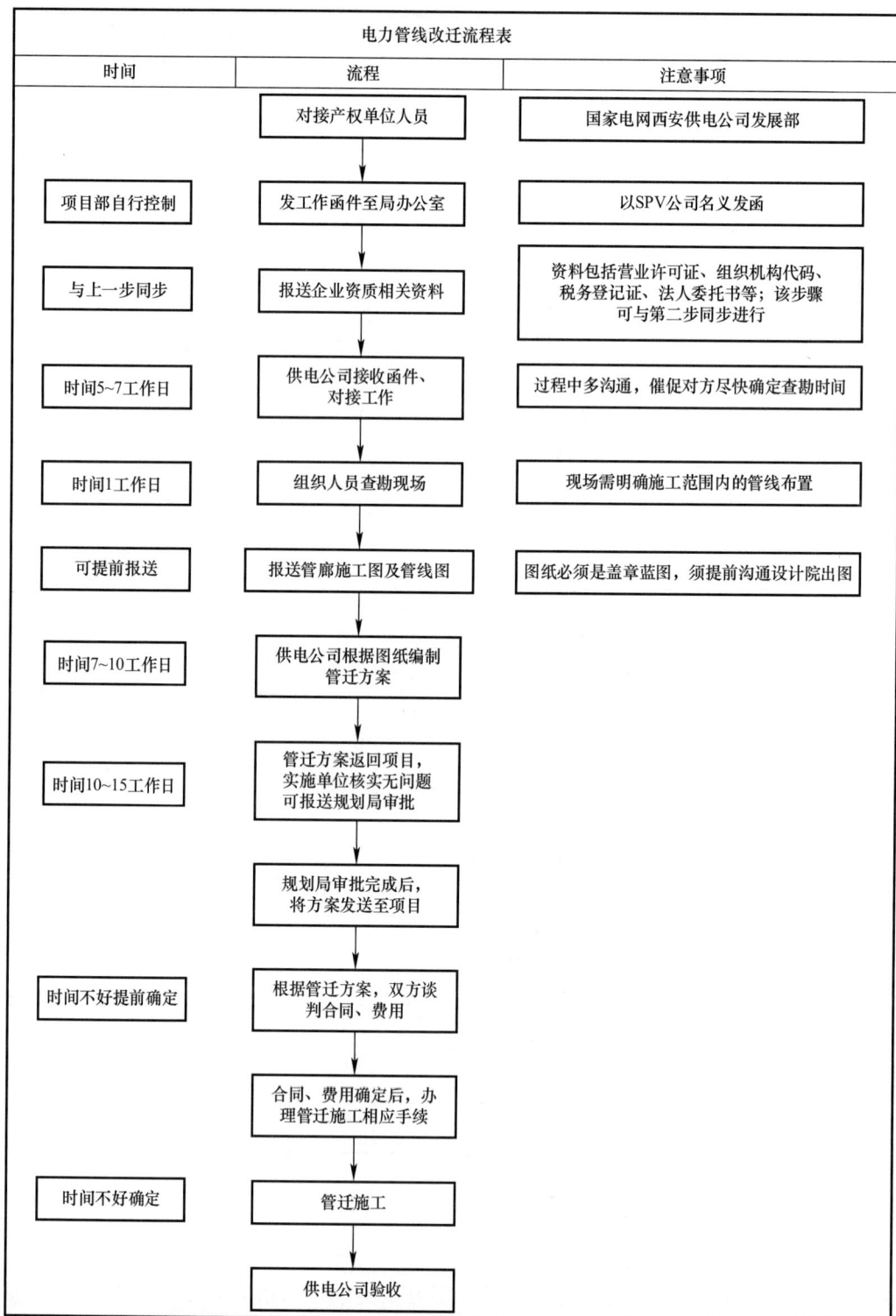

电力管线改迁流程表		
时间	流程	注意事项
	对接产权单位人员	国家电网西安供电公司发展部
项目部自行控制	发工作函件至局办公室	以SPV公司名义发函
与上一步同步	报送企业资质相关资料	资料包括营业许可证、组织机构代码、税务登记证、法人委托书等；该步骤可与第二步同步进行
时间5~7工作日	供电公司接收函件、对接工作	过程中多沟通，催促对方尽快确定查勘时间
时间1工作日	组织人员查勘现场	现场需明确施工范围内的管线布置
可提前报送	报送管廊施工图及管线图	图纸必须是盖章蓝图，须提前沟通设计院出图
时间7~10工作日	供电公司根据图纸编制管迁方案	
时间10~15工作日	管迁方案返回项目，实施单位核实无问题可报送规划局审批	
	规划局审批完成后，将方案发送至项目	
时间不好提前确定	根据管迁方案，双方谈判合同、费用	
	合同、费用确定后，办理管迁施工相应手续	
时间不好确定	管迁施工	
	供电公司验收	

图 8-3　电力管线改迁流程

8.3.4 自来水改迁流程（见图 8-4）

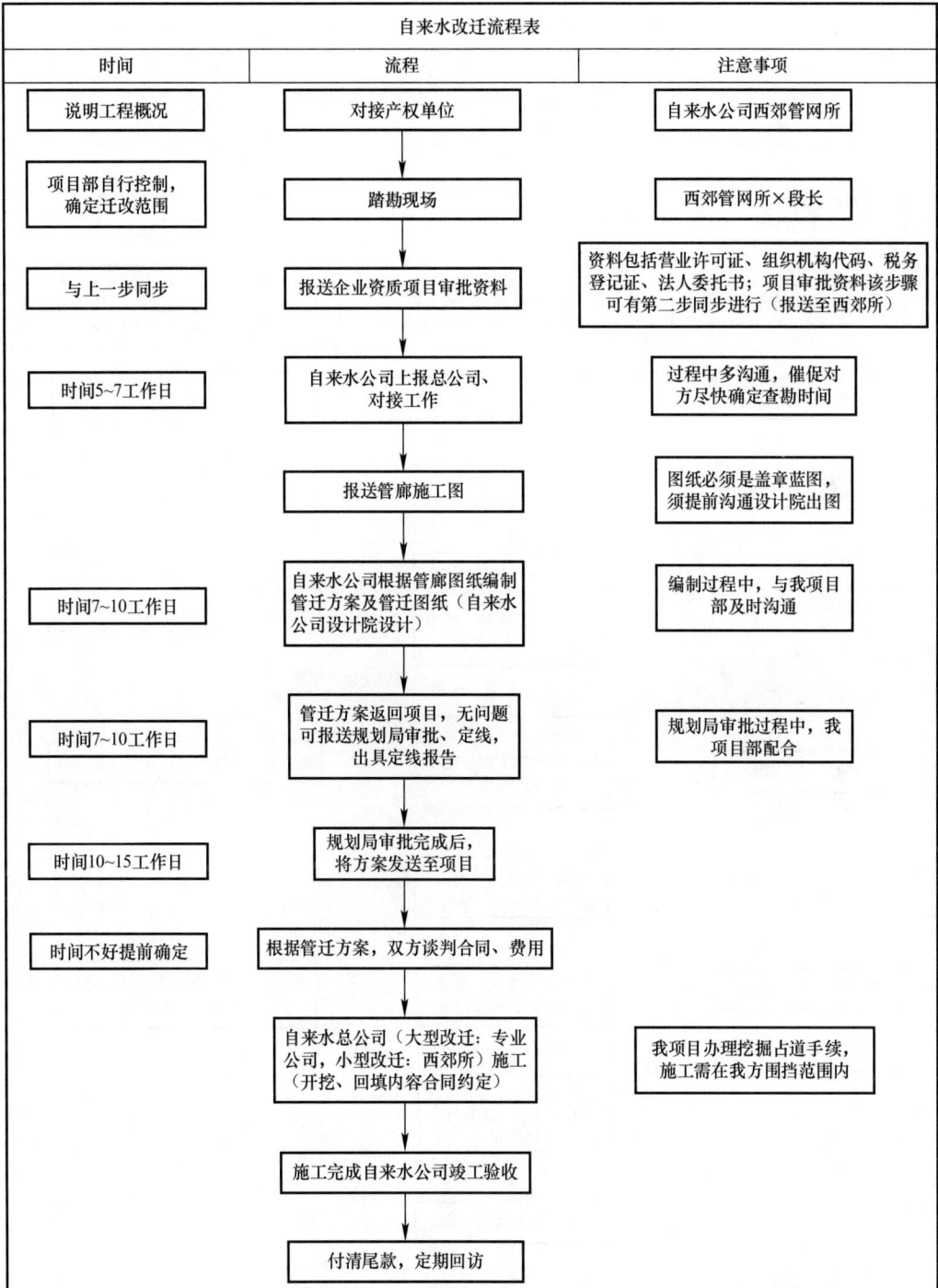

自来水改迁流程表		
时间	流程	注意事项
说明工程概况	对接产权单位	自来水公司西郊管网所
项目部自行控制，确定迁改范围	踏勘现场	西郊管网所×段长
与上一步同步	报送企业资质项目审批资料	资料包括营业许可证、组织机构代码、税务登记证、法人委托书；项目审批资料该步骤可有第二步同步进行（报送至西郊所）
时间5~7工作日	自来水公司上报总公司、对接工作	过程中多沟通，催促对方尽快确定查勘时间
	报送管廊施工图	图纸必须是盖章蓝图，须提前沟通设计院出图
时间7~10工作日	自来水公司根据管廊图纸编制管迁方案及管迁图纸（自来水公司设计院设计）	编制过程中，与我项目部及时沟通
时间7~10工作日	管迁方案返回项目，无问题可报送规划局审批、定线，出具定线报告	规划局审批过程中，我项目部配合
时间10~15工作日	规划局审批完成后，将方案发送至项目	
时间不好提前确定	根据管迁方案，双方谈判合同、费用	
	自来水总公司（大型改迁：专业公司，小型改迁：西郊所）施工（开挖、回填内容合同约定）	我项目办理挖掘占道手续，施工需在我方围挡范围内
	施工完成自来水公司竣工验收	
	付清尾款，定期回访	

图 8-4 自来水改迁流程

其他注意事项：
若不进行改迁，只进行加固，需和自来水公司共同见证。

8.3.5　中水改迁流程（见图 8-5）

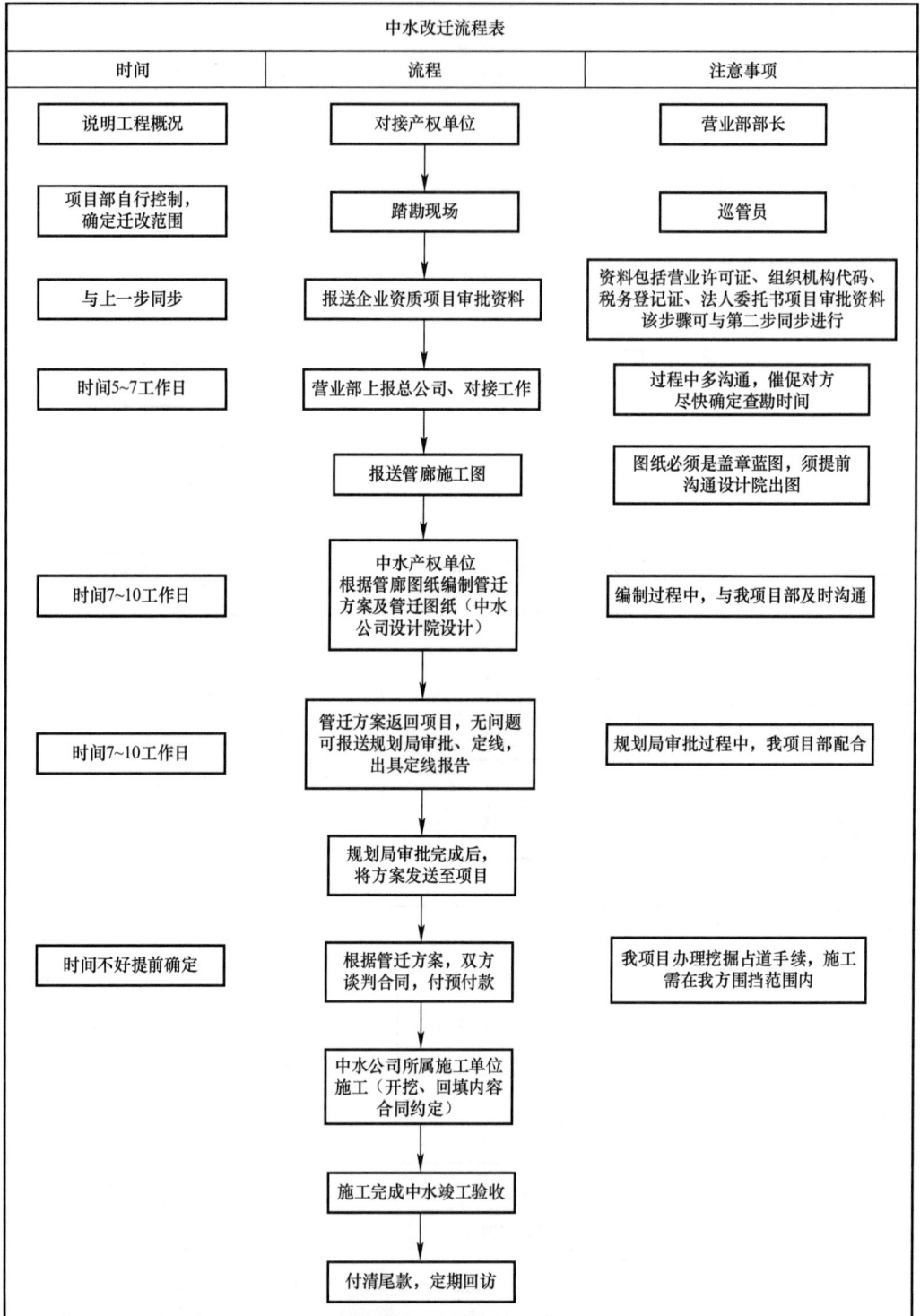

中水改迁流程表		
时间	流程	注意事项
说明工程概况	对接产权单位	营业部部长
项目部自行控制，确定迁改范围	踏勘现场	巡管员
与上一步同步	报送企业资质项目审批资料	资料包括营业许可证、组织机构代码、税务登记证、法人委托书项目审批资料该步骤可与第二步同步进行
时间5~7工作日	营业部上报总公司、对接工作	过程中多沟通，催促对方尽快确定查勘时间
	报送管廊施工图	图纸必须是盖章蓝图，须提前沟通设计院出图
时间7~10工作日	中水产权单位根据管廊图纸编制管迁方案及管迁图纸（中水公司设计院设计）	编制过程中，与我项目部及时沟通
时间7~10工作日	管迁方案返回项目，无问题可报送规划局审批、定线，出具定线报告	规划局审批过程中，我项目部配合
	规划局审批完成后，将方案发送至项目	
时间不好提前确定	根据管迁方案，双方谈判合同，付预付款	我项目办理挖掘占道手续，施工需在我围挡范围内
	中水公司所属施工单位施工（开挖、回填内容合同约定）	
	施工完成中水竣工验收	
	付清尾款，定期回访	

图 8-5　中水改迁流程

其他注意事项：

1. 方案编制审批阶段，加强与产权单位沟通，督促其尽快完成方案编制，上报审批；
2. 留存影像资料、产权单位协调会影像资料及签到记录、会议纪要；
3. 热力管道的改迁时限性（3.15-11.15），确定是蒸汽管道还是热水管道。

8.3.6　绿化改迁流程（见图 8-6）

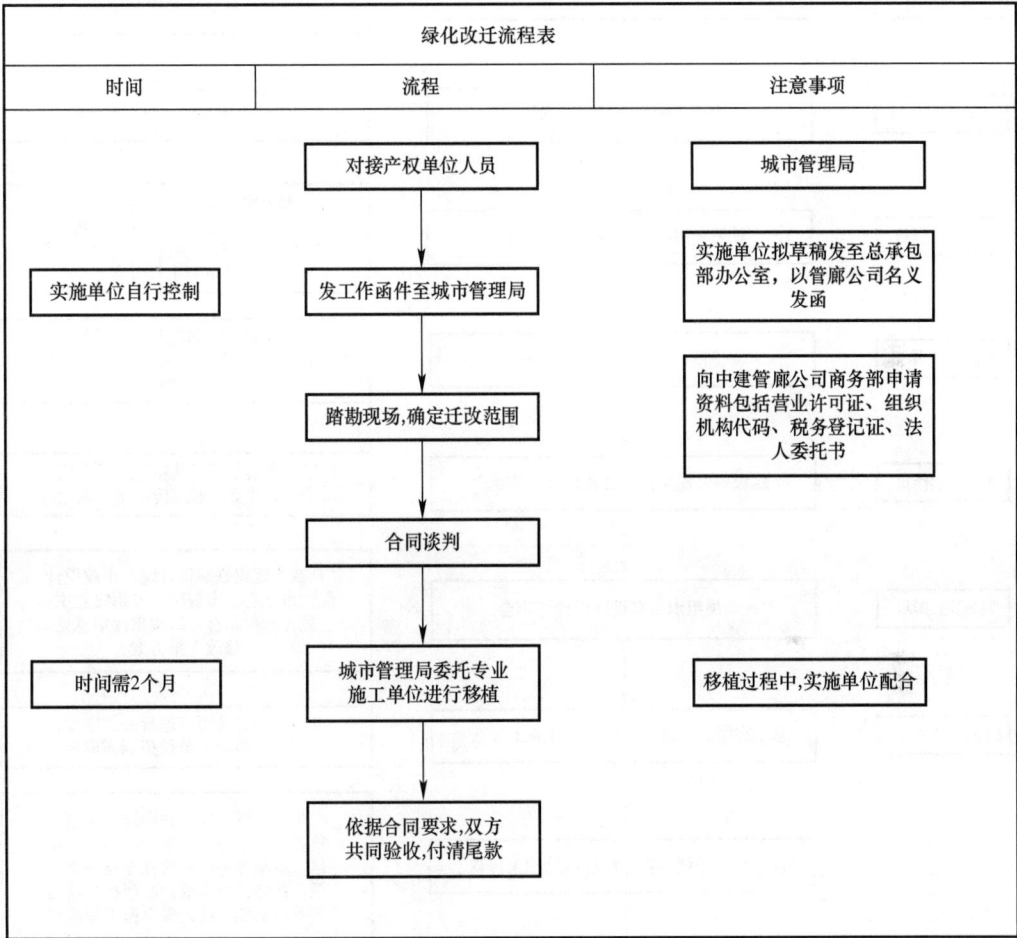

绿化改迁流程表		
时间	流程	注意事项
实施单位自行控制	对接产权单位人员	城市管理局
	发工作函件至城市管理局	实施单位拟草稿发至总承包部办公室，以管廊公司名义发函
	踏勘现场,确定迁改范围	向中建管廊公司商务部申请资料包括营业许可证、组织机构代码、税务登记证、法人委托书
	合同谈判	
时间需2个月	城市管理局委托专业施工单位进行移植	移植过程中,实施单位配合
	依据合同要求,双方共同验收,付清尾款	

图 8-6　绿化改迁流程

8.3.7　专用铁路线改迁流程（见图 8-7）

其他注意事项：

迁移前后留存影像资料；

地上部分迁改，应及时催促产权单位迁改。

铁路部分施工，设计专业复杂，牵扯部门多，手续繁琐。建议寻找和铁路局有着良好合作关系的单位，从设计开始介入，能够控制住设计和方案评审回复时间，另外在办理施工手续和验收，以及和铁路各部门配合时能够加快对接。

专用铁路线改迁流程表		
时间	流程	注意事项
	对接铁路部门（总工室）、铁路产权单位（若涉及）	需市政府指定铁路局对接人，召开一次协调会
时间项目部自行控制	建设单位申请函	同步招标铁路资质设计院，进行方案设计，联系铁路资质施工单位
时间10工作日	方案报审函、产权单位确认函	会同设计方案蓝图一起上报铁路局
时间5工作日	铁路局组织专家进行方案评审	1.我方组织铁路设计院、市政设计院、市建委、市管廊、专用线业主、施工单位参会。2.根据评审意见重新上报方案
时间10工作日	铁路局下达方案回复确认函	1.督促设计院尽快提交，和铁路局对接尽快回复。2.根据批函进行施工图设计
时间1工作日	建设单位提交设计文件以及报审函	1.根据方案估算尽快签订设计合同。2.设计文件会同业主确认函一起上报
时间5工作日	铁路局组织专家进行设计评审会	1.我方组织铁路设计院、市政设计院、市建委、市管廊、专用线业主、施工单位参会。2.根据评审意见修改上报方案
时间10工作日	总工室鉴总回函确定铁路设计施工方案	此回函决定是否可进行开工建设，同步铁路施工单位招标需确定
	铁路开工手续办理、产权单位相关协议	1.施工手续办理（铁路局总工室、机务段、工务段、安全、信号、通信、运输等部门）委托专业铁路单位，在协议中明确；2.产权单位需要签订赔偿协议，安全施工等协议
	线路施工	1.铁路线路架空还是断行根据施工周以及方案确定。正线一般无法断行。2.施工前一周，需专用线业主向铁路管理部门报备铁路施工计划，工务段进行配合
	竣工验收	手续复杂，建议由专业铁路施工单位办理，在合同中明确
	铁路恢复正常运行	

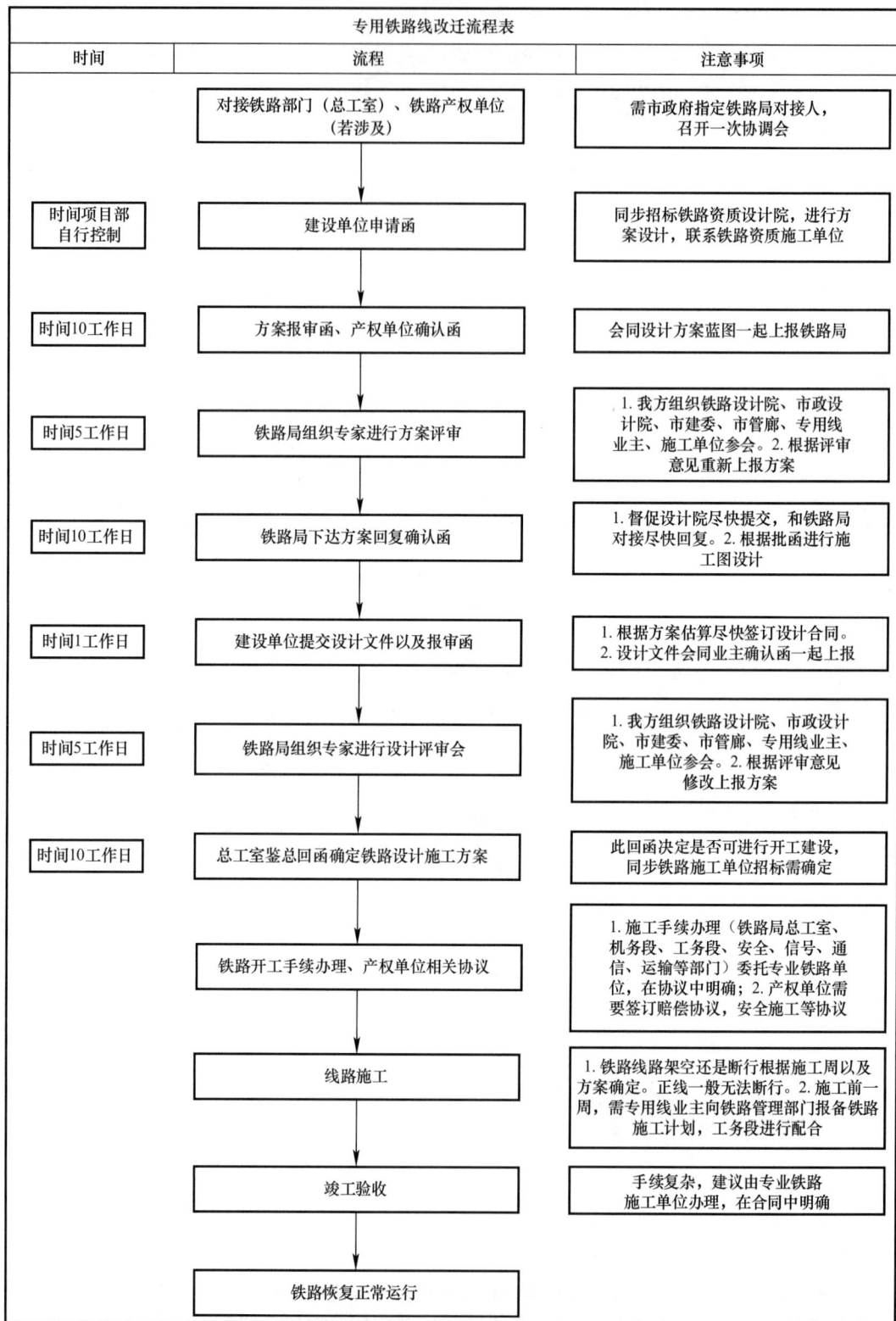

图 8-7　专用铁路线改迁流程

8.3.8　占道挖掘流程（见图 8-8）

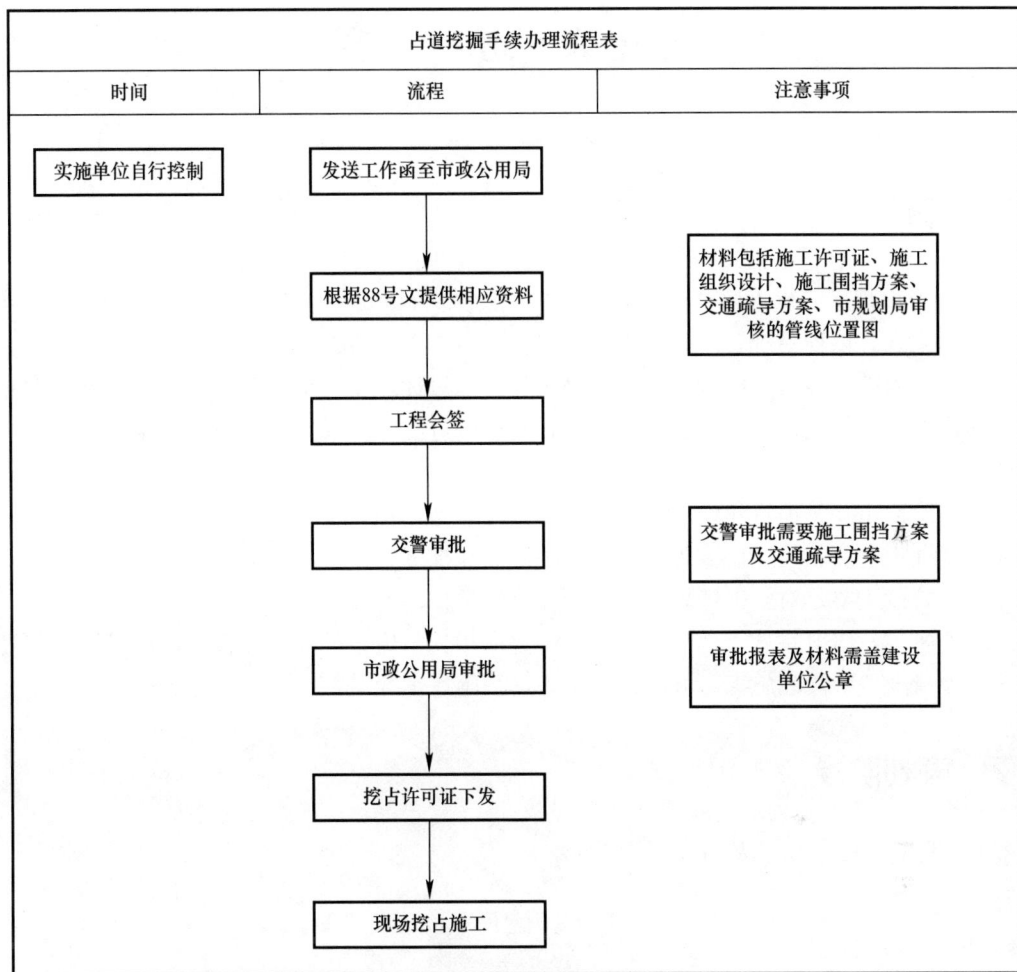

占道挖掘手续办理流程表		
时间	流程	注意事项

实施单位自行控制　　发送工作函至市政公用局

根据88号文提供相应资料　　材料包括施工许可证、施工组织设计、施工围挡方案、交通疏导方案、市规划局审核的管线位置图

工程会签

交警审批　　交警审批需要施工围挡方案及交通疏导方案

市政公用局审批　　审批报表及材料需盖建设单位公章

挖占许可证下发

现场挖占施工

图 8-8　占道挖掘流程

其他注意事项：

1. 施工围挡方案及交通疏导方案要符合现场实际；

2. 工程会签涉及部门较多，合理安排与各部门的对接时间；

3. 办理挖占手续前需要测绘院对管廊位置进行定线测量，形成定线报告。

第九章 进　　度

9.1　概述

PPP 项目越早的投入运营，才能越早为社会提供服务并获得收益。建设进度管理以实施阶段为主线，以项目准备阶段和施工阶段为重点，多方协作，统筹推进。

为了有效控制项目进度，首先要明确项目进度目标，每一个环节的偏差，都会导致项目整体进度受到影响；其次通过详细策划，对影响进度的因素进行分析，制定有效的预控措施。

准备阶段主要是项目建设进度准备工作统筹策划，包括交地进度、设计进度、招标进度、手续办理进度、改迁进度等重点工作的协调和推进。

施工阶段主要是对施工计划的管控和风险的预控。

综上所述，PPP 模式下的项目进度管理是一项内容庞杂的系统工程。本篇以进度管理策划、项目准备阶段和施工阶段的进度管理进行阐述。

9.2　策划阶段

9.2.1　进度管理组织机构（见图 9-1）

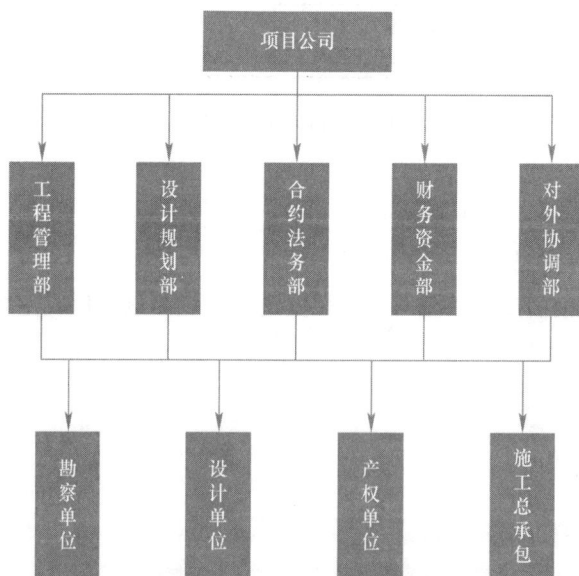

图 9-1　项目进度管理组织机构图

9.2.2　进度目标管理策划

9.2.2.1　进度目标策划分类

工程进度目标管理策划主要包括：交地进度目标策划、勘察进度目标策划、设计进度目标策划、施工进度目标策划、工程进度相关配套管理目标策划、关键节点验收目标策划、竣工验收目标策划。其中工程进度相关管理目标策划主要包括：监理单位招标进场策划、检测单位招标策划、第三方基坑监测招标策划、第三方测量、规划定线、验线等单位招标策划。

9.2.2.2　进度目标的设立

1. 交地进度目标设立

（1）设立依据：政府实施机构下达的建设计划。

（2）摸排工作涉及单位：政府实施机构、SPV公司、施工总承包单位、各区（县）开发区、建设局、市政公用局、地铁办、街办、村委会等单位。

（3）目标设立：由政府实施机构根据年度任务调研报告，组织各开发区、管委会等属地政府制定交地计划，由SPV公司牵头组织、施工总承包单位配合做好对接协调工作。

2. 勘察进度目标设立

（1）设立依据：根据设计进度制定勘察进度目标。

（2）涉及单位：SPV公司、施工总承包单位、勘察单位、设计单位、属地管理部门。

（3）勘察计划任务：根据工程整体进度目标，由SPV公司牵头，施工总承包单位、设计单位协助勘察单位进行目标设立。

3. 设计进度目标设立

（1）设立依据：根据施工进度目标制定设计进度目标。

（2）涉及单位：建委、政府出资方代表、市规划局、SPV公司、施工总承包单位、设计单位、勘察单位。

（3）设计计划任务：根据施工进度目标、勘察进度目标，编制设计进度目标，由SPV公司牵头组织设计单位进行目标初步细化。

4. 施工进度目标设立

（1）设立依据：政府实施机构下达的建设计划。

（2）涉及单位：建委、SPV公司、施工总承包单位。

（3）设立流程：由SPV公司牵头组织施工总承包单位进行目标设立。

5. 相关配套计划目标确定

监理进场计划，检测、试验、测量等单位进场计划由SPV公司根据施工进度目标组织进场。

9.2.3　进度影响因素识别和应对

9.2.3.1　进度影响因素识别

建立识别小组，小组成员由SPV公司相关部门及施工总承包单位组成。

各部门进行识别任务分配，按照任务分配进行现场踏勘，内部讨论，形成一般因素清单和关键因素清单。

9.2.3.2 进度影响因素的应对原则

（1）方案设计：SPV 公司相关部门充分梳理前期设计资料，紧密结合场地移交进展情况，统一组织设计单位、勘察单位、施工总承包单位快速进行准备和收集资料工作，以便为设计师提供设计依据。

（2）手续办理：SPV 公司提前梳理手续办理流程和可能遇到的各项问题，做到提前预估、提前交底、提前做好预防措施。

（3）交地：SPV 公司统一组织勘察单位、设计单位、施工总承包单位进行全线摸排工作，深入了解各路段地上所涉及的区（县）、开发区、街办、村委会、产权单位及相关交叉施工单位情况；做到处处场地情况清楚、掌握各方需求、了解各方关系、以经济合理为原则制定具体办法。

（4）改迁：SPV 公司统一组织勘察单位、设计单位、施工单位进行全线摸排工作，深入了解各路段地下管线所涉及的区（县）、开发区、街道办、村委会、产权单位及相关交叉施工总承包单位情况；掌握管线改迁性质，以经济合理改迁、规范迁改为原则制定具体措施。

（5）施工进度：由施工总承包单位统筹管理现场施工进度，以工程总承包高度与勘察、设计建立紧密沟通渠道，建立良好、互信的沟通环境。及时发现和反馈现场可能影响进度的不利因素；要高度重视质量、安全、环境、职业健康等可能引起大面积停工事件，做好预防和应急措施。

9.3 准备阶段

在 PPP 模式下的项目建设中，项目建设前期需完成大量的准备工作，包括项目成立后与政府相关职能部门的对接、施工方案与设计图纸的确定，项目开工建设手续的办理，与政府及相关单位场地的移交，地下既有管线的改迁等。这些工作的进度将直接影响项目开工建设的时间，因此，准备阶段的各项工作进度管理也是项目整体进度管控中的一项重要工作。

9.3.1 对接政府职能部门

PPP 模式下的综合管廊建设，就是充分发挥社会资本方和政府部门的最大优势，统一调配资源，在政策法规允许范围内为项目建设提供保障。因此，SPV 公司要全面了解政府职能部门的职责、办事流程，保持紧密沟通，提高效率，确保高效履约。

9.3.1.1 需要对接的职能部门

以西安市综合管廊 PPP 项目 I 标段某路段为例，需对接主要部门如下：

（1）市建委各处室：综建办、计划投资处、综合协调处、建筑业管理处、质监站；

（2）各区县政府、管委会、街道办事处、社区、村委会；

（3）市政公用局、市地铁办、市水务局、市治污减霾办、公安局派出所；

（4）交警、城管、环保、园林、渣土办、城投。

9.3.1.2 需要深刻理解的文件

（1）PPP 特许经营协议

（2）政府支持文件

（3）政府地下综合管廊开工建设任务

（4）政府执行计划

按照政府实施机构下达给 SPV 公司的年度执行计划，SPV 公司相关部门根据执行计划陆续开展设计、商务、摸排、对接等工作。

（5）会议纪要

由政府主管部门为解决涉及多个部门之间的问题而召开的会议，会议形成决议并以会议纪要形式下发，作为执行的依据。

由政府实施机构组织 SPV 公司召开每周管廊建设会议，针对存在的问题提出相关要求，形成纪要下发执行。

由 SPV 公司组织外部产权单位解决问题召开的会议，达成一致意见形成的纪要，此类纪要存档留存，作为后期工作推动的依据。

（6）往来函件

由 SPV 公司统一进行收发文管理，对于收发文做好档案留底；对外交流、协调、申请等事宜需正式发文对接。

9.3.1.3 实施案例

西安市地下综合管廊建设 PPP 项目 I 标段某路段管廊，单层三仓结构，位于西安市某区内，根据西安市建委下达的 2017 年城建计划要求，需完成 2km 建设任务。要完成这一目标，需要取得相关政府部门的支持来保障项目建设进度。

某项目于 2016 年 12 月 15 日取得市规划局规划许可和建委的行政批复，并在此基础上进行项目建设方案设计，经专家评审等各项程序后，由政府实施机构审核项目投资估算额，专家评审后进行方案批复。与此同时项目各项程序招标完成，在质量安全监督管理站（简称质监站）进行项目安全质量监督登记备案，并办理监督手续。开工前由质监站进行相应的交底工作，项目进入正常监督程序。

项目进场前，调研了项目所在地街道办、社区，实地查看了解到管廊项目建设用地范围内存在着某工地的临建房、遗留建筑垃圾、村内白灰厂、部分树木等。根据市政府统一部署，第一时间对接某项目所在地某区建设局，就目前建设场地进行协调沟通，了解项目建设用地范围内土地相关情况，快速建立了工作联络机制，并在属地建设局的推动下，某工地的临建、建筑垃圾在一周内清理完毕，项目开始进场实施。

项目有部分需穿越现状道路，因此要在市政和交警部门办理施工挖掘占道手续。经过核定和测算，需进行土方外运，并且要在属地城管局进行申请，上报西安市城市管理局进行外运以及弃土场审批；市交警支队对运输路线以及车辆进行审批，经沿线属地城管交警部门核查备案，最后核发准运证。

9.3.2 勘察、设计进度管控

PPP 模式下的工程建设对勘察、设计进度的管控主要包括：改迁方案进度控制，勘察进度控制，设计进度控制，跟踪审批流程。设计阶段施工总承包单位应主动协作，为勘察、设计单位提供及时、有效、完整的信息。安排专人跟踪政府审批，避免流程耗时较长对总进度造成影响。

9.3.2.1　改迁方案进度控制重点事项

（1）SPV 公司、施工总承包单位配合设计单位完成管迁初步方案。

（2）施工总承包单位根据规划条件、管迁初步方案在拟建场地再次进行详细物探摸排，同步根据管廊设计方案提出合理化管线迁改建议。

（3）SPV 公司协调产权单位，根据现场管网布置，征询产权单位的迁改意见，设计单位配合确定管线拟迁改方案。

（4）迁改方案完成后，根据管廊方案评审意见和管线迁改方案，设计单位完成施工图设计。

（5）与地铁、高架等其他建设工程有同步交叉施工时，在设计方案完成后，技术评审前，需由有关单位进行图纸会签。

9.3.2.2　设计方案进度控制重点事项

（1）前期资料收集：建立资料收集小组，专项对接各专业单位，认真核对前期资料收集准确性。

（2）初步设计方案：涉及各专业，提前完成各专业会审方案。

（3）初步方案由施工总承包单位现场核实，形成详细摸排报告，将现场问题汇总反馈至设计单位。

（4）施工总承包单位重新摸排同时，初步方案应经过内审、技术评审、行政评审后方可开始施工图设计。

（5）设计单位建立专人负责制，根据现场摸排反馈情况，根据施工进度需求，分段开始施工图设计。

（6）施工图设计需要结合各专业交叉施工单位图纸，核准相应标高、位置等技术要求，避免交叉碰撞相互影响。

（7）以上事宜应每一事项专人负责跟踪及时反馈至相关部门。

9.3.2.3　勘察进度控制重点事项

（1）初步设计方案出来后，应及时交付勘察单位，勘察单位根据初步位置进行勘察工作准备工作。

（2）勘察进场前应提前与施工总承包单位取得联系，相互协作，及时进场进行勘探作业。

（3）勘察单位应建立专人负责制，遇到问题及时与 SPV 公司及施工总承包单位沟通。

（4）勘察外业完成后，及时出具内业成果，交付 SPV 公司，由 SPV 公司及时提供给设计单位。由设计单位核实并根据勘察意见修改设计方案。

案例：西安市某地下综合管廊施工与高架、地铁、河道、铁路专用线、规划道路均存在交叉施工。

前期方案设计阶段，在市建委计划处的组织下，与各个单位进行了充分的沟通和对接，统一安排和部署了某管廊沿线的管线迁改方案，通过了管廊设计方案。施工图设计阶段，与各个单位分别进行了图纸会审。与沿线七个地铁通道存在交叉，经市长专题会议决定由管廊部分实施与管廊交叉部分的地铁通道，做好预留交接工作。经与地铁公司沟通，地铁设计单位与管廊设计单位对接，会审完成地铁通道图纸，方可实施管廊建设。实施过程中双方进行交叉验收，现场确认后完成。

高架桥在管廊设计阶段避开高架桩基础位置，进行管廊设计。管廊实施过程中会签高架桥图纸，要求高架桥实施单位提供相应的施工保护方案经管廊建设方审查后再行会签。

管廊下穿某铁路专用线部分，先行联系产权单位，并经建委组织与铁路部门沟通后进行正式对接。同步委托铁路设计单位进行相应设计，由 SPV 公司发函和专用线业主单位确认，方案经专家评审后，铁路局复函同意方案后进行施工图设计。施工图设计经铁路专家评审后，铁路局下发正式批复，完善相应手续后进行施工组织。竣工后向铁路局发出竣工申请，并经铁路局组织相关处室进行现场验收后下达验收纪要。

综合管廊与皂河口进行施工时，对接河道管理中心，经水利设计院专家设计的方案经水务局组织专家评审后，可进行施工图设计，完成后经水务局组织专家评审通过后，水务局下达正式批复，完善相应手续后进行施工。

综合管廊交叉作业多，各专业施工复杂，每一个都是影响工程建设的关键节点，因此提前做好详细的摸排调查、方案策划、对接和准备工作，才能确保工程按期完成。

现场开挖前要做好施工前的准备计划、方案论证、改迁计划，和道路同步施工的管廊需要做好和道路单位场地对接的事宜。

9.3.3　场地移交

PPP 项目建设场地移交进度是影响工程进度的重要因素之一，可能存在拆迁计划滞后，场地无法移交的情况，后期管线改迁、场地部署将无法进行，对施工总工期造成直接影响。

按照政府交地计划跟踪建设区内的房屋征拆计划，摸排拆迁区域周边环境，配合政府推动征拆及场地移交是管廊建设的一项重要工作。

9.3.3.1　政府相关要求

例如：西安市政府关于场地移交的相关要求，依据建设计划，城建 PPP 项目所在区（县）政府、开发区管委会，应指定一名副区（县）级领导及责任单位，专门负责土地征收及环境保障工作。

项目计划下达后 10 个工作日内，区（县）政府、开发区管委会按照计划要求，制定详细土地征收计划，明确责任，倒排工期，报项目实施机构。

城建 PPP 项目的土地征收，由市本级按照"一事一议"的原则确定土地征收的补助标准。

严厉打击聚众阻拦、强买强卖、强揽工程、强拉土方、强供机械材料等影响项目正常施工的行为，对工作落实不力的单位和个人按照《西安市影响投资环境行为处理办法》（市监函〔2016〕11 号）相关规定查处。

9.3.3.2　项目建设用地情况摸排

（1）场地性质

施工前项目进行场地摸排，形成摸排报告，对涉及产权单位、用地性质、主要地表附着物、地下障碍物、征地补偿等情况进行分析。建立表9-1。

管廊施工障碍物统计表　　　　　　　　　　　　　　　　　　　　表 9-1

名称	照片	数量	产权单位/个人	影响内容
……	……			
……				

（2）产权归属

摸排调查施工涉及的产权单位及主责部门，如各区县管委会及所管辖街道办事处、建设局、交通局、拆迁办、公用局、配套中心、城改办等，建立对接沟通机制。形成表9-2。

管廊施工拆改产权责任汇总表　　　　　　　　　　　　　　　　　表 9-2

名称	照片	影响内容	产权单位/个人	主责部门	政府拆改计划	建议拆改时间
……	……					
……						

9.3.3.3　对接部门推进办法

交地计划无法满足进度要求时，需采取措施推进：

（1）依据建设计划（政府文件）阐述管廊的建设意义及任务的重要性，引起各相关单位的足够重视。

（2）根据建设任务合理编制管廊建设交地计划，并制定相应的纠偏、抢工措施。

（3）主动参与涉及产权单位的协调工作，配合当地政府推进拆改工作。

（4）了解产权单位的需求、困难，在经济、合理的原则下从设计、施工工序等方面进行优化。

（5）召集各产权单位与主管部门召开推进协调会。

（6）由当地城建局主导成立管廊施工联合推进小组，涵盖政府职责部门、各产权单位、建设、设计、施工方，做到一个主导、多家联合互动的工作模式。

（7）交地前渣土外运手续办理，应在交地前对接当地城市管理执法部门办理渣土外运手续，一旦移交场地，确保渣土、建筑垃圾顺利外运。

（8）若场地移交进度缓慢，应提前协调进行地质勘探工作，以确保设计工作的有据可依。

9.3.3.4　场地移交实例

为了攻坚克难，服务保障项目建设，西安综合管廊某路段项目部成立伊始，就组建了以项目书记为组长的拆改协调工作组，并在项目全员的齐心通力配合下，开展了卓有成效的拆改协调工作。以下为西安综合管廊某项目拆改协调实例。

（1）某路综合管廊自进场后，经过对现场摸排情况的分析，建议将全段按照地属情况及地表障碍物分布情况划分为五段同步进行。

（2）积极与属地拆迁部门对接沿线拆迁交地的推进状况，及时向政府建设主管部门汇报，争取尽快打开场地移交的局面，在多方沟通后取得第一段 300m 场地的顺利进场。

（3）针对管廊建设范围内临建某大学 200m 段存在现状管线，SPV 公司组织项目与学校之间多次召开对接会，在尽量满足学校要求的情况下尽快达成交地及进场协议，在现状管线改迁上协调设计单位进行配合出图，使施工方案及管迁造价有理有据。经过一系列努力取得阶段性成果：本段 200m 场地顺利移交至施工单位。

（4）在项目确定办公及生活区布置方案后，与属地拆迁部门对接，将红线外的储备用地协调为项目整体办公及生活区场地。取得本段 100m 场地在项目建设期间的使用权限。

（5）涉河道段管廊拟采用矩形顶管法进行施工，项目部组织对市场上的分包资源进行摸底，参观类似施工现场。督促设计单位确定河道顶管段设计方案，并通过河道管理部门专家审查会，取得涉河段施工政府批复，此段 70m 场地具备实施条件。

（6）管廊与道路施工前期在沿线地表覆土清运、交叉施工存在较大分歧，道路施工单位在中间已开始实施。经多方沟通，最终在政府建设主管部门的协调下，确定了施工双方垃圾清运的界限并明确了交叉施工顺序以及场地移交条件，为管廊施工扫清了障碍，顺利取得此段 500m 场地的进场施工。

9.4　施工阶段

9.4.1　进度控制系统的建立

项目开工后由施工总承包单位按照建设单位指定的进度目标编制详细的进度计划并组建项目部。

由项目经理组织建立进度控制系统，作为项目进度控制的依据（见表 9-3）。

本项目的进度控制系统按照编制深度不同分类　　　　　　表 9-3

序号	进度计划分类	作用	编制时间要求
1	施工总进度规划	规划性	初步设计阶段
2	施工总进度计划	控制性	施工图下发 10 日内
3	施工年进度计划	控制性	每年 12 月 25-30 日
4	施工月进度计划	实施性	每月末 20-25 日
5	施工周进度计划	实施性	每周日

9.4.2　进度计划编制标准的建立

本项目是通过已开十余个项目调研、收集资料、统计分析后，综合各单位意见总结建立了工期标准，同时发布了《工期模块化管理实施指南》，以便于 PPP 项目工期标准化、模块化管理（见图 9-2）。

在制定标准的同时应以不同环境、不同施工方法分类，以支护为案例介绍如表 9-4 所示。

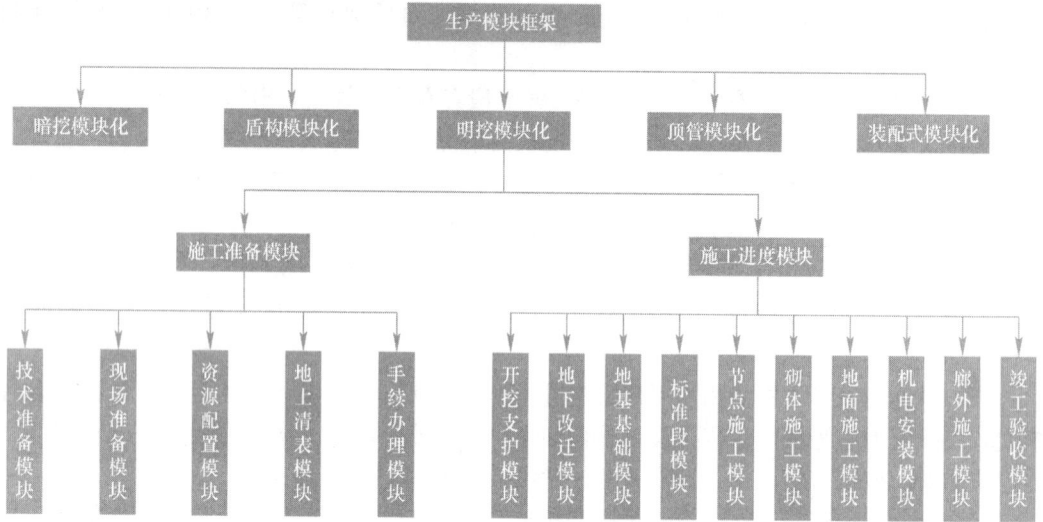

图 9-2　模块化管理结构图

支护类别划分标准　　　　　　　　　　　　　　　　　　　　　　　表 9-4

	坡率法	土钉墙	混凝土桩支护	钢板桩＋支撑	微型桩
小于 5m	支Ⅰ-1	支Ⅰ-2	支Ⅰ-3	支Ⅰ-4	支Ⅰ-5
介于 5m 到 10m	支Ⅱ-1	支Ⅱ-2	支Ⅱ-3	支Ⅱ-4	支Ⅱ-5
大于 10m	支Ⅲ-1	支Ⅲ-2	支Ⅲ-3	支Ⅲ-4	支Ⅲ-5

以支护施工方法和基坑深度对其进行分类组合编码，然后通过与土方开挖形式组合统一工期，如图 9-3 所示。

类别	支Ⅰ-1	支Ⅰ-2	支Ⅰ-3	支Ⅰ-4	支Ⅰ-5	支Ⅱ-1	支Ⅱ-2	支Ⅱ-3	支Ⅱ-4	支Ⅱ-5	支Ⅲ-1	支Ⅲ-2	支Ⅲ-3	支Ⅲ-4	支Ⅲ-5
挖Ⅰ-1	1	2	5	2	4	/	/	/	/	/	/	/	/	/	/
挖Ⅰ-2	3	5	7	5	6	/	/	/	/	/	/	/	/	/	/
挖Ⅰ-3	6	6	8	6	7	/	/	/	/	/	/	/	/	/	/
挖Ⅰ-4	1	2	4	2	3	/	/	/	/	/	/	/	/	/	/
挖Ⅱ-1	/	/	/	/	/	2	4	7	4	6	/	/	/	/	/
挖Ⅱ-2	/	/	/	/	/	4	6	8	6	7	/	/	/	/	/
挖Ⅱ-3	/	/	/	/	/	8	9	12	9	10	/	/	/	/	/
挖Ⅱ-4	/	/	/	/	/	2	4	6	4	5	/	/	/	/	/
挖Ⅲ-1	/	/	/	/	/	/	/	/	/	/	3	6	8	6	8
挖Ⅲ-2	/	/	/	/	/	/	/	/	/	/	6	8	10	8	10
挖Ⅲ-3	/	/	/	/	/	/	/	/	/	/	10	12	15	12	13
挖Ⅲ-4	/	/	/	/	/	/	/	/	/	/	3	5	7	5	6
说明：以60m为标准段,处于郊区荒地地区以此表为准,处于市区街道增加1天,地下管线复杂增加2天,遇见2m以上砂层每增加一层增加1天,若为砂层,需附详勘文件															

图 9-3　开挖支护工期标准

这样可以减少不同类型项目、不同施工段的不均衡现象发生。

根据不同项目可采用网络图、横道图、工作时间表等方式，本项目以 EXCEL 表格形式建立了统一格式，如图 9-4 所示。

编制人	总工/生产经理	审核人	项目经理	年月	2017年																																				2018年		
编制日期	×年×月×日	承包审批人	分部经理	月份	1			2			3			4			5			6			7			8			9			10			11			12			1		
施工区	施工段	长度(m)	施工过程	天数	上	中	下	上	中	下	上	中	下	上	中	下	上	中	下	上	中	下	上	中	下	上	中	下	上	中	下	上	中	下	上	中	下	上	中	下	上	中	下
一区	1段		开挖-竣工	1×10																																							
	2段		开挖-竣工	4×10																																							
	3段		开挖-竣工	3×10																																							
	4段		开挖-竣工	4×10																																							
	5段		开挖-竣工																																								
	6段		开挖-竣工																																								
……			开挖-竣工																																								
			开挖-竣工																																								
			开挖-竣工																																								
			开挖-竣工																																								
			开挖-竣工																																								
			开挖-竣工																																								
四区			开挖-竣工	15×10																																							
			开挖-竣工	4×10																																								
			开挖-竣工	6×10																																								
			开挖-竣工	9×10																																								
			开挖-竣工																																								
			开挖-竣工																																								

责任工期	×年×月×日	至	×年×月×日
总进度计划	×年×月×日	至	×年×月×日
劳动力配置、资源配置			

施工总进度计划说明

施工段	1	2	3	4	5	6	7	8	9	10	11	12	13	14	15	16	17	18	19	20	21	22	23	24	25	26	27	28	29	30	31	32	33	34	35	36	37
施工区	一区						二区							三区								四区								五区							
先后顺序	1、总体顺序：一、三区—二区—四区—五区 2、各区施工段顺序：一区：1、3、5—2、4、6；二区：7、9—8、10—11、13—12；四区…																																				

填写说明：1. 施工过程，不可以删减和增加；2. 劳动力、资源配置可单独成页附后；3. 施工总进度计划说明可照样式单独成页附后；4. 正式图纸发放10日内编制完成。

图 9-4 ×××项目××路施工总进度计划/×年施工进度计划

9.4.3 进度计划编制要点

项目在树立了以上标准以后，根据模块化标准编制计划。在 PPP 项目中，SPV 公司必须以政府建设计划为依据设置节点目标，倒排工期，具体工期指标参照《工期模块化管理实施指南》进行编制即可，计划应确保目标控制性、过程管理指导性和可实施性。

9.4.3.1 进度计划编制依据

（1）工程项目承包合同及招投标书；

（2）工程项目全部设计施工图纸及设计变更；

（3）工程项目设计概算、预算资料，劳动定额，机械台班定额；

（4）工程项目拟采用的主要施工方案及措施、施工顺序、流水段划分；

（5）项目需用的劳动力状况、机械机具能力以及物资供应等；

（6）项目周边单位或交叉施工单位的使用、交付需求；

（7）市政管理部门的通车时间要求；

（8）企业主管部门年度考核指标。

9.4.3.2 进度计划控制原则

本项目以每一条管廊为单位工程编制，一个项目多条管廊交叉施工还应编制《项目施工总进度计划》（见表 9-5），本表所列均为单位工程施工进度计划。

项目施工总进度计划
表 9-5

序号	施工进度计划类型	每一子项任务时间控制要求
1	施工总进度规划	45 天以内
2	施工总进度计划	25 天以内
3	施工年进度计划	15 天以内
4	施工月进度计划	10 天以内
5	施工周进度计划	2 天以内

9.4.3.3 进度计划编制

（1）进度计划编制说明的内容：工程名称、规模长度、起止桩号、流水段划分图、主要施工节点一览表、进度管理机构、劳动力需求计划、机械机具配置计划、物资需求计划、主要施工方法、施工顺序、平面布置图。

（2）施工进度计划内容：任务名称、工期、开始结束时间、起止桩号、资源配备情况、与上一周期对比工期分析滞后情况。

（3）进度计划编制步骤：1）收集编制依据，2）划分施工过程、施工段，3）确定任务施工顺序，4）计算工程量，5）计算劳动量和机械台班需用量，6）确定该任务持续时间，7）绘制初步施工进度计划图，8）优化绘制正式施工进度计划图。

9.4.4 进度控制内容

进度控制的目的是以确保质量和安全为前提，实现工程进度目标。

进度控制分为事前控制、事中控制、事后控制。

9.4.4.1　事前控制

事前控制主要包括：（1）分级编制项目计划、建立系统计划管理、确定工期目标；（2）将总目标分解为分目标，制定详细月、周、日计划，分解标准参照《工期模块化实施指南》；（3）制定完成计划所需施工方案和保证措施；（4）大量调研周边环境、周边单位、交叉施工单位需求，达成双方共赢的局面，减少过程中协调矛盾对工期的影响。

9.4.4.2　事中控制

事中控制主要包括：（1）检查工程进度，审核施工计划进度与实际进度差异；（2）动态管理、分析进度差异的原因、提出调整的措施和方案，相应调整施工进度计划和资源配置。

9.4.4.3　事后控制

事后控制主要包括：（1）制定保证总工期不被突破的对策措施；（2）制定总工期突破后的补救措施；（3）调整相应施工计划，并组织相应的配套设施和保证措施；（4）与周边相关单位做好有效沟通，及时做好风险规避措施。

9.4.5　进度计划的调整

9.4.5.1　调整的内容

包括：施工内容、工程量、起止时间、持续时间、工作关系、资源供应等。

9.4.5.2　进度计划调整方法

（1）关键工作的调整：通过调整关键工作的次序，以及搭接时间，是最有效的方法。
（2）改变某些工作间逻辑关系：主要表现在工序穿插上。
（3）剩余工作重新编制进度计划：当采用其他方法不能解决时采用。
（4）非关键工作调整：通过对非关键开始时间和持续时间的调整。
（5）资源调整：将优势资源用于关键工作上，确保关键工作的资源保障。

9.4.6　进度主要面临的风险和措施

9.4.6.1　技术方案风险和措施

PPP项目进度要求施工单位必须深度参与到前期设计阶段，因此项目部必须设置专职的技术人员对接设计院。在初步设计阶段做到摸排问题的准确性、缜密性、全面性。在方案设计阶段要及时、准确、全面认识施工过程中的问题，采用合理、经济的技术手段予以消化，避免开工后对工期造成影响。

9.4.6.2　周边环境的风险和措施

在项目前期大量调研的基础上，在施工过程中，仍然要不断摸排、梳理问题，建立分级管理制度，建立对外协调机构，专人销项予以跟踪、反馈。摸排人员要具备发现问题的前瞻能力，这对摸排人员、协调人员自身技术专业水平要求较高，应选用成熟、细致、技术能力强、沟通能力强的人员。

此外还应建立对外协调管理计划，按照定责任人、定时间、定方法原则，结合施工部署分阶段、分轻重缓急、有条不紊地开展协调工作。

9.4.6.3　施工现场管理风险和措施

（1）质量控制方面保证100％一次性验收合格，不因整改及返修等质量问题影响进度。

（2）保证现场安全文明施工，营造良好的施工环境，提高工人的劳动积极性和配套保障措施，达到安全促生产的效果。

（3）治污减霾方面要常抓不懈，建立自查自纠机构，做到不间断巡视，做到及时发现、及时纠正、及时提高。以高度重视的态度对待。

（4）工程验收方面，为了减少质量验收对工期的影响，在开工前期应制定关键节点工程验收计划和验收方案。根据验收计划，合理划分地基、主体、竣工验收段，为后续工序提前穿插和竣工备案做好准备。验收前应对参加人员进行验收方案交底，主要针对验收资料、验收流程、验收时间、参加人员进行交底。

9.4.7　考核制度及奖罚制度

施工总承包单位于每周、每月、每季、半年、年度工作结束之际将本周期内施工进展情况和下周期计划报 SPV 公司，SPV 公司根据完成情况和检查情况对施工总承包单位进行通报、奖惩等。

项目公司每月、每季、每半年、每年对本周期内完成情况和偏差原因进行分析总结，并制定有效措施于下周期补救完成，对后期项目做好提前预控。

9.4.8　充分发挥监理单位对进度管控

（1）监理单位要严格审查施工总承包单位进度计划的合理性。

（2）监理单位要对进度计划的执行情况全过程监控，及时向 SPV 公司反馈。

（3）监理单位要对调整后进度计划及纠偏措施进行审核，及时向 SPV 公司反馈。

第十章 质 量

10.1 质量管控

以"赢领时代，筑造永恒"为企业理念，以投资、生产为主线，以树企业品牌为目标，以质量风险防控为重点，以质量管控要点为抓手，保障百年运营。通过创新管理，把质量管控定位与目标、质量管控体系、过程质量管控、原材料质量管控、关键部位质量管控、质量创优管理、质量风险防控、需要对接的工作等方面的管理实践进行归纳总结，为后续类似 PPP 项目的质量管理提供工作指引。

10.1.1 质量管控定位与目标

1. 质量管控定位

项目公司作为投资建设单位，质量管控的主要内容为：

参加设计方案内审。

负责工程质量验收标准确定。

监控关键部位工程质量，如防水工程、安装工程、回填土工程等。

参加重要部位工程质量验收。

组织单位工程竣工验收。

组织总体创优目标的制定，督导创优目标落实。

参加单位工程交付运营。

质量持续改进，整体质量稳步提升。

2. 质量管控目标

（1）质量底线目标：工程质量合格，满足运维要求。

（2）质量创优目标：质量创优不低于策划要求。

10.1.2 质量管控体系的建立

1. 质量管控体系建立基本要求

PPP 模式下项目质量管控体系建立基本要求：项目质量管控组织机构健全，质量岗位人员配置合理，质量有关人员分工清晰，人员岗位质量职责明确，质量管理制度齐全适用，管控工作流程简洁清晰。

2. 质量管控组织机构

根据上级管理部门要求，结合项目实际情况，建立项目质量管控组织机构，具体见图 10-1。

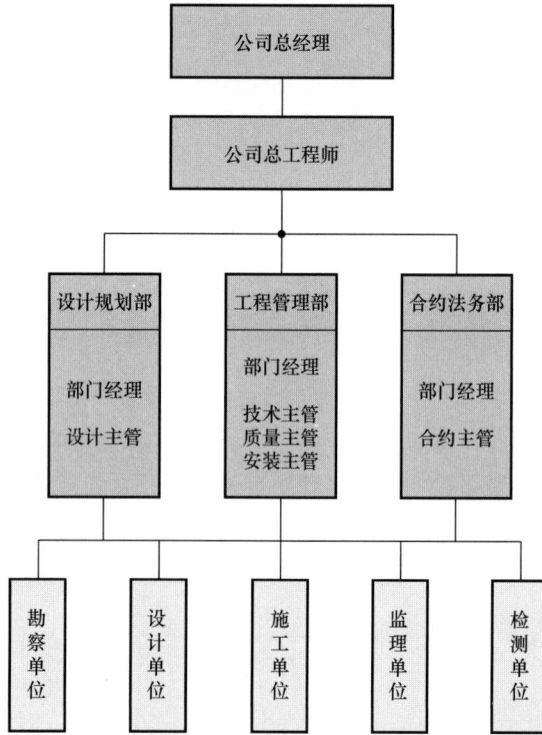

图 10-1 项目质量管控组织机构

3. 质量职责分工

（1）项目公司部门质量职责分工（见表 10-1）

表 10-1

序号	部门名称	质量职责与分工
1	工程管理部	负责项目公司质量管控工作实施
2	设计规划部	负责项目公司勘察设计质量管控工作实施
3	合约法务部	负责各参建单位合同有关质量条款的起草、签订和有关价款的结算工作

（2）项目公司岗位质量职责分工（见表 10-2）

表 10-2

序号	岗位	质量职责与分工
1	总经理	全面管理项目公司工作，是工程质量的第一责任人，负责组织公司质量的总体策划的编制
2	总工程师	项目公司质量管理工作主管领导，并负责与政府主管部门沟通及项目公司的内外总体协调
3	工程管理部经理	全面负责项目公司质量管控的管理工作，并负责与其他部门、单位之间协调工作
4	技术主管	项目公司质量技术管控工作
5	质量主管	项目公司质量管控工作
6	安装主管	项目公司安装质量管控工作

续表

序号	岗位	质量职责与分工
7	设计规划部经理	全面负责项目公司勘察设计质量管控工作
8	设计主管	负责实施项目公司分管范围勘察设计质量管控工作
9	合约法务部经理	全面负责参建单位合同有关质量条款的管理工作
10	合约主管	负责参建单位合同有关质量条款的起草、签订和结算工作

（3）各参建单位的质量责任

各参建单位的质量责任见附件十一。

4. 质量管理制度

项目公司应建立健全质量管理制度，明确质量管理流程。管理制度由主管人员编制，经部门内部初审，相关部门审核会签，总经理办公会批准后，发布实施，管理制度每季度进行修订。项目公司建立的质量管理制度见表 10-3。

表 10-3

序号	制度名称	作用与目的
1	图纸内部审核制度	利用 PPP 模式企业全产业链参建的优势，通过设计出图前，优化设计，减少设计图纸缺陷
2	质量检查与考核制度	检验实施过程质量效果
3	质量例会制度	定期总结、通报实施过程质量情况，讨论商定质量问题的应对措施
4	质量奖罚制度	奖优罚劣，加强执行力
5	质量管控要点制度	全面质量管理，重点突出
6	进场材料质量（联合）检查验收制度	严把原材料进场质量关，质量管理从源头开始
7	材料封样管理制度	杜绝材料样品与进场材料脱节
8	关键部位质量情况月报制度	管控关键部位质量情况
9	成品支架质量控制标准管理制度	解决成品支架无产品标准问题
10	监理质量周报表及例会制度	通过点多面广人员全的监理人员，管控工程质量

10.2　过程质量管控

10.2.1　质量管控要点

根据《建设工程质量管理条例》、《建设工程勘察设计管理条例》、《建设项目工程总承包管理规范》GB 50358、《建设工程项目管理规范》GBT 50326、《城市综合管廊工程技术规范》GB 50838、《建筑工程设计文件编制深度规定》（建质〔2016〕216 号）、《房屋建筑和市政基础设施工程勘察文件编制深度规定》（建质〔2010〕215 号）、《西安市城市地下综合管廊管理办法》（西安市人民政府令 2017 第 126 号）、《中国建筑股份有限公司施工企业质量管理办法》（中建股安字〔2014〕571 号），结合企业质量管控情况，编制工程全过程质量管控要点。见图 10-2。

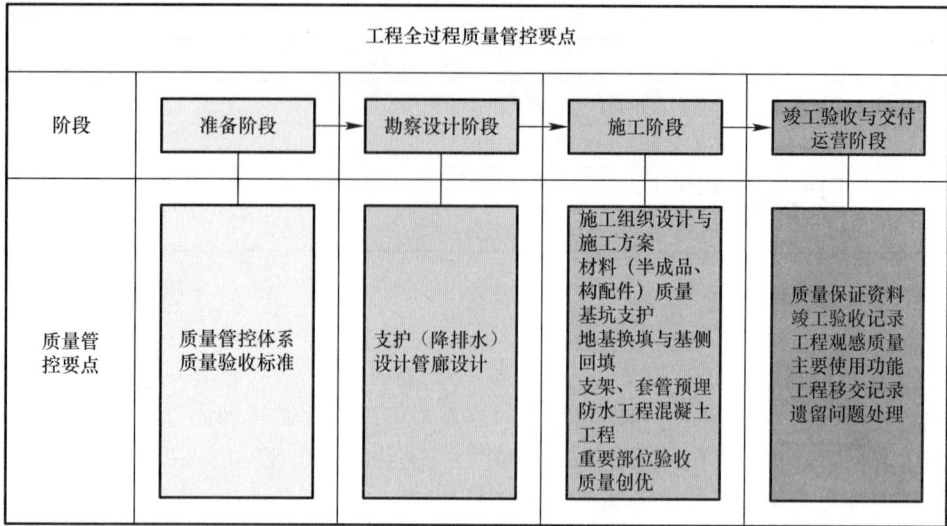

图 10-2　工程全过程质量管控要点图

10.2.2　质量管控内容

（1）准备阶段质量管控主要内容（见表 10-4）

表 10-4

序号	控制要点	控制主要内容	主要资料
1	质量管理体系建设	质量管理组织体系，人员配置合理性、能力及持证上岗情况，岗位分工与责任制，管理流程，质量制度	管理组织体系框图 相关人员简历及岗位证书 人员分工表 岗位质量责任制 管理制度及管理流程
2	质量验收标准确定	根据管廊工程无质量验收标准的特点，积极联系市质监站，制定管廊工程质量验收标准及配套表格	质监站关于管廊工程质量验收标准的通知 管廊工程质量验收标准 配套表格

（2）勘察设计阶段质量管控主要内容（见表 10-5）

表 10-5

序号	控制要点	控制主要内容	主要资料
1	支护（降排水）设计	参加设计方案交流会、图纸审查前图纸内部审核会，从工程建设角度对基坑支护（降排水）设计提出优化、修改意见，例如：支护形式、降排水等	基坑支护设计图纸 降排水设计
2	管廊设计	参加设计方案交流会、图纸审查前图纸内部审核会，从工程建设角度对管廊设计提出优化、修改意见	设计图纸 内部审核会议纪要

（3）施工阶段质量管控主要内容（见表 10-6）

表 10-6

序号	控制要点	控制主要内容	主要资料
1	图纸管理	了解设计意图，对图纸的完整性、准确性、合理性、可行性进会审，是否按变更、会审记录执行	图纸会审记录
2	施工组织设计与施工方案	按标准进行编制、审批、论证（需要时），并符合实施情况	施工组织设计或施工方案会签、审核、审批记录专家论证报告
3	材料（半成品、构配件）质量	各项检验指标	材料复试报告质量证明书
		审查材料质量证明书，外观质量等检查验收	材料进场联合验收记录材料质量证明书
4	基坑支护	支护设计、施工方案	支护设计图纸支护施工方案
		支护施工	支护施工方案
5	地基换填与基侧回填	分层厚度、压实度	土壤击实试验报告密实度检测试验报告取样平面图
6	支架、套管预埋	按图规格型号位置预留、预埋	质量证明书检验批验收记录隐蔽验收记录
7	防水工程	防水卷材施工，混凝土施工缝、变形缝构造等施工质量	防水层检验批验收记录防水层隐蔽验收记录蓄水（淋水）试验记录细部构造检验批验收记录细部构造隐蔽验收记录
8	混凝土工程	混凝土拌合物品种、耐久性、坍落度	混凝土质量证明书混凝土坍落度测试记录标养块强度试验报告
		浇筑、振捣、养护	混凝土观感质量验收记录混凝土施工记录同养块强度试验报告结构实体混凝土强度检测报告
9	关键部位验收	资料完整性，安全、节能、环保、功能性能，观感质量	资料核查记录安全节能等（抽查）检测报告功能性检查记录观感质量检查记录分部工程验收记录
10	质量创优	创优目标、策划、申报、过程评审、评选结果	创优计划目标创优策划方案评选结果通报及证书

（4）验收与交付运营阶段的质量管控主要内容（见表10-7）

表10-7

序号	控制要点	控制主要内容	检查的主要资料
1	质量保证资料	各种质量保证资料	质量保证资料
2	竣工验收	竣工验收的组织程序，工程实体完成及质量	竣工验收记录
3	工程观感质量	工程观感质量	工程观感质量验收记录
4	有关安全和使用功能	工程主要有关安全和使用功能抽查	有关安全和使用功能核查表
5	工程移交记录	施工单位与运营单位移交质量合规情况，设备完好情况	工程移交记录
6	遗留质量问题处理	遗留质量问题处理情况	遗留质量问题处理记录

10.2.3　质量管控流程（见图10-3）

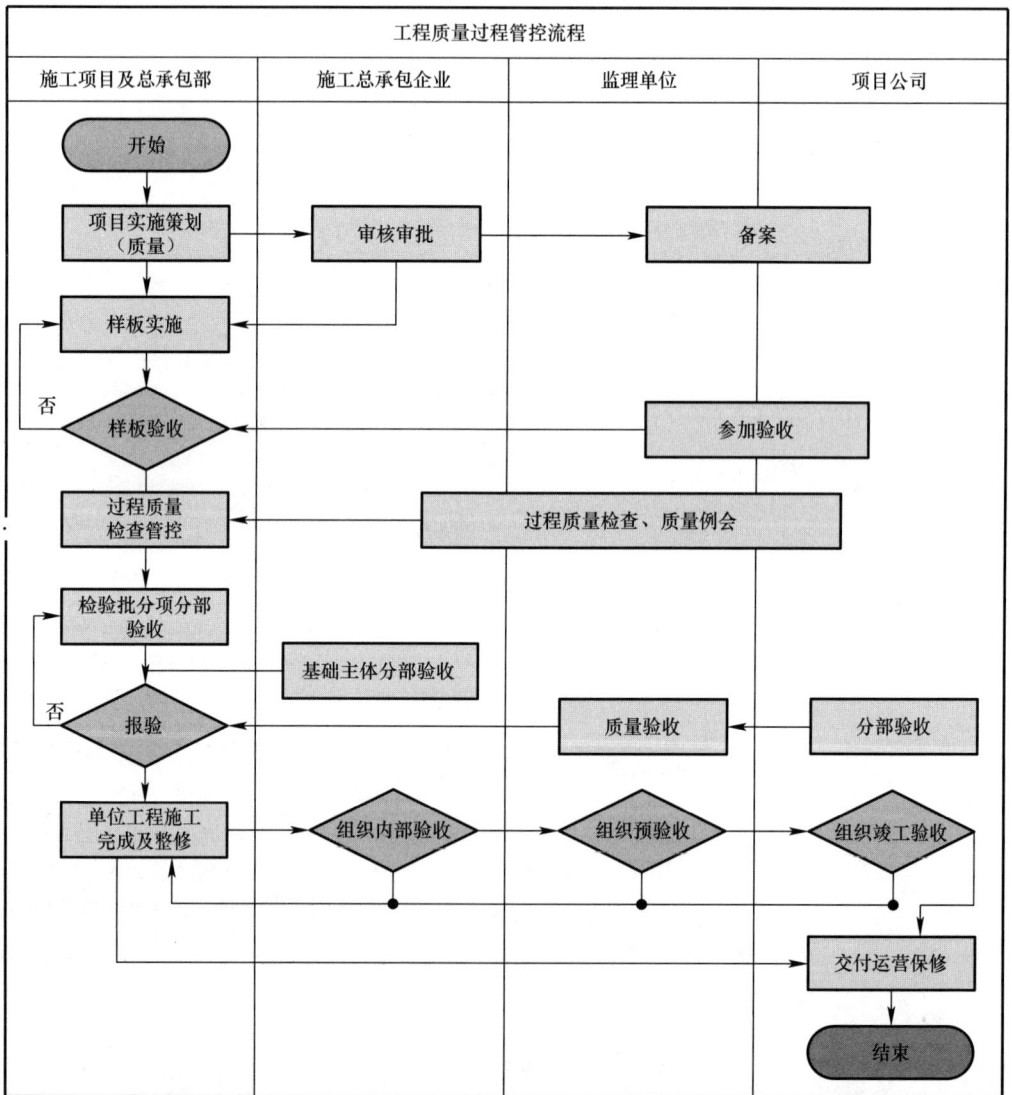

图10-3　工程质量过程管控流程

10.2.4 质量管控方法

(1) 过程质量检查

季度检查：每季度末由工程管理部组织项目公司各系统参加季度综合考核，对各在建路段进行量化考核。质量季度考核采取现场观感检查、实测实量、内业资料检查的形式进行，当场进行量化打分，扣分加分应注明原因，并留取相关影像资料依据。检查完毕后将发现的问题当场或分项目集中予以反馈。

月度检查：每月下旬参加工程管理部进行的质量检查。月度检查以现场检查为主，辅以内业资料检查。

不定期抽（巡）查：采用不发通知、不打招呼的方式对项目进行不定期的抽查，在项目完全没有准备的情况下进行现场实体及内业资料的检查，以检验近期各项目部真实的情况。

安装工程交叉互检：充分发挥各机电安装项目部的主观能动性，组织各安装项目部进行交叉互检，并进行内部评比。交叉互检既能互相发现问题，也能将各项目的优点进行广泛学习，促进各项目施工水平共同提高。

(2) 质量奖罚

在工程质量管理中，发现质量管理问题，质量管理部门所发整改通知单在合理限期内没有得到有效整改，或问题很严重，性质很恶劣，影响很坏的情况下发出。由经办人填写"质量奖罚通知单"（格式见附件十二），经部门负责人审核，主管领导审批生效后，发被处罚（奖励）单位签收（拒绝签收的，在发文本和通知单上注明情况，不影响通知单执行），同时送商务合约部和财务资金部执行，处罚（奖励）金额由商务合约部从该单位当月计量中单列扣除（增加），并进入结算，财务资金部复核。

(3) 质量整改

对质量季度检查和月度检查出的问题和隐患，通过通报的形式发各实施单位；对不定期抽（巡）查发现的质量问题和隐患，通过质量整改通知单的形式发实施单位。

检查通报和整改通知单的质量问题均由实施单位限期内落实整改，并把整改效果经监理工程师或指定验证人验证后，书面回复项目公司工程管理部。

(4) 质量分析与改进

项目开工初期，对项目检查偏重于质量管理体系检查考核，项目运行正常以后，检查重点向工程实体实测实量转移，主要体现在检查考核内容及分值比重的调整。

对质量检查出的质量问题进行纵向和横向对比分析，对普遍性的问题，通过质量例会进行原因分析，预防和纠正措施的制定；对个别项目的问题，通过项目自行进行原因分析，及预防与纠正措施的制定，对限期无改进，或改进效果不明显项目，第一次（半个月）通过函件形式，把问题通报其上级公司主管领导，第二次（一个月）约谈其上级公司主管领导，要求其对质量改进和管理体系做出具体的改进措施。

10.3 原材料质量管控

参照《西安市建委关于加强施工建筑材料质量管理的通知》（市建质发〔2016〕9号）

和《西安市建设工程质量西安质量监督站关于进一步加强施工现场建筑材料管理的通知》（市建质发［2014］15号）要求，加强管廊工程原材料管理，从源头把控工程质量。

10.3.1 原材料质量管理责任

（1）建设单位是建设工程质量第一责任单位，应建立健全质量管理体系和制度，承担质量主体责任。

（2）施工单位建立健全质量责任制度，完善质量管理体系，严格执行建设工程施工质量验收规范和标准，加强材料进场检验和验收，确保施工质量；履行质量保修义务，承担相应保修责任。

（3）监理单位严格执行工程监理规范和施工质量验收标准，严格把好建筑原材料质量验收关，杜绝不合格的建筑材料进入施工现场。

（4）检测单位保证检测报告真实有效、结论明确，并将检测过程中发现的建设、监理、施工等单位违反国家有关规定的行为以及涉及结构安全检测结果不合格情况，及时按规定向工程所在地建设行政主管部门报告。

（5）勘察设计单位在设计文件中应明确材料的品种、规格、型号，必要时明确其技术参数，但不能明示或暗含材料的厂家、品牌、产地。

10.3.2 原材料进场验收检验程序

进场验收设计检验程序见图10-4。

10.3.3 原材料进场联合验收

建设、施工和监理单位必须按照工程设计要求、技术标准和合同约定，对进场建筑材料、构配件、设备和商品混凝土进行联合验收检验。联合验收由各项目主管材料负责人组织施工单位专业工程师、质量工程师、试验工程师、专业技术负责人、监理单位总监理工程师、建设单位主管工程师参加。材料、成品、半成品、构件、器具、设备进场质量（联合）检查验收记录见附件十三。联合验收记录填制要求如下：

（1）资料检查内容主要核对产品合格证（质量证明书、生产许可证、型式检验报告、原材料检验报告、配合比）是否齐全、清晰，参数、签章是否相符，复印件追溯信息是否齐全。

（2）外观检查内容主要包括核对实物品名、规格型号、编号、标志、日期是否与资料相符；观察是否有污染、损坏、残缺、离析等；使用检验工具对尺寸、重量、坍落度等指标进行现场必要的简易测试、试验及计算。

（3）其他检查内容主要包括防雨、防潮、防火、防盗等措施及其他需要验收内容。

（4）联合验收的材料是指涉及安全、职业健康、环境保护和主要使用功能的关键材料、产品。

10.3.4 原材料见证检测试验

严格执行建筑材料质量标准。对涉及结构安全、使用功能的有关材料、构配件、设备按施工质量验收规范及相关规定进行抽检。检测的材料种类、检测的参数依照《关于进一步加强全省建设工程质量检测管理的通知》（陕建监总发［2009］034号）执行。

原材料进场质量管控流程

施工及总承包项目部	监理单位	项目公司

开始

原材料退场 ← 原材料进场

否 → 验证随货文件

否 → 验证标识状态

否 → 验证规格型号

否 → 检查外包装

待检状态标识

否 → 见证抽样检验 ← 见证

投入使用

结束

联合验收
由施工单位
材料负责人组织，
总监理工程师、
建设单位主管
工程师参加

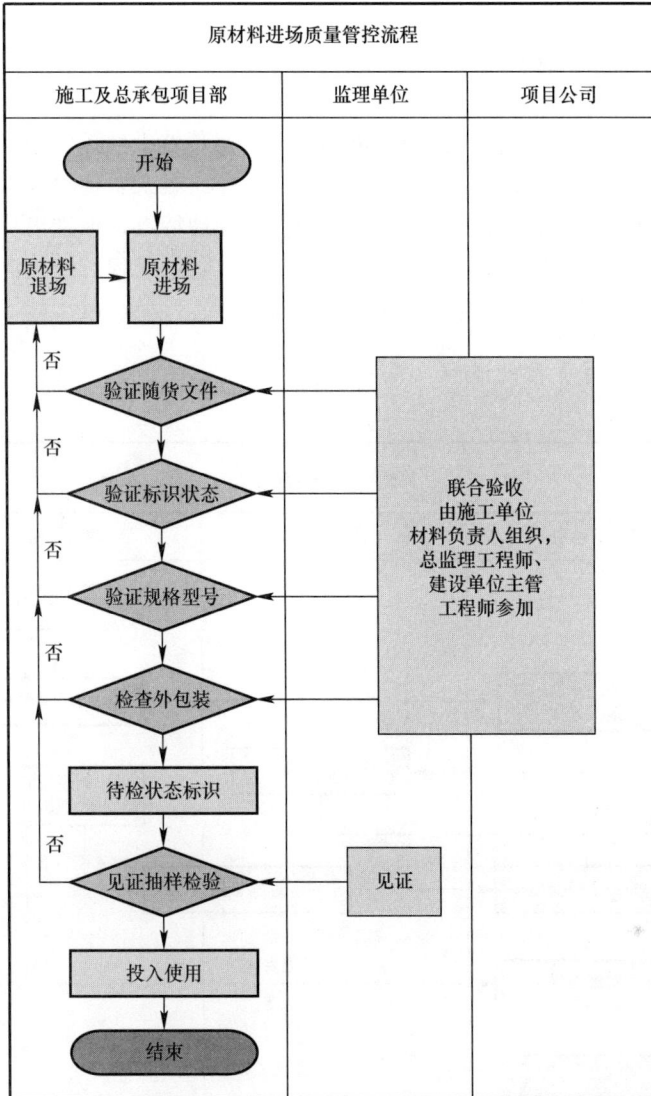

图 10-4　原材料进场质量管控流程

　　严格执行见证取样制度。对建筑材料严格按照规范标准规定的频次和见证取样程序进行见证取样，并送至有资质的检测机构进行检测；见证取样送样由项目试验工程师组织实施；见证人员和取样人员对试样的代表性和真实性负责。

10.3.5　原材料封样管理

　　由施工单位负责材料样品及配套资料的送样，总承包部签字后由监理见证封样入库。如需对样品进行检测，则须先委托检测机构进行检测后封样。

　　材料进场验收，验收人员对进场材料与封样样品进行对照。比对外观、规格型号及技术资料，对进场材料与样品不一致的，验收人员应拒绝验收。样品封样期限为封样之日至工程竣工验收合格之日。

10.4　关键部位质量管控

通过对关键部位质量的管控，监控其过程质量，使其处于可控状态，从而有效避免质量风险。

根据管廊设计图纸、所处环境、使用功能及企业管理特点，识别出管廊工程有关安全和使用功能的关键部位，作为质量管理重点。经识别：防水工程、结构混凝土工程、侧面回填土、槽道预埋及支架安装是管廊工程的关键部位。

10.4.1　关键部位质量管控的流程（见图 10-5）

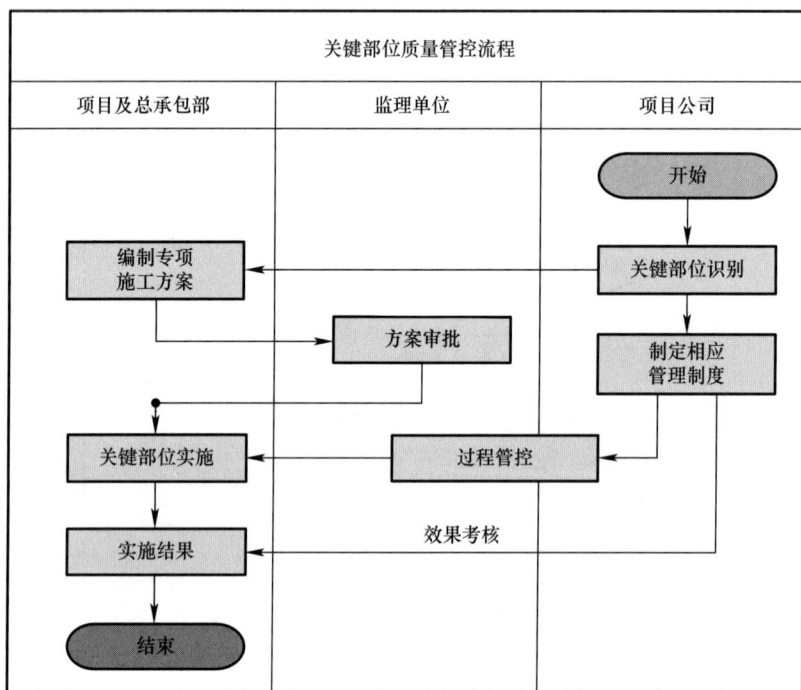

图 10-5　关键部位质量管控流程

10.4.2　质量动态信息掌控

（1）项目质量总监把材料进场质量验收情况、关键部位施工及验收情况、存在的质量问题用文字加图片的形式，形成关键部位质量日报，发至工程管理部。

（2）项目总监理工程师将材料进场质量验收情况、施工及验收情况、存在的质量问题按要求每周形成质量周报，周二召开监理周例会时报工程管理部。

（3）及时了解各路段质量信息，经过纵横向对比、分析，掌控各路段质量动态及发展趋势，为管控提供依据。

（4）针对梳理出的较严重的质量问题，建立跟踪台账。见附件十六：较严重质量问题跟踪管理台账。

10.4.3　防水工程质量管控

（1）防水工程质量管控重要性

1）管廊位于城市道路或绿化带地下，在土壤和地下水的包围之中。

2）开挖维修十分困难，费用高昂；内部维修效果差。

3）问题充分暴露滞后的特殊性。

（2）防水工程质量管控实施

1）防水工程单独编制施工方案，并且防水工程施工方案管理提高一个级别，即由D类提高到C类。

2）防水材料选用全国名优品牌。

3）优化编制了变形缝止水带固定的专用Ⅴ型模板做法，经试用后，推广执行，针对性进行技术交底（见图10-6）。

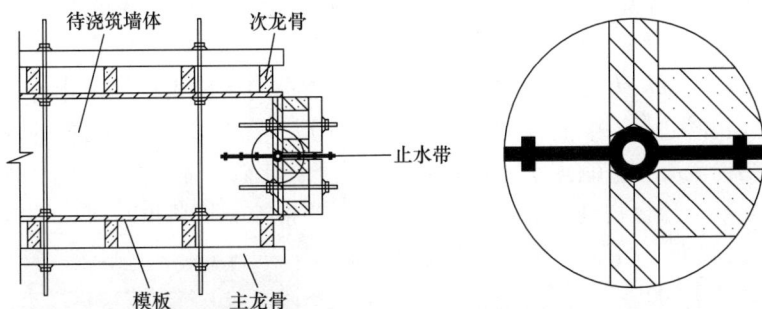

图 10-6　变形缝止水带固定专用Ⅴ型模板做法图

图 10-7　施工缝企口压条做法图

4）施工缝推广使用企口压条工艺，做法见图10-7。

5）坚持防水卷材工程采取由质量工程师组织、分包班组长、专业工程师、监理工程师参加的带影像联合验收，照片明确显示验收部位和验收人员，作为验收资料附在验收记录后，存入工程档案。

6）包含变形缝、施工缝等防水节点在内的防水工程所有工序均要依照设计图纸、规范要求进行专项的详细验收，验收人员签字形成验收台账，并在月末由各项目向项目公司进行月报，详见附件十五：综合管廊工程关键部位（防水）质量情况月报。

7）现场检查发现防水工程问题，立即召开质量现场会，召集施工项目技术质量负责人、防水分包班组长、总监理工程师参加，现场指出防水存在的问题，施工项目部按照"四定"整改，即定整改内容及措施、定整改时间、定整改责任人、定整改验收人，并把整改结果反馈项目公司。

8）通过会议交底形式，推广管廊采取跳仓法施工，变形缝两边混凝土不允许一次浇筑成型，确保变形缝节点构造质量。

（3）防水工程质量管控效果

1）防水卷材、钢边橡胶止水带、钢板止水带等主要防水工程原材料质量得到有力确保。

2）防水工程的施工质量稳步提升，特别是变形缝混凝土及橡胶止水带预埋质量提升明显。变形缝达到混凝土边线平直，止水带位置准确，符合节点构造。

10.4.4　结构高耐久性混凝土工程质量管控

（1）结构高耐久性混凝土工程质量管控重要性

1）标准要求高，即100年耐久性。

2）强度不足影响结构安全。

3）出现裂缝影响防水效果。

（2）结构高耐久性混凝土工程质量管控实施

1）针对管廊结构混凝土使用年限100年的高耐久性问题，申请由项目公司综合办公室组织培训，邀请业界知名混凝土专家对项目公司、施工项目部、商品混凝土供应商在内的工程技术人员进行专项培训。

2）邀请市质监部门专业人员对结构高耐久性指标给予检查指导，让各项目掌握耐久性试验检测材料种类、检测项目、检测参数、送样频率、参数计算及需要的内业资料等。

3）针对结构混凝土，制定了《高耐久性混凝土施工管理制度》。

4）结构混凝土拌合物进场进行联合验收，并严格控制坍落度，采取结构混凝土二次振捣工艺，二次收面，填制《管廊结构混凝土施工记录》（见附件十四）。

（3）结构高耐久性混凝土工程质量实施效果

通过以上管控方法落实后，结构混凝土达到内实外光，棱角顺直，观感质量改善，墙体纵向裂缝得以有效解决，见图10-8。

图10-8　管廊内混凝土实体图片

10.4.5　回填土工程质量管控

（1）回填土工程质量管控重要性

1）管廊位于路面或绿化带下。

2）侧面回填从区域狭窄，不利于机械施工。

3）土方回填操作人员基本均是当地普工，技术水平及行业素质低。

4）回填土压实度不足，土方沉降易引起外墙防水向下滑移下沉，从而引起外墙渗漏、路面或绿化带下沉。

5）维修需要破除路面，移植绿化，费用高，影响大。

（2）回填土工程质量管控实施

1）回填土工程单独编制施工方案，对回填区域不同宽度，选择最适宜的压实施工方法：1.5m宽以下采用立式打夯机夯实；1.5～2.5m采用蛙式打夯机夯实；2.5m以上，采用小型压路机压实。

2）回填土作业用土除了选择土的类别外，还必须选择合适含水率的土，施工含水率控制在最佳含水率的±2％范围内，如最好选用2～5m刚从较深部位挖出的土。

3）回填土虚铺分层厚度控制在 240mm 以内，以每 2m 立普砖做厚度参照标准，每层接槎甩开 1m，留取照片。

4）为了及时了解每层的压实度和含水率，每个项目配置专职试验员和简易土工密实度检测设备，每层同部位回填土双倍取样，一份外送实验室检测，一份进行现场检测，检测有取样平面位置记录和监理见证。

5）灰土回填采用机械拌和，除了检测压实度和含水率外，还检测灰剂量。

6）施工场地十分狭小的路段，也可单侧支模方式，取消回填土，如阿房路、经二路、纬一路。

7）回填土每层的取样、检验，均由监理工程师见证；每层的隐蔽，均由监理工程师参加联合带影像的验收。

8）检查时，对回填土报表进行抽查，抽查主要通过对甩槎厚度、压实度检查，对内外两份压实度、含水率试验记录的对比，试验记录与施工日志的对比。

10.4.6 槽道预埋及支架安装质量管控

（1）槽道预埋及支架安装质量管控重要性

1）管廊内所有槽道均为暗装，施工难度大。

2）管廊钢筋保护层厚度大，且部分管廊使用铝模板，预埋槽不易固定。

3）支架在管廊运营时要承载电力电缆，一旦预埋槽及支架出现问题，后果严重。

（2）槽道预埋及支架安装质量管控实施

1）现阶段成品支架及预埋槽没有相应的规范及技术标准，制定《成品支架质量控制标准》，对材料进场质量、施工注意事项等进行规范。

2）《成品支架质量控制标准》部分内容：

表面应平滑，无滴瘤、粗糙和锌刺，无起皮、漏镀、残留溶剂渣；预埋槽及支架镀锌层厚度平均值不小于 $80\mu m$；竖向预埋槽在安装过程中应采用水平仪进行测量，确保立向预埋槽垂直安装后再进行固定，竖向预埋槽垂直度偏差不得大于 2°。

在土建合模板前，必须对预埋槽进行逐一检查并调整。现场随机抽取预埋槽进行测量，预埋槽紧贴模板为合格；预埋槽埋入混凝土深度 5～10mm，不得大于 10%；预埋槽埋入混凝土深度 10～15mm，不得大于 5%；超过 15mm 为不合格。

3）建立预留预埋质量周报机制。各项目每周上报本周内预留预埋工作实施情况，包括预埋槽的垂直度、水平度、贴模度等实测实量数据，掌握各项目预留预埋完成情况。

4）将各项目上报的实测实量数据与实际情况进行比对。进行不定点、不定时抽查，对项目的实测实量数据实地进行复核，并与上报数据进行比对，杜绝周报数据造假、各项目敷衍了事现象，达到全方位管控的效果。

5）针对周报及检查中各项目存在的问题，制定专项措施予以解决。

10.4.7 隐蔽工程质量管控

（1）隐蔽工程隐蔽管控程序（见图 10-9）

（2）隐蔽工程过程管控

1）隐蔽验收在隐蔽前或方便更换和修整的时间进行。

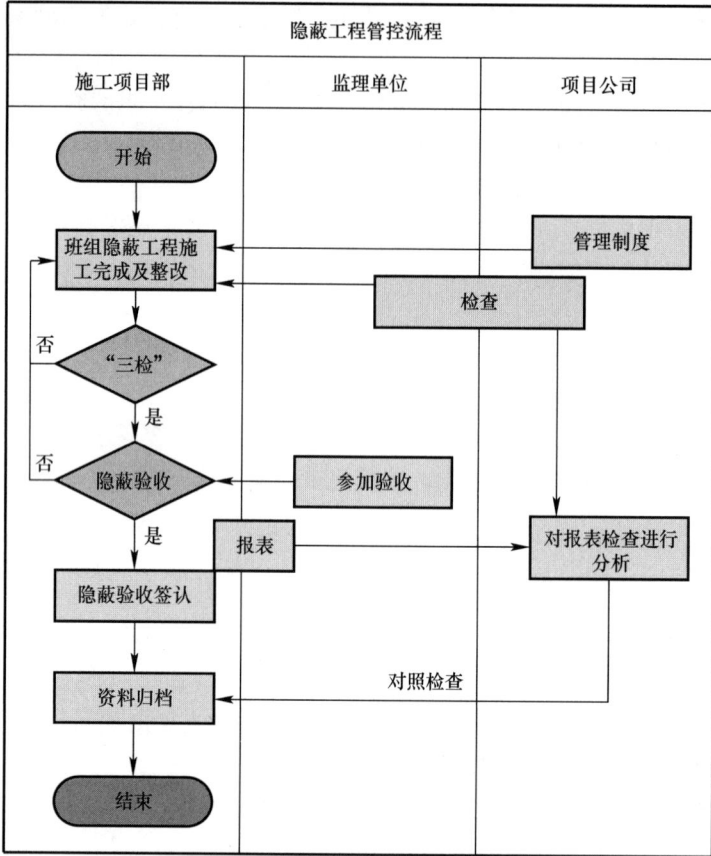

图 10-9　隐蔽工程管控流程

2）关键部位隐蔽采取联合留影像验收的方式，由质量主管工程师组织项目专业工程师、施工班组长、监理工程师进行。

3）隐蔽验收严格仔细检查所有的隐蔽项目及验收重点，当面形成书面隐蔽记录。

4）没有经过监理工程师签字认可的书面隐蔽记录，不许进入下道工序。

5）关键部位的隐蔽验收无论验收是否通过，实际情况由专业工程师记入施工日志，并记录没有通过的原因。

6）隐蔽验收记录及施工日志，作为检查考核的重要资料依据。

10.5　质量创优管理

10.5.1　质量创优的目的

公司鼓励工程质量创优，通过工程质量创优，达到以下目的：

（1）提高企业的信誉，增强企业的凝聚力，从而激发员工团结、奋发、向上的团队精神。

（2）提高员工的质量意识，提高企业的管理水平，从而提高企业总体的质量水平。

（3）减少运营维护，降低运营成本。

10.5.2 质量创优管理流程（见图10-10）

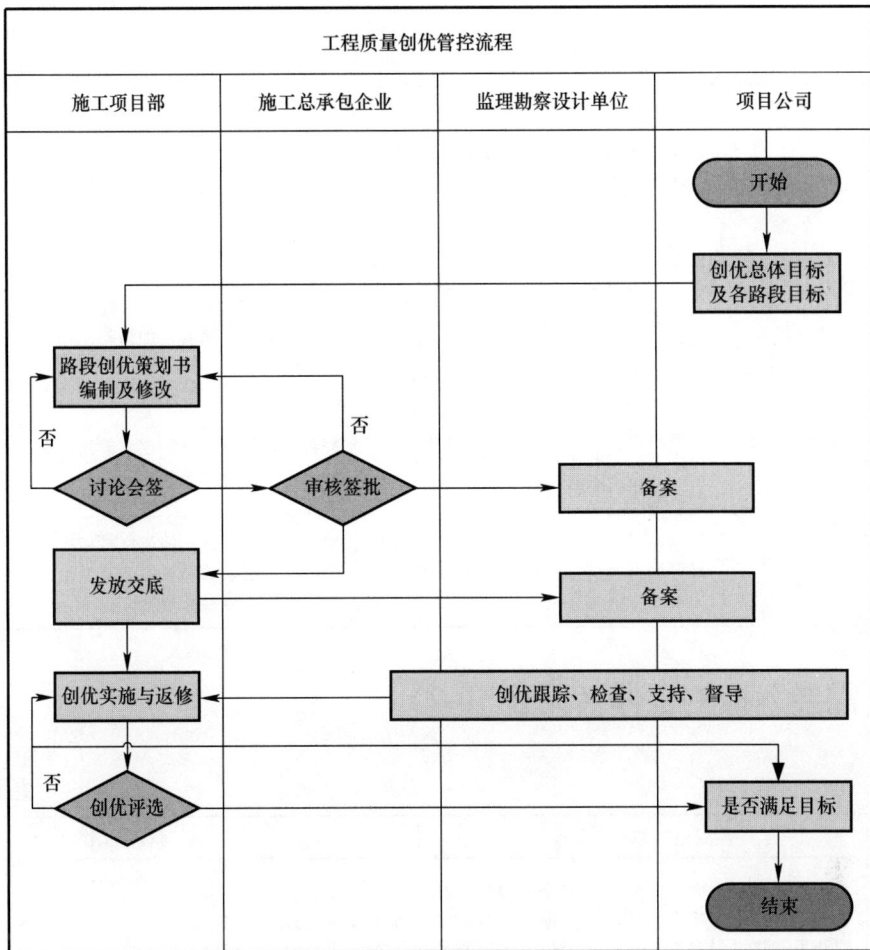

施工项目部	施工总承包企业	监理勘察设计单位	项目公司

工程质量创优管控流程

图10-10 工程质量创优管控流程

10.5.3 质量创优管控

（1）按照合同工程实施前，由项目公司根据各路段的具体情况，编制工程质量创优总目标及各路段目标，发各项目部执行。

（2）施工项目部按照工程质量创优目标，编制本路段工程质量创优策划书，经总承包企业审核批准后，报项目公司及监理单位备案，发放至项目各部门、劳务及专业分包单位，并进行交底。

（3）创优实施过程中，项目公司工程管理部建立创优工作节点动态管理台账，对创优工作主要节点进行跟踪、检查，并做好质量创优的支持与督导工作。

（4）根据公司管理制度，对项目部的工程现场实体和内业资料创优工作进行检查，并列入季节考核。

（5）工程质量创优结果，不得低于创优目标，项目公司按照质量管理奖励处罚办法规定进行奖励或处罚。

10.6　质量风险防控（见表 10-8）

表 10-8

序号	名称	原因分析	应对措施
1	原材料（设备）风险	由于勘察设计提供的参数疏漏，或进场把关不严，造成工程的原材料（设备）在安全和主要使用功能方面不满足要求	采取设计出图纸前设计、施工、建设审核制度；采取联合验收制度
2	渗漏风险	由于防水混凝土开裂、变形缝构造不符合要求、施工缝处理不当、防水卷材施工质量低下，成品保护不当，造成管廊渗漏，影响正常运营	编制防水专项施工方案；进行防水旁站施工；实行管廊淋水试验；加强防水质量验收和成品保护
3	侧面回填土下沉风险	由于管廊侧面空间狭小，点多线长，操作工人责任心不强，造成回填土下沉，从而引起路面等沉降破坏	完善质量管理体系和相关制度；合理安排人员分工；加强分成验收
4	防水材料耐久年限风险	防水卷材、橡胶止水带、防水密封膏材料耐久年限远低于管廊结构耐久年限	采用耐久年限较长的新材料和新工艺。采用易于更换的新材料、新工艺、新方法。预留渗漏处理补救措施

10.7　需要对接的工作（见表 10-9）

表 10-9

序号	质量监督站质量职责	对应需要对接的工作
1	工程质量监督机构（工程质量安全监督站）代表地方人民政府建设主管部门依据有关法律法规和工程建设强制性标准，对工程实体质量和工程建设、勘察、设计、施工、监理单位和质量检测等单位的工程质量行为实施监督	配合质量监督手续申报。验槽、重要分部、单位工程等验收申请。填报质量监督月报表
2	工程施工中，监督人员按照监督计划对工程质量进行抽查；对不按技术标准和有关文件要求设计和施工的单位，给予警告或通报批评；对发生严重工程质量问题的单位令其及时妥善处理；对情节严重的，按《条例》进行罚款，在建工程令其停工整顿	接受监督人员质量抽查；对存在问题督促整改并回复
3	建立健全工程质量监督档案，验收后填写监督报告	配合提供监督报告相关资料
4	对验收达不到合格标准的工程，责令责任单位进行整改；整改后，监督参建主体单位重新验收	督促施工等相关单位整改，并重新组织验收
5	建设单位应当自建设工程竣工验收合格之日起15日内，将建设工程竣工验收报告和其他部门出具的认可文件或者准许使用文件报建设行政主管部门备案	组织提供竣工备案所需相关资料

附件十一

参建单位的质量责任

单位	质量责任	备注
建设单位	建设单位应当将工程发包给具有相应资质等级的单位。建设单位不得将建设工程肢解发包。 建设工程发包单位，不得迫使承包方以低于成本的价格竞标，不得任意压缩合理工期。 建设单位不得明示或者暗示设计单位或者施工单位违反工程建设强制性标准，降低建设工程质量。 建设单位应当将施工图设计文件报县级以上人民政府建设行政主管部门或者其他有关部门审查。施工图设计文件未经审查批准的，不得使用。 建设单位在领取施工许可证或者开工报告前，应当按照国家有关规定办理工程质量监督手续。 按照合同约定，由建设单位采购建筑材料、建筑构配件和设备的，建设单位应当保证建筑材料、建筑构配件和设备符合设计文件和合同要求。建设单位不得明示或者暗示施工单位使用不合格的建筑材料、建筑构配件和设备。 涉及建筑主体和承重结构变动的装修工程，建设单位应当在施工前委托原设计单位或者具有相应资质等级的设计单位提出设计方案；没有设计方案的，不得施工。 建设单位收到建设工程竣工报告后，应当组织设计、施工、工程监理等有关单位进行竣工验收。 建设单位应当严格按照国家有关档案管理的规定，及时收集、整理建设项目各环节的文件资料，建立、健全建设项目档案，并在建设工程竣工验收后，及时向建设行政主管部门或者其他有关部门移交建设项目档案	由社会资本出资75％和政府资本出资25％共同组建的专门投资建设运营该项目的公司（SPV公司），并与政府及其授权机构签订特许经营协议
施工单位	施工单位应当依法取得相应等级的资质证书，并在其资质等级许可的范围内承揽工程；施工单位不得转包或者违法分包工程。 施工单位对建设工程的施工质量负责。 施工单位应当建立质量责任制，确定工程项目的项目经理、技术负责人和施工管理负责人。 总承包单位应当对全部建设工程质量负责；总承包单位对采购的设备的质量负责。 总承包单位依法将建设工程分包给其他单位的，分包单位应当按照分包合同的约定对其分包工程的质量向总承包单位负责，总承包单位与分包单位对分包工程的质量承担连带责任。 施工单位必须按照工程设计图纸和施工技术标准施工，不得擅自修改工程设计，不得偷工减料。 施工单位在施工过程中发现设计文件和图纸有差错的，应当及时提出意见和建议。 施工单位必须按照工程设计要求、施工技术标准和合同约定，对建筑材料、建筑构配件、设备和商品混凝土进行检验；未经检验或者检验不合格的，不得使用。 施工单位必须建立、健全施工质量的检验制度，严格工序管理，做好隐蔽工程的质量检查和记录。 施工人员对涉及结构安全的试块、试件以及有关材料，应当在建设单位或者工程监理单位监督下现场取样，并送具有相应资质等级的质量检测单位进行检测。提供质量检测试样的单位和个人，应当对试样的真实性负责。 施工单位对施工中出现质量问题的建设工程或者竣工验收不合格的建设工程，应当负责返修。 施工单位应当建立、健全教育培训制度，加强对职工的教育培训；未经教育培训或者考核不合格的人员，不得上岗作业	中标联合体主办人，并与建设单位签订施工合同

续表

单位	质量责任	备注
勘察单位	从事建设工程勘察的单位应当依法取得相应等级的资质证书，并在其资质等级许可的范围内承揽工程。勘察单位不得转包或者违法分包所承揽的工程。 勘察必须按照工程建设强制性标准进行勘察，并对其勘察的质量负责。 勘察单位提供的地质、测量、水文等勘察成果必须真实、准确	中标联合体成员单位之一，并与建设单位签订勘察合同
设计单位	从事建设工程设计的单位应当依法取得相应等级的资质证书，并在其资质等级许可的范围内承揽工程。设计单位不得转包或者违法分包所承揽的工程。 设计单位必须按照工程建设强制性标准进行设计，并对其设计的质量负责。 注册建筑师、注册结构工程师等注册执业人员应当在设计文件上签字，对设计文件负责。 设计单位应当根据勘察成果文件进行建设工程设计。 设计文件应当符合国家规定的设计深度要求，注明工程合理使用年限。 设计单位在设计文件中选用的建筑材料、建筑构配件和设备，应当注明规格、型号、性能等技术指标，其质量要求必须符合国家规定的标准。 除有特殊要求的建筑材料、专用设备、工艺生产线等外，设计单位不得指定生产厂、供应商。 设计单位应当就审查合格的施工图设计文件向施工单位作出详细说明。 设计单位应当参与建设工程质量事故分析，并对因设计造成的质量事故，提出相应的技术处理方案	中标联合体成员单位之一，并与建设单位签订设计合同
监理单位	工程监理单位应当依法取得相应等级的资质证书，并在其资质等级许可的范围内承担工程监理业务。工程监理单位不得转让工程监理业务。工程监理单位与被监理工程的施工承包单位以及建筑材料、建筑构配件和设备供应单位有隶属关系或者其他利害关系的，不得承担该项建设工程的监理业务。 工程监理单位应当依照法律、法规以及有关技术标准、设计文件和建设工程承包合同，代表建设单位对施工质量实施监理，并对施工质量承担监理责任。 工程监理单位应当选派具备相应资格的总监理工程师和监理工程师进驻施工现场。 未经监理工程师签字，建筑材料、建筑构配件和设备不得在工程上使用或者安装，施工单位不得进行下一道工序的施工。未经总监理工程师签字，建设单位不拨付工程款，不进行竣工验收。 监理工程师应当按照工程监理规范的要求，采取旁站、巡视和平行检验等形式，对建设工程实施监理	由政府资本方作为招标人经社会招标产生，并与建设单位及政府资本方一起签订三方合同
检测单位	接受建设单位委托，依据国家有关法律、法规和工程建设强制性标准，对涉及结构安全项目的抽样检测和对进入施工现场的建筑材料、构配件的见证取样检测。 检测机构取得相应的资质证书，并在规定的范围内开展质量检测业务。检测机构应建立完善质量管理体系并确保有效运行。 检测机构应当对其检测数据和检测报告的真实性和准确性负责。并按规定上传检测信息，对不合格检测报告及时上报。 检测机构完成检测业务后，应当及时出具检测报告。检测报告经检测人员签字、检测机构法定代表人或者其授权的签字人签署，并加盖检测机构公章或者检测专用章后方可生效。见证取样检测的检测报告中应当注明见证人单位及姓名	由建设单位内部招标产生，并与建设单位签订检测合同

附件十二

质量奖罚通知单

	中国建筑　管理表格		
CSCEC	技术质量奖罚通知单	表格编号	
		CSCEC-GL-GC-00×	
类别	□奖励	□罚款	
被罚款（奖励）单位			
事实描述：			
奖罚依据：			
奖罚金额：			
编制人		审核人		审批人	
编制日期		审核日期		审批日期	

附件十三

物资进场质量（联合）检查验收记录

西安市地下综合管廊建设 PPP 项目Ⅰ标段
材料成品半成品构件器具设备进场质量（联合）检查验收记录

工程名称			专业类别		
品名			规格型号		
生产厂家			进厂数量		
生产日期			进场日期		
验收依据			使用部位		

序号	检查验收项目		检查验收记录（详细记录）		
1	资料				
2	外观				
3	其他				
验收结论					

施工项目部				监理单位	建设单位
物资工程师	专业工程师	质量工程师	专业技术负责人		
年　月　日	年　月　日	年　月　日	年　月　日	年　月　日	年　月　日

填写说明	1. 规范规定须复试的应在进厂检查验收合格后按相关规定进行。 2. 资料主要核对产品合格证（质量证明书、生产许可证、检验报告、原材料检验报告、配合比）是否齐全、清晰？参数、签章是否相符？复印件追溯信息是否齐全？ 3. 外观主要包括核对资料与实物品名、规格型号、编号、标志、日期是否相符？观察是否有污染、损坏、残缺、离析等？工具检验尺寸、重量、坍落度是否符合？现场简易测试、试验及计算。 4. 其他主要包括防雨、防潮、防火、防盗等措施及其他需要验收内容。 5. 专业分包的进行双签；总承包验收人员签在空白栏。 6. 联合验收的物资是涉及安全、职业健康、环境保护和主要使用功能的重要材料、产品

附件十四

管廊结构高耐久性混凝土施工记录

工程名称					
建设单位			监理单位		
施工单位 (项目部)			项目负责人		
施工部位			浇筑起止时间		

序号	检查内容	施工单位		监理单位	
		自检情况（详细记录）	自检人	检查情况	检查人
1	预拌混凝土资料检查	预拌混凝土资料是否完整齐全 （含氯离子、碱含量）			
2	混凝土坍落度测试	实测值 1：××××			
		实测值 2：××××			
		实测值 3：××××			
		······			
3	二次振捣	二次振捣情况			
4	二次收面	二次收面情况			
5	覆盖养护	覆盖材料，是否严实稳固			
6	旁站人	×8 日×时-×日×时旁站人×××			
		×8 日×时-×日×时旁站人×××			
		······			

本记录表管廊结构混凝土每次浇筑手写填制一次。

生产负责人：　　　　　质量负责人：　　　　　技术负责人：　　　　　总监理工程师：

附件十五

综合管廊工程关键部位（防水）质量情况月报

序号	工程名称		施工单位（项目部）				验收日期
	验收部位/名称	防水设计规范具体要求（各部位做法规格型号等）	防水施工质量具体描述（原材接头基层厚度细部做法等）	验收人签字			
				验收人员	项目质量总监	监理公司	
1	钢板止水带						
2	橡胶止水带						
3	防水卷材						
4	防水涂料						
5	变形缝二次处理						
6	穿墙套管						
7	其他防水						

填制说明：1. 每条管廊单独填制；2. 本表填不下时，可扩充成多页；3. 本表验收日期截至月底（30 或 31），月底-次月 3 日报送电子版扫描件（纸质版报项目部和留底备查）；4. 根据实施情况要求增加关键部位名称。

附件十六

较严重质量问题跟踪管理台账

较严重质量问题跟踪管理台账

序号	项目名称	路段名称	建账日期	问题名称	问题简述	项目责任人	复查日期	复查结果	销账日期	备注

第十一章 安 全

11.1 PPP项目安全管控概述

11.1.1 编制目的

为更好地总结完善PPP项目的安全管理工作，指导和规范后续PPP项目的安全管理工作，结合中建西安综合管廊投资发展有限公司在管廊项目的管理实践，加以总结归纳制定本指南。

11.1.2 编制内容

本指南主要针对PPP项目公司的安全管理，包含公司人员架构体系设置和实施要点两个方面内容。其中人员架构体系设置部分是对现有的PPP项目实施情况进行总结后参考现行法律、法规要求给出的合理化建议；实施要点部分主要结合PPP项目从勘察设计、施工前期准备、项目实施及运营准备等不同阶段的重点安全管控工作为主线进行阐述。

11.2 安全管理体系

11.2.1 安全管理人员、机构

PPP项目公司一般肩负投资和建设双重职能，安全管理人员、机构应综合PPP项目公司本身项目特征及管理工作强度配置。

（1）PPP项目公司应建立健全安全生产管理委员会及其日常办公机构。

（2）PPP项目公司宜设置独立的安全监督管理一级部门，或在满足规定要求的情况下在工程管理部门下设专职管理体系，按相关规定配备足够数量的专职安全管理人员。参考《安全生产法》第二十一条、《关于调整中央企业安全生产监管分类的通知》（国资厅综合〔2017〕736号）第二章，第一条。PPP项目公司应参照归属企业分级设置独立的安全生产监督管理一级部门、全面推行安全总监制；主要人员还应包括负责人、安全工程师、标化工程师、职业健康管理专员等。

（3）PPP项目公司安全管理体系应覆盖设计、勘察、监理、监测、施工等全要素参建单位，将各参建单位分项管理体系筹纳入PPP项目公司安全管理体系框架下，并在项目筹建阶段建立必要的安全管理网络，实现体系联动要求（见图11-1）。

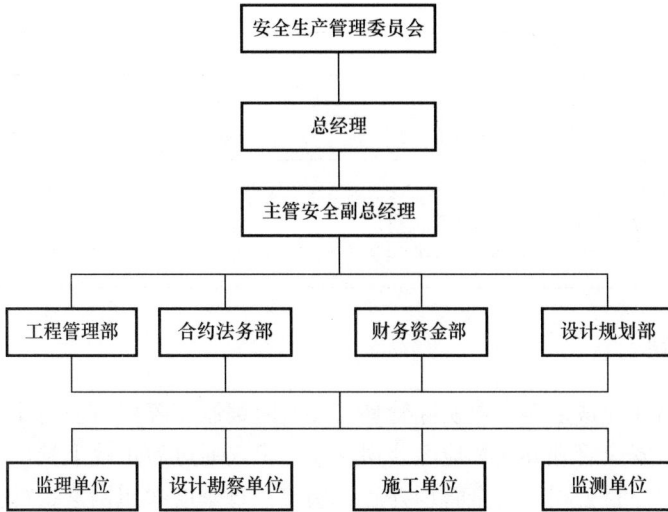

图 11-1　项目安全管理体系架构

11.2.2　安全职责

规范明确各参建单位安全生产职责有利于从组织框架建立、管理过程执行上更加清晰化、有序化；PPP 项目公司应在安全管理体系框架下进一步明确，完善项目公司、公司相关部门及各参建单位的安全管理目标、要求；明确项目公司、公司相关部门及各参建单位的安全生产职责，通过管理交底、签订安全生产目标责任书等方式强化各单位、人员责任分工意识。具体见表 11-1。

表 11-1

序号	单位		职责
一	PPP 项目公司	公司	(1) 建立健全项目公司安全监管体系，监督指导参建单位完善本单位安全监管体系； (2) 按时足额支付安全、文明施工费用，监督实施单位足额投入； (3) 定期组织召开安全会议； (4) 定期组织对所属项目检查考核； (5) 推广新技术、新工艺、新材料、新设备
		相关部门	(1) 工程管理部：负责 PPP 项目公司安全监督、管理工作； (2) 合约法务部：负责项目公司安全、文明施工费计量审查；并制定相关合同条款，明确各单位安全责任、义务； (3) 财务资金部：负责按时支付安全、文明施工费，建立健全专项费用支付台账；落实应急备用金； (4) 规划设计部：负责组织有关方案安全因素设计审核
二	设计勘察单位		(1) 参照项目公司总体管理要求建立本单位安全生产领导小组； (2) 收集调查数据，优化设计方案，降低项目本质风险；在设计过程推广使用新技术、新工艺降低作业风险； (3) 对现场安全问题提出辅助解决对策；施工过程定期现场复核方案执行情况
三	监理单位		(1) 建立健全监理项目部安全管理架构体系； (2) 编制监理规划及实施细则； (3) 按法律法规，相关合同，监理规划及实施细则落实安全监管工作

序号	单位	职责
四	监测单位	(1) 负责监测方案的编制; (2) 按合同约定开展监测工作
五	施工单位	(1) 完善本单位安全管理体系,建立安全生产领导小组,明确小组及各成员职责; (2) 按要求配置足够数量专职人员; (3) 建立健全本单位各项安全管理制度并参照执行

11.2.3　安全管理制度

项目公司在组建完成后应参照实际管理需要及时编制完善项目公司安全管理制度发布执行。项目公司《安全管理办法》应经公司安委会审议通过后正式下发,项目公司其他安全管理制度应参照项目公司《安全管理办法》制定;每季度参照国家、行业、地方、企业政策的调整对项目公司具体管理实施办法进行调整修订,以符合规定要求,适应企业管理需要。具体见表 11-2。

表 11-2

序号	类别	编制修订流程	编制目的
一	《安全管理办法》	由工程管理部组织相关部门进行编制,主要领导会签完善后提请项目公司安委会审议下发	确立项目公司总体 HSE 管理体系,指导公司机构、人员设置;为公司其他安全管理制度的编制提供指导依据
二	《安全费用使用管理办法》		明确安全、文明施工费使用管理规定,规范施工项目安全、文明施工费确认程序
三	《安全文明施工奖罚制度》	由工程管理部进行编制,经相关部门会签完善后,由项目公司总经理组织审核签发	强化管理力度,丰富管理手段,使管理过程有法可依,有据可查
四	《安全会议制度》		规范管理程序,明确公司会议纪律
五	《安全培训制度》		规范职工安全教育培训管理工作
六	《标准化管理策划》		统一企业形象,提升管理效率,指导现场实施

11.3　安全管控实施要点

11.3.1　项目前期安全管控

(1) 监管单位对接

1) 在施工准备阶段工程管理部及时组织与地方监管单位(质量安全监督站、技术质量监督局、消防局等)进行对接,明确人员、设备、临建等相关要求;

2) 沟通主要管理人员资质条件、配置要求信息、管理过程资料格式及备案办理流程等相关问题。

(2) 方案阶段安全管控

1) 工程管理部组织勘察、设计单位参与现场摸排、调查,参与勘察、设计单位方案讨论；确保项目设计方案充分考虑经济、技术、安全性，从源头上降低 HSE 风险；

2）推进新技术、新工艺、新材料、新设备的应用，特别是在涉及地下管线、重要构筑物、交通导行压力较大、大型机械使用密集部位的应用，降低安全风险。

（3）项目启动管控

项目启动管理是 PPP 项目公司在项目正式实施前对人员、设备、施工条件的重要核查项，对项目启动后的工期、安全、质量履约起着至关重要作用，项目公司一般采用开工前核查签发开工令的形式实施管控。

1）项目开工前由施工项目部负责组织对拟开工项目施工条件、现场问题摸排分析情况、拟采取措施及人员配置情况进行汇总，上报项目公司；

2）工程管理部组织相关部门核实（资料、现场）后报分管领导审核，由公司总经理签发项目开工令（开工报告申报表见附件十八）；

3）项目公司自开工令签发日起对开工项目履行管理职责。

（4）项目编码管控

PPP 项目涉及的工程体量一般较大，参与单位众多，管理强度及管辖范围也相对较大；为有效实现项目安全管控目标，PPP 项目在实施组织过程中就需要从管理组织框架上进行重点策划，将路段名称、实施单位编码结合项目情况进行组织；如有多个单位参与的，应充分预留编码位，示例如下。

1）统一项目公司对外名称为"××××综合管廊投资发展有限公司"。

2）施工总承包统一以"××××股份有限公司-承建××××地下综合管廊建设 PPP 项目××标段"名称对外。

3）施工项目部依据名称对应称谓"××××西安综合管廊项目 101（201/301）项目部"（项目部名称数字含义按参建单位编号＋参建单位内项目部组建顺序统一命名，如×××参建单位项目名称如下"××××西安综合管廊项目 101 项目部"）。

4）项目资料用章及项目名称规范使用标段名称＋施工路段名称（以图纸下发名称为准）组合为准，每条施工线路为一个单体项目（如西安市地下综合管廊建设 PPP 项目 I 标段东西二号路项目）。

5）其中同一条施工线路存在两个单位工程或有两家以上单位施工时，应以图纸名称为准作为区分（如西安市地下综合管廊建设 PPP 项目 I 标段常宁新区东西二号路。

11.3.2　项目人员管控

（1）人员变更管控：为确保项目管理团队稳定，PPP 项目公司对各参建单位主要人员履职情况定期检查；参建单位主要人员更换的应参照公司规定办理变更手续。项目公司所属设计勘察、监理、施工项目部主要人员需变更调整的，参照相关规定及招标文件提前 30 日递交申请报告，提交拟派资质条件不低于原岗的人员简历及相关证书，拟变更人员到位后项目公司工程管理部核实后，报请分管领导、总经理签发批复意见（人员变更申请流程见附件二十）。

（2）专职人员配置管控：PPP 项目因其独特的启动实施模式影响，实施过程中因实施占地手续、设计图纸、征地拆迁等因素影响项目具体实施的情况较为普遍；因此施工单位在组织施工项目部及申请开工手续时也与普通施工项目有所差异，即不能完全参照原有规定一概而论地确定现场专职人员投入数量。

现行的 PPP 项目专职人员管理应在参照法规标准框架里结合项目安全管理策划实施，项目部在组建策划过程中根据项目实施难度和实施进程分阶段策划专职人员投入时间和数量；避免因一次性投入而现场施工难以开展造成的管理资源浪费，也可以提供合理的人员投入标准。

11.3.3　安全投入管控

安全投入管控作为 PPP 项目公司在建设阶段的一项重要管控内容，做好建设过程安全投入管控是确保项目实施过程 HSE 工作的保障；项目公司工程管理部在项目公司组建后及时对接相关单位制定公司费用管理办法，监督执行；并注意以下要点：地方标准高于国家标准的，参照地方标准执行；管理办法计量程序及标准应符合规范、审计单位和股东方的要求。

（1）项目公司参照《费用管理办法》要求落实具体安全投入管控工作

1）在 PPP 项目启动后由项目公司合约法务部就安全、文明施工费取费标准、确认投入形式与地方主管部门（建委）和审计单位对接，及时获取相关计费审计要求；

2）明确相关要求后，由项目公司工程管理部参照《企业安全生产费用提取和使用管理办法》（财企〔2012〕16 号）安全生产费使用计提依据，结合地方标准和审计要求会同合约法务部、财务资金部编制 PPP 项目公司安全生产费用使用管理办法；

3）项目公司组织对监理、施工单位就公司费用管理办法及相关执行标准进行交底，并督导安全投入资料收集、整理；

4）施工单位每月按要求完善资料后，按公司统一申报表格（见附件三）要求报送监理单位对申报投入项数量、金额进行审核，监理单位审核完成后由总承包统一递交项目公司工程管理部；

5）计量确认工作一般由工程管理部牵头组织计量资料审核、上报，并落实投入数量；法务合约部复核确认投入金额后递交财务资金部；财务资金部按时支付并单独形成支付资料（安全、文明施工费支付台账及施工单位收款票据）。

（2）过程费用管控

PPP 项目实施过程中，项目公司参照相关规定明确安全、文明施工费使用范围，过程中监督施工项目足额投入。具体管控措施如下：

1）现场检查，通过检查现场安全设施、设备投入的完善情况判断安全、文明施工费投入是否符合要求，对未按要求进行安全投入的单位进行通报，并一次性扣除未按要求投入部分费用，在当月费用审核中列记；

2）资料抽查，项目公司除应及时审核各项目报送费用投入资料外还应不定时对项目上报投入资料的真实性进行抽查；对未按实进行上报的扣除此部分审核量，并处扣减量 10 倍处罚；

3）监理核实，定期对经监理确认上报资料进行抽查，与现场监理日志进行比对，核实进场确认过程；

4）财务凭证，对费用投入采购合同，资金支付凭证与上报费用资料进行核实比对，核对项目费用投入金额。

11.3.4 重大危险源管控

PPP项目危险源管控从项目可行性研究开始，延伸到PPP项目运营全过程；在项目启动后参照《危险性较大的分部分项工程管理办法》（建质［2009］87号）及结合地方、企业标准，由项目公司工程管理部牵头编制项目公司《重大危险源管理办法》，制定重大危险源分级标准和监管原则。

（1）依据《重大危险源管理办法》，由项目公司工程管理部每季度组织识别更新公司重大危险源清单，参照评价办法对识别清单进行评价；依据评价结果制定相应的管控措施及带班作业措施，由公司主要领导、工程管理部分别就对应风险级别危险源管控情况进行监控；

（2）监理单位、施工单位参照公司管理办法要求制定相应的重大危险源管控措施，并定期上报现场重大危险源管控情况，工程管理部根据管控结果采取必要措施；项目公司定期对公司级重大危险源方案编制、审核、审批情况及专家论证情况进行检查，并组织设计、勘察单位对基坑支护等高风险作业方案执行情况进行复核。

11.3.5 职业健康管理

PPP项目目前所涉及的建设项目类别较为丰富，特别是涉及管廊等地下构筑物，在主体完工后，后期作业环境相对封闭；安装及拆除作业产生有毒气体、粉尘无法通过正常气流稀释，作业环境相对较差，易造成群体性职业健康事故；因此针对性的职业健康管控在整个HSE管理过程中尤为重要。

（1）首先由公司工程管理部牵头制定《职业健康防治管理办法》，明确职业健康管理责任主体；

（2）过程中监督落实参建单位职业健康管理措施、投入落实；

（3）其次通过合理优化设计、施工方案，统筹通风设备安装进度，永临结合，提前通风设备运行等技术、管理手段保障作业安全；

（4）同时从人员自身防护开始，加强呼吸器、口罩等劳动防护用品的配置；

（5）通过加大职业健康危害宣传力度，完成自身防护意识提升，最终实现管控目标。

11.3.6 应急管理

应急管理作为保障项目建设安全的最后一道屏障，在当前的PPP项目施工规模及管理广度下，既有常规建设项目所不具备的优势，也存在因管理范围、管理项目众多所带来的不便。项目公司作为应急管理的指挥中枢，在分项、分级管理的基础上利用好地方、企业、参建单位及其他社会资源进行统筹响应是应急管理系统中的工作核心；在勘察设计单位、监理单位、施工单位应急预案的基础上建立项目公司综合应急预案来协调不同层级突发事件的应急响应，同时也通过项目公司总应急预案来指导各参建单位的预案建立和实施。PPP项目公司应急管理还应注意以下要点：

（1）项目公司应急管理体系由公司安全生产委员会、相关职能部门、设计单位、勘察单位、监理单位、总承包施工单位及项目部安全生产领导小组等组成；

（2）应急救援队伍和物资储备应充分结合项目所在地域社会资源及参建单位应急救援

组织设立，统一联动，定期开展联合演练；

（3）项目公司主要应急物资分区域与项目应急物资库合并设置，项目公司驻地保留应急通讯、指挥车辆和适量急救设备、药品等应急物资储备；

（4）项目公司和各级单位建立的应急指挥领导小组应按照突发事件可能造成的危害程度、波及范围、影响大小、人员及财产损失等要素进行响应分级，分公司、总包、项目三级；

（5）公司定期协同各单位开展演练并进行评估，综合性项目公司级演练每年一次，专项演练由各参建单位自行组织，每半年一次；

（6）演练完成后，应及时进行演练评估；演练评估的主要内容有演练的执行情况，预案的合理性与可操作性，指挥协调和应急联动情况，应急人员的处理情况，演练所用设备的实用性，对完善预案、应急准备、应急机制、应急措施等方面的建议和意见等；

（7）评估完成后对项目公司及各单位综合应急预案、专项应急预案进行协同修订并重新审批；

（8）一般应急响应流程，见附件十七。

11.3.7 安全监管措施

（1）日常工作监督

日常工作监督主要包括人员教育、设备验收、重大危险源监管等；如现场工作面推进情况，班前教育活动开展情况，大型设备进场及验收情况，重大危险源巡查带班作业情况通过 QQ 管理平台实时反馈至项目部、公司。

1）各班组将每日拟工作内容，动火作业申请随班前教育开展记录于作业前发送至各项目部安全监督管理部；各项目部安全监督管理部汇总当日情况发送至公司工程管理部管理群，并对现场动火作业条件进行核查；

2）大型设备进场前由各项目部组织对进场设备进行验收并将验收情况发送至公司工程管理部安全管理群，公司结合日常检查对各项目设备进场上报资料进行核实并做出检查、管控安排，如出现未验收报备进场使用的予以相应处罚；

3）各项目部定期将重大危险源监管巡查计划发送至公司工程管理部安全管理群，当日现场带班领导需发送现场带班作业影响记录；便于随时了解现场动态，掌握管控重点。

（2）检查考核

为满足 PPP 项目过程管理需求，项目公司在组建前期应及时编制完善公司检查、考核制度；检查分为不定期检查、月度检查、专项检查三类，考核按时间节点划分为季度考核和年度考核两类。

1）检查

① 不定期检查：不定期检查主要针对现场人员、机械、临时用电、重大危险源管控情况进行，通过不定期检查过程中发现的问题，及时监督整改，形成常态化管理，避免现场侥幸心理出现。

主要管理措施有：下发整改通知（见附件二十一），限期整改、现场监理复核确认；重复出现问题，下发罚款通知单（见附件二十二）并约谈项目主要负责人；脱岗集中教育培训等。

② 月度检查：月度检查视管理需要对项目现场、内业资料、方案编制、人员配置履职情况进行检查。月度检查每月中旬开始，复查上阶段现场检查存在问题；重复出现的对相关责任及项目负责人予以罚款通报处理；现场问题重复两次以上未整改或整改不彻底的当月约谈施工单位企业专业负责人或分管领导直至问题解决。

每月检查工作完成后，项目公司工程管理部组织各业务系统对当月检查情况进行分析、对比，明确下阶段重点管控项目；同时对检查存在问题进行分类并提出下一步管控对策，通过组织小范围座谈、培训、约谈、横向单位学习对比等方式来整体提升管控薄弱环节的管控措施和管控水平；对连续两月以上存在相同问题且无实质性解决措施的单位，项目公司拟发相应函件至参建单位上级企业，情节严重的建议撤换相关单位负责人。

③ 专项检查：专项检查结合区域气候、季节性因素变化组织开展；重点关注节假日人员心理浮动期、秋冬季消防安全、夏季防暑降温及国家、地方、企业政策性要求展开。

2）考核

项目公司《安全考核制度》参照公司《综合考核制度》制度同步制定执行，分为季度考核和年度考核。

① 季度考核：项目公司每季度参照公司考核办法对所有实施项目进行安全考核；针对季度参建单位在安全管理体系运行、重大危险源管控、费用投入、现场文明施工、机械设备管理、人员教育培训、公司要求执行情况等方面的具体运行管理进行阶段性综合评价打分；结合各系统考核情况进行综合排名，并形成考核简报反馈至公司主要领导、参建单位上级企业，提出针对性建议、意见，促进存在问题解决和管理提升。

项目公司每季度对考核表进行修订，参照现场施工内容和阶段性管控重点对各考核板块所占分值进行调整，以适应和督促参建单位在重点问题上的重视程度，最终实现管理目标。

② 年度考核：年度安全管理考核结合季度考核开展，每年12月下旬开始对参建单位年度安全目标完成情况进行总结性考核；主要通过事故控制率、创优情况、前三季度综合考核情况等重点环节进行评价，参照评价情况对各单位实施奖罚激励。

11.3.8 安全教育培训

PPP项目公司安全教育培训分为公司员工培训、参建单位专题培训和专业交流等，员工培训主要结合人力资源入职培训和定期安全教育开展。

（1）定期安全教育每半年一次，由工程管理部负责组织，主要培训内容有日常安全行为教育、施工安全管理知识、法律法规宣贯等内容。

（2）参建单位专题培训结合公司日常检查情况对检查存在问题较多的方面组织参建单位集中教育培训；培训充分发掘公司、参建单位、地方监督管理部门等多方资源，通过内部交流培训、专业讲师培训、监管单位交底型培训等方式开展。

（3）专业交流主要针对参建安全专职管理人员开展；通过定期安全总监例会为载体，每月度由各单位专职人员轮流选题进行专业授课，补齐各参建单位因参与项目经历不同造成的知识短板；同时通过交流间隙，组织对承办单位现场、内业进行交流学习，提升专职安全监管队伍总体管理能力，形成各单位管理间比学赶超氛围。

11.3.9 创优管理

PPP 项目一般包含多个子项目或单位工程，合理确定创建目标，制定创建计划是确保创建成功的保证。创建工作应视项目规模、场地条件及项目定位综合确定；在项目策划阶段介入，通过优化方案，定期检查，过程验收等方式推进创优工作落地。具体创建管理过程如下：

（1）PPP 项目公司启动后由工程管理部组织编制公司创优管理办法；由公司分管领导牵头讨论确定公司创优管理目标；

（2）工程管理部参照公司总体创优目标，结合各项目进度计划分解年度创优计划下发各参建单位；

（3）各参建单位依据年度创优计划编制上报创建策划至工程管理部，工程管理部组织创建单位及公司相关部门对上报策划方案进行审核优化；通过定期检查、过程验收，协调申报等方式推进创优工作；

（4）工程管理部定期组织对已经创建成型的样板工地进行对标学习，树立样板制；同时结合创建过程总结创建申报流程推广学习。

（5）文明工地申报流程（见图 11-2）

1）备案条件：①实体工程完成规定百分比；②现场安装监控设备；③设置规范标准试块标养室。

2）备案需提交下列资料：①文明工地登记备案表；②建设工程施工许可证；质量监督申报书；③建筑工程安全备案表；安全文明措施费拨付凭据；④农民工业余学校相关资料证明；⑤施工单位资质，安全生产许可证，外地企业需要入陕入市备案登记表（复印件需盖公司章）；⑥中标通知书、项目经理、安全员资格证和三类人员安全考核证书（复印件需加盖公司章）；⑦职工意外伤害保险凭证；⑧文明工地创建计划；⑨机械特种人员上岗证复印件；⑩现场活动板房岩棉 A 级证明或检测报告；⑪密目网防护用品生产许可证、合格证、年检报告、复检报告。

3）备注：

① 市级文明工地备案：资料一式三份。

② 省级文明工地备案：资料一式四份。

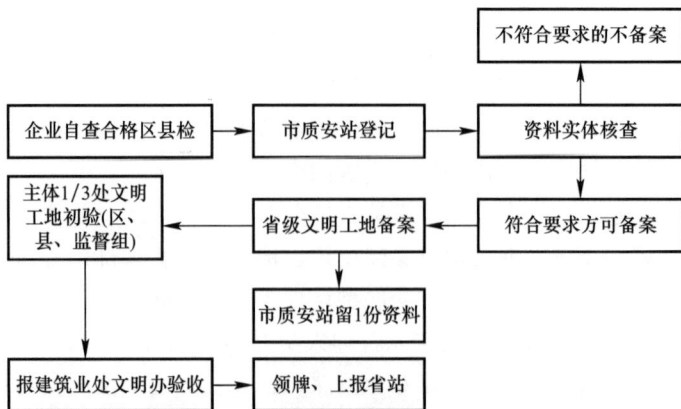

图 11-2 文明工地申报流程

附件十七

应急响应流程图

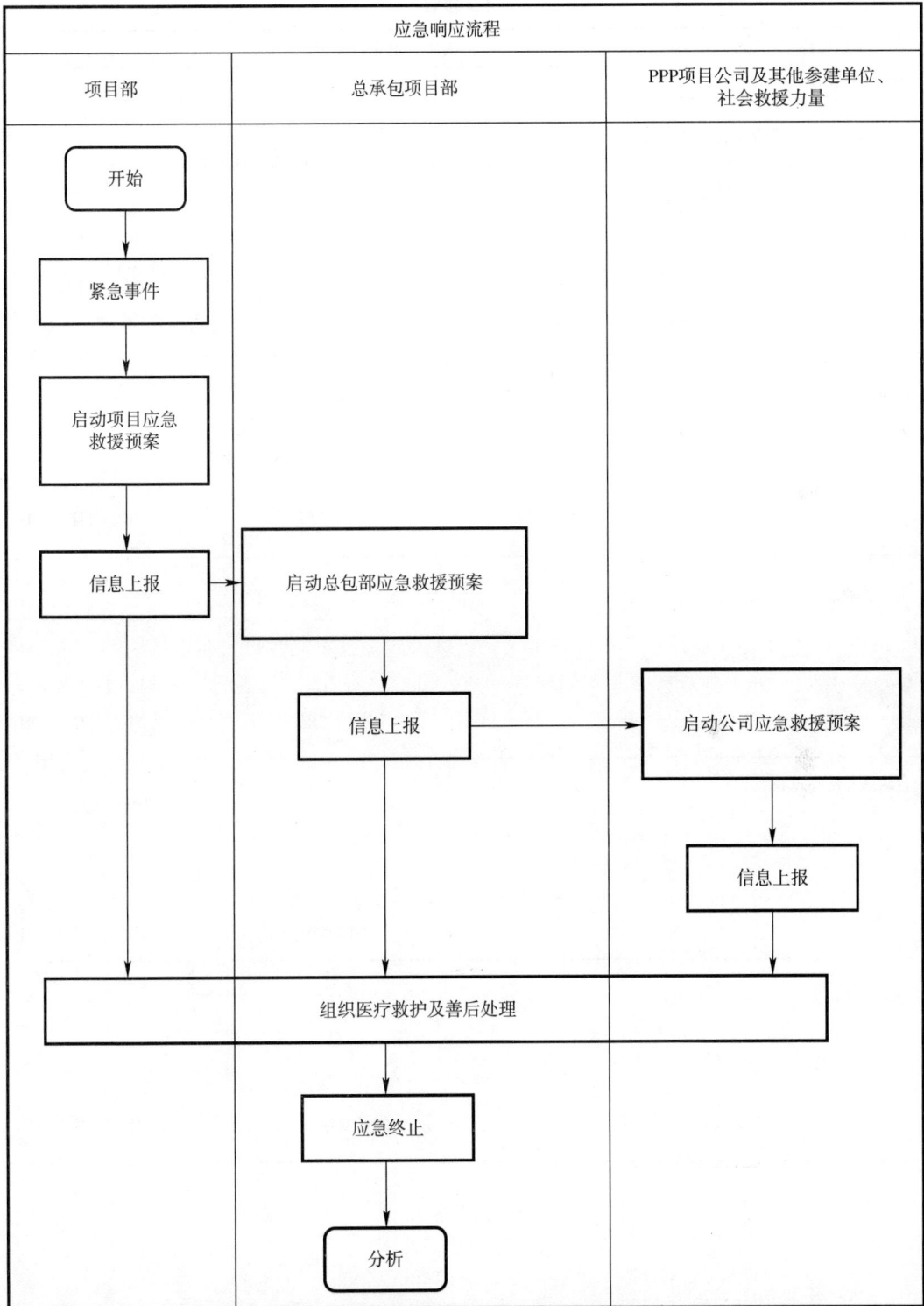

```
┌─────────────────────────────────────────────────────────────────────────────┐
│                              应急响应流程                                       │
├──────────────────┬──────────────────────────┬───────────────────────────────┤
│     项目部        │       总承包项目部          │   PPP项目公司及其他参建单位、      │
│                  │                          │        社会救援力量              │
└──────────────────┴──────────────────────────┴───────────────────────────────┘
```

应急响应流程图的内容：

项目部
- 开始
- 紧急事件
- 启动项目应急救援预案
- 信息上报 →

总承包项目部
- 启动总包部应急救援预案
- 信息上报 →

PPP项目公司及其他参建单位、社会救援力量
- 启动公司应急救援预案
- 信息上报

组织医疗救护及善后处理

- 应急终止
- 分析

附件十八

开工报告

工程名称		实施（承建）单位	
项目准备情况：			

致中建西安综合投资发展有限公司：

　　我方已完成了×××××××××××的施工准备工作，按照施工合同要求，现上报×××××××项目工程动工申请表，请予以审查。

实施（承建）单位：（盖章）
项目经理：
年　月　日

附件	关于××××××项目动工的说明

投资业务部意见：

部门经理：　　　　年　月　日

工程管理部意见：

部门经理：　　　　年　月　日

合约法务部意见：

部门经理：　　　　年　月　日

分管领导意见：

公司领导：　　　　年　月　日

公司领导意见：

公司领导：　　　　年　月　日

附件十九

安全、文明施工费申报表

施工单位	
施工进度	
使用范围	
申报金额（元）	本项目部第_____次申请安全生产费，申请支付费用为_____元，之前支付安全生产费_____元，累计支付_____元
申报单位意见（总承包部）	
监理单位意见	
工程管理部意见	安全负责人意见	
	部门负责人意见	
合约法务部意见	
财务资金部意见	
分管领导意见	
总经理意见	

附件二十

人员变更申请表

项目名称			建设地址	
施工单位			负责人	
人员变更情况				
变更岗位	变更人员		执业证书号	
	变更前			
	变更后			
	变更前			
	变更后			

申请变更原因（附相关证明文件）：

（章）

公司分管负责人（签）：　　　　　　　　　　　　　年　月　日

监理单位意见：

（章）

总监（签）：　　　　　　　　　　　　　　　　　年　月　日

建设单位意见：

（章）

项目负责人（签）：　　　　　　　　　　　　　　年　月　日

建设行政主管部门备案意见：

（备案章）

年　月　日

附件二十一

整改通知单

整改通知单		表格编号
		CSCECXB-GL—
工程名称及编码		
项目基本情况		
接收单位		接收人

整改内容：

检查人： 年 月 日

完成期限	年 月 日	指定验证人	

处理情况和自检结果：

自检人： 年 月 日

验收记录：

验证人： 年 月 日

附件二十二

奖罚通知

奖罚通知单		表格编号
		CSCECXB—GL--

类别	□奖励　　　　　　　　　　□罚款	
被罚款（奖励）单位		

事实描述：

奖罚依据：

奖罚金额：

编制人		审核人		审批人	
日期		日期		日期	

第十二章 标 准 化

12.1 概述

综合管廊作为基础设施工程，施工过程具有分布范围广、施工战线长的特点。项目在施工现场临时设施标准化管理方面，统一企业对外形象及企业文化宣传标准，达到了展现企业形象，增强企业竞争力的目的，取得了良好的市场口碑和高度的行业认可。通过 CI 战略的实施，树立了"中国建筑"在西安乃至西北市场的良好企业形象，进一步推动企业文明施工管理向标准化、规范化、现代化的方向发展，为管廊工程在全国范围内的施工标准树立了标杆。

中建西安管廊成功承办"全国城市地下综合管廊项目对接暨现场观摩会"，参与制定了地方行业标准，获得各级领导、协会、专家高度赞扬。

12.2 标准化策划

在依据国家和行业相关法律法规、地方标准以及中国建筑工程总公司《企业形象视觉识别规范识别手册》、中国建筑股份有限公司西北区域总部《项目管理标准化形象手册》（第五版）的基础上，结合管廊工程现场实际，编制《西安综合管廊工程现场标准化管理策划》，要求各项目严格按照策划实施，展示企业形象。

12.2.1 标准化策划目标

全国典范、行业引领、中建标志、示范工程。

12.2.2 标准化策划分类

标准化策划主要分为办公区临建标准化和施工现场标准化两大类。其中施工现场标准化重点要做到出入口设置标准化、安全围挡标准化，现场标识标志标准化等。

12.2.3 标准化策划实施

施工总承包单位组织各路段在进场前按照 SPV 公司要求编制《项目标准化策划》并报 SPV 公司进行审核，审核人员针对各路段特点提出修改意见。

项目临建施工完成后，公司按照策划方案组织验收并进行日常巡查，对不符合标准的项目要求立即进行整改、完善。公司按照月度、季度对施工现场标准化进行检查，并纳入到项目综合考核评价中，对存在问题的项目进行通报，要求定时整改并复查。

12.3　标准化实施

12.3.1　办公区临建标准化

办公区应为项目文化、形象的展示区，根据实际地域环境，外形与布局可设计成四合院式的"对称平衡式"、"对称式"、"平行式"、"L形式"，布局见图12-1。

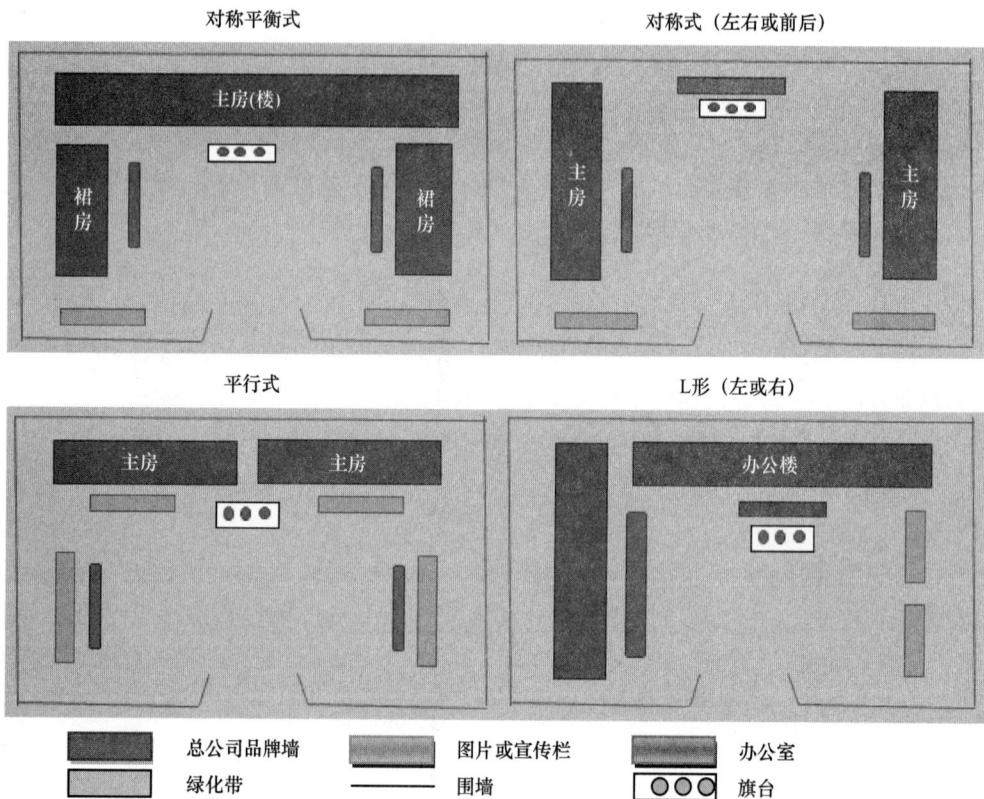

图 12-1　布局图例

根据管廊项目所在位置特点，可将办公区临建大致分为三类。

12.3.1.1　集中办公区

第一类是管廊成网成片建设区域，如规划新区的综合管廊。此类区域管廊数量多，位置相对集中，办公区宜采用集中办公方式，使用活动式箱房统一定制搭建，材质一律使用A级防火材料（玻璃纤维），办公区大门采用伸缩式移动大门，门口处设置门卫室，配套建设各类办公、生活设施，统一管理所有管廊建设。如图12-2所示。

12.3.1.2　临时办公区

第二类是新建道路的综合管廊项目，此类管廊多为单条线性工程，除项目指挥部外宜在现场设置满足施工管理的主要办公设施，多为一层一体式活动式箱房。如图12-3所示。

图 12-2　集中办公区布局图

图 12-3　临时办公区布局图

12.3.1.3　租赁办公区

第三类是老城区内改扩建道路配套的综合管廊工程，该类管廊大多建设用地紧缺，现场无法设置临建办公区，宜直接租用管廊临近建筑作为办公区。对于采用租用办公楼的办公区，内部办公标准化布置必须符合总公司和区域总部标准化手册和项目策划中的相关要求。如图 12-4 所示。

图 12-4　租赁办公区布局图

12.3.2　施工现场标准化

12.3.2.1　出入口标准化

临街的项目大门一律采用门楼式建造，具体尺寸参照中国建筑工程总公司《企业形象视觉识别规范识别手册》，同时大门右（左）侧设置有门禁系统，大门出口处设置洗车台，场区内人车分离。涉及多个临街的大门时，仅在主大门门口两侧设立品牌墙。如图 12-5 所示。

12.3.2.2　围挡标准化

施工区域围挡依据西安市市政管理单位要求，在满足地方统一的颜色与制式要求标准基础上，适当添加中建标准元素，如企业标识、上下边条颜色以及地脚固定模式，形成制式统一围挡标准。如图 12-6 所示。

图 12-5　施工现场大门示例图

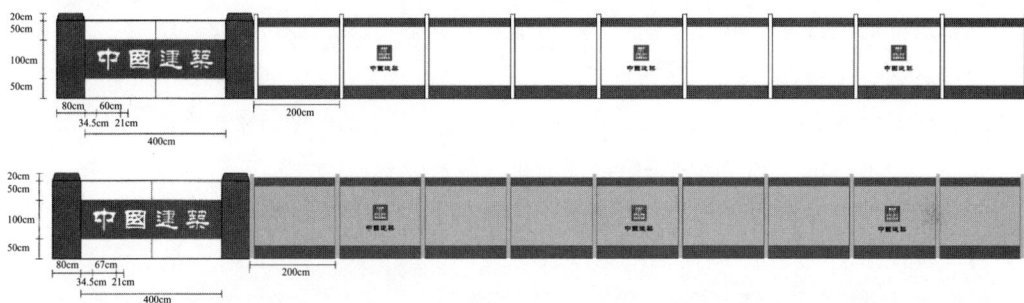

图 12-6　施工区围挡效果图（不包含施工区大门）

对于市区内主要道路围挡以地方标准为准，主要依据《西安市人民政府办公厅关于印发西安市建设工程施工现场围挡及出入口管理规定的通知》（市政办发〔2016〕53 号）和《西安市城乡建设委员会关于做好建筑工地围挡（墙）刊载公益广告工作的通知》（市建发〔2017〕84 号）关于围挡的相关规定，围挡高度不低于 1.8m，以白色或浅灰色为主，粘贴公益广告面积不少于围挡总面积的 30％，公益广告总量的 50％为中央发布的通稿，25％为陕西省发布的通稿，25％为西安市发布的通稿，保持日常整洁。

同时，各区县政府可能对临街围挡有细化要求，项目实施时应当与所在区县主管部门进行沟通，满足相关要求。

施工围挡展示如图 12-7 所示。

图 12-7　施工围挡示例

12.3.2.3 绿色施工标准化

PPP项目作为社会资本方参与的投资项目，应积极响应属地政府关于环境管理和绿色施工的各项要求，如西安市政府提出的"六个百分百"、"七个到位"等号召。

现场裸土采用绿化、固化，美化环境。

现场设置环境检测仪，对施工环境周边空气中的PM2.5、温度、湿度、风速等进行监测，及时采取针对性降尘措施，确保施工对环境不造成污染。

同时使用采用三联式洗车机加装扬尘降噪棚，设置四级沉淀池，对场内雨污水进行收集，分级沉淀利用，减少水资源浪费，节约成本。

针对管廊线性工程特点，采用集洒水、消防、应急发电等多功能于一体的抑尘车，对管廊沿线进行喷雾降尘。

具备条件的项目推广使用海绵城市雨污水重力水循环系统。如图12-8所示。

12.3.2.4 安全设施标准化

（1）针对管廊工程特点，上下基坑通道采用工具式定制钢楼梯和笼式爬梯（见图12-9），具体参照《中国建筑施工现场安全防护标准化图册》（2014版）。

（2）基坑、廊体临边防护采用工具网片式标准化防护栏杆，强度高、硬度大、不易损坏，可周转使用。如图12-10所示。

裸土绿化

环境检测仪

三联式洗车机加装扬尘降噪棚

四级沉淀池

图12-8 绿色施工现场及设备（一）

重力水循环系统

多功能抑尘车

图 12-8　绿色施工现场及设备（二）

下基坑钢制楼梯

定型化的钢制箱笼式爬梯

图 12-9　楼梯示例

图 12-10　基坑临边防护廊体临边防护

（3）施工现场应设置供工人休息区、茶水间、安全教育区、安全体验区等（见图 12-11）。

（4）配电箱配备防护棚，防护棚做法参照《中国建筑施工现场安全防护标准化图册》（2014 版）。

一级配电箱电缆敷设完成后电缆沟内填细沙掩埋保护，高度与基础平齐，防护棚内地面铺设橡胶绝缘垫。

图 12-11 施工现场各区设置示例

二级配电箱针对管廊线性工程的特殊性，需循环倒运，考虑到材料的周转倒运以及经济性，采用可移动二级配电箱防护棚，配电箱安装完成后可随防护棚一起吊装倒运，不需要重复拆除安装，防护棚就位只需平整场地即可。

临时电缆采用桥架进行安全防护。

12.3.2.5 钢筋加工区标准化

钢筋加工统一管控流程及现场布置，采用集中加工、统一配送的方式，以达到工厂化加工，仓储化存储，超市化取用（见图 12-12）。

图 12-12 钢筋加工区示例

12.3.2.6 集成设施标准化

针对管廊项目数量多、趋于分散，临建设施使用周期短、需要经常性周转的特点，项目尽量采用集成化设施，资源可循环利用，设施方便管理（见图12-13）。

图 12-13　集成设施示例

12.4　标准化管理成果展示

通过统一标准化管理，项目取得了良好的社会效益，树立了国内地下综合管廊建设标杆，媒体发稿数百篇，被新华社、中央电视台等国家级媒体重点报道（见图12-14）。

图 12-14　中央电视台对项目宣传报道

同时，项目也得到了内业广泛认可和好评，承办了"2017城市地下综合管廊项目对接暨现场观摩会"、"全国地下综合管廊建设交流暨项目观摩会"、"2017年陕西省文明工地暨施工扬尘治理现场观摩会"，开工至今已接待观摩团上百次、观摩人数过万人。真正做到了"全国典范、行业引领、中建标志、示范工程"。如图12-15所示。

图 12-15　现场观摩示例

第十三章 环境保护

13.1 概述

综合管廊 PPP 项目建设以运营为目的，环境保护以设计、施工、运营三大阶段管理为重点，同步推进。综合管廊 PPP 项目不仅要为社会提供服务并且还要发挥提升社会环境保护的价值。

本篇重点围绕 PPP 项目建设期施工阶段进行阐述建设过程中环境保护的要求、环境保护的有效管理措施。

为了有效控制项目环境保护管理，首先要明确项目环保要求，每一个管理环节的失误，都会导致项目整体环保管理受到影响。

项目准备阶段主要是项目环保目标和措施的策划。

施工阶段主要是对施工现场、办公区的环境保护管控。

13.2 环境保护的要求

13.2.1 国家环境保护主要文件（见表 13-1）

表 13-1

序号	文件名称
1	《中华人民共和国环境保护法》
2	《环境管理体系规范及使用指南》
3	《污水综合排放标准》
4	《大气污染物综合排放标准》
5	《中华人民共和国固体废物环境污染防治法》
6	《城市生活垃圾卫生填埋技术标准》
7	《关于印发建筑工地施工扬尘专项治理工作方案》的通知（建办督函〔2017〕169 号文）
8	关于印发《绿色施工导则》的通知（建质〔2007〕233 号文）
9	《建设项目环境保护管理条例》
10	《中华人民共和国环境噪声污染防治法》
11	《排污费征收使用管理条例》
12	《中华人民共和国文物保护实施条例》

13.2.2　陕西省、西安市地方政府环境保护主要文件（见表13-2）

表 13-2

序号	文件名称
1	关于印发《陕西省建筑施工扬尘治理行动方案》的通知（陕建发〔2013〕293号文）
2	西安市人民政府办公厅关于印发《西安市极端天气灾害应急预案》的通知
3	《陕西省建筑工程施工扬尘治理措施16条》
4	西安市人民政府办公厅关于印发西安市2017年"铁腕治霾·保卫蓝天"1＋1＋9组合（办法）的通知（市政办发〔2017〕19号文）；
5	《西安市扬尘污染防治条例》
6	《西安市建筑垃圾管理条例》
7	《建筑施工扬尘治理措施19条》
8	《西安市建筑垃圾综合治理工作方案》（市政办发〔2016〕38号文）
9	《西安市建设工程施工围挡及出入口管理规定》（市政办发〔2016〕53号）
10	《西安市建筑垃圾消纳场管理办法》

13.2.3　企业部门环保主要文件（见表13-3）

表 13-3

序号	文件名称
1	《中国建筑环境管理节能减排管理办法》
2	《中国建筑节能减排管理手册》
3	《项目管理手册》
4	《SPV公司管理制度》
5	《SPV公司治污减霾目标责任书》

13.3　环境保护在施工阶段实践

13.3.1　环境保护总框架策划

管廊工程开工前将环境保护分解为以下八个控制框架：（1）治污减霾控制；（2）噪声控制；（3）污水排放控制；（4）光污染控制；（5）固体废弃物控制；（6）绿化迁移控制；（7）地下资源保护；（8）人员健康。如图13-1所示。

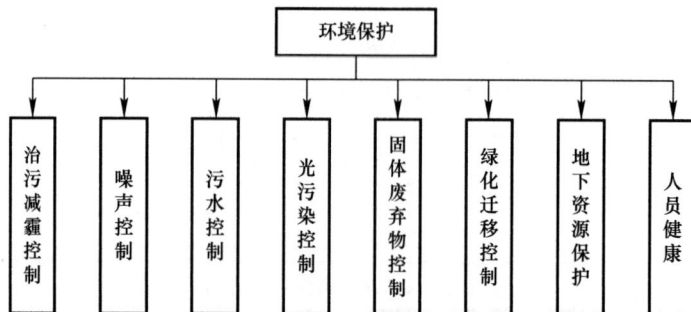

图 13-1　环境保护总框架图

13.3.2　环境保护组织机构策划（见图 13-2）

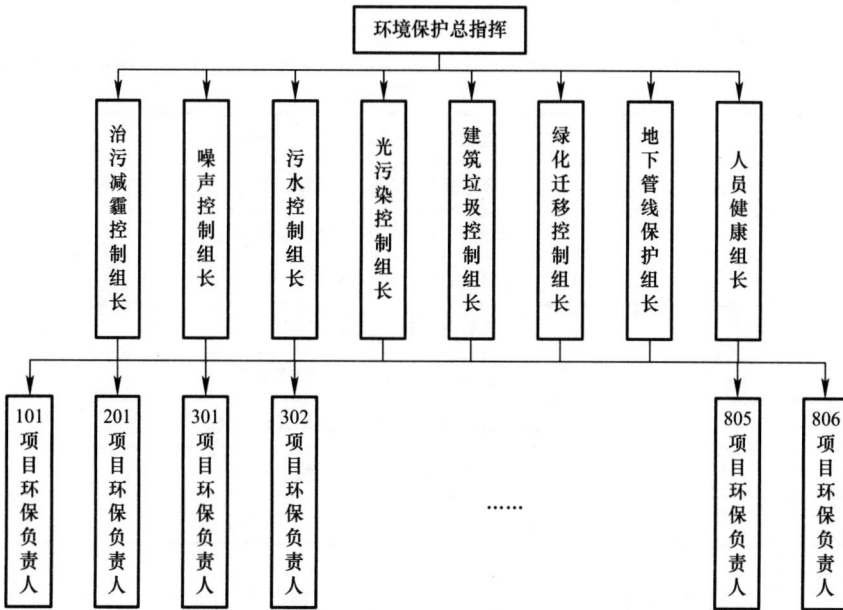

图 13-2　环境保护组织机构图

13.3.3　环境保护的管理流程策划

管廊工程开挖前将环境保护管理环节划分为：（1）环境因素识别、评价；（2）重大环境因素确定；（3）编制环保措施；（4）组织实施；（5）环境保护监测；（6）定期分析总结；（7）及时调整措施。如图 13-3 所示。

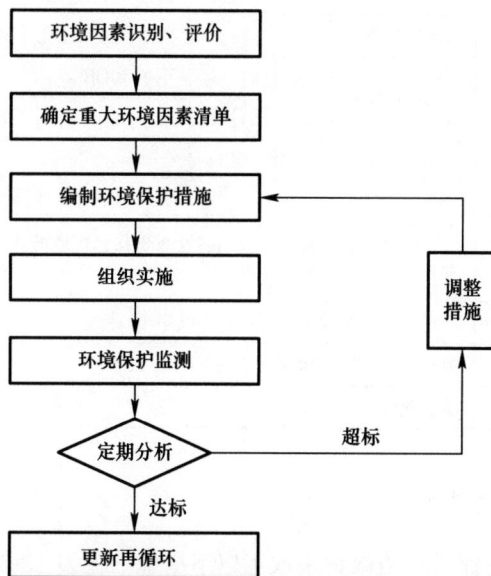

图 13-3　环境保护管理流程

13.3.4　环境保护的主要制度策划清单（见表13-4）

表 13-4

序号	制度名称
1	《综合管廊项目治污减霾控制管理制度》
2	《综合管廊项目噪声控制管理制度》
3	《综合管廊项目污水排放管理制度》
4	《综合管廊项目施工场地光污染防治管理制度》
5	《综合管廊项目建筑垃圾管理制度》
6	《综合管廊项目绿化迁移管理制度》
7	《综合管廊项目地下管线保护管理制度》
8	《综合管廊项目人员健康管理制度》
9	《综合管廊项目环境保护检查、考核管理制度》

13.3.5　环境保护目标（见表13-5）

表 13-5

环境保护目标				
序号	主要指标	检验方法	阶段	主要目标
1	治污减霾控制	目测	土方、支护	扬尘小于1.5m
		目测	主体及安装	扬尘小于0.5m
		定期检查	全过程	六个百分百，七个到位
2	噪声控制	分贝仪	昼间	小于70DB
			夜间	小于55DB
3	污水控制	pH试纸	全过程	6~9
4	光污染控制	/	/	达到国家环保部门规定，周边居民无投诉
5	固体废弃物	每万平方米管廊建筑垃圾不超过200t；建筑垃圾再利用和回收率达到30%，有毒有害物质回收处置率100%			
6	绿化迁移	需迁移项目按规定办理迁移手续率100%			
7	地下资源保护	施工前进行地下物探率达到95%			
8	人员健康	零职业病人员			

13.3.6　环境保护采取的技术措施

管廊工程施工过程中针对环境保护采取了以下措施（见表13-6）。

表 13-6

序号	指标	主要措施名称	现场管控要点和参数
1	治污减霾控制	出入口洗车系统	洗车水重复利用 100%，冲洗车辆
		互联网＋环境综合监测仪＋基坑防尘喷淋系统	与环境监测设备通过互联网连接，自动控制
		焊接烟尘净化系统	焊接烟尘通过风机集尘罩口吸入移动式焊接烟尘净化器过滤，过滤效率达到 99.9%，净化后的气体再经过活性炭过滤棉进一步的净化后经出风口达标排放
		项目办公区采用清洁能源灶具、节能灯具	减少煤的消耗量，节能灯具配置率 100%
		可周转全封闭围挡	1.8m 以上全封闭围挡有效隔离施工现场和外界，限制扬尘扩散范围
		全封闭木工加工厂	采用全封闭，配置除尘系统箱式房加工，将施工区和外界隔离，降低场区噪声界别分贝值
		洗车系统实时监控系统	通过洗车设备加装监控系统，能实时查看现场车辆冲洗情况，冲洗率 100%
		湿法拆除作业技术	涉及拆迁类，现场配置雾炮机进行降尘作业，降尘率达到 100%
		航拍技术	检查裸土覆盖情况，配置率 100%
		管廊暗挖技术	相对明挖能有效减少 50% 土方开挖量，降低扬尘控制难度和产生量
		管廊顶管技术	
		管廊盾构技术	
		装配式管廊技术	将扬尘控制在封闭加工厂区内，减少现场露天作业浇筑施工的扩散性
2	噪声控制	环境噪声检测仪	配置率 100%，能显示风速、温度、PM2.5、PM10、噪声分贝值
		全封闭木工加工房	配置除尘、降噪系统，房间材质采用吸声材料
		钢筋集中加工厂	减少多个钢筋加工棚的噪声影响范围
		装配式管廊技术	将噪声控制在封闭加工房内，减少现场露天作业噪声的传播性
3	污水控制	污水成分检测仪	配置率 100%
		pH 检测仪	配置率 100%
		污水再利用技术	利用率 30%，通过沉淀、生物分解、重新用于车辆冲洗、绿化喷淋等非饮用水
4	光污染控制	可周转全封闭围挡	围挡封闭率 100%
		电焊机专用遮光罩	对电焊等采取遮光板措施达到避光效果
		定向照明	配置率 100%
		可移动式灯架	配置率 100%
		照明自动控制系统	照明设备通过时钟计时器控制自动开关，达到自动开启与关闭，杜绝长明灯现象
5	固体废弃物	箱式板房	周转次数 5 次以上，每平方米减少垃圾产生量约 0.2m³
		钢板道路	相比传统硬化场地，每平方米减少约 0.2m³ 混凝土，从而减少运输罐车使用量
		可周转围挡	减少水泥、砖、砂浆用量，平均每米减少约 0.48m³ 垃圾
		装配式管廊技术	将固体废弃物在封闭加工厂区内，便于进行管理和回收

续表

序号	指标	主要措施名称	现场管控要点和参数
6	绿化迁移	绿化迁移法律法规普及	提高环保意识和重视程度
		绿化迁移流程的梳理	提高办事效率
		绿化迁移管理制度的建立	规范人的行为和办事流程
7	地下管线、资源保护	地球物理 GPS 物探技术	提前对地下管线情况探测，绘制成地下管线分布图，做到预控
		管廊地下暗挖技术	减少明挖对交叉管线破坏，减少重复施工工作量
		管廊顶管技术	
		管廊盾构施工技术	
8	人员健康	人员 GPS 定位系统	通过在安全帽部位加装芯片可随时监控人员位置
		实名管理门禁系统	在现场出入口设置门禁，查阅考勤，监督在场情况
		工作面实时监控系统	对工作面进行 24 小时不间断实时监控

13.3.7　环境保护采取的组织管理措施

（1）建立了《综合管廊环境保护管理制度》；

（2）分解签订了《综合管廊环境保护目标责任书》；

（3）建立了环境保护和治污减霾专项治理领导小组；

（4）项目实施前编制专项《环境保护方案》；

（5）建立了《重大环境因素清单》《一般环境因素清单》（见表 13-7）；

表 13-7

CSCEC	中国建筑　项目管理表格			
	环境因素清单		表格编号	
			CSCEC-PM-B10802	
单位/区域/工程名称：西安市地下综合管廊 PPP 项目 I 标段		■需要　□一般	编号：	
序号	环境因素/危险源	适用法律法规及其他要求	遵守情况	评价结论

（6）建立工作联系群，利用航拍技术进行每日汇报项目整体环境保护情况通报（见图 13-4）；

图 13-4　航拍监控示例（一）

图 13-4 航拍监控示例（二）

（7）建立了定期检查考核机制，定期进行路段打分、排名、奖惩；

（8）建立了全年环保法律法规学习计划和培训计划；

（9）定期每月组织一次环保知识竞赛，提高环保意识和管控能力；

（10）分类统一了办公区、生产区环保临时设施要求，办公区每天安排专人进行环境卫生检查，生产区主要出入口设置环境保护公示栏和监督电话；

（11）施工围挡安排保洁员每天进行擦洗，裸土覆盖安排专人负责不间断巡查，及时覆盖，长期不使用土地进行绿化，建立了日报机制，专人跟踪（见图 13-5）；

（12）进场前对渣土运输车辆进行全面检查，不符合要求的车辆，严禁入场施工；

（13）打造扬尘治理观摩示范项目，以样板带动争先创优，促进各路段提高标准（见图 13-6）。

图 13-5 裸土覆盖示例　　　　　　　　图 13-6 观摩现场

第六篇　运营管理篇

第十四章 运营管理

14.1 综合管廊建设管理模式

14.1.1 国内综合管廊的建设运营模式

14.1.1.1 政府建设运营模式

由地方政府出资组建或直接由政府直属的投资平台公司负责融资建设，项目建设资金来源于地方财政投资、政策性开发贷款、商业银行贷款等方式。项目建成后由政府平台公司主导，通过组建专门机构实施项目的运营管理。我国早期建成的管廊基本都采用了这种模式。

14.1.1.2 PPP 模式

由政府和社会资本共同出资组建 PPP 项目公司，项目公司负责项目的投资、建设以及后期运维管理，项目风险和收益由政府方和社会资本方共同承担。

14.1.2 西安市地下综合管廊建设运营模式

西安市地下综合管廊采用 PPP 模式，中国建筑与西安市政府共同出资成立项目公司——中建西安综合管廊投资发展有限公司。项目公司与西安市城乡建设委员会签订特许经营协议，由项目公司负责项目的投资、建设、运营、移交等工作。特许经营期为 30 年（其中建设期 5 年，运营期 25 年）。项目收益机制采用使用者付费加政府可行性缺口补贴模式，其中使用者付费包括管线入廊费和日常维护费。

14.2 管廊运营工作内容

14.2.1 设计阶段

运营部门要提前介入管廊设计阶段的工作，从运营角度对系统功能选择、维护站设计方案、智慧管理平台功能等提出合理化建议和要求。

14.2.1.1 系统功能确定

从综合管廊运营安全和运营维护管理角度出发，确定综合管廊的系统功能。对影响运营成本较大的系统功能，进行方案的比选、优化，制定合理的设计方案。

为保障综合管廊安全运营及维护管理，系统需要具备可靠的监控（视频监控、环境监控、设备监控）、报警、消防、通信管理等功能。

设计阶段重点关注以下方面内容（见表 14-1）。

表 14-1

序号	系统	重点关注内容	备注
1	监控、安防系统	1. 入侵报警系统。逃生口、人员出入口、自然进风口等布置入侵报警探测器，从运营安全角度提出入侵探测的方式、探测器的探测覆盖范围、防区的划分、报警探测器的设备编号、探测器联动报警的方式及报警流程等。 2. 视频监控系统。综合考虑廊内环境，确定摄像机的选型、环境、设备监控 ACU 及探测设备安装位置便于维护、检查，ACU 箱内回路及线缆标识明确；安防系统安装位置尽可能覆盖逃生口、人员出入口、自然进风口、设备吊装口、防火卷帘门等人员出入的地方以及设备安装比较集中的位置；安装位置便于后期检修维护。 3. 气体探测器。对比前期投入费用、后期运维成本及安全等方面综合考虑选取探测方式（催化燃烧、激光、红外等），气体探测器安装位置符合规范要求并便于后期维护，探测器应具有唯一编号，便于后期的维护和管理	
2	消防系统	1. 火灾自动报警及联动控制系统。报警联动的工作流程应满足管廊运营要求，手动报警按钮的位置便于人员操作、满足防水、防潮要求。 2. 灭火系统。综合考虑廊内环境和运维安全，对比选取适合综合管廊环境条件的灭火方案，灭火喷头喷射角度范围内不应有其他设备，干粉存储罐在满足灭火覆盖面积的基础功能上，安装在便于拆卸和维护的位置	
3	通信网络系统	无线 WIFI 设计。综合考虑廊内的情况对无线信号的影响包括廊内的拐弯、起伏、缆线仓内高压线缆的复杂环境等，考虑无线的增加补点以及采用定向无线形式等，保证后期运营人员的高效、安全运维巡检。设备的安装位置保证无死角覆盖的情况下满足后期维护检修。考虑安全问题，燃气舱建议不设置无线 WIFI	

14.2.1.2　监控中心、维护站方案确定

根据管廊片区分布及管廊运维需求，确定监控中心（维护站）地理位置、主要功能、建筑面积和平面布置，确保使用功能的合理性，保证后期运维的高效性。

（1）设置原则

考虑综合管廊应急响应时间为 30min 到达现场，结合西安市地区的综合路况，拟定管廊监控中心（维护站）的服务半径宜控制在 6km 左右，服务边界宜结合行政区域划分及各管线单位维护边界的划分进行设置。

在条件允许的前提下监控中心和维护站优先独立建设，宜设置维修空间和管线堆场；维护站和管廊之间宜设置专用连接通道，方便进行维护作业。

（2）层级及功能

监控中心层级及功能：根据管廊分布情况设置监控中心，一般分两级设置：公司级监控中心和区域维护站。公司级监控中心主要负责数据汇总处理、应急调度、管线单位对接、专业维护、设备维修、物资储存及参观展示、会议等功能；维护站主要负责片区内综合管廊数据采集、预警报警、区域调度、应急响应、日常巡视等。

（3）平面布置及建筑面积

监控中心平面布置：设置办公区、监控室、展示区、大型会议室、配电室、机房、值班室、物资库、卫生间、员工食堂和宿舍等功能，建议面积为 $1000\sim1200m^2$。

维护站平面布置：设置办公区、监控室（根据规模确定是否需要）、小型会议室、配电室、机房、值班室、休息室、卫生间、物资库等功能，面积根据所管理的管廊数量确定，管理规模大于 10km 的维护站建议 $800\sim1000m^2$，管理规模小于 10km 的维护站建议 $200m^2$ 左右。

14.2.1.3　智慧管理平台方案确定

智慧管理平台通过物联网、智能传感器、BIM＋3D三维可视化技术、大数据、云平台、VR等技术，实现管廊内部设备运行状态自动监控、基础数据的自动采集分析、动态信息共享、自动预警/报警、远程手动/自动控制；地理信息、城市地形、建筑模型等数据的存储、查询、空间定位、空间分析。

维护人员自动定位、运营维护管理的精准管控与智能决策、设备及资产管理、应急预案的演练、应急指挥与调度等功能。保证综合管廊在运营过程中，问题实时发现，自动上传、及时处理，自动分析。

管理平台方案确定程序：首先确定平台总体架构，通过会议或函件形式征集各管线单位及相关部门的需求。与各管线单位在数据传递、数据共享方面充分沟通，满足监控管理、数据管理、安全报警、应急联动等的运营需求。其次，与弱电或集成商沟通，确定平台与监控报警各子系统的通信协议、数据接口标准。综合考虑先进性、经济性、便捷性、安全性、兼容性、集约性，并预留未来发展的扩展空间。

管理平台主要功能模块如下：

（1）管理平台主要功能模块

管理平台主要应包含综合管控、运维管理、运营服务、应急指挥等模块，采用物联网、自动控制、计算机、GIS、BIM等技术，将多个模块集成为统一的管理平台。

各模块包含内容如下：

1）综合管控模块：主要包括环境监控、消防监控、视频监控、入侵管理、门禁管理、人员监控、智能照明、能源监测、电缆监测等子系统。

2）运维管理模块：主要包括业务管理系统、日常运维管理系统、考核评价系统、管线资源管理、管廊设备管理、管廊标识管理以及移动巡检终端系统、移动事故处置终端系统等子系统。

3）运营服务模块：主要包括租赁管理系统、合同管理系统、档案管理系统、资金结算系统等子系统。

4）应急指挥模块：主要包括指挥调度系统、应急管理系统、事故处理系统、灾后分析与评估系统等子系统。

应急管理系统可考虑与公安、消防及入廊管线相关单位建立联动机制。

5）大数据分析模块：资源分析系统、监测数据预警分析系统、数据可视化系统等子系统。

实施过程中，在满足运维的前提下，根据实际情况优化选择相应的功能系统。

（2）与相关单位系统融合

智慧管理平台涉及众多的政府部门、管线权属单位、管线使用单位，要将智慧管理平台与上下级系统、管线权属单位、管线使用单位系统及办公、收费等相关系统进行有效链接和融合，同时预留尚未建成的系统对接端口，以实现数据的交互与共享。

14.2.2　施工阶段

施工质量和设备质量对运营阶段的安全和成本影响较大，施工阶段要重点关注设备品牌选型和运营验收工作。

14.2.2.1 设备品牌选型

重点关注弱电设备品牌选型，包括环境监控系统、安全监控系统、通信系统、消防系统的设备选型及品牌确定。设备品牌要与平台系统兼容，并保证在后期系统升级时能正常使用。

14.2.2.2 土建工程

重点关注结构裂缝，变形缝渗水、排水沟坡度、爬梯、门、护栏安装质量等与后期运维关系密切的项目，制定土建运营验收标准。

14.2.2.3 安装工程

安装质量对后期运营维护成本影响非常大，要把安装质量作为运营部门施工阶段的重点工作，针对动力照明、排水、通风、消防、监控等各系统制定运营验收标准，具体见表 14-2～表 14-8。

运营质量验收记录表（土建）　　表 14-2

序号	验收项目	运营验收内容	验收方法	接收需要资料	是否合格		资料齐全		备注
					是	否	是	否	
1	结构	是否有变形、沉降移位、缺损、裂缝、腐蚀、渗漏、漏筋等	外观检查						
2	变形缝	是否有变形、渗漏水，止水带是否被损坏	外观检查						
3	排水沟	沟槽内淤泥是否清理完毕	外观检查						
4	爬梯、护栏	是否有腐蚀、掉漆、弯曲、断裂、脱焊、破损、松动等	外观检查						
5	管线引入（出）口	是否有变形、缺损、腐蚀、渗漏等	外观检查						
6	人员出入口	是否有覆盖异物，防盗、防侵入（人、物、水）设施是否完好，格栅等金属构配件是否安装牢固，有无损坏、锈蚀	外观检查						
7	逃生口		外观检查						
8	吊装口		外观检查						
9	进（排）风口		外观检查						
10	吊环	吊环是否生锈，位置及外漏部分是否满足图纸要求	外观检查						

运营质量验收记录表（动力照明）　　表 14-3

序号	验收项目	运营验收内容	验收方法	接收需要资料	是否合格		资料齐全		备注
					是	否	是	否	
1	景观型箱变	油位正常、无漏油现象	外观检查，油位是否在正常液面范围内，变压器外表面无漏油现象						
		中性点接地电阻	测试时现场检测						
		所有需可靠接地的部位是否可靠接地，平垫、弹垫是否齐全	外观检测，平垫、弹垫是否齐全						
		交接试验完整性	查看交接试验记录	交接试验记录						

续表

序号	验收项目	运营验收内容	验收方法	接收需要资料	是否合格		资料齐全		备注
					是	否	是	否	
1	景观型箱变	相间绝缘电阻	查看绝缘电阻摇测记录	绝缘电阻摇测记录					
		地埋式箱变排水设施	观察地埋式箱变安装基坑内能否正常排水						
		运行温度	观察高/低压侧温度显示仪表						
		送电程序	检查每个已送电回路对应的送电申请表是否齐全，送电回路馈线侧所有用电器均已断开，并形成检查记录	送电申请表，电缆现场摇测记录，送电回路馈线检查记录表					
2	配电箱	箱体可靠接地，箱体与门的接地，平垫、弹垫齐全，螺母完全拧紧	外观检测，平垫、弹垫是否齐全，箱体的接地点是否正确						
		PE排应与箱体外部的接地导体端子跨接，平垫、弹垫齐全，螺母完全拧紧	外观检测，平垫、弹垫是否齐全						
		成套配电箱安装检验批内检测记录是否符合规范要求	查看配电箱安装检验批	成套配电箱安装检验批					
		交接试验记录	查看配电箱交接试验记录	交接试验记录					
		配电箱防护等级与防爆等级是否与图纸要求一致	查看合格证和厂家出厂检验报告	配电箱合格证和厂家出厂检验报告					
		电缆终端头制作是否完整，干包或热缩措施是否完善，电缆的相线、零线、地线颜色是否按照黄、绿、红、蓝、黄绿双色标注，配电箱内接线整齐，排布规律	外观检测，相线、零线、地线的色标是否正确，热缩或干包的措施是否完整，配电箱内接线整齐，排布规律						
		多个照明回路进箱电线是否按照，黄、绿、红色依次排布，零线为蓝色，地线为黄绿双色，一个回路的零线和地线有单独的接线端子，不得混接，零排、地排的平垫、弹垫完整，配电箱电线内接线整齐，排布规律	外观检测，相线、零线、地线的色标是否正确，配电箱电线内接线整齐，排布规律，零排、地排的螺栓垫片是否完整						
		控制电缆进箱是否套线号管，是否有与图纸一致的线号，压线端子是否完整，屏蔽电缆的屏蔽网是否接在配电箱一侧的地排上	外观检测，控制电缆是否有线号管，线号管上的线号是否与图纸相一致，屏蔽网是否与地排连接可靠						

续表

序号	验收项目	运营验收内容	验收方法	接收需要资料	是否合格		资料齐全		备注
					是	否	是	否	
2	配电箱	柜、台、箱的进出口应做防火封堵，并应封堵严密	查看柜内防火封堵是否严密						
		配电箱内的浪涌SPD型号应符合图纸设计要求，SPD的接线形式应符合设计要求，接地导线的位置不宜靠近出线位置，SPD的连接导线应平直、足够短，且不宜大于0.5m	查看防雷验收报告						
		箱（盘）内配线应整齐、无铰接现象；同一电器元件端子上的导线连接不应多于2根，防松垫圈等零件应齐全	配电箱内接线整齐，排布规律，无铰接现象，同一电器元件端子上的导线连接不应多于2根						
		配电箱内无杂物、无灰尘，每个配电箱内应该有一份完整的配电箱二次图纸	外观检查						
		配电箱紧贴安装背板，固定螺栓拧紧，平垫、弹垫齐全。安装水平、高度满足图纸要求	外观检查，操作是否方便，配电箱固定可靠						
3	风机、水泵	外壳接地，平垫、弹垫配备齐全	外观检查，外壳接地是否完整，垫片是否齐全						
		风机、水泵的电动执行机构，相间电阻不得小于0.5MΩ，主要为检查风机、水泵的检测报告有无此项内容，是否符合上述要求，一个品牌的产品检查一次	查看检测报告和绝缘摇测记录	相间绝缘摇测记录，风机、水泵的出厂检测报告						
		检查风机电机的出厂时间，是否出保证期限，手动盘叶轮正常	动风机叶轮无卡顿，查看风机铭牌上的出厂时间						
		风机安装水平，牢靠，防震动措施齐全，固定螺栓的平垫、弹垫齐全；风机运行无不正常噪声，无强烈振动，无移位，无螺栓松动	风机启动后无不正常噪声，无强烈振动，无移位						
4	成品支吊架的安装	预埋槽及支架表面应平滑，无滴漏、粗糙和锌刺，无起皮，无漏镀，无残留的溶剂渣	外观检查						
		预埋槽垂直承载力、横向承重力、疲劳试验、T形螺栓拉伸试验、焊件抗拉拔试验	查看第三方检测报告	第三方复检报告，及复检报告报检记录						

续表

序号	验收项目	运营验收内容	验收方法	接收需要资料	是否合格		资料齐全		备注
					是	否	是	否	
4	成品支吊架的安装	预埋槽及支架外表面镀锌层平均厚度不小于 70μm，抽检最小值不小于 60μm	查看第三方检测报告	第三方复检报告和复检报告报检记录					
		预埋槽及支架的厚度达到厂家计算书的要求	看第三方检测报告	第三方复检报告、厂家计算书、承载力试验报告					
		成品支吊架的受力情况符合图纸要求	检查第三方检测报告						
		预埋槽及支架的位置、高度、间距符合图纸要求	依据图纸进行核对						
		因施工原因不能使用成品预埋槽，需在廊体上使用膨胀螺栓固定的，需单独进行支架的承载力试验	检查第三方承载力试验报告的结果是否符合图纸要求						
		托臂需与墙体垂直，支架托臂纵横成列	外观检查						
		预埋槽预埋完成后预埋槽与廊体间的缝隙不能漏水	外观检查						
		每组成品支吊架必须与接地干线可靠连接，平垫、弹垫完整，固定螺栓全部拧紧	外观检查，平垫、弹垫完整						
5	EPS	逆变器工作状态正常，无未消除的故障报警	测试时工作状态正常						
		现场检测，电源转换时间是否符合图纸要求	测试时现场检测						
		控制回路的动作试验，并应配合消防联动试验合格	联动测试时现场检测						
		查阅 EPS 绝缘电阻测试报告	查看绝缘电阻摇测记录	绝缘电阻摇测记录					
6	桥架	桥架连接板和连接螺栓完整	外观检查						
		桥架每隔 50m 是否与铜敷钢可靠接地，起点端与终点端是否可靠接地	外观检查，可靠接地点是否完整						
		防火热浸锌桥架连接处跨接接地线是否缺失，每个桥架断开处均应加跨接地线	外观检查						
		连接板每端不应少于 2 个有防松螺帽或防松垫圈的连接固定螺栓，是否缺失	外观检查						

续表

序号	验收项目	运营验收内容	验收方法	接收需要资料	是否合格		资料齐全		备注
					是	否	是	否	
6	桥架	桥架经过变形缝处是否有补偿装置	外观检查						
		桥架与支架固定采用螺栓连接，平垫、弹垫齐全，桥架应与每处支架固定	外观检查，固定点完整，平垫、弹垫完整						
		桥架外观完好，热浸锌防火桥架防火涂层完好	外观检查，查看耐火试验检测报告是否符合规范要求	需提供耐火试验的检测报告					
7	导管敷设	镀锌电缆穿线管不得焊接，丝口连接处两侧用不小于4mm²的黄绿双色线进行跨接。金属软管与镀锌钢管连接或进箱、盒时，采用专用连接头连接，连接处两侧用不小于4mm²的黄绿双色线进行跨接，成排的穿线导管接地线不得串联（暗配只能查阅隐蔽工程验收记录）	外观检查，跨接点是否完整，查看隐蔽工程验收记录	隐蔽工程验收记录					
		除燃气舱外，穿线管接入配电箱、接线盒、控制按钮箱、桥架时不得将穿线管直接插入，用专用连接件与配电箱桥架连接	外观检查						
		燃气舱穿线管采用低压流体输送管道，连接要求和配件按照12D401-3要求	与图集进行对照						
		所有出廊的预留电力、通信钢套管，管线公司穿线前，需对套管进行防水封堵	外观检查						
		导管经过变形缝处是否有补偿装置（暗配只能查阅隐蔽工程验收记录）	查看隐蔽工程验收记录	隐蔽工程验收记录					
		抽查同一回路的检修插座箱的进线线径是否一致	查看电缆标识牌上标明的电缆是否与图纸相一致						
		查看电缆绝缘摇测记录	电缆回路能否正常送电，查看电缆绝缘摇测记录	电缆绝缘摇测记录					
		电缆在敷设的过程中不能有机械损伤，电缆敷设完成后检查电缆绝缘摇测记录	电缆回路能否正常送电，查看电缆绝缘摇测记录	电缆绝缘摇测记录					
		在景观箱式变压器低压馈线侧，检查零序互感器的穿线方式是否正确，是否符合规范要求	外观检查，同一回路三根相线与零线需同时穿过零序互感器						

续表

序号	验收项目	运营验收内容	验收方法	接收需要资料	是否合格		资料齐全		备注
					是	否	是	否	
7	导管敷设	电缆在配电箱内、低压馈线侧、电缆拐弯处均应在电缆上挂设电缆标识牌，标明电缆的型号，回路名称要求字迹清晰，不得有油污和遮挡，电缆能够与标识牌一一对应	外观检查，检查电缆标识牌是否完整						
		电线、电缆不允许在桥架内和导管内有中间接头，电线如需接头必须经过搪锡处理	对接线盒内的电线接头进行抽查						
8	灯具安装	灯具吸顶安装，安装周正，与廊体舱内中心线平行或重合	外观检查						
		灯具一侧金属软管接入时是否有专用接头	外观检查						
		检查灯具外壳是否完好，无破损	外观检查						
		灯具防护等级是否符合图纸要求	查看灯具的复检报告	第三方复检报告，出厂合格证，检验报告					
		智能开关面板外壳完好，无破损，就地、远程，应急状态下操作正常	联动试运行时模拟状态，是否能够正常工作						
		灯具的接线盒内接线时，中间接头必须经过搪锡处理	对接线盒内的电线接头进行抽查						
9	防爆灯具安装	防爆灯具外壳贴有合格证、CCC认证、防爆等级等标识	外观检测						
		防爆灯具的防爆等级是否与图纸相一致	查看灯具的复检报告						
		防爆接线盒、密封盒及其附件是否满足图纸防爆等级的要求	外观检测，检测出厂合格证						
		防爆灯具安装附件是否齐全	外观检测，与12D401-3图集进行对照						
		每一处丝口连接处的接地连接线是否齐全	外观检测						
10	应急灯具安装	疏散指示灯、安全出口指示灯、应急双头灯壁装时必须紧贴墙面，不得有翘头的情况	外观检查						
		安全出口指示灯在吊装时，需要根据图纸要求使用低压流体输送镀锌钢管进行吊装	外观检查						

序号	验收项目	运营验收内容	验收方法	接收需要资料	是否合格		资料齐全		备注
					是	否	是	否	
10	应急灯具安装	疏散指示灯、安全出口指示灯、应急双头灯的安装位置应与图纸相一致	依据图纸进行核对						
		灯具防护等级是否符合图纸要求	查看第三方检测报告	复检报告内能够显示灯具的防护等级					
		塑壳断路器多股电缆接入时用专用接线端子接入或者经过搪锡处理接入	外观检查是否均进行搪锡处理						
		电缆接入景观式箱变和配电箱时,必须使用热缩工艺或干包工艺制作电缆终端接头,黄、绿、红、蓝、黄绿双色的热缩管色标完整,并覆盖进柜的整根电缆	外观检查,是否符合要求						
		电缆接线必须使用接线端子,不得直接接入电气元件	外观检查,每一个电缆头是否都有接线端子						
		控制电缆接入配电箱时需要配备线号管,线号管需打印与图纸相同的线号	外观检查,并与图纸进行对照						
		每一个接线盒不应被遮挡	查看有无被遮挡的接线盒						
		多个照明回路接入配电箱时,相线需根据配电箱内开关的排布用黄、绿、红色依次标注不同照明回路的颜色,并在柜内悬挂照明回路电缆标识牌,要求字迹清晰,编号正确	外观检查,依据图纸进行核对						
11	接地	预埋钢板的位置和预留接地测试点的位置与图纸一致,不得漏埋,接地测试点应有明显的标识,不得被别的物体覆盖	外观检查						
		接地干线与预埋接地钢板焊接处防腐完好;接地干线的固定点安装完好	外观检查						
		廊内接地电阻不大于1Ω,并有完整的第三方检测报告	查看第三方检测报告	接地电阻第三方检测报					
		接地支线的数量满足图纸要求;设备与接地支线连接牢靠	与图纸进行对照						

运营质量验收记录表（排水）　　　　　　　表 14-4

序号	验收项目	运营验收内容	验收方法	接收需要资料	是否合格		资料齐全		备注
					是	否	是	否	
1	管道	管道及管件外表无锈蚀，镀锌层表面未破坏 $PN=1.0$MPa	外观检查						
		无渗漏现象	管道充水时，管道外部无渗漏现象						
		管道支吊架的数量和位置符合图纸要求	依据图纸进行核对						
		穿墙套管与管道之间的缝隙已做密封处理，无渗漏现象	回填后，管道与套管间无漏水现象						
		管道横平竖直	管道整体外观横平竖直						
		法兰连接螺栓完好无松动，平垫、弹垫完整，法兰间的密封垫完好，法兰压力等级符合图纸要求 $PN=1.0$MPa	检查法兰连接螺栓的平垫，弹垫是否完整，用扳手抽查螺栓是否全部拧紧。查看法兰的合格证和厂家出厂检测报告						
2	阀门	阀门阀体无渗漏水现象	管道和阀门内充满水时，阀门阀体是否有漏水现象						
		压力等级符合图纸要求 $PN=1.0$MPa	查看阀门的合格证和厂家出厂检测报告	阀门出厂合格证和检验报告					
		安装位置易于操作	能否正常操作						
		防腐层无破损	外观检查						
		阀门开关密闭正常	管道充满水时，关闭阀门，查看管路上压力表的读数是否有变化						
		止回阀内无杂物，密闭正常	抽水完成后，查看集水坑是否回排的现象						
3	压力表	压力表需经过第三方检验	查看压力表盘上的第三方检验标识	压力表第三方检验报告，出厂合格证和检验报告					
		压力表弯安装牢靠，无生锈漏水现象	外观检查，管路内充满水时压力表弯无明显漏水						
		压力表针型阀开关密闭正常	管路充满水时，关闭压力表弯下的针型阀，压力表的读数是否为 0						
		压力表压力等级符合图纸要求 $PN=0\sim0.6$MPa	查看压力表表盘的最大读数						
4	水泵	安装固定无松动，运行时无异响、无异常，电压、电流均正常	水泵启动时，水泵运行平稳，无明显的振动和不正常的噪声，观测配电箱的显示仪表中显示的电压和电流						
		连接软管是否松动破损，与镀锌钢管连接牢靠	外观检测，水泵启动时橡胶软管和接头处无漏水现象						

序号	验收项目	运营验收内容	验收方法	接收需要资料	是否合格		资料齐全		备注
					是	否	是	否	
5	控制开关	外观无破损	外观检查						
		安装稳固	外观检查，液位计安装位置便于维修						
		水位信号反馈正常	高、低水位时水泵能够正常动作，控制中心内能够正常显示水位状态和水泵的运行状态						
		所有出廊的预留防水套管，必须进行防水封堵	外观检查						

运营质量验收记录表（通风）　　　　　　　　表 14-5

序号	验收项目	运营验收内容	验收方法	接收需要资料	是否合格		资料齐全		备注
					是	否	是	否	
1	风道、风口	风口外观无破损，安装牢靠，与墙面的缝隙处用柔性防火材料封堵	外观检查						
		通风风道畅通无异	外观检查，检查路由是否有障碍物						
2	风阀	表面无锈蚀	外观检查	设备出厂合格证和检测报告					
		关闭严密，开关到位	单机调试时，检查是否能够正常开启、关闭						
		信号反应正确	单机调试时，开启或停止状态时，信号是否准确						
		与 ACU 的联动信号正常	联动调试时，是否能在 ACU 处正常启动、关闭						
		在各个工况运行正常，开关到位	联动调试时，是否能在 ACU 处正常启动、关闭						
3	风机	风机安装固定牢靠，风机减振措施完整、安装牢靠；风机运行无异常响声，无强烈振动，无松动移位	风机运行无异常响声，无强烈振动，无松动移位						
		风机接线牢靠，运行中电压、电流正常	运行时，检查演示仪表中显示的电压、电流是否正常						
		风机安装螺栓防腐良好，平垫、弹垫齐全	外观检查						
		风机能否在各个联动条件下正常启动	联动测试，模拟各个风机需启动的工况						
		防爆风机	燃气舱内风机的防爆电机上有防爆合格证，防爆等级等铭牌	设备出厂合格证和检测报告						
		管廊的通风口处出风风速不宜大于 5m/s	风机启动时，用风速仪在出口进行检测						

运营质量验收记录表（消防）　　　　　表 14-6

序号	验收项目	运营验收内容	验收方法	接收需要资料	是否合格		资料齐全		备注
					是	否	是	否	
1	防火分隔	防火门安装良好，无歪斜	外观检查						
		防火封堵全面无遗漏，无破损	外观检查						
		所有穿线管，穿线完成后必须使用柔性防火材料进行防火封堵	外观检查						
		所有预留的穿线管或出廊电力通信套管必须使用柔性防火材料进行防火封堵	外观检查						
2	悬挂式超细干粉灭火	储存装置外观良好	外观检查						
		控制器工作状态良好	控制中心显示状态正常，能够正常开启						
		手动控制按钮盒安装位置	安装位置操作方便能够正常启动						
		灭火器必须在有效期范围内	查看出厂检测报告	设备出厂合格证和检测报告					
3	手提灭火器	外观良好	外观检查						
		压力表装置完好	外观检查						
		安放位置合理方便	外观检查						
		数量及摆放间隔符合图纸设计要求	依据图纸进行核对						
		灭火器必须在有效期范围内	查看出厂检测报告	设备出厂合格证和检测报告					
4	消防IP电话	安装固定牢固	外观检查						
		线缆无松动	外观检查						
		通话正常	联动测试时，工作均正常						
		外表面无破损	外观检查	设备出厂合格证和检测报告					
5	火灾探测器	装置安装牢固、外观良好	外观检查						
		可燃气体探测器、火灾探测器、手动报警装置的安装位置和间距需和图纸要求一致	依据图纸进行核对						
		探测器周围0.5m内，不应有遮挡物	外观检查						
		运行状态良好	控制中心显示状态正常，位置与现场相一致						
		联动状态下可燃气体探测器、火灾报警后，所有设备能够根据工况正常启动	联动测试时，工作均正常	设备出厂合格证和检测报告					

序号	验收项目	运营验收内容	验收方法	接收需要资料	是否合格		资料齐全		备注
					是	否	是	否	
6	防火卷帘	防火卷帘应与消防联动控制器、火灾探测器、卷门机连接并通电，防火卷帘控制器应处于正常监控状态	控制中心处检查设备状态	设备出厂合格证和检测报告					
		现场点动、消防联动均能正常启动	联动测试时，工作均正常						

运营质量验收记录表（监控）　　　　　　　　　表 14-7

序号	系统名称	验收项目	运营验收内容	验收方法	接收需要资料	是否合格		资料齐全		备注
						是	否	是	否	
1	安防监控系统	前端设备	安装位置、安装数量满足设计要求、安装固定牢固	与设计文件、合同文件进行比对	设备出厂合格证和检测报告					
			前端设备布线强弱电分开、线缆有正式的标识	观测正常						
		后端设备	安装位置、安装数量满足设计要求、安装固定牢固	与设计文件、合同文件进行比对						
			存储时间与设计相符	与设计文件、合同文件进行比对						
			UPS后备电源供电满足设计要求	与设计文件、合同文件进行比对						
			线缆标识满足设计及规范要求	观测正常						
		系统功能	图像调用：能实现单个或者多个摄像机的实时监控画面调用	管理工作站上操作						
			录像功能：能实现单个或者多个摄像机的录像	管理工作站上操作						
			录像存储：能按照设计的时间对录像资料进行存储	管理工作站上操作						
			录像回放功能：能实现对指定摄像机、指定时间段的监控录像进行回放	管理工作站上操作						
2	红外报警系统	红外报警	安装固定牢固	外观检查	设备出厂合格证和检测报告					
			布防、撤防满足要求	现场测试						
			报警的响应时间符合要求	现场测试						
			探测距离符合设计要求	现场测试						

续表

序号	系统名称	验收项目	运营验收内容	验收方法	接收需要资料	是否合格		资料齐全		备注
						是	否	是	否	
2	红外报警系统	红外报警	防拆、保护功能	外观检查						
			入侵检测现场报警正常	现场声光报警及时开启						
			入侵状态下，摄像头能够正常进行视频监视，控制中心能够及时收到画面	联动测试时，控制中心能够正常收到现场画面						
3	门禁控制	读卡器	读卡器安装牢固	外观检查						
			防拆、防破坏功能	外观检查						
			环境对读卡器工作有无干扰	外观检查	设备出厂合格证和检测报告					
		门禁控制器	防拆、防破坏功能	外观检查						
		门禁控制器	控制功能	系统测试时，能正常开、关门						
		电源	电源自动切换情况	市电断开后，后备电源能正常工作						
		电锁	开关性能、灵活性	控制器发出指令后，电锁能断开、吸合						
		系统功能	门禁能够通过门禁卡正常开启，非正常进入，报警功能正常，控制中心能够远程操作门禁系统，火灾联动时工作正常	门禁卡现场开关门正常，远程操作正常，联动测试时，门禁功能正常						
4	环境检测系统	环境监测（含氧量、温湿度传感器）	安装固定牢固	外观检查						
			安装位置和间距与图纸要求相一致	依据图纸进行核对						
			监测数据及时正确有效；本地显示的数据与控制中心显示的数据一致	控制中心数据与现场显示数据相一致						
			数据高于图纸要求标准时，风机能够正常启动至数据恢复正常值	联动测试时，工作均正常						
5	无线对讲系统	无线信号	无线信号中继台不间断供电满足设计要求	与设计文件进行对比						
			无线信号发射器工作是否正常，信号强度是否满足，人员配置巡检设备的信号是否能够实时传输至控制中心	联动测试时，工作均正常						

序号	系统名称	验收项目	运营验收内容	验收方法	接收需要资料	是否合格		资料齐全		备注
						是	否	是	否	
6	电子井盖	电子井盖	安装固定牢固	外观检查	设备出厂合格证和检测报告					
			能够实现就地、远程的操作，开、关信号正常	就地操作，控制中心操作，火灾联动测试均正常						
			井盖上方无障碍物	现场检查						
7	服务器		外设接口完好	外观检查						
			风扇滤网清洁无积灰	外观检查						
8	电子巡查系统	电子巡查	巡查点满足图纸要求	依据图纸进行核对						
			数据能通过巡检器上传管理电脑，并能生成报表	现场测试						
			报表可以通过打印机进行打印	现场测试						
			巡查路径能正确上传至控制中心	联动试运行时检测						

综合管廊运营前整改问题销项确认单　　　　表 14-8

整改项目编号	整改内容	整改完成时间	运营部门确认时间	备注

上述问题已整改完毕
整改单位：

整改单位负责人签字：

工程部门意见：	运营部门意见：
工程部门负责人签字：	运营部门负责人签字：

说明：1. 请各单位认真填写此销项确认单，由整改责任单位按要求报送。
　　　2. 整改完成后，与运营部门取得联系，由其安排运营部相关专业负责人进行现场确认销项，并签字确认。

14.2.3　运营准备阶段

14.2.3.1　对接政府方的工作

1. 推进入廊收费标准的制定

入廊收费标准是签订入廊合同，收取入廊费用的基础，推进入廊收费标准工作是运营部门前期的重点工作。各地政府对收费标准的重视力度不一样，处理流程也不尽相同。部分地区由政府物价部门直接委托中介机构进行编制和发布，部分地区由政府类平台公司委托中介机构编制上报物价部门，由物价部门审核后发布。项目公司要积极沟通政府部门，明确收费方案编制的主体，明确收费方案的出台流程，配合及督促相关部门推进入廊收费标准发布工作，全过程参与编制过程。

2. 关注政府运营考核办法的制定

特许经营协议约定综合管廊维护管理的绩效考核由市建委负责具体实施，考核对象是项目公司。考核采取日常考核、定期考核和抽检抽查相结合的方式，政府支付的可行性缺口补贴与考核结果挂钩。市建委依据考核结果，综合确定每年的可行性缺口补贴支付金额。当考核不合格时，市建委将依据相关的管理规定及办法给予一定的处罚，并从政府支付的可行性缺口补贴金额中予以扣除甚至暂停支付。为保证公司的利益，运营部门前期关注政府运营考核办法的制定，保证考核办法的合理性、公平性，减少后期运营的风险。

3. 制定管线入廊标准

对接政府部门制定管线入廊的标准，明确各种入廊管线入廊应具备的条件，入廊应提交的方案，廊内施工注意事项，完工后应验收的内容等，可联合政府有关部门共同编制相关标准规范。

14.2.3.2 项目公司内部准备工作

1. 制定入廊流程

制定入廊业务流程及配套的表格，明确管线单位入廊的办理程序。主要有入廊流程图（见图 14-1）、入廊申请表（见表 14-9）、入廊施工申请表（见表 14-10）、管线完工验收表（见表 14-11）等。

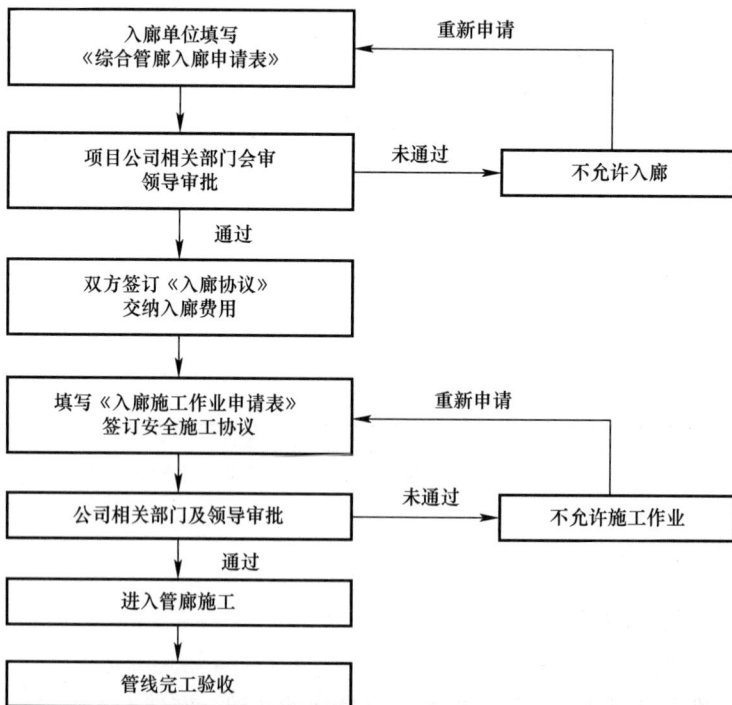

图 14-1 综合管廊入廊流程

综合管廊入廊申请表 表 14-9

项目名称				
申请单位名称		法人代表		
申请单位地址		经办人及电话		
计划施工起讫期				
管线类型		管线型号		
孔数	长度（m）		入廊路段及范围	
申请单位	日　期：（盖章）			
项目公司	日　期：（盖章）			

注：1. 此表一式三份，申请单位一份，项目公司两份。
　　2. 申请单位有效的营业执照 A4 复印件 1 份（需加盖申请单位公章）；
　　3. 经办人的身份证（正反面）A4 复印件 1 份（需加盖申请单位公章）；
　　4. 经办人授权委托书原件 1 份（需加盖申请单位公章）。

入廊施工作业申请表 表 14-10

项目名称			
申请单位名称			
施工负责人及电话		作业人数	
作业地点		作业时间	
是否有动火作业		是否已办理动火安全作业证	
主要作业内容特点			
主要安全注意事项			
申请单位意见	年　月　日（盖章）		
项目公司审批意见			
项目公司	签　字： 日　期：		

注：1. 动火作业需另行办理动火安全作业证；
　　2. 此表后附管线图纸、施工方案、施工安全责任书等资料；
　　3. 此表一式三份，申请单位一份，项目公司两份。

入廊管线清场验收申请表　　　　　　　　　　表 14-11

工程名称：　　　　　　　　　　　　　　　　　　　　　　　　　　编号：

致： 　　我公司　　　路　　　管线入廊作业已完成，已按行业规定验收完成，现申请予以清场验收。 　　　　　　　　　　　　　　　　　　　　　　　　　　申请单位： 　　　　　　　　　　　　　　　　　　　　　　　　　　日　　期：	
验收情况（由验收部门填写）：	
管线排放与入廊作业方案符合情况	
临时措施拆除与恢复情况	
作业场所清理情况	
成品保护情况	
其他	
项目公司意见： 　　　　　　　　　　　　　　　　　　　　　　　　　　签字： 　　　　　　　　　　　　　　　　　　　　　　　　　　日期：	

注：此表一式三份，入廊单位一份，项目公司两份。

2. 编制各项运营管理制度（见表 14-12）

管理制度体系是否完善合理，直接影响制度化管理的效果，要编制完善系统的运营管理制度，并在实际运营过程中逐步完善。

管廊主要运维管理制度　　　　　　　　　　表 14-12

序号	类别	制度名称	备注
1	安全类	综合管廊安全事故处理制度	
2		综合管廊安全责任制度	
3		综合管廊消防保卫管理制度	
4		综合管廊动火作业安全管理制度	
5		综合管廊安全教育制度	
6		综合管廊安全管理领导责任处理制度	
7	应急处理类	综合管廊应急管理制度	
8		火灾应急预案	
9		地震应急预案	
10		防恐应急预案	
11		洪涝应急预案	
12		入廊管线事故应急预案	
13	日常巡检维护管理制度	综合管廊监控管理制度	
14		综合管廊日常巡检管理制度	
15		综合管廊岗位责任制度	
16		综合管廊廊内施工管理规定	

序号	类别	制度名称	备注
17	日常巡检维护管理制度	综合管廊入廊作业规范	
18		综合管廊值班、交接班管理制度	
19		综合管廊排水系统管理制度	
20		控制中心、维护站管理制度	
21		管廊内配电间管理制度	
22		备品备件管理制度	
23		设备故障上报处理流程	
24		综合管廊设备缺陷管理制度	
25	保养规程类	土建结构的维修保养规程	
26		排水系统维护保养规程	
27		高低压供配电系统维护保养规程	
28		通风系统维护保养规程	
29		照明系统维护保养规程	
30		消防系统维护保养规程	
31		监控设施维护保养规程	
32		计算机信息系统维护保养规程	
33	行政类	文件收发管理制度	
34		宣传报道管理制度	
35		档案管理制度	
36		办公用品管理制度	
37		固定资产管理办法	
38	合约类	招标采购管理办法	
39		预结算管理办法	
40		合同管理办法	
41		清欠管理办法	
42	财务类	资金管理办法	
43		票据管理办法	
44		资金安全管理办法	
45		费用开支计划	
46		会计档案管理办法	
47		成本费用核算原则	
48	考核类	外包物业考核管理办法	如有

3. 拟定入廊合同

目前国内尚无入廊合同范本，各公司根据自身情况拟定相应的入廊合同。拟定过程中可结合本地政府下发的管廊管理办法等文件。重点关注入廊费用收取及支付方式、双方权利义务、处罚、赔偿及违约等条款，参考合同文本详见附件二十四。

4. 建立运营组织机构，明确各项岗位职责

运营组织机构的设置主要从职责明确、满足运营业务需要方面来考虑，建议设置综合办公室、财务资金部、计划经营部、运行管理部、技术安全部，各部门职责如下：

（1）综合办公室

负责运营人力资源管理、后勤管理、日常行政事务管理。

（2）财务资金部

负责制定费用收支计划、利润计划、财务规划、预算支出或成本标准；制定缴税纳税方案及程序；建立健全内部核算体系、财务管理的规章制度；组织有关部门开展经济活动分析，组织编制财务计划、成本计划。

（3）计划经营部

负责实施管廊维修、设施升级等工程招标和预结算工作；负责进行综合管廊运行成本统计分析；配合政府有关部门进行入廊收费标准的编制和调整工作；负责与管廊内各专业管线之间合同的签订和管理，收取管线入廊的各项费用。

（4）运行维护部

负责站内设备监护，监控综合管廊内照明、排水、通风、防入侵等系统正常运行；做好监控和自动控制系统设备运行分析及检修保养计划；办理出入管廊手续；巡检管理各种管线，巡检管理水泵、照明灯、风机、配电箱、控制箱等附属设施，编制管廊设施、设备的台账；实施维修养护计划，进行管廊及内部设施的维修、升级改造。

（5）技术安全部

对接政府有关部门，制定综合管廊相关技术标准、安全操作规程；主持竣工管廊的接收工作；在管廊运行管理过程中进行技术管理和安全监督检查；负责入廊单位施工方案的审查审批、入廊施工的管理；负责管廊内部设施更新，维修养护等计划的编制；负责综合管廊安全应急突发事件的处理工作。

5. 人员招聘、培训

综合管廊运维涉及机电、消防、自动化、结构等相关专业，具有多样性和复杂性，需要行政、商务、财务、机电、安全、巡检、检修等各种人员。根据运维方案，以人员招聘为基础，人员培训为重点，开展招聘培训工作。要在正式运营前三个月完成人员招聘和培训工作。

6. 拟定运营管理模式

目前国内主要运营管理模式有：

（1）自行管理：项目公司自行组建运营管理团队，设置综合管理、财务、计划经营、运行维护、技术安全等多个管理部门和作业班组，配备管理、技术、财务、监控、值班、巡视、作业人员和各种车辆设备。

项目公司既是产权方，也是运营维护方，享受管廊收益并承担运营管理成本。

（2）分项委托：项目公司自行组建管理团队，设置综合管理、财务、计划经营、运行维护、技术安全等管理部门，将巡查、维修、值班、保安、保洁、养护、检测等业务的其中一项或多项分别委托或通过招投标的方式委托给专业队伍，由专业队伍选派现场人员、配备相关设备为项目公司服务。

项目公司是管理方，负责制定管理和考核办法；专业队伍是运营维护方，对项目公司负责。

（3）全面委托：项目公司通过招投标的方式将所有运营管理全权委托给专业公司，自己只行使甲方的监管权。专业公司负责组建常驻式管理机构，选派项目负责人、技术负责人和管理、技术、作业人员，配备所有管养机具设备，制定管理流程和技术方案。

　　项目公司是管理方，负责监管考核；专业公司是运营养护方，对项目公司负责。项目公司享受管廊收益，并为委托的服务付费。

　　项目公司根据自身情况拟定运营管理模式。

　　（4）外包服务考核

　　为保证综合管廊高效、安全的运营，运营公司需对外包方进行考核，项目公司依据外包模式制定相应的考核办法，考核结果与其委托的服务费用挂钩。其中物业外包服务考核建议内容如表 14-13 所示。

物业服务外包考核表　　　　　　　　　　　　　表 14-13

考核内容		计分标准		得分	备注
巡检	日常巡检	严格按照巡检计划安排人员进行巡检	4		
		巡检人员持证上岗，按规定的时间、路线和检查项目巡检	4		
		巡检时必须至少两人为伴，穿着工作服和安全帽，并佩戴专业工具	3		
		巡检时发现异常情况，立即分析判断，及时消除或采取相应的措施，防止事故扩大	3		
		严格执行每到一处留下巡检记录并签字	3		
维修保养	总体要求	严格按照维护保养计划安排人员进行维护保养	4		
	管廊本体	综合管廊顶板、侧墙、地面及伸缩缝如有漏水及时维修	4		
	照明灯具	灯具亮度正常，灯具干净整洁，无松动脱落	3		
	风机	风机运行状况良好，无松动，防腐完好、无脱落	3		
	排水	排水泵运行状况良好，集水坑及时清掏无堵塞	3		
	配电柜	配电柜箱体无杂物，有标识标牌，指示灯完好无损、配电柜内接线端子、接头无松脱和异常响声、气味	3		
	变压器	运行正常，无异常声响、气味，无杂物	3		
	高、低压柜	柜内无杂物，指示灯完好，无异常声响、异味	3		
	PLC柜	运行正常，柜内无杂物，有标识标牌，指示灯完好	3		
	监控中心	监控室内显示器设备有标识标牌，设备清洁干净，图像清晰、信号正常，视频完整	3		
消防	消防系统	制定消防应急预案、并定期组织人员进行消防演练，留有影像资料	5		
		消防系统完好，运行正常	5		
		消防巡检人员持证上岗，熟悉火灾处理流程	5		
	防火门	制定防火门维护计划，并按计划实施	5		
		防火门正常开关，配件无损坏	3		
	应急灯、疏散指示	应急灯、疏散指示灯正常发亮，无破损	5		
保安、保洁	人员进出管理	进入综合管廊人员需有申请审批	3		
		进入管廊参观人员，需有专人陪同	3		
		管廊执行钥匙登记制度，由值班管理人员开启和关闭，核对进出人员	3		
		综合管廊投料口及时关闭，人员出入口、设备间及时锁闭	3		
	保洁	综合管廊地面、设备间、监控中心及人员出入口保持整洁干净	3		
		管廊内设备、灯具、扶手等保持干净整洁	3		
人员管理	员工培训	制定人员培训计划，并实施、有培训记录及签到表	3		
	员工形象	穿工服，戴工牌	2		

14.2.3.3　入廊管线单位对接工作

1. 设计阶段

对接管线单位，了解入廊需求，出入口需求。通过专题会议或书面函件形式征求管线单位意见。依据管线单位使用计划，充分考虑暂不入廊管线预留洞口的封堵方案。

2. 施工阶段

主体完工前，对接管线单位，通过专题会议及书面函件的方式收集管线单位在竣工后的计划入廊管线数量、入廊的时间、入廊管线规格型号。根据收集入廊的情况，提前安排好管线引接施工工作，对暂不入廊的管线做好出入洞口的封堵。

3. 入廊阶段

提前与管线单位沟通管线入廊流程，协商收费原则、收费方式、后期管理平台数据对接等相关问题。

14.2.3.4　运营成本测算工作

正式运营前根据管廊情况测算运营成本，运营成本主要包含日常维护费和大中修费。

1. 日常维护费用内容（见表 14-14）

日常维护费用内容　　　　　　　　　　　　　　　　　表 14-14

序号	项目	内容	备注
1	运行费用	现场运行人员费用	根据实际运行管理人员计算
		水电费	
		保险费	
		企业管理费	
		利润	
		税金	
2	维护费用	直接费	根据相关定额
		间接费	
		税金	
		零星维护费	日常维护较多但维护量较少的项目，如小型电器，小型配件更换等。可按一定比例提取
3	检测费用	沉降检测	《城市综合管廊工程技术规范》GB 50838—2015 第 10.1.12 条：综合管廊投入运营后应定期检测评定，对综合管廊本体、附属设施、内部管线设施的运行状况应进行安全评估，并应及时处理安全隐患
		消防年检	《建筑消防设施的维护管理》GB 25201—2010 第 7.1.1 条：建筑消防设施应每年至少检测一次，检测对象包括全部系统设备、组件等

2. 大中修项目内容（见表 14-15）

大中修费用依据综合管廊使用状况提前计划，一般不计入日常维护年度费用总额。

主要大中修内容　　　　　　　　　　　　　　　　　　表 14-15

序号	项目	周期	说明
1	计算机和通信设备及其他弱电设备大修及更新改造	8～10 年	技术大幅落后或经检测存在系统性整体故障
2	供电设备、电力线路、通信线路大修	25 年	达到使用年限或经检测存在系统整体性故障

续表

序号	项目	周期	说明
3	消防装置更换	4～5年	
4	其他消防设备大修	10～15年	达到使用年限或经检测存在系统性整体性故障
5	沉降位移引起的结构较大病害大修	按需	根据病害情况
6	预埋管堵塞及断裂掘路维修	按需	根据实际情况
7	监控中心及维护站结构大修	按需	较严重的漏水、裂缝、深陷等

14.2.4 运行维护阶段

14.2.4.1 管廊土建结构维护管理

综合管廊土建结构运维管理包括综合管廊、供配电室、监控中心结构及设施管理，内容分为日常巡检与监测、维修保养、专业检测和大中修管理。日常巡检与监测、维修保养由管廊运营单位负责。涉及土建结构主体安全或有强制性规定的专业检测项目，由具有相应资质的专业机构进行，大中修由专业施工资质单位承担。

1. 日常巡检内容（见表14-16）

综合管廊土建结构日常巡检的主要内容　　　　　　　　　　　表14-16

序号	巡检种类	巡检注意项目	处理方式	备注
1	土建类	结构裂缝	现场标记并上报维护站，定时观察，暂不修复	
2	土建类	结构渗漏水	现场标记并上报维护站，维护站安排定期修复	
3	土建类	伸缩缝渗漏水	现场标记并上报维护站，维护站安排定期修复	
4	土建类	结构沉降	现场标记并上报维护站，维护站安排定期修复	
5	土建类	管线止水钢板漏水	现场标记并上报维护站，维护站安排定期修复	
6	土建类	人员出入口门损坏	上报维护站，现场留人看守，维护站立即安排人员前往修复	
7	土建类	逃生口上方有覆盖物、液压井盖有缝隙或打不开	上报维护站，现场留人看守，维护站立即安排人员前往修复	
8	土建类	吊装口上方有覆盖物、吊装口覆盖钢板有被移动的痕迹	上报维护站，现场留人看守，维护站立即安排人员前往修复	
9	土建类	进排风口上方有覆盖物、吊装口覆盖钢板有被移动的痕迹	上报维护站，现场留人看守，维护站立即安排人员前往修复	

2. 日常维护内容（见表14-17）

土建结构类日常维护内容　　　　　　　　　　　表14-17

项目		内容
管廊内部	地面	地面无杂物、无污染
	排水沟、集水坑	淤泥及时清理，路由不堵塞
	配电间	柜内杂物清扫、地面清扫
	爬梯、护栏、桥架、支架	防锈处理、灰尘清理

续表

项目		内容
地面设施	人员出入口	没有任何障碍物、干净通畅
	逃生口	
	吊装口	
	进排风口	风口防腐、清理风口泥污、没有障碍物
维护站		清扫杂物，保持干净
监控中心		

3. 专业检测（见表 14-18）

土建结构类专业检测应在下列情况下进行：

（1）经多次小规模维修仍然发现有结构劣损或渗漏水情况反复出现的。

（2）经历地震、火灾、洪涝、爆炸、或距离管廊较近的位置有地下暗挖作业和打桩作业的。

（3）达到设计使用年限的。

如专业检测有结构问题的应立即进行大修作业或联系相关部门。

土建专业检测内容表 14-18

项目名称		检验方法	备注
裂缝	宽度	裂缝显微镜或游标卡尺	裂缝部位全检并利用表格或图形的形式记录裂缝位置、方向、密度、形态和数量等因素
	长度	米尺测量	
	深度	超声法、钻去芯样	
结构缺陷检测	外观质量缺陷	目视、尺量和照相	缺陷部位全检并利用图形记录
	内部缺陷	地质雷达法、声波法和冲击反射法等非破坏损方法，辅以局部破损方法进行验证	结构顶和肩处，3 条线连续监测
	结构厚度		每 20m（曲线）或 50m（直线）一个断面，每个断面不少于 5 个测点
	混凝土碳化程度	用浓度为 1% 的酚酞酒精液（含 20% 的蒸馏水）测定	每 20m（曲线）或 50m（直线）一个断面，每个断面不少于 5 个测点
	钢筋锈蚀程度	地质雷达法或电磁感应法等非破坏损方法，辅以局部破损方法进行验证	每 20m（曲线）或 50m（直线）一个断面，每个断面不少于 3 个测点
混凝土强度		回弹、超声回弹综合法、后装拔出法或钻芯法等	每 20m（曲线）或 50m（直线）一个断面，每个断面不少于 5 个测点
横断面测量	结构变形	全站法、水准仪或激光断面仪等测量	异常的变形部位布置断面
	结构轮廓	激光断面仪或全站仪等	每 20m（曲线）或 50m（直线）一个断面，测点间距≤0.5m
	结构轴线平面位置	全站仪测中线	每 20m（曲线）或 50m（直线）一个断面
	管廊轴线高程	水准仪测高程	每 20m（曲线）或 50m（直线）一个测点
差异沉降		水准仪测高程	异常的变形部位
结构应力		应变测量	根据检测仪器施工预埋情况选做
渗漏水检测		感应式水位计或水尺测量集水井容积差，计算流量	测量时需关掉其他水源，每隔 2h 读一次数据

4. 土建结构类主要大中修要求

（1）土建结构类大中修主要包括：沉降位移引起的结构较大病害大修；预埋管堵塞及断裂掘路维修；监控中心及维护站结构大修。

（2）管廊土建结构类大中修应符合以下规定：

1）大中修应有具备相应资质的单位承担，并应由具有综合管廊或隧道养护、施工经验的人员担任负责人。

2）根据综合管廊的建成年限、健康状态、维修原因、周边环境等制定详细维修方案，方案应包括维修技术方法、过程组织方案、维修安全保障、管廊正常运营保障、周边环境影响内容等。

3）应根据管廊的劣损程度、地质条件、处置方案，进行工程风险评估，制定相应的安全应急预案。

4）经历大中修后最低应达到现行规范标准要求。

14.2.4.2　附属系统维护管理

综合管廊附属设施包括供配电系统、照明系统、消防系统、排水系统、通风系统、监控与报警系统、标识系统。

附属设施管理要求如下：

附属设施、设备通过验收后方可投入使用和运营。

附属设施管理维护应按日常巡检与监测、维修保养、专业检测及大中修管理流程进行，制定合理的运维管理计划和方案。

综合管廊附属设施运维作业应按照产品说明书、系统维护手册以及其他相关技术要求实施，同时做好运维记录，形成阶段性总结报告。

综合管廊附属设施的日常巡检与监测、维修养护由运营单位负责，专项检测、大中修委托具有相应资质的服务机构实施。

1. 日常巡检内容

综合管廊附属设施日常巡检的主要内容见表14-19。

附属设施日常巡检的主要内容　　　　　　　　　　表14-19

序号	巡检种类	巡检注意项目	处理方式	备注
1	附属设备类	景观式箱变高压柜侧变压器温度探测器现场显示温度超高	上报维护站，现场留人看守，维护站立即联系供电局现场处理	
2	附属设备类	景观式箱变压器基坑内严重积水	现场启动排水泵抽水，并检查排水系统是否通畅	
3	附属设备类	景观式箱变变压器、高压柜运营有异响有异味	上报维护站，现场留人看守，维护站立即联系供电局现场处理	
4	附属设备类	景观式箱变低压柜侧有异响、有异味	上报维护站，现场留人看守，维护站立即安排人员前往检查	
5	附属设备类	景观式箱变低压柜侧三相负荷不平衡，三相电压不相同	记录数值，上报维护站，定期观察	
6	附属设备类	景观式箱变直流屏信号灯异常	上报维护站，现场留人看守，维护站立即联系供电局现场处理	

序号	巡检种类	巡检注意项目	处理方式	备注
7	附属设备类	景观式箱变电容补偿柜有异响、有异味，三相电流不平衡，功率因数表读数超过允许值	上报维护站，现场留人看守，维护站立即联系供电局现场处理	
8	附属设备类	景观式箱变电缆高压侧外表皮有破损	上报维护站，现场留人看守，维护站立即联系供电局现场处理	
9	附属设备类	景观式箱变低压侧电缆外表皮有破损	上报维护站，现场留人看守，断开相应回路电源，维护站立即安排专业维修人员前往修复	
10	附属设备类	动力配电箱主电源剩余电流报警	记录数值，上报维护站，定期观察，统一检查修复	
11	附属设备类	配电箱、控制箱内有灰尘	现场清理	
12	附属设备类	配电箱、控制箱元器件引线接头松动	现场紧固，需要停电的上报维护站	
13	附属设备类	配电箱、控制箱内元器件受损	上报维护站，断电，现场留人看护，维护站安排人处理	
14	附属设备类	配电箱、控制箱出线动力电缆、控制电缆受损	上报维护站，断电，现场留人看护，维护站安排人处理	
15	附属设备类	桥架、穿线管跨接地线受损	上报维护站，直接更换	
16	附属设备类	断路器自动跳闸	上报维护站，现场留人看守，维护站立即安排人员前往修复	
17	附属设备类	双电源回路无法切换	上报维护站，现场留人看守，维护站安排人处理	
18	附属设备类	照明灯具受损	现场标记并上报维护站，维护站安排定期修复	
19	附属设备类	应急灯具受损	现场标记并上报维护站，维护站安排定期修复	
20	附属设备类	应急灯具断电后无法点亮	现场标记并上报维护站，维护站安排定期修复	
21	附属设备类	疏散灯具受损	现场标记并上报维护站，维护站安排定期修复	
22	附属设备类	防爆灯具受损	人员撤出燃气舱、上报维护站，立即停电，维护站安排人员立即修复	
23	附属设备类	照明系统控制中心显示异常	维护站立即派人前往检查并处理	
24	附属设备类	风口处有异物堵塞	现场发现直接清理	
25	附属设备类	风口外观及固定件受损	现场标记并上报维护站，维护站安排定期修复	
26	附属设备类	风机运转有异响，有异动	立即停机，现场留人看守，上报维护站，维护站安排人员修复	
27	附属设备类	风阀无法正常开启、密闭	立即停机，现场留人看守，上报维护站，维护站安排人员修复	
28	附属设备类	风机及风阀在控制中心显示异常	维护站立即派人前往检查并处理	
29	附属设备类	现场手操箱手/自动操作故障	现场留人看守，上报维护站，维护站安排人员修复	

序号	巡检种类	巡检注意项目	处理方式	备注
30	附属设备类	管道、阀门外表面有腐蚀	现场标记并上报维护站,维护站安排定期修复	
31	附属设备类	管道、阀门处渗水	现场标记并上报维护站,维护站安排定期修复	
32	附属设备类	管道、阀门处漏水	水泵停泵,现场留人看守,上报维护站,维护站安排人员修复	
33	附属设备类	排水管道有回水情况	水泵停泵,现场留人看守,上报维护站,维护站安排人员修复	
34	附属设备类	压力表受损	现场标记并上报维护站,维护站安排下次巡检时修复	
35	附属设备类	水泵连接软管松动	现场修复	
36	附属设备类	水泵软管破损	现场标记并上报维护站,维护站安排下次巡检时修复	
37	附属设备类	水泵运行时有异响,有异常	水泵停泵,现场留人看守,上报维护站,维护站安排人员修复	
38	附属设备类	现场手操箱手/自动操作故障	现场留人看守,上报维护站,维护站安排人员修复	
39	附属设备类	排水沟和集水坑内有杂物	现场清理	
40	附属设备类	液位计不能正常控制水泵启停	现场留人看守,上报维护站,维护站安排人员修复	
41	附属设备类	水泵或液位计控制中心异常	维护站立即派人前往检查并处理	
42	附属设备类	EPS 逆变器无故障报警	现场留人看守,上报维护站,维护站安排人员修复	
43	附属设备类	EPS 控制中心显示异常	维护站立即派人前往检查并处理	
44	附属设备类	防火门脱落,歪斜	现场标记并上报维护站,维护站安排定期修复	
45	附属设备类	防火封堵脱落,受损	现场标记并上报维护站,维护站安排定期修复	
46	附属设备类	超细干粉灭火装置控制中心显示异常	维护站立即派人前往检查并处理	
47	附属设备类	超细干粉灭火器喷嘴处受损	现场留人看守,上报维护站,维护站安排人员修复	
48	附属设备类	超细干粉灭火器控制器外观受损	现场留人看守,上报维护站,维护站安排人员修复	
49	附属设备类	超细干粉灭火器距离保质期还有 1 个月	维护站安排分批次更换	
50	附属设备类	超细干粉灭火器压力异常	维护站立即派人前往检查并处理	
51	附属设备类	手持灭火器安全栓受损	现场修复	
52	附属设备类	手持灭火器压力异常	现场标记并上报维护站,维护站安排定期更换	
53	附属设备类	手持灭火器距离保质期还有 1 个月	维护站安排分批次更换	
54	附属设备类	火灾探测器、手动报警按钮外观受损	现场标记并上报维护站,维护站立即安排人员修复	

续表

序号	巡检种类	巡检注意项目	处理方式	备注
55	附属设备类	火灾探测器、手动报警按钮控制中心显示异常	维护站立即派人前往检查并处理	
56	附属设备类	消防控制器外观受损	现场留人看守，上报维护站，维护站安排人员修复	
57	附属设备类	消防控制器控制中心显示异常	维护站立即派人前往检查并处理	
58	附属设备类	可燃气体探测器外观受损	现场留人看守，上报维护站，维护站安排人员修复	
59	附属设备类	可燃气体探测器控制中心显示异常	维护站立即派人前往检查并处理	
60	附属设备类	挡烟垂壁外观受损	现场留人看守，上报维护站，维护站安排人员修复	
61	附属设备类	挡烟垂壁控制中心显示异常	维护站立即派人前往检查并处理	
62	附属设备类	控制中心机房工作状态异常、通讯异常	维护站立即派人处理	
63	附属设备类	监控报警异常	维护站立即派人处理	
64	附属设备类	廊内门禁不能正常打开或锁闭	现场留人看守，上报维护站，维护站安排人员修复	
65	附属设备类	出入口门禁不能正常打开或锁闭	现场留人看守，上报维护站，维护站安排人员修复	
66	附属设备类	UPS供电异常	维护站立即派人处理	
67	附属设备类	网络安全异常	维护站立即派人处理	
68	附属设备类	服务器、工作站异常	维护站立即派人处理	
69	附属设备类	软件系统异常	维护站立即派人处理	
70	附属设备类	ACU箱外表受损	现场留人看守，上报维护站，维护站安排人员修复	
71	附属设备类	ACU箱不能与控制中心正常通信	维护站立即派人处理	
72	附属设备类	存储设备工作异常	维护站立即派人处理	
73	附属设备类	摄像机外表受损	现场留人看守，上报维护站，维护站安排人员修复	
74	附属设备类	摄像机画质、云台操作异常	维护站立即派人处理	
75	附属设备类	光纤传输设备异常	维护站立即派人处理	
76	附属设备类	入侵检验设备外表受损	现场留人看守，上报维护站，维护排人员修复	
77	附属设备类	入侵检验设备控制中心显示异常	维护站立即派人处理	
78	附属设备类	电子井盖控制中心显示异常	现场留人看守，上报维护站，维护站安排人员修复	

2. 附属设施的维护

（1）通风系统维护

通风系统指通风机、排烟风机、风阀和控制箱等，巡检或操作人员按风机操作规程或作业指导书进行运行操作和维护，保证通风设备完好、无锈蚀、线路无损坏，发现问题及时汇报至公司的相关人员，及时修理。

（2）排水系统维护

排水系统主要是潜水泵和电控柜的维护，集水坑中有警戒、启泵和关泵水位线，定期查看潜水泵的运行情况，是否受到自动控制系统的控制，如有水位控制线与潜水泵的启动不符合，及时汇报，以免造成大面积积水影响管廊的运行。

（3）供配电系统维护

供配电系统的相关设备较多，电缆、箱变、控制箱、PLC、应急装置、灯具和动力配电柜等设备。保证设备的清洁、干燥、无锈蚀、绝缘良好，定期对各仪表和线路进行检查，管廊内和管廊外的相关电力设备全部纳入维护范围。电力系统相关的设备和管线维护应与相关的电力部门协商，按照相关的协议进行维护。

（4）火灾消防与监控系统维护

确保各种消防设施完好，灭火器的压力达标，能够方便快速的投入使用，监控系统安全投入。

3. 附属设施类大中修要求（见表14-20）

附属设备类大中修基本要求   表14-20

序号	项目	周期	说明
1	计算机和通信设备及其他弱电设备大修及更新改造	8~10年	技术大幅落后或经检测存在系统性整体故障
2	供电设备、电力线路、通信线路大修	25年	达到使用年限或经检测存在系统性整体性故障
3	消防装置更换	4~5年	
4	其他消防设备大修	10~15年	达到使用年限或经检测存在系统性整体性故障

14.2.4.3 监控中心、维护站管理

监控中心、维护站是管廊监控、报警、消防、门禁、智能井盖、计算机网络等系统的核心枢纽，监控中心、维护站的管理是管廊弱电系统管理的核心工作。监控中心、维护站管理主要包括安全管理、硬件管理、软件管理、资料档案管理等几方面。

1. 安全管理

（1）安保管理

建立健全出入监控中心、维护站管理制度，工作人员、到访人员出入应登记，拒绝陌生人进出。外来人员进入必须有主管领导签字同意，有专门的工作人员全面负责其行为安全。

未经主管领导批准，禁止将控制中心、维护站相关的钥匙、保安密码等物品和信息外借或透露给其他人员。绝不允许与控制中心、维护站工作无关的人员直接或间接操纵控制中心、维护站任何设备。

（2）用电安全管理

控制中心、维护站工作人员应学习常规的用电安全操作和知识，了解控制中心、维护站内部的供电、用电设施的操作规程。应掌握机房用电应急处理步骤、措施和要领。应安排有专业资质的人员定期检查供电、用电设备、设施。在正式接通设备电源之前必须先检查线路、接头是否安全连接以及设备是否已经就绪、人员是否已经具备安全保护。严禁随意对设备断电、更改设备供电线路，严禁随意串接、并接、搭接各种供电线路。

（3）消防安全管理

监控中心、维护站工作人员应熟悉机房内部消防安全操作和规则，了解消防设备操作原理、掌握消防应急处理步骤、措施和要领。不能随意更改消防系统工作状态、设备位

置。需要变更消防系统工作状态和设备位置的，必须取得主管领导批准。工作人员更应保护消防设备不被破坏。定期进行消防演习、消防常识培训、消防设备使用培训。

2. 硬件管理

监控中心、维护站人员必须熟知控制中心、维护站内设备的基本安全操作和规则。定期检查、整理硬件物理连接线路，定期检查硬件运作状态（如设备指示灯、仪表），定期调阅硬件运作自检报告，从而及时了解硬件运作状况。禁止随意搬动设备、随意在设备上进行安装、拆卸硬件、随意更改设备连线、禁止随意进行硬件复位。禁止在服务器上进行试验性质的配置操作。对会影响到全局的硬件设备的更改、调试等操作应预先发布通知，并且应有充分的时间、方案、人员准备，才能进行硬件设备的更改。对重大设备配置的更改，必须首先形成方案文件，经过讨论确认可行后，由具备资格的技术人员进行更改和调整，并应做好详细的更改和操作记录。对设备的更改、升级、配置等操作之前，应对更改、升级、配置所带来的负面后果做好充分的准备，必要时需要先准备好后备配件和应急措施。

3. 软件管理

定期检查软件的运行状况、定期调阅软件运行日志记录，进行数据和软件日志备份。禁止在服务器上进行试验性质的软件调试，禁止在服务器随意安装软件。对会影响到全局的软件更改、调试等操作应先发布通知，并且应有充分的时间、方案、人员准备，才能进行软件配置的更改。对重大软件配置的更改，应先形成方案文件，经过讨论确认可行后，由具备资格的技术人员进行更改，并应做好详细的更改和操作记录。对软件的更改、升级、配置等操作之前，应对更改、升级、配置所带来的负面后果做好充分的准备，必要时需要先备份原有软件系统和落实好应急措施。不允许任何人员在服务器等核心设备上进行与工作范围无关的软件调试和操作。未经上级允许，不允许带领、指示他人进入机房、对网络及软件环境进行更改和操作。

4. 资料、文档和数据管理

资料、文档、数据等必须有效组织、整理和归档备案。任何人不得将控制中心、维护站内的资料、文档、数据、配置参数等信息擅自以任何形式提供给其他无关人员或向外随意传播。对于牵涉到网络安全、数据安全的重要信息、密码、资料、文档等必须妥善存放。外来工作人员的确需要翻阅文档、资料或者查询相关数据的，应由监控中心、维护站相关负责人代为查阅，并只能向其提供与其当前工作内容相关的数据或资料。资料、文档、数据应采取对应的技术手段进行加密、存储和备份。对于加密的数据应保证其可还原性，防止遗失重要数据。

14.2.4.4　入廊管线管理

管廊内纳入了雨水、污水、燃气、热力、电力、给水、中水、通信等各种管线。管线施工完成后，管线单位应会同项目公司组织相关部门进行验收，合格后方可使用。项目公司应与各管线单位签订入廊协议，明确双方的管理权限、责任、范围与义务。

1. 管线单位管理

（1）管线入廊前，管线单位应编制入廊作业方案，并向自己主管部门和相关部门报审、报建、报监。入廊作业方案应征得运营单位审查同意后再开展作业。

（2）管线单位进行作业时，应严格按照入廊作业方案实施，落实好临时措施、文明作业措施和成品保护措施，并接收运营单位的监督。对于落实不到位的，运营单位有权进行处罚。

（3）管线单位在入廊作业完成后，应向有关部门报验并完成验收手续。管线单位凭验收手续向运营单位申请清场验收。应对运营单位清场验收提出的整改要求按时整改完成，不按时整改的运营单位有权进行处罚。

（4）需要进入综合管廊的管线单位人员应向运营单位提出申请，并履行相应的管理制度，确保人员安全。

（5）管廊使用及运营维护管理过程中，因管线单位违反管廊使用管理制度、操作规程和管线管理维护相关规定等原因，造成人身及财产损失的，管线单位应依法承担相关责任；因第三方造成管廊或入廊管线损坏的，责任方应当向受损方赔偿。

（6）管线单位负责入廊管线、设备维护和日常管理。

1）建立健全安全责任制，配合运营单位做好管廊的安全运行；

2）向运营单位提交入廊管线安全运营须知，明确故障类型以及处置方式；管线使用和维护，应当执行的相关安全技术规程；

3）编制并实施入廊管线维护、检修和巡检方案，并接受运营的监督检查，维护、检修和巡检记录应及时向运营单位报备；

4）入廊作业、维护、检修和巡检时对成品采取有效的保护措施；

5）制定管线安全应急预案，并报运营单位备案。实施应急预案的同时应通知运营单位。

2．专业管线巡检管理

（1）给水管道：主要对管道外观、阀门、接头以及支吊架等附件的巡视。通常情况下巡检周期不宜大于15天，对重要管段巡检周期以7～10天为宜，雨季期间应结合实际情况加强巡检频率。

（2）排水管渠：主要对管渠外观、管道接头、检查井及支吊架等附件进行巡视。通常情况下巡检周期不宜大于90天，对重要管段巡检周期以30天为宜。

（3）热力管线：主要对管道保温层、管道接头及阀门等附件进行巡视。通常情况下巡检周期不宜大于2周，对高温蒸汽管段巡检周期以3天为宜，巡检人员应持证上岗。

（4）电力电缆：主要对电缆外观、支吊架、标识牌等进行巡视。通常情况下每月至少一次，管廊路段洪涝或暴雨过后应进行一次巡检；巡检电缆线路时，应对外观、绝缘、接头、支架和系统接地等进行检查；巡检人员应记录巡检线路的结果，巡检人员应持证上岗。

（5）天然气管线：对管道外观、阀门及标识牌等附件进行巡查。通常情况下巡检周期不宜大于2周；应根据入廊管道内天然气管道的不同压力等级及各地实际情况对管廊内天然气管道进行巡检，巡检人员需持证上岗。

14.3　管廊运营工作重点

14.3.1　安全与应急管理

14.3.1.1　总体要求

（1）综合管廊应建立安全管理组织机构、完善人员及配备、建立健全安全管理责任、目标及制度。

（2）运营安全管理应覆盖日常巡检与监测、维修保养、专业检测及大中修各个运营管理环节。

（3）运营单位、入廊管线单位和相关行政主管单位应建立应急事件处理联动机制，建立应急处理指挥领导小组。

（4）综合管廊运营单位应制定相应的应急预案，预案应考虑管廊使用年限、建设特点、运营实际情况，结合预案事故类型，详细制定。

（5）加强对运营单位和入廊管线单位工作人员的安全教育培训，分级定期开展联合应急演习。

14.3.1.2　安全生产管理

（1）建立安全管理机构，制定安全管理的规章制度、管理流程。

（2）配备与运营规模相适应的安全人员，明确安全管理职责，安全人员需持证上岗。

（3）建立安全培训制度，定期对员工开展相关安全法规、政策文件、管理制度、安全技术技能方面的培训。

（4）建立安全检查制度，定期对综合管廊本体、附属设施、内部管线设施的运行状况进行安全评估，及时处理安全隐患。定期对安全状况进行全面检查，消除隐患，达到安全运营要求。

（5）建立完整的运维安全档案，包括运维安全管理规章制度、运维安全保障方案、运维安全检查及复查记录，运维安全隐患排查记录、事故处理记录、安全培训记录等。

14.3.1.3　应急管理

建立应急组织机构，成立应急领导小组及现场抢险、现场救护、现场保护、现场通信、后勤、技术等应急小组。制定应急预案，与公安、消防、医疗及各管线单位联动，并定期组织演练。建立应急物资和备品备件库，并建立台账；建立应急响应、应急联络机制；紧急情况发生后及时组织处置并上报。

1. 应急管理领导小组（见图 14-2）

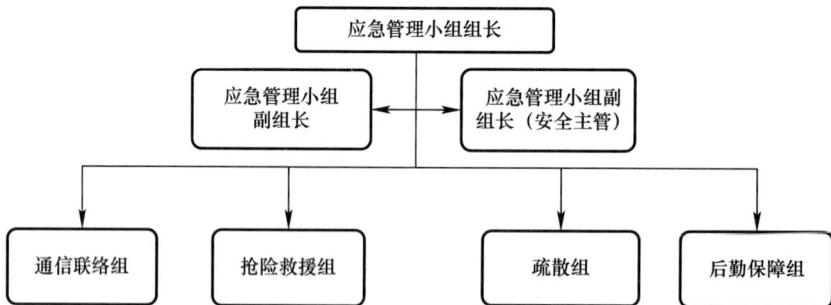

图 14-2　应急管理领导小组构架

2. 应急管理领导小组职责

（1）组长、副组长职责

由组长（或副组长）召集应急救援成员开展初期灾害的处理和现场救援工作。组长和副组长应根据事态的严重性和可控制程度，在开展自救的同时，决定是否需要通知事发点附近的消防部门、医疗救护机构和应急抢险机构前来救助。在事态得到初步控制后，组长应指定专人清点人数，并将信息急告应急救援组织，以便确定是否有人员失踪，据此决定是否制定和开展下一轮救援行动。

（2）抢险救援组、疏散组职责

抢险救援组负责现场伤员的紧急抢救工作，疏散组成员负责控制和保护现场，阻止非救援人员进入现场，并迅速组织在场员工沿着标识的撤离路线迅速、有序地撤离到安全地带。

在紧急状态结束后，恢复工作时，由疏散组对重新进入事故现场的人员进行入场注意事项指导。

（3）后勤保障组职责

后勤保障组负责联系事发地附近的医院，在事态得到完全控制后，后勤保障组统计现场确切的伤亡人数和估计财产损失。

3. 应急演练与应急物资储备

为保证综合管廊在应急状态下能够最大限度减少损失，提高应急反应能力，规范应急物资的准备，运营单位应定期进行应急演练活动，同时联合管线单位进行应急演练。

具体实施计划如表 14-21、表 14-22 所示；应急物资如表 14-23 所示。

运营单位应急演练项目　　　　　　　　　　　　　　表 14-21

序号	演练项目	参与部门	演练频率	演练目的	备注
1	办公区逃生演练	运营办公区工作的全体人员	半年一次	熟悉办公区逃生路线，提高逃生时间	办公区
2	管廊内逃生演练	维护站工作人员，管廊日常巡检人员	半年一次	熟悉管廊内部环境，熟悉逃生路线和逃生口的位置，熟悉逃生设备的使用	需提前对人员进行培训，熟悉逃生路线和逃生设备的使用方法
3	医疗救护演练	全体运营人员	一年一次	全体人员医疗救护内容及措施	需要提前联系专业人员培训
4	火灾灭火演练	运营办公区工作的全体人员	一年一次	熟悉办公区域消防设施的使用方法	办公区
5	管廊内消防灭火综合演练	全体运营人员	每个路段一年一次	熟悉管廊内所有与消防有关的设备	需要提前对所有人员进行培训

注：管廊内的演练项目需提前通知管线单位的相关人员一起参加。

联合管线单位应急演练项目　　　　　　　　　　　　表 14-22

序号	演练项目	联合管线单位	演练频率	演练目的	备注
1	廊内给水管爆管，管廊内涝	自来水公司	一年一次	明确廊内巡检人员和维护站工作人员的职责，熟悉廊内排水系统，加强与自来水公司在应急工作方面的衔接	
2	廊内天然气管道泄漏	天然气公司	一年一次	检查天然气舱通风系统能否在应急情况下正常启动，加强与天然气公司在应急工作方面的衔接	
3	廊内热力管道泄漏或爆管	热力公司	一年一次	明确廊内巡检人员和维护站工作人员的职责，加强与热力公司在应急工作方面的衔接	
4	电力电缆火灾	电力公司	一年一次	检查缆线舱内的消防施舍是否完好，灭火装置能否正常启动，明确廊内巡检人员和维护站工作人员的职责，加强与电力公司在应急工作方面的衔接	

维护站应急物资清单 　　　　表 14-23

序号	名称	备注	序号	名称	备注
1	手提式潜污泵		6	电焊机	
2	消防水带		7	手提式灭火器	
3	柴油发电机		8	轴流式风机	
4	柴油		9	防爆对讲机	
5	登高梯		10	防爆应急照明	

注：以上内容仅供参考，具体物资和数量根据综合管廊实际要求为准。

14.3.2 收费管理

14.3.2.1 入廊收费管理

管廊实行有偿使用制度，入廊前管线单位需与公司签订入廊合同并及时缴纳入廊费和日常维护费。要严格收费管理，建立收费管理制度，专人负责收费管理工作，落实每笔费用的缴纳情况，督促未缴纳的管线单位做好缴费工作。

对于不按合同约定时间和金额支付入廊费和日常维护费的单位，及时书面进行督促，逾期90天，向政府主管部门书面报告。同时，对于拖欠的管线单位，在其进行新管廊入廊申请时应设置相应的前置条件，比如限定日期补缴欠款等，情节严重的可不予入廊批复，必要时采用法律等手段进行追讨。

14.3.2.2 政府缺口补贴管理

根据入廊费和日常维护费的实际收取情况，以及实际成本支出情况，核算政府缺口补贴金额，申报政府缺口补贴支付申请，及时要求政府部门进行支付，涉及前期管廊分段运营的情况，要及时与政府部门沟通分路段管廊服务费和缺口性补贴的计算方式。

提前对接政府部门，了解缺口补贴申请的要求，需要附的相应资料，政府部门的审批流程，审批周期，提前做好相关准备。

14.3.3 成本核算管理

建立专门的运营维护费用支出台账，实时统计维护费用的支付情况。做好运营维护成本核算工作，形成完整的运营维护费用支出情况统计表。

对于日常运营涉及的各项费用，尤其是电费、物料消耗费要做好日常详细的数据统计。结合智慧管理平台，将电费统计细化到每条管廊、每个舱室甚至每个防火分区。物料消耗统计细化到每条管廊每个舱室。

根据实际运营情况，不断完善运行人员配置，优化人员成本，做好各条管廊运行人员成本统计，积累基础数据。

目前国内 PPP 管廊运营模式一般均为使用者付费加政府缺口性补贴，缺口性补贴与实际运营成本挂钩，因此运营成本统计核算工作非常重要。同时运营成本的统计核算也为后期调整管线日常维护费标准、物业外包费用等工作提供依据。

14.4 管廊运营风险管控

14.4.1 运营安全风险及规避措施（见表14-24）

运营安全风险清单   表14-24

风险类别	风险描述	规避措施	备注
运营安全	自然灾害风险：暴雨、洪水、台风等	1. 与气象部门建立连通机制，提前获知灾害信息； 2. 制定抢险应急预案，组织员工定期演练；建立与公安、交警、消防、医院、城管、管线产权单位联动应急机制；建立应急物资和备品仓库； 3. 购买保险，降低损失	
	管线本身风险：管线泄漏、火灾、爆炸、停电、触电、积水等	1. 编制各类管线安全巡查制度，制定各类管线安全风险控制点，做好安全交底和培训工作； 2. 制定抢险应急预案，组织员工定期演练；建立与公安、交警、消防、医院、城管、管线产权单位联动应急机制；建立应急物资和备品仓库； 3. 购买保险，降低损失	
	人为破坏风险：破坏廊体结构，破坏廊内管线等	1. 加强廊体外部巡查，杜绝违法破坏行为； 2. 建立安保制度，严格执行人员出入管廊制度，杜绝闲杂人员进入； 3. 人为破坏导致泄漏、火灾、爆炸等事故发生按相应应急预案执行	

14.4.2 运营成本控制风险及规避措施（见表14-25）

运营成本风险清单   表14-25

风险类别	风险描述	规避措施	备注
成本	运营成本超标	1. 对管廊运营的各项成本做详细统计，积累原始数据，不断提高成本预算的编制精度； 2. 建立成本考核机制，对运营部门、外包公司成本进行考核； 3. 制定各岗位成本责任制度	

14.4.3 运营收费风险及规避措施（见表14-26）

运营收费风险清单   表14-26

风险类别	风险描述	规避措施	备注
运营收费	政府部门制定运维考核管理办法，对管廊运营维护、收费等进行考核，考核办法将直接影响运营方案、运营成本以及政府缺口补贴	1. 跟踪建委运维考核办法的编制工作，提前介入，促进考核办法的合理性、公平性； 2. 根据考核办法完善运营管理制度和办法，避免影响补贴金额	
	过程中运营成本随着利率、人工费、通货膨胀等会不断发生变化，运营成本的变化直接影响服务费收益	运营过程中做好实际运营成本数据统计整理，收集CPI数据，预先做好内部测算，向政府部门上报服务费调整方案	
	西安市指导价尚未出台，前期运营无收费依据	1. 指导价出台前与入廊单位谈判，先暂定一个标准预收入廊费用，如最终无法达成一致意见，按第2条执行； 2. 在入廊合同中约定指导价出台后按实际入廊日期补交入廊相关费用，对于补交部分的利息等财务成本在合同中约定由入廊单位承担	

附件二十三

相关参考表格

日常巡检记录表

日常巡检记录表				表格编号	
巡检区间：			巡检日期：		
巡检人员：					
故障编号	故障位置	巡检情况		备注	
		异常情况描述	处理情况		
说明：异常的需在情况描述中说明异常设备或者异常项的位置，并大致说明情况。特殊问题情况需要强调的可在备注中说明					
巡检总结：					
巡检人员：			审核：		

入廊登记表

序号	入廊人员	所属单位	入廊事由	入廊时间	出廊时间	审批人	备注

土建结构及附属设施维修记录表

故障系统		里程位置	故障现象	故障原因	处理方案及结果	报修时间/报修人	维修时间/维修人
消防	☐						
通风	☐						
监控	☐						
照明	☐						
排水	☐						
报警	☐						
土建结构	☐						
其他	☐						

入廊管线维修记录表

故障系统		里程位置	故障现象	故障原因	处理方案及结果	报修时间/报修人	维修时间/维修人
电力	☐						
通信	☐						
给水	☐						
雨水	☐						
热力	☐						
燃气	☐						
污水	☐						
其他	☐						

附件二十四

入廊合同参考文本

西安市城市综合管廊入廊协议

甲方：项目公司

乙方：

根据《中华人民共和国合同法》《陕西省城市地下管线管理条例》《西安市城市地下综合管廊管理办法》等相关法律法规，就乙方×××××入廊事宜，经双方友好协商达成本协议，共同遵守。

第一条　地下综合管廊基本情况

（一）名称：××××（以下简称"管廊"）

（二）地点与长度

（三）出入口与典型断面

（四）廊内条件

第二条　入廊管线与廊内管位

编写说明：对廊内管位应明确写明，文字难以描述时，可用图纸截图等形式。

第三条　时间

（一）入廊作业时间

根据乙方提交的计划，入廊作业时间自××××年××月××日起至××××年××月××日止。乙方在前述时间内没有完成入廊作业，应重新办理入廊手续。

（二）在廊时间

自入廊管线开始使用或者清场验收合格次日开始 25 年整，以时间先者为准。分批使用或者分批完成入廊的，在廊时间分批计算。

第四条　甲方

（一）甲方权利与义务

1. 负责管廊本体及附属设施维护管理工作，包括：

（1）建立健全运营、维护管理制度，配备相应的专业技术人员，落实安全保障措施；

（2）养护和维修共用设施设备，建立养护维修档案，保证设施设备正常运转；

（3）对管廊运行情况进行实时监控和定期巡查，并保持廊内的整洁卫生、照明和通风良好；

（4）制定管廊安全应急预案并定期组织演练，发生险情时采取紧急措施，并及时通知管线单位进行抢修；

（5）统筹安排乙方日常维护管理，配合和协助乙方的巡查、养护和维修；

（6）定期向西安市城市地下综合管廊行政主管部门报告管廊安全运营情况。

2. 按本合同约定向乙方收取入廊费和日常维护费。

3. 审查乙方或其委托作业单位的《入廊作业方案》，审查内容是作业临时措施、文明作业措施和成品保护措施，但前述审查不免除乙方的任何责任和义务。

4. 在乙方或乙方委托作业单位作业期间，有权对临时措施、文明施工措施和成品保护措施落实情况监督。对措施落实不到位的，有权对乙方或乙方委托作业单位进行处罚。

5. 乙方入廊作业按有关规定验收后开展清场验收，清场验收内容有：管线排放与入廊作业方案符合情况，临时措施拆除与恢复情况，作业场所清理情况，成品保护情况。对清场验收不合格的，提出整改要求，乙方不按时整改的，除了对乙方处罚外，也应函告西安市城市地下综合管廊行政主管部门。

6. 在编制监控系统软件时，参考乙方报警软件程序，做好与乙方同步报警的软件设计；对数据采集点的编号进行统一规划；将乙方提供的监测数据接入监控系统之中（注：本条款适用于电力管线和燃气管线）。

7. 实施紧急预案的同时应通知乙方。

8. 甲方将本合同项下的部分或全部责任和义务转让给第三方应及时通知乙方。

（二）甲方代表

甲方代表人：

身份证号：

职　　务：

联系电话：

电子信箱：

办公地址：

通信地址：

（三）更改

上款甲方代表约定内容发生任何更改，甲方都应书面通知乙方。

第五条　乙方

（一）乙方权利与义务

1. 乙方拥有入廊的管线及设备的所有权，即占有、使用、收益、处置的权利。

2. 负责管线入廊作业或委托其他单位实施入廊作业。

3. 管线入廊前，乙方或其委托作业单位应编制《入廊作业方案》，并向自己主管部门和相关部门报审、报建、报监。《入廊作业方案》应征得甲方审查同意后再开展作业。

4. 乙方或其委托作业单位进行作业时，应严格按照《入廊作业方案》实施，落实好临时措施、文明作业措施和成品保护措施，并接收甲方的监督。对于落实不到位的，无条件接受甲方处罚。

5. 乙方或其委托作业单位在入廊作业完成后，应向有关部门报验并完成验收手续。乙方应凭验收手续向甲方申请清场验收。乙方应对甲方清场验收提出的整改要求按时整改完成，不按时整改的应接受甲方的处罚。

6. 向甲方开放乙方报警软件程序，确保甲方在编制其监控系统软件时，做到与乙方同步报警；乙方数据监测点编号应服从甲方的统一规划；乙方应将采集到的数据，同步发送给甲方（注：本条款适用于电力管线和燃气管线）。

7. 负责按规定对电力管线进行测温（注：本条款适用于电力管线）。

8. 乙方对乙方委托作业单位承担连带责任。

9. 负责入廊管线及设备维护和日常管理：

（1）建立健全安全责任制，配合甲方做好管廊的安全运行；

（2）向甲方提交入廊管线安全运营须知，明确故障类型以及处置方式；管线使用和维护，应当执行的相关安全技术规程；

（3）编制并实施入廊管线维护、检修和巡检方案，并接受甲方的监督检查，维护、检修和巡检记录应及时向甲方报备；

（4）入廊作业、维护、检修和巡检时对成品采取有效的保护措施；

（5）在管廊内实施明火、水电等作业的，应当征得甲方的同意，并符合消防要求；

（6）制定管线安全应急预案，并报甲方备案；实施应急预案的同时应通知甲方。

10. 按本合同约定向甲方交纳入廊费和日常维护费。

11. 接到甲方实施紧急预案通知后，第一时间赶到现场。

12. 乙方或乙方委托作业单位在入廊作业、维护、检修、巡检时，承担因自身原因造成的损失，包括但不限于影响公众便利、破坏公共财物、造成第三者物损、造成自己人员伤亡、造成第三者伤亡、经济纠纷、诉讼。

13. 乙方不得将其在本合同项下的部分或全部责任和义务转让给第三方。

14. 乙方发生变更、合并、分立、解散、破产等情况，应及时通知甲方。

（二）乙方代表

乙方代表人：

身份证号：

职　　务：

联系电话：

电子信箱：

办公地址：

通信地址：

（三）更改

上款乙方代表约定内容发生任何更改，乙方都应书面通知甲方。

第六条　管廊服务费与支付

（一）管廊服务费

管廊服务费包含入廊费和日常维护费。

1. 入廊费税前暂定总价人民币××××万圆（暂定￥×××元），在西安市物价局有关城市地下综合管廊有偿使用费等相关文件颁发后一个月内据实计算确定。

2. 日常维护费税前暂定每月人民币××××万元（暂定￥×××元/月），在西安市物价局有关城市地下综合管廊有偿使用费等相关文件颁发后一个月内据实计算确定，并按有关规定及时调整。

3. 入廊费和日常维护费的增值税税率6%（合同执行过程中，如国家税率调整适用新税率）。

（二）支付

1. 本协议签订 10 个工作日内，乙方一次性支付入廊费给甲方。

2. 乙方按　　　向甲方支付日常维护费，　　　前支付。

（三）其他事项

据实计算出入廊费和日常维护费后，甲乙双方应签订补充协议进行明确，并在补充协议中明确入廊费和日常维护费金额与本协议暂定金额的差额。差额按多退少补的原则，在补充协议签订后 10 个工作日内由乙方补交给甲方或由甲方退给乙方。

第七条　保证

1. 乙方或乙方委托作业单位在入廊作业前，应向甲方提交。

（1）总额×××万元不可撤销的履约保函，保函期限自入廊作业当日开始、至甲方清场验收合格当日止。

（2）总额×××万元保证金，在入廊作业前转入甲方指定账户，在甲方清场验收合格后 5 个工作日内将保证金余额返还乙方或乙方委托作业单位指定账户，保证金不计利息。

2. 甲方根据本合同第八条对乙方或乙方委托作业单位的罚金、收取的赔偿金，有权直接从上款保证中扣除而不必征得乙方或乙方委托作业单位同意。

第八条　处罚、赔偿与违约

1. 乙方或其委托作业单位不按《入廊作业方案》作业，甲方有权对乙方或乙方委托作业单位处以 1000～20000 元罚款；给成品造成损坏的，乙方或乙方委托作业单位应自费修复，不能按原样修复的，甲方组织修复，乙方或乙方委托作业单位全额赔偿，拒不赔偿的，甲方应函告西安市城市地下综合管廊行政主管部门。

2. 乙方或乙方委托作业单位不按时完成清场验收时提出的整改要求，甲方有权对乙方或乙方委托作业单位处以 5000～50000 元罚款，拒不整改的，甲方还应函告西安市城市地下综合管廊行政主管部门。

3. 乙方维护、检修和巡检时应做好成品保护工作，做到工完场清，如给甲方或其他入廊单位造成损失，乙方无条件照价赔偿。逾期不支付赔偿金，自逾期之日起每天按 0.5‰计算利息。

4. 甲方赔偿因其疏于管廊本体及附属设施维护管理给乙方造成的直接经济损失，并在直接经济损失金额确定后 10 个工作日内全额支付给乙方，逾期不支付赔偿金，自逾期之日起按每天 0.5‰计算利息。

5. 乙方赔偿因其疏于维护、检修、巡检给甲方或其他入廊单位造成的直接经济损失，并在直接经济损失金额确定后 10 个工作日内全额支付给甲方或其他入廊单位，逾期不支付赔偿金，自逾期之日起按每天 0.5‰计算利息。

6. 按本合同第十一条和第十四条应支付的费用逾期不支付，自逾期之日起按每天 0.5‰计算利息。

7. 本条第（三）至（六）条款所述赔偿金或费用逾期超过 90 天仍未支付完毕，受款人函告西安市城市地下综合管廊行政主管部门。

8. 乙方逾期支付入廊费属于违约行为，自逾期之日起每天按应交付入廊费金额的 1‰向甲方支付违约金。逾期支付超过 30 天，甲方函告西安市城市地下综合管廊行政主管部门；逾期支付超过 60 天，甲方函告西安市市政府。

9. 乙方逾期支付日常维护费属于违约行为，自逾期之日起每天按应交付入廊费金额的 1‰ 向甲方支付违约金。逾期支付超过 30 天，甲方函告西安市城市地下综合管廊行政主管部门；逾期支付超过 90 天，甲方函告西安市市政府。

第九条　保险

1. 甲方应为管廊本体及附属设施购买财产险。

2. 入廊作业期间乙方应购买建筑工程一切险或相似保险和第三者责任险，管线在廊期间乙方应购买入廊管线和设备的财产险。

第十条　不可抗力

（一）不可抗力事件所指事项

1. 雷电、干旱、地震、火山爆发、滑坡、水灾、地陷、暴风雨、海啸、洪水、台风、龙卷风等自然灾害，以政府有关部门发布的为准；

2. 大规模流行病、饥荒或瘟疫；

3. 战争行为（无论是宣战的或未宣战的）、入侵、武装冲突或敌对行为、封锁、暴乱、恐怖行为或军事力量的使用；

4. 全国性、地区性或行业罢工；

5. 西安市及以上任何政府部门对管廊或其任何部分实行的没收、征用、国有化；

6. 重大法律变更。

（二）不可抗力发生后的处置

1. 受到不可抗力影响的一方，应在发生不可抗力或知道发生不可抗力之后，及时以书面的形式通知另一方并详细描述不可抗力发生的情况及可能导致的后果，包括不可抗力发生时间和预计停止时间，对履行本协议项下的各种影响，并在另一方合理要求的时间内提供证明。

2. 发生不可抗力事件后，双方都应采取合理措施将不可抗力的影响降到最低程度。

3. 甲方和乙方分别承担不可抗力给自己造成的损失。

4. 受到不可抗力影响的一方在不可抗力的影响消除后应尽快恢复履行本合同项下的义务。

第十一条　紧急抢险

1. 紧急情况发生后，双方都应立即启动应急预案。

2. 应急预案实施费用和实施应急预案给管廊本体及附属设施、入廊管线和设备造成的损失，由产生紧急情况的管线或设备所有人承担。

第十二条　争议

本合同履行过程中发生争议，甲乙双方应协商解决，协商不成提请西安市城市地下综合管廊行政主管部门调解，调解不成提交西安仲裁委员会仲裁。

第十三条　合同生效、解除与终止

1. 本合同自签章之日起生效，至入廊管线在廊时间满 25 年整后自动终止。

2. 除了西安市城市地下综合管廊行政主管部门提出解除本合同外，任何一方不得主张解除本合同。

第十四条　其他

1. 乙方更换入廊管线前，应与甲方签订补充协议，在补充协议内明确双方权利和义务。

2. 原则上乙方应在管廊竣工验收后开始入廊作业，如果乙方提前开始入廊作业，甲乙双方应签订备忘录，在备忘录中明确具体事项。

3. 乙方入廊管线在廊时间到期后仍然使用管廊，应提前两个月提出申请，经甲乙双方协商一致后签订补充协议。

4. 本合同解除或终止后，乙方应在合理时间内将入廊管线和设备拆除并移出管廊，逾期甲方有权拆除并移出，相应费用由乙方承担。

5. 本合同如有未尽事宜，双方协商一致签订补充协议，补充协议与本合同具有同等效力。如补充协议与本合同约定内容不一致，以补充协议为准。

6. 本合同一式陆份，甲、乙双方各执叁份，均具有同等法律效力。

第七篇　综合管理篇

第十五章 企业文化与行政办公管理

15.1 综述

企业文化与行政办公是 SPV 公司管理职能的重要组成部分，其中，企业文化与行政办公管理包含企业文化、办公管理、固定资产管理、保密管理、应急管理、督办管理等。

15.2 企业文化

15.2.1 企业核心价值观

企业使命：拓展幸福空间

——满意客户、成就员工、回报股东、造福社会

管廊愿景：打造全国综合管廊示范工程

管廊价值观：赢领时代，筑造永恒

管廊精神：担当　协作　创新　奔跑

15.2.2 部门职责、制度（见表 15-1）

公司部门岗位、职责、制度一览表　　　　　　　　　表 15-1

部门	岗位	职责	制度
财务资金部	报表管理岗 出纳管理岗 档案管理岗 会计核算岗 融资管理岗 税务管理岗 资金管理岗 综合管理岗	主要负责公司财务与资金制度与体系建设、预算管理、财务管理、财务报告与会计核算管理、资产管理、税务管理、资金管理、融投资管理、财务信息化建设、利润分配管理、统计管理、综合管理等工作	全面预算管理规定 管理费用管理规定 资金管理规定 融资管理规定 税务管理办法 会计档案管理规定 资产减值准备财务核销管理规定 财务资金部门内部岗位牵制管理实施细则 财务关账与报告管理规定 会计工作交接管理规定
对外协调部	城建协调岗 工程协调岗 设计协调岗 外部协调岗	主要负责对外协调项目前期建设用地及建设推动工作，对接协调各入廊管线产权单位及各级政府职能部门，管理监理单位，及综合管理等工作	对外协调管理手册
工程管理部	安全管理岗 安装管理岗 技术管理岗 质量管理岗 内业管理岗	主要负责贯彻执行国家、行业、地方、企业有关质量法规、标准、规范、制度；组织完成工程项目开工审批手续；配合完成招标工作；建设过程监控；组织竣工验收	项目综合考核评价管理办法 安全生产管理办法 现场标准化管理策划 安全生产费用管理办法 安全奖罚办法 安全生产例会制度

部门	岗位	职责	制度
设计规划部	创优管理岗 进度管理岗 协调管理岗 信息管理岗 质量管理岗	负责设计政策法规研究、设计管理、专业技术支持与监督，完成领导交办的其他事项等	设计规划管理办法
运营事业部	运营安全工程师 运营设备工程师	主要负责运营合约管理、管廊运行管理、运营技术安全管理、运营财务管理、完成领导交办的其他事项	综合管廊应急管理预案制度 综合管廊安全事故处理制度 综合管廊安全责任制度 综合管廊安全管理领导责任处理制度 综合管廊安全教育制度 综合管廊消防保卫管理制度 综合管廊动火作业管理制度 综合管廊日常巡检管理制度 综合管廊违章违纪处罚条例 综合管廊廊内施工管理规定 综合管廊入廊作业规范 综合管廊维护管理方案 综合管廊入廊业务流程
合约法务部	成本管理岗 法务管理岗 招投标管理岗	主要负责招投标、工程合同、成本管理、概预结算、工程款拨付、经济分析、完成领导交办的其他事项	合约法务管理手册 公司起诉、应诉案件管理办法 外聘律师管理办法 授权管理办法 采购管理办法
投资业务部	投资管控岗	主要制定年度投资计划，拟定公司投资管理制度、负责内外部合作、联络及谈判，配合财务资金部做好融资工作；统筹项目投资完成情况汇总及报表、完成领导交办的其他事项	投资业务管理制度
综合办公室	党群纪检岗 公文写作岗 行政后勤岗 企业策划岗 人力资源岗 信息化管理岗	主要负责人力资源管理、文秘、档案管理、行政后勤、企划、党建及工会、共青团工作；完成领导交办的其他事项	会议管理办法 印信证照管理办法 公文管理办法 保密管理办法 公务车辆使用与管理办法 办公用品及勤务管理 固定资产管理办法 宣传工作管理办法 档案管理办法 信息化管理制度 人力资源管理手册 党群及纪检监察管理手册

15.2.3　宣传管理

15.2.3.1　宣传内容

公司的重大活动、重大事件、重要会议、重要典型、重要奖项、优秀经验、创优成果、党建创新、精神文明建设、企业文化建设以及公司领导重要活动等。

15.2.3.2　宣传队伍建设

各部门、各参建单位分别选派一名员工兼职通讯员，综合办公室定期组织召开新闻写作、新媒体运用技巧等培训，通过形式多样的活动，激发通讯员供稿的积极性。

15.2.3.3　宣传媒介

系统内部媒体：中国建筑工程总公司官方网站、微信公众号以及《中国建筑新闻》；中国建筑西北区域总部（中建丝路建设投资集团）官方网站及微信；中建西安综合管廊投资发展有限公司微信。

系统外部媒体：中央电视台、新华社、工人日报、陕西电视台、陕西日报、西安晚报、华商报、新浪网等。

制定危机处理管理办法，构建积极向上的社会舆论导向。

15.2.3.4　宣传审核工作

新闻的发布要严格遵守新闻审批制度要求（见表15-2），未经审核签发的稿件不得以公司或项目名义，在电视、报纸、网站、微信、微博等平台宣传。

中建西安综合管廊投资发展有限公司
信息发布审批单

表 15-2

信息报送时间：　　　　　　　　　　　　　　　　信息编号：201＊　　（　　）号

申请发布部门		负责人（签字）	
标　题			
内容概述 （正文附后）			
图片描述			
综合办公室初审		综合办公室 负责人	
总经理签字			

备注：1. 公司综合办公室是公司官方公众号管理责任部门；
　　　2. 涉及公司内外各级领导的单位名称、职务、排序、惯例提法等，要统一遵循公司综合办公室已发布的文稿统一规制；
　　　3. 凡涉及公司重大经营举措、核心商业模式、主要经济数据等商密范畴内容严禁对外发布。

15.3　办公管理

15.3.1　公文管理

15.3.1.1　管理目标

公文是项目公司在管理、运营过程中形成的具有效力和规范体式的文件，公文处理坚持"实事求是、精简高效"的原则，做到及时、准确和安全。

15.3.1.2 收文流程（见图15-1）

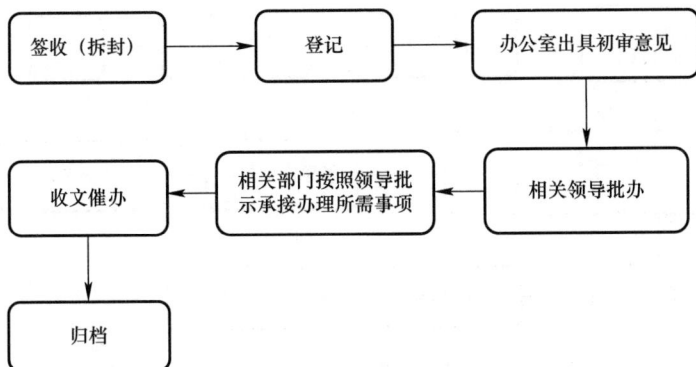

图15-1 收文流程

15.3.1.3 收文核心控制目标

收到公文的办理过程，包括签收、登记、初审、拟办、批办、承办、催办、归档等程序。

（1）签收：综合办公室是公司收文的唯一主体，各部门接收的公文统一交由综合办公室进行收文处理。

（2）登记：综合办公室对公文的主要信息和办理情况应当详细记载。

（3）初审：综合办公室对收到的公文应当进行审核，审核的重点是：是否应当由本单位办理。经初审不符合规定的公文，及时退回来文单位并说明理由。

（4）承办：阅知性公文应当根据公文内容、要求和工作需要确定范围后分送；批办性公文应当根据拟办意见报公司领导批示或者转有关部门办理，如需要两个以上部门办理的，要明确主办部门；紧急公文应当优先办理，明确办理时限；承办部门对交办的公文应当及时办理，有明确办理时限要求的应当在规定时限内办理完毕。对于流转的文件，阅知性文件在收阅部门停留时间不应超过1个工作日；需办理或转发的文件由承办部门按时限要求完成办理。若需办理或转发的文件为纸质版，停留时间不应超过3个工作日；确需延长时间的，要进行复制。纸质原件阅办完毕后，归还综合办公室保存；对不属于本部门职权范围或者不宜本部门办理的，及时退回办公管理部门并说明理由。

（5）传阅：综合办公室根据领导批示和工作需要将公文及时送传至阅知者批示，办理公文传阅要随时掌握公文去向，不得漏传、误传、延误。

（6）催办：综合办公室及时了解掌握公文的办理进展情况，督促承办部门按期办结。紧急公文或者重要公文应当做好催办记录。

（7）答复：主办部门应将公文的办理结果及时反馈来文单位，并根据需要告知相关部门。

15.3.1.4　发文流程（见图 15-2）

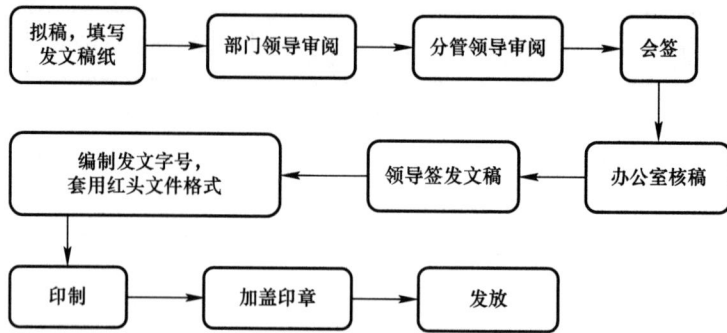

图 15-2　发文流程

15.3.1.5　发文核心控制目标

发公文的程序，包括起草、会签、审核、签发、印制、校对、分发等程序。发文程序中，如在纸质文件上签字或标注意见，必须使用黑色签字笔。

（1）起草：发文的起草部门按要求填写发文需求。

（2）会签：公文内容涉及其他部门职权范围事项的，起草部门需会签征求意见，拟文中，涉及其他部门职责的事项，原则上主办部门应先会签，征求意见；会签部门收到文件后应认真审阅并提出意见，一般不得超过 1 个工作日。无会签意见也须加以注明，纸质文件会签意见旁需同时签署部门负责人姓名并标注日期；相关部门会签完毕后，主办部门参照进行修订（需附对各部门意见的处理说明）。当主办部门与会签部门意见不一致时，由主办部门决定是否采纳。主办部门不采纳会签部门意见时，主办部门应将不采纳意见的原因与会签部门沟通，并在会签文件中进行说明及签字；如遇重大事项，需提交公司领导决策。

（3）审核：公文文稿签发前，应提交办公管理部门审核。审核的重点是：是否需要行文，文件内容是否符合法律、法规及政策的规定，行文方式是否妥当，是否符合行文规则和要求，需否会签，文种使用、公文格式是否符合规定等。如需对文稿内容做出实质性修改，办公管理部门应当与起草部门协商；修改后的文稿由起草部门负责人确认。经审核不宜发文的公文文稿，应当退回起草部门并说明理由；符合发文条件但内容需作进一步研究和修改的，由起草部门修改后重新报送。经审核通过的公文文稿，由起草部门协商综合办公室确定发文范围、印发份数和缓急程度后，呈公司领导签发。

（4）签发：公司公文应由公司领导审批签发。签发人签发公文，应当签署意见、姓名和完整日期；只有签名的，视为同意。联合行文由所有联署部门的负责人会签。各部门报本部门负责人签发的公文要符合以下基本要求：一是必须经本部门主要负责人审签，由于客观原因无法签署的，可委托临时主持工作的负责人代签；二是必须经过办公管理部门审核，符合公文相关规定；三是公文的签发程序应按照公司领导职责分工及审批权限，符合公司内部决策的相关规定；四是印制经部门负责人签署后的文稿，由办公管理部门进行编号和用印，用印前由起草部门进行校对。

（5）印制：严格按照公文格式要求印制，公文印制完成后，起草部门确认公文内容无误且为修改后的最终版本；公文用印时需携带由签发人签字的文稿。

（6）分发：公文应按照拟定的主送、抄送单位分发。公文的分发形式包括纸质、办公系统或电子邮件。其中，涉密文件以纸质文件发送，按照公司保密管理的具体要求执行；信函由起草部门自行发送。通过电子邮件形式发送的文件，应要求对方发送回执。

15.3.2　印章证照管理

申请使用印章、证照时，事先填写申请单，并附用印文件或依据性文件，部门负责人确认后，由相关部门会签，报申请部门及印照保管部门承办，印照保管部门负责人复核后，申请人前往印照管理员处进行用印或借照，印照管理员负责进行印章使用情况登记。

凡经权限审批人签署的文件（如审批会签过的授权书、合同等）如需用印，视为同意用印，申请人提交申请单时，将相关纸质审批文件签字页扫描件作为附件或将相关审批流程与用印申请进行关联后，直接提交给印章保管部门负责人进行复核，按程序用印。

非工作时间用印章、证照，应由申请部门提前1个工作日完成审批程序，并向印照保管部门提出申请，印照保管部门负责安排值班人员监印或办理用照。

15.3.2.1　用印流程（见图 15-3）

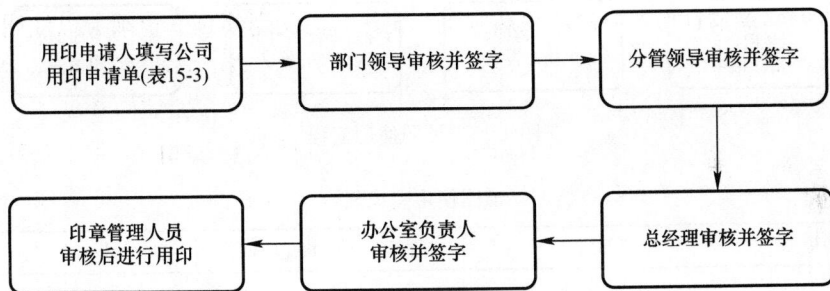

图 15-3　用印流程

印章使用申请单　　　　　　　　　　　　　　　　　　　表 15-3

编号：

事由	用印事由：		
	用印类型：		
	用印资料及份数：		
经办人		日　期	
部门负责人		相关部门 负责人	综合办公室 经办人
分管领导审核		总经理审批	

15.3.2.2　介绍信开具流程（见图15-4）

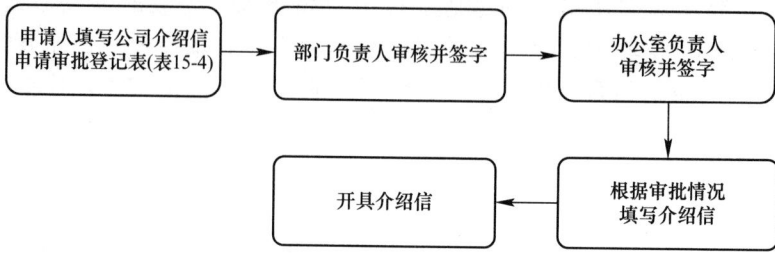

图 15-4　介绍信开具流程

介绍信申请审批登记表

表 15-4

序号	时间	申请部门	用信事由	出具单位	申请人	部门负责人审核	综合办公室负责人	备注

15.3.2.3　证照使用流程（见图15-5）

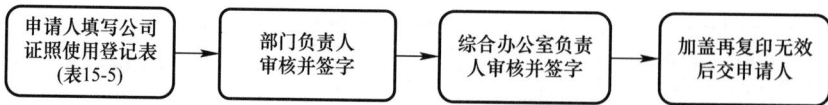

图 15-5　证照使用流程

证照使用登记表

表 15-5

序号	申请原因	证照名称	申请部门	申请人	审批人	借出时间	综合办公室负责人	备注

15.3.3　会务管理

15.3.3.1　会议管理的原则

会务管理要规范化和标准化，提高会议效率，提升会议效果。应遵循以下原则：预先沟通，提炼问题；会前筹备、资料完备；主题清晰、简明高效；尽量开短会、开专题会。

15.3.3.2　会议的分类管理

根据会议性质、规模、内容和参会范围，采取会议分类管理。公司会议分为三类。

Ⅰ类会议：综合会议。包括年度（半年度）工作会、总经理办公会、其他公司相关大型会议等。

Ⅱ类会议：专项会议。党群类会议、分管领导召集、部门基本全部参加的各类专题会议以及上级单位组织的专题会、调研座谈会、为解决重大事项专门召开的会议等。

Ⅲ类会议：日常会议。包括各类例会、定期召开的协调会、碰头会、商务系统、方案设计内审会等。

15.3.3.3　会议组织工作

按照"谁组织、谁办会"的原则，会议需提前申请（包括会议室、会议设施及会务等）一般会议须提前两个工作日，大型会议须至少提前三个工作日提出申请。申请时填写《会议登记表》（见表15-6）。由综合办公室根据情况对会议室进行统一协调安排。

表 15-6

序号	会议		会议名称	会议室	需准备物品（如需，请打√）						会议登记人	备注
	日期	时间		××××	茶水	矿泉水	投影仪/大屏	LED	桌牌	车辆		
1												
2												
3												
4												
5												
6												
7												
8												

Ⅰ类会议的会务组织工作由综合办公室牵头组织，并负责会议资料、会议桌牌、会议会标、会场布置、会议签到（见表15-7）、会议设备调试等工作，相关组织部门配合。Ⅱ、Ⅲ类的会务组织工作由各相关组织部门牵头组织，负责会议资料、会议桌牌、会场布置、会议签到，综合办公室配合做好会议场所安排、会议会标、会议设备调试等协助工作。

会议签到表　　　　表 15-7

会议名称					
会议时间					
会议地点					
序号	姓名	部门	序号	姓名	部门
1			8		
2			9		
3			10		
4			11		
5			12		
6			13		
7			14		

15.3.3.4　会议通知

　　Ⅰ类会议由综合办公室下文通知。以公司名义组织召开的Ⅱ类会议，由相关组织部门起草会议通知，经综合办公室履行完发文程序后，由相关组织部门自行通知。公司Ⅲ类会议原则上不发正式通知，由各相关组织部门自行通知。

15.3.3.5　会议纪要的整理、存档及下发

　　Ⅰ类会议，由综合办公室在会议结束24小时内，整理形成会议纪要，经公司主要领导审定后存档并下发。Ⅱ类会议，由会议组织部门在会议结束24小时内整理形成会议纪要交综合办核稿后，经综合办负责人及会议召集领导审定后，交综合办存档，会议组织部门自行下发纪要。

15.3.3.6　会务服务

　　Ⅰ类会议，由综合办公室公共服务人员进行会间会务服务；Ⅱ、Ⅲ类会议，由各牵头部门安排专人负责会间会务服务。

　　会议结束后，各相关组织部门应及时收集整理会议文件、录音、录像等各类资料，并按规定存档。各参会人员应注意保守会议秘密，妥善保管会议文件。涉密文件由各相关组织部门在会议结束后收回，不得私自带离并传播。

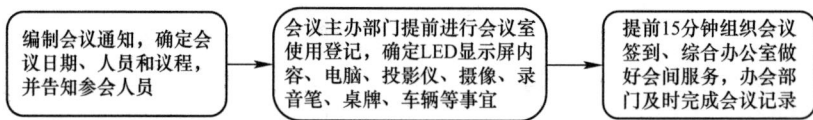

```
┌─────────────────┐   ┌─────────────────────┐   ┌─────────────────────┐
│ 编制会议通知，确定会  │   │ 会议主办部门提前进行会议室 │   │ 提前15分钟组织会议   │
│ 议日期、人员和议程，  │──▶│ 使用登记，确定LED显示屏内 │──▶│ 签到、综合办公室做   │
│ 并告知参会人员      │   │ 容、电脑、投影仪、摄像、录 │   │ 好会间服务，办会部   │
│                 │   │ 音笔、桌牌、车辆等事宜   │   │ 门及时完成会议记录   │
└─────────────────┘   └─────────────────────┘   └─────────────────────┘
```

15.3.3.7　参加或承办上级机构或社会团体会议

　　参加上级机构或行业协会等社会团体会议的，请示分管领导审批。承办上级机构或行业协会等社会团体会议的，首先进行签报手续，经分管领导审核后报主要领导审批。

15.3.4　接待工作

　　公务接待坚持有利公务、务实节俭、严格标准、简化礼仪、高效透明、尊重少数民族风俗习惯的原则。加强公务外出计划管理，科学安排和严格控制外出的时间、内容、路线、频率、人员数量。公务接待管理部门为公司综合办公室。

　　严格接待审批控制，对能够合并的公务接待统筹安排。接待住宿严格执行差旅、会议管理的有关规定，在定点饭店或者机关内部接待场所安排，执行协议价格。出差人员住宿费应当回本部门凭据报销，与会人员住宿费按会议费管理有关规定执行。住宿用房以标准间为主，不超标准安排接待住房，不额外配发洗漱用品。

15.3.4.1　接待申请流程（见表15-8）

×××调研接待安排　　　　　　　　　　　　　　　　　　　表15-8

时间	地点	主要内容	调研方参加人员	公司参加人员	对接人	注意事项

天气：　　　　　　　温度：　　　　　　　车辆安排：

15.3.4.2 注意事项

接待前要详细了解每一位来宾的生活习俗及习惯，周密细致地安排好每一项接待内容。对接待过程及时总结，查漏补缺。

15.4 固定资产管理

15.4.1 固定资产定义

使用年限在一年以上；单位价值在规定标准人民币5000元以上。

15.4.2 固定资产的购置程序

综合办公室于每年年初根据公司固定资产的使用情况、生产经营发展目标等因素编制固定资产年度费用预算，与财务资金部会商后，填写《固定资产购置申请审批表》（见表15-9）上报公司总经理审批后执行。

固定资产购置申请审批表　　　　　　　　　　　　　　　表 15-9

申请部门：	时间：
固定资产名称及规格：	预算金额：
申请理由：	
申请部门经办人：	所属部门负责人签署：
综合办公室审核意见：	审核人： 年　　月　　日
财务资金部审核意见：	审核人： 年　　月　　日
业务分管领导审核意见：	审核人： 年　　月　　日
财务分管领导审核意见：	审核人： 年　　月　　日
总经理审核意见：	审核人： 年　　月　　日

购置：办公室根据审批情况进行购置，固定资产的采购必须通过询比、议价确定供货商，并要求供货商提供与固定资产相匹配的正规发票。

验收：采购和验收应由2人以上分别进行，互相监督。新采购的固定资产到货后，须填制《固定资产验收单》（见表15-10），由采购人、验收人、领用人、财务资金部签字验收。

固定资产验收单
表 15-10

验收时间：　　年　月　日　　　　　　　　　　　　编号：

资产名称		总价	
规格或型号		其中：购入原价（不含税）	
生产厂家		运输费用	
资产编号		安装费用	
数量		其他费用	
资产来源		进项税额	
入账价值		折旧方法	
单价		开始使用日期	
购入或接受日期		使用年限	
使用地点		净残值	
使用部门		月折旧率	
采购人：	验收人：　　　领用人：	资产管理部门：	财务资金部：

15.4.3　固定资产的使用与管理

固定资产的日常维修、保养和大修记录由综合办公室行政岗负责；超出预算费用的设备维修应单列申请，上报总经理审批后办理；公司固定资产使用部门根据固定资产现有性能及使用情况提出固定资产更新改造申请，经综合办公室及相关部门初审后，上报主管领导核准后实施。固定资产更新改造完成后，由综合办公室会同财务资金部、资产使用部门共同组织固定资产验收，验收合格后交付固定资产使用部门使用，编制《固定资产更新改造验收单》（见表 15-11），经总经理审核签字后，进行账务处理，编制记账凭证。

固定资产更新改造验收单
表 15-11

本表编号：

使用部门：		更新改造时间：		
购置物名称及规格：				
物品账面原值：	已计提折旧原因及折旧金额：	更新改造后面值：		
所属部门经理确认：				
综合办公室审核确认：		审核人：　　年　　月　　日		
财务资金部审核确认：		审核人：　　年　　月　　日		
财务分管领导审核：		审核人：　　年　　月　　日		
总经理审核：		签署人：　　年　　月　　日		
验收人：		使用人：　　年　　月　　日		

15.4.4 固定资产的报废

满足报废条件的固定资产，由使用部门提出书面报告说明理由，将该资产退回综合办公室。综合办公室负责填写《固定资产报废申请审批表》（见表 15-12），并会同相关部门提出处理意见后报总经理审批，按审批意见执行。

固定资产报废申请审批表　　　　　　　　　　　　　　　表 15-12

申请部门		时间	
物品名称及规格		原值金额	
		残值金额	
申请理由：			
申请人签字：			
部门意见： 　　　　　　　　年　月　日		综合办公室意见： 　　　　　　　　年　月　日	
财务资金部意见： 　　　　　　　　年　月　日		财务分管领导意见： 　　　　　　　　年　月　日	
总经理签署意见： 　　　　　　　　　　　　　　　　　　年　月　日			

15.5 保密管理

遵循"统一领导、统一规则、分级授权、分级管理"的保密原则，执行"依法规范、预防为主、突出重点、便利工作、谁主管谁负责、保障安全"的保密方针。

保密管理主要内容如下。

（1）组织体系

设立保密委员会，统一领导公司的保密工作，保密委主任由公司主要领导担任，成员为公司领导和各部门主要负责人。保密委下设保密办公室，保密办设在综合办公室，承担保密委日常工作，机关各部门配备兼职保密工作人员。

（2）过程管控

专人负责：保密工作实行专人负责，指定忠诚可靠的员工负责保密管理工作。

过程管控：对于重大涉密信息（国家秘密、公司核心商密，下同）的制作、发送、阅办、复制、存储、携带、销毁、移交等方面应符合国家规定，确保信息安全；重大涉密办公设备应由专人负责管理，安全使用，建立使用台账，各种涉密办公设备的维护和维修过程可控。

涉密范围：公司根据工作需要严格确定秘密知悉范围。知悉范围应当限定到具体岗位和人员，并加强知悉范围的保密管理。任何人不得擅自复印、留存秘密文件。如因工作需要，须按程序报经批准（见表 15-13，表 15-14）。复制的秘密文件视同原件使用和管理。阅办完复印件后，及时将其清退给原定密部门。

秘密文件销毁管理：销毁文件应登记造册（见表 15-15）。普通保密文件的销毁由各部门负责并报保密办备案，核心保密文件的销毁由各部门报保密办，经保密办报上级保密机关统一负责。

机要文件查阅、借阅审批单　　　　　　　　　　　　　　　　　**表 15-13**

编号

申请部门：			申请人：	
查询文件标题或内容提示：				
□在机要室查询：查阅时间　　年　　月　　日　　时 □需借出文件：　借阅时间　　年　　月　　日至　　月　　日 　　　　　　　　实际归还时间：　　年　　月　　日				
利用目的：				
	领导审批意见	审批人签名		日期
申请部门				
综合办公室				
申请部门分管领导				
公司总经理				

备注：1. 查阅是指在机要室查阅。借阅是指将文件借出。
　　　2. 绝密、省军级以上的涉密文件仅限在机要室阅读。
　　　3. 此表应打印后手工填写。

核心商业秘密借阅单　　　　　　　　　　　　　　　　　　　**表 15-14**

编号

申请部门：			申请人：	
借阅内容：				
□在办公室借阅：借阅时间　　年　　月　　日　　时 □需借出文件：　借阅时间　　年　　月　　日至　　月　　日 　　　　　　　　实际归还时间：　　年　　月　　日				
利用目的：				
	领导审批意见	审批人签名		日期
申请部门				
定密部门				
定密部门分管领导				

备注：此表应打印后手工填写。

商业秘密销毁单　　　　　　　　　　　　　　　　　　　　　**表 15-15**

编号

申请部门：		申请人：	
销毁内容			
销毁原因			
文件密级：		申请销毁时间：　　年　　月　　日	
	审批意见		审批人签名/日期
申请部门			
综合办公室			
申请部门分管领导			
总经理			
上级单位保密办			

备注：此表应打印后手工填写。普通商密的销毁由各部门负责并报综合办公室备案，核心商密的销毁由总公司保
　　　密办统一负责。

15.6　应急管理

在突发事件的事前预防、事发应对、事中处置和事后恢复过程中，采取一系列必要措施。

15.6.1　组织体系

成立应急管理委员会，负责统一管理、领导指挥、重大决策等工作，应急管理委员会的主任委员由公司主要领导担任，副主任委员为公司各业务分管领导，委员为各部门主要负责人。应急管理委员会下设应急管理办公室，设在综合办公室，作为公司应急管理工作的总协调机构，负责值守应急、上传下达、综合协调、体系建设等工作。

15.6.2　控制节点

体系建设→预测预警→应急处置→后期处理

体系建设：组织按照应急管理制度建设、队伍建设，及时、全面、准确汇总、统计、分析各类突发事件的有关情况，在运营中，及时发现问题并提出意见建议。

预测预警：联络外部有关单位，及时、充分、全面地掌握必要信息，加强风险监测。

应急处置：建立相应突发事件的信息报送机制，及时、充分、准确掌握突发事件动态，最大程度减少损害和影响。

后期处理：开展调查追责，做好善后工作，妥善处理遗留问题。及时总结事件发生和处置过程的经验教训，提出改进意见，及时完善应急预案，汇总归档事件资料。

15.7　督办管理

督办是推动战略规划、年度计划、重要会议决议、领导重要指示及重大决策部署的贯彻落实而开展的重要手段，为领导决策、强化执行力，确保政令畅通，强化总部的执行能力，提高办事效率提供支持。

15.7.1　管理体系

综合办公室为督办工作牵头部门，负责督办工作的组织、协调、监督、检查和通报。各部门协助并执行具体督办事项。其部门负责人为被督办工作责任人。

15.7.2　督办主要内容

当期重点工作（以周为单位，见表 15-16）；年度计划的阶段性目标工作；公司重大会议重要事项（包括年度工作会、总经理办公会、各系统专题会、周例会及各类专题会议等）的决议和部署事项；公司领导批转、交办和布置的工作事项。

			周例会工作对比表				表 15-16	

部门名称：

工作类别	序号	本周工作内容	应完成时间	完成情况	下周工作计划	计划完成时间	备注
重点工作	1						
	2						
	3						
	4						
	5						
	6						
	7						
追加工作	1						
	2						
	3						

专项督办：重大决策或领导批示交办的重要事项，按"一事一督"的方式进行督办，及时掌握进展，及时向领导反馈。

催办催报：对已交办事项，及时跟踪提醒，督促按期上报。

定时反馈：对周期性较长的督查督办事项，按节点进度及时反馈工作进展情况。

组织协调：对在运行中遇到梗阻的督查督办事项，通过沟通协调或组织召开专项会议，协调推进。

结果核查：对已办结的重要督查督办事项进行回访复核。

15.7.3　督办程序（见图 15-6）

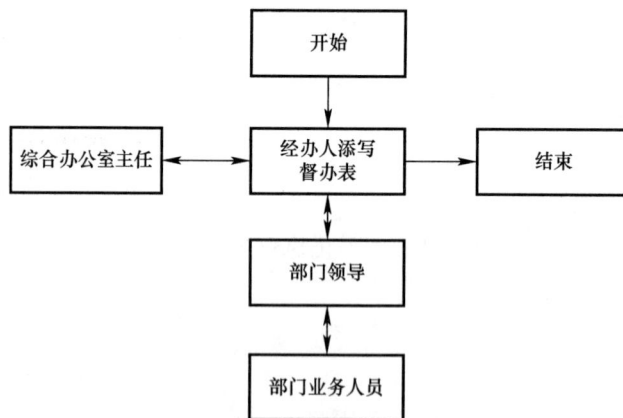

图 15-6　督办程序

特殊情况：承办部门对被督办工作有异议的，应及时告知综合办公室视情况进行调整；承办部门因故不能在规定时限内办结被督办工作，需延长办理时间的，应及时告知综合办公室，经相关领导审批后重新启动督办流程。

案例分享：

马上就办活动

"马上就办"是公司开展的一场效能革命，要求员工"撸起袖子加油干"，任何工作马上就办，事不过夜，确保工作能提前完成。在马上就办的过程中，公司办事程序、办事标准、办事结果得以制度化体现、常态化固定、日常化开展、规范化运行，以具体工作环节为突破口，切实提高工作效率，实现办公效能革命。

"3 日解决"原则

公司规定工作"3 日解决"原则，即业务办理人员 1 日内完成安排的工作，如未完成，则业务办理人员 1 日内反馈至部门负责人，分析原因并协调处理，如仍不能完成，则业务办理人员 1 日内反馈至分管领导协调，确有困难，则反馈至公司负责人。通过"3 日解决"原则，工作能够迅速开展，领导能及时掌握工作进程，提前介入，提高工作效率。

第十六章　人力资源管理

16.1　综述

16.1.1　PPP项目人力资源管理特点

16.1.1.1　人力资源管理贯穿全周期

与以往传统建筑企业项目不同的是，PPP项目的合同期限往往在十年以上，PPP项目公司的业务范围涵盖投资、融资、建设、运营等项目全周期，而人力资源管理则需贯彻始终，涉及六大模块的设计与管理工作，故而对人力资源工作者的专业程度要求较高。

16.1.1.2　人力资源管理对象复杂

由于PPP模式的特殊性，PPP项目公司人员构成包含社会资本方与政府方两方的委派人员，管理对象更为复杂，如何将两方人员进行有效协调与管控，使之职业行为趋于一致，这与一般企业相比，难度更大。

16.1.2　主要制度体系

项目公司人力资源管理工作经过实践，提炼和总结人力资源管理制度共11项，具体见图16-1。

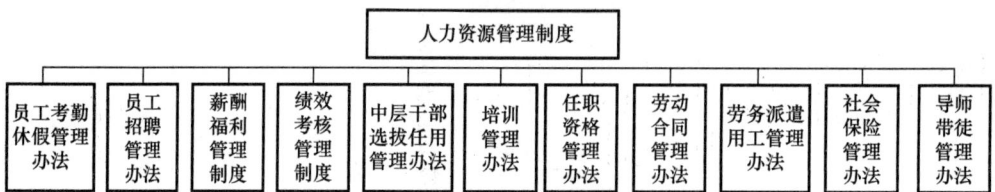

图 16-1　人力资源管理制度

16.1.3　主要对接单位（见图16-2）

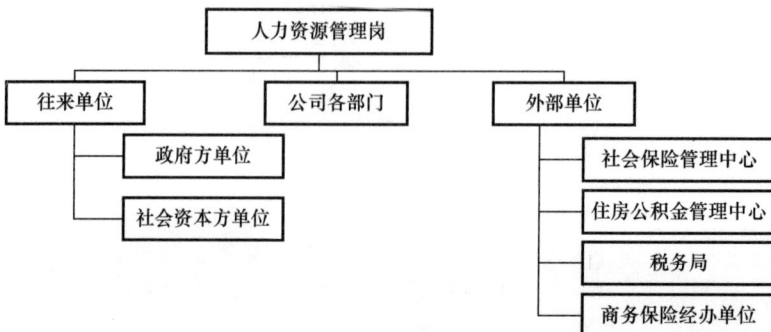

图 16-2　对接单位结构图

16.2　招聘管理

16.2.1　编制管理

为确保人力资源管理的计划性、规范性，在进行招聘工作之前，首先需要进行定岗定编工作。

16.2.1.1　定岗'

定岗原则：因事设岗原则、整分合原则、最少岗位数原则、规范化原则、客户导向原则、一般性原则。

根据定岗原则，分解组织目标，确定组织架构，制定各部门职责（见表16-1）及岗位说明书（见表16-2）。

部门职责的编写　　　　　　　　　　　　　　　　　　表 16-1

一、部门基本信息			
部门名称		部门编号	
部门负责人		部门分管领导	
二、部门定位			
三、部门主要职责			
编制者		编制时间	
审核者		审核时间	

岗位说明书的编写　　　　　　　　　　　　　　　　　　表 16-2

一、基本资料				
岗位名称		所在部门		
直接上级	岗	岗位定员	人	
直接下级	岗	所辖人数	人	

二、职责概述

1. 主要职责与工作任务

职责一	职责表述：		
	工作任务	（1）	
		（2）	
……		……	

2. 工作协作关系

内部协调关系	
外部协调关系	

续表

三、任职资格	
教育水平、职称及专业	
经验	
知识	
培训	
其他	
四、其他事项	
不相容岗位	
工作环境	
工作时间特征	
备注	

部门审核人：　　　　　　　　　　　　　　　　编制日期：　　年　　月

16.2.1.2　定编

定编原则：企业经营目标为中心原则、人员比例协调原则、走专家化道路原则。

根据定编原则，参考行业数据，根据业务分工及工作内容，考虑双方委派要求，确定从业人员数量，进而确定管理人员数量及管理幅度（见表 16-3）。

人员编制表的编写

表 16-3

序号	部门	编制人数	岗位名称	岗位定员	现有人数	备注
1	公司领导					
2	×××部					
……	……					

16.2.2　人员需求计划

人力资源管理者根据年初或新项目设立等时间节点对各部门开展人员需求征集工作，对征集的人员需求应进行汇总与分析，符合人员编制管理的，可及时开展相应招聘工作；不符合人员编制管理的，应与其部门负责人、上级领导再行确认，经相关审批人同意后开展招聘工作（见表 16-4、表 16-5）。

部门人员需求表 表 16-4

需求部门			当前编制		当前人数					
需求理由										
需求类别/岗位		需求人数	拟需求时间	任职资格						
社会人员	高校毕业生			性别	年龄	专业	学历	工作经验	备注	
……	……	……	……	……	…	…	……	……	……	

部门负责人： 年 月 日

分管领导： 年 月 日

备注	

年度人员需求汇总表 表 16-5

序号	分类		需求人数	备注
1	基础指标	上年度末在职员工总数		
2		上一年度招聘员工总数		
3		上一年度招聘女性员工总数		
4		上一年度招聘离职员工总数		
5		计划社会招聘人数		
6	专业分类	工程管理类		
7		商务合约类		
8		基础设施类		
9		投资运营类		
10		设计勘察类		
11		财务资金类		
12		职能管理类		
13	学历分类	本科		
14		硕士及以上		
15	性别分类	男		
16		女		
17	工作经验	5 年以下		
18		5 年～10 年		
19		10 年以上		
20	工作单位	总部		
21		项目公司		
22	需求类别	应届毕业生		
23		社会招聘		

16.2.3 招聘流程

人员补充主要分为内部招聘与外部招聘，以下以外部招聘为例，介绍招聘流程（见图 16-3）。

```
                    ┌─────────────┐
                    │ 确定招聘需求 │
                    └──────┬──────┘
                           │
                       ◇────────◇
                      ╱ 确定外部  ╲
                     ╱  招聘渠道    ╲
                     ╲             ╱
                      ╲──────────╱
              ┌────────┘         └────────┐
     ┌──────────────┐            ┌──────────────┐
     │   社会招聘    │            │   校园招聘    │
     └──────┬───────┘            └──────┬───────┘
            │                           │
     ┌──────────────┐            ┌──────────────┐
     │ 发布招聘通知  │            │  与高校对接   │
     └──────┬───────┘            └──────┬───────┘
            │                           │
     ┌──────────────┐     ┌──────────────────────┐
     │  简历筛选     │◀────│ 组织宣讲会/发布招聘通知 │
     └──────┬───────┘     └──────────────────────┘
            │ 通过
     ┌──────────────┐     ┌──────────────┐
     │   HR一面      │────▶│ 简历进入人才库 │
     └──────┬───────┘     └──────────────┘
            │
     ┌──────────────┐       不
     │ 业务部门二面  │       通
     └──────┬───────┘       过
            │
     ┌──────────────┐
     │  总经理三面   │
     └──────┬───────┘
            │
     ┌──────────────┐
     │  背景调查     │
     └──────┬───────┘
            │
     ┌──────────────┐     ┌──────────────┐
     │ 向上级单位备案 │────▶│ 发放录用通知书 │
     └──────────────┘     └──────────────┘
```

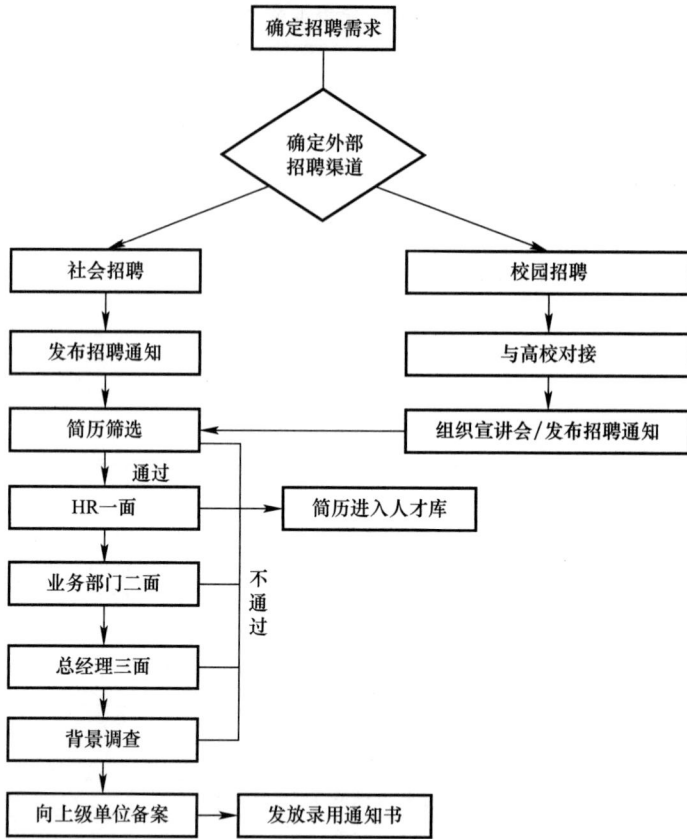

图 16-3　招聘流程

16.2.4　经验与思考

（1）在起草招聘启事时，应注意避免使用带有歧视性的语句。

（2）对于公司储备性人才，建议采用校园招聘的方式补充人员。采用校园招聘渠道时，应根据所需人才的岗位要求匹配相应专业，进而确定目标院校。可通过校企合作等形式，加强校企联系，为后续招聘工作提供便利。

（3）在实践中，通常还可采用借调的形式快速实现人员补充。流动性较强的辅助岗位，如前台接待岗、行政司机岗，可通过劳务派遣或劳务外包的形式提高工作效率。

16.3　用工关系管理

16.3.1　劳动合同关系

16.3.1.1　适用范围

劳动者加入企业，成为企业一员，承担一定的工种、岗位或职务工作，为企业提供有偿劳动的，必须要签订劳动合同。

16.3.1.2　劳动合同分类

《劳动合同法》第十二条规定，劳动合同分为固定期限劳动合同、无固定期限劳动合同及以完成一定工作任务为期限的劳动合同。对于 PPP 公司而言，更多涉及固定期限合同的情况。

16.3.1.3　劳动合同订立流程（见图 16-4）

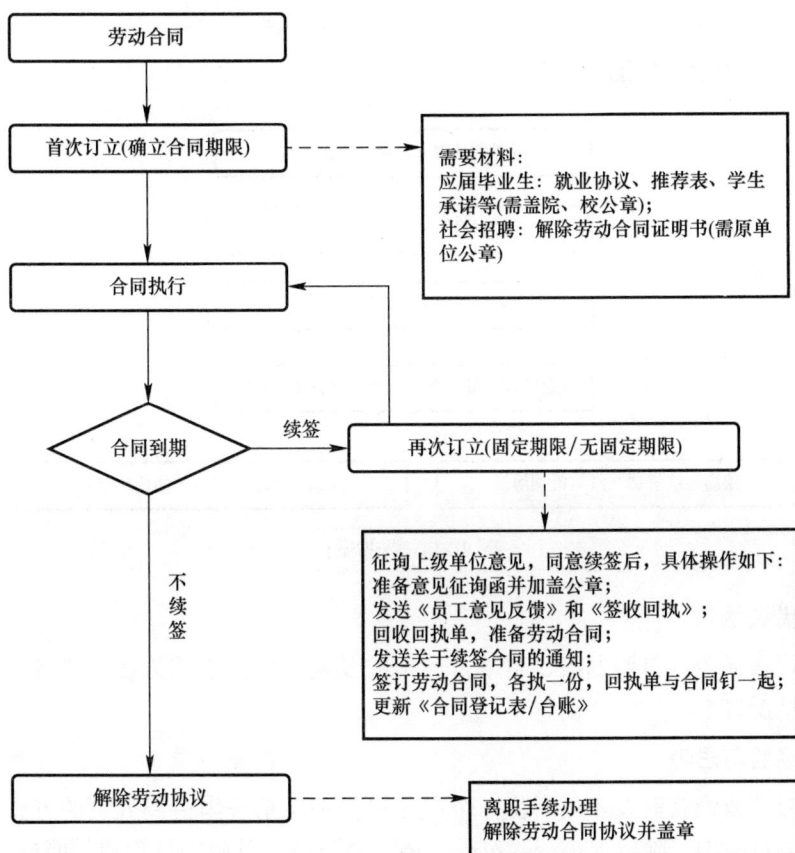

图 16-4　劳动合同订立流程

16.3.1.4　经验与思考

为避免劳动合同风险，在制作劳动合同模板时，有几点需要强调：

（1）在填写乙方基本情况时，增加文书送达地址的填写项，并注明文书送达地址发生变动时劳动者的告知义务。避免在发生劳动纠纷时，劳动者因户籍地址、家庭住址或文书送达地址不一致，主张企业未送达文书，使企业陷入被动局面。

（2）劳动合同中，关于"试用期被证明不符合录用条件"及"违反用人单位规章制度情节严重的"可解除劳动合同的款项，一般要对不符合录用条件及情节严重的具体内容进一步说明，具体内容可作为合同附件。否则，当确实遇到不合适的人员时，因以上两项表述不明，会使用人单位合法解除劳动合同变得被动。

16.3.2 借调劳动关系

16.3.2.1 借调关系

借调是一个单位借用别单位工作人员而不改变其隶属关系的情况。借调中存在三方关系：借出单位、借入单位和借入人员，一般是由三方签署借调协议，在征得被借调人员的同意下，被借调人到借入单位从事劳动。被借人与借入单位不建立劳动关系，但是借调期间受借入单位的管理，被借人员和借出单位存续劳动关系。

16.3.2.2 借调流程（见图16-5）

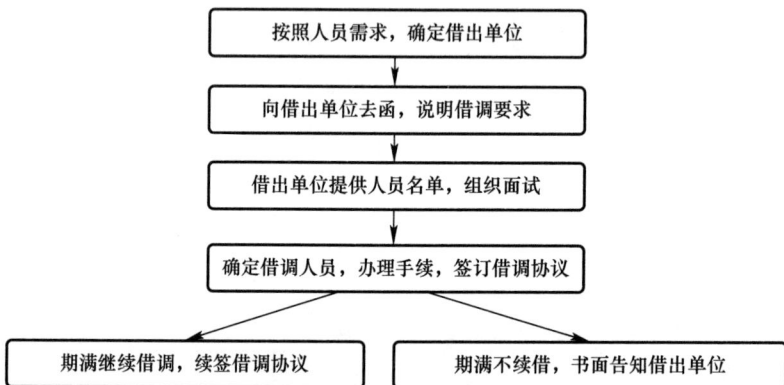

图 16-5 借调流程

16.3.2.3 借调协议

借调协议需涵盖：借调期限、薪酬待遇标准及发放方式、三方权利义务、劳动保护、解除协议的情况等。

16.3.2.4 经验与思考

对于临时性或难获取人才的岗位，企业往往会采用系统内借调人员的方式补充人才。但在人员借调过程中，除要求流程规范外，还需要与借出单位密切沟通，明确借调人员考勤、绩效考核反馈路径等细节信息，甚至需要规定借调人员考核不合格需退回的内容等。

16.3.3 委派关系

根据特许经营协议，政府与社会资本方分别向项目公司委派人员，需要通过委派协议进一步明确委派机构与项目公司关于劳动者的管理权利及义务，包括其劳动关系、薪酬分配与发放方式、个税代缴方式等。

16.3.4 劳务外包/派遣关系

针对辅助岗位，如前台接待、司机等岗位，因其人员不稳定、流动率高的特点，一般采用劳务外包或劳务派遣的形式补充人员，以提供工作效率。

在签订劳务外包或派遣协议时，注意遵守相关劳动法规，如派遣人数不得超过企业职工总数的10%等规定。

16.4　人事异动管理

公司的人事变动，主要分为入职、转正、任免、调岗、离职。

16.4.1　入职管理

16.4.1.1　准备工作（见表16-6）

表16-6

工作分类	序号	准备事项	具体内容
人力资源管理类	1	制作录用通知书	电话通知入职时间，发送入职短信或邮件；确认新员工入职时间、地点并通知其入职时需要携带的证件
	2	制作劳动合同	确定其合同编号、岗位、年限、试用期、法人签字并加盖公章
	3	员工信息登记表	
	4	确定待遇标准	薪酬福利标准、五险一金基数等
	5	制作《员工手册》及学习确认函	含人力资源制度、行政管理制度、报销制度、劳动合同管理及各业务系统制度等
	6	入职培训课件	如制度培训、企业文化培训等
行政管理类	1	制作工牌、工服、名片	
	2	安排办公桌准备相应的办公生活用品	便签纸、笔、笔芯、笔记本、剪刀、刀子、订书机、订书钉、回形针、笔筒、文件夹、公交卡等
	3	分配OA办公权限	如使用OA办公，需在办公平台上分配工作权限
	4	安排住宿	如提供住宿，需事先预订宾馆或宿舍
	5	外地员工接站	如有外地员工的情况，视情况安排相关接站事宜等

16.4.1.2　入职流程（见表16-7）

表16-7

序号	事项	具体内容
1	入职前发送录用通知书	说明报到需携带的资料
2	人力资源部核验并收录相应证件	原单位解除劳动合同证明；身份证、学历、学位、职称、执业资格等各类证书原件及复印件；近十二个月工资收入台账；二级以上医院出具的体检报告单；电子版白底一寸证件照等
3	发放《员工手册》	员工学习相关规章制度并签字
4	发放《员工信息登记表》	员工填写，人力资源管理者确定其社会保险、住房公积金、人事档案等关系目前缴存及存放状况
5	签订协议	《劳动合同》《保密协议》《担保函》（司机用）
6	录入指纹、领取办公用品、工服	
7	员工至所在部门报到	

16.4.1.3 入职后的工作

（1）办理社会保险、住房公积金、人事档案的转移工作，并为员工进行社会保险、住房公积金、商业保险等增员；

（2）更新"员工花名册"相关信息；

（3）通讯录增员；

（4）工资表增员。

16.4.2 转正管理

根据《劳动合同》约定的试用期期限，对员工进行试用期考核，考核通过者，由员工填写《员工试用期转正申请审批表》；考核未通过者，根据情况启动岗位调动或解除劳动合同手续。

对于高校毕业生，在其见习期满后，《填写应届毕业生转正定级表》，并入人事档案。

16.4.3 干部任免

根据人事任免权限及相关规定，对中层及高层人员进行人事任免，具体流程如图 16-6 所示。

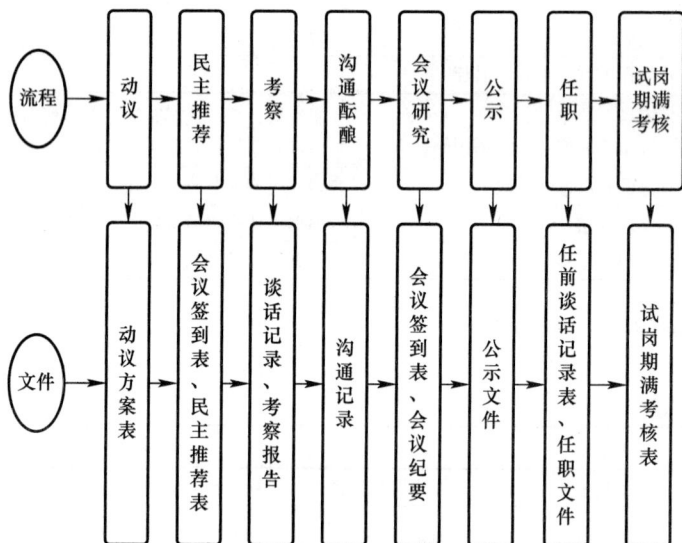

图 16-6　人事任免流程

16.4.3.1 动议

由公司党委或人力资源部（或具备人力资源管理职能的部门）根据工作需要，提出启动干部选拔任用工作意见。人力资源管理者就选拔任用的职位、任职资格、人选范围、方式和程序等提出动议方案，并需经党委批复。

16.4.3.2 民主推荐

民主推荐一般分为两种形式，会议推荐和谈话推荐。民主推荐部门负责人时，参加推荐的人员范围为本部门全体人员，其他相关部门人员可视情况参加民主推荐。

16.4.3.3　考察流程

1. 成立考察小组

考察组至少由两人构成，一般包括人力资源管理人员、纪检人员及相关机构人员。

2. 发布考察预告

考察前可根据考察对象的不同情况，在一定范围内发布考察预告，并召开专门会议，研究考察工作方案。

3. 考察

考察中，综合运用个别谈话、设置意见箱、实地考察、查阅资料、专项调查、同考察对象面谈等方法，广泛深入了解情况。

4. 档案审查

对拟提拔的考察对象，查阅个人有关事项报告、个人档案、"三龄两历一身份"材料、经济责任审计报告等相关材料，考察组要就考察对象的党风廉政情况听取公司纪检监察部门意见。

5. 出具考察报告

人力资源部根据考察组考察情况，形成《考察报告》，研究提出任用建议方案，向公司党委报告。

16.4.3.4　沟通酝酿

沟通酝酿的内容包括动议建议、工作方案、考察人选确定、考察情况、任用建议等方面。主要参加人员：公司主要领导、人力资源分管领导和业务分管领导、纪委书记、考察组组长。

人事事项提交党委会议研究前，人力资源管理者提前向党委委员和业务分管领导进行汇报沟通，听取意见。意见分歧较大的，一般暂缓上会。

16.4.3.5　会议研究

一般通过党委常委会或董事会讨论干部任免事项，人力资源管理者列席会议并就任免事项逐一汇报，与会人员逐一讨论决定。会议结束后，及时整理会议纪要。

16.4.3.6　公示

就拟提拔人员基本信息、拟任职务、举报电话等在全公司范围内进行公示，公示期为5个工作日。

16.4.3.7　任职

干部任职前，由董事长、总经理或党纪委书记进行任前谈话，谈话内容要包括廉洁从业诫勉谈话内容。

起草任职文件。党群领导人员以党委文件任命；除党群领导人员以外的其他领导人员，以公司文件任免。

16.4.4　调岗

16.4.4.1　调岗分类

个人申请调岗：在公司某岗位空缺的前提下，在原部门就职满一定期限的员工可根据本人意愿提出调岗申请。

公司直接调岗：公司可根据经营发展战略的要求对员工进行部门间调岗；此外，员工在职期间如经过考核证明无法胜任原岗位工作或非因公负伤而不能胜任原岗位工作的，公司也可对该员工调岗。

16.4.4.2　调岗流程（见图16-7）

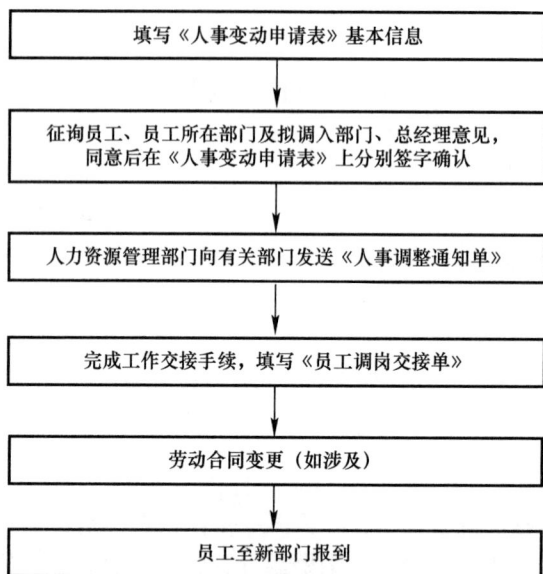

```
┌─────────────────────────────────────┐
│      填写《人事变动申请表》基本信息       │
└─────────────────────────────────────┘
                    ↓
┌─────────────────────────────────────┐
│  征询员工、员工所在部门及拟调入部门、总经理意见， │
│    同意后在《人事变动申请表》上分别签字确认    │
└─────────────────────────────────────┘
                    ↓
┌─────────────────────────────────────┐
│  人力资源管理部门向有关部门发送《人事调整通知单》  │
└─────────────────────────────────────┘
                    ↓
┌─────────────────────────────────────┐
│   完成工作交接手续，填写《员工调岗交接单》     │
└─────────────────────────────────────┘
                    ↓
┌─────────────────────────────────────┐
│        劳动合同变更（如涉及）           │
└─────────────────────────────────────┘
                    ↓
┌─────────────────────────────────────┐
│          员工至新部门报到            │
└─────────────────────────────────────┘
```

图 16-7　调岗流程

16.4.4.3　调岗后续工作

（1）根据考勤核定薪酬待遇：如果有所调整要提前告知本人及财务；

（2）重新核定社会保险、住房公积金基数；

（3）更新"员工花名册"相关信息；

（4）办公平台权限变更；

（5）办公环境确认（如家具、电脑、办公用品等）；

（6）更新通讯录及其他后续工作（例如办公电话等）。

16.4.5　离职管理

16.4.5.1　离职流程（见图16-8）

在员工办理工作交接时，除与本部门进行工作业务交接外，还需与以下业务系统进行工作和财务移交。

1. 财务方面

财务部核实员工是否有借款、备用金等预支款项并结清。

人力资源部核实员工的其他预支补贴费用（包括但不限于住房、车辆、培训经费、人才培养基金及其他预支性补贴）等；并制作《费用结算明细》一式三份；一份人力资源部留存、一份财务部收悉，用以回收款项；一份留给员工，用于结清款项。

```
┌─────────────────────────────────────┐
│          员工提交《离职申请》          │
└─────────────────────────────────────┘
                    │
                    ▼
┌─────────────────────────────────────┐
│            经部门负责人审批            │
└─────────────────────────────────────┘
                    │
                    ▼
┌─────────────────────────────────────┐
│         人力资源部进行离职面谈         │
└─────────────────────────────────────┘
                    │
                    ▼
┌─────────────────────────────────────┐
│        提交离职面谈表至领导审批        │
└─────────────────────────────────────┘
                    │
                    ▼
┌─────────────────────────────────────┐
│ 审批同意后向相关部门发《员工离职通知书》，相关部门协助办理交接手续 │
└─────────────────────────────────────┘
                    │
                    ▼
┌─────────────────────────────────────┐
│     工作交接完成后，出具《解除劳动合同协议》     │
└─────────────────────────────────────┘
```

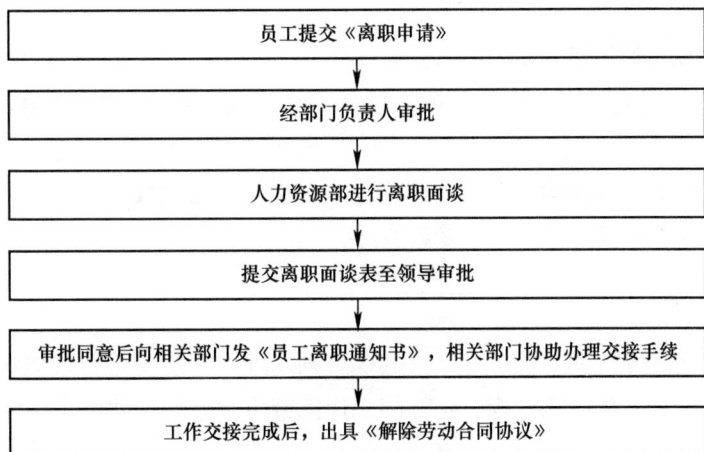

图 16-8　离职流程

2. 人力资源方面

（1）发送《办理离职手续通知单》。

督导员工完成工作交接手续，并填写《离职手续办理确认单》，由本人、相关部门负责人确认后签字。

（2）签订《解除劳动合同协议》（签字，盖章，一式两份，甲乙双方各一份）。

（3）如需"员工评价"的员工根据实际情况开具。

3. 行政管理方面

收回办公平台密码，及其他个人保存的固定资产、公章、档案、文件等。

16.4.5.2　离职后续工作

（1）社保公积金减员；

（2）工资减员；

（3）更新"员工花名册"；

（4）更新"劳动合同登记表""离职员工盘点表"；

（5）人事档案转出；

（6）办公平台组织架构更新；

（7）通讯录减员更新。

16.5　绩效考核

分为季度考核、半年度考核与年度考核，考核覆盖范围为全体员工。

16.5.1　季度考核

季度考核以行为态度为导向，考核指标主要为员工工作积极性、工作责任感、工作主动性、工作纪律性等，根据相应的管理权限，由不同考核者对被考核对象进行评分，考核成绩直接作用于绩效工资。

16.5.2　半年度/年度考核

半年度、年度考核以业绩结果为导向，考核指标取决于各部门对公司年度工作目标分解，在年中、年终进行述职及工作总结的方式，由考核者对被考核者根据考核指标进行评分，考核成绩直接与奖金挂钩。关于各部门年度工作目标的完成情况，不能只在年中或年末进行评价与跟进，需贯穿于全年，及时督办。

16.5.3　经验与思考

绩效管理无论使用何种考核工具，要实现管理闭环，一定要进行绩效反馈与面谈，让每位员工清晰地知道自身的绩效成绩，好的工作能被肯定，有问题的工作能被指导。

16.6　薪酬管理

16.6.1　薪酬体系搭建

16.6.1.1　薪酬体系构成

薪酬体系一般由基本工资、绩效工资、奖金、加班工资、相应补贴及其他福利构成。

16.6.1.2　职级体系搭建

以岗位价值进行评估，通过划分专业序列和层级，搭建并拓宽员工的职业发展通道，鼓励员工向更专业、更尖端的领域纵向发展；通过建立完善的职级体系，统一不同职业发展通道相应层级的薪酬标准，为企业内部人才交流搭建平台，为人才横向发展提供更多选择；通过建立各序列各层级的任职资格标准，明确员工的晋升要求，为员工自我制定职业规划指明方向。

16.6.1.3　薪酬结构设计及薪酬激励

薪酬设计与职级体系挂钩。通过职级体系的搭建，确定出不同职业发展通道的各个职级职等，通过薪酬设计的基本原则，确定各职级职等的薪酬标准。

薪酬设计与绩效考核挂钩。浮动薪酬含绩效工资和浮动奖金。浮动薪酬的目标是营造创先争优的良好氛围，努力提升员工管理能力和业务水平。根据员工工作态度和岗位职责履行情况，客观、公正、准确地评价员工的工作绩效，切实做到绩效结果与浮动薪酬的奖罚联动。对于工作表现优异的员工，要通过上浮的绩效工资和奖金进行物质奖励；对于工作表现不理想的员工，也要通过合理降低绩效工资与奖金进行诫勉。除此之外，绩效考核结果不仅要与浮动薪酬挂钩，还要反作用于员工职业发展通道。对于全年绩效考核结果保持优秀的员工，在职业发展通道上对其职级或职等进行调升，以通过此种方式进行物质与精神的双向激励；相反地，对于绩效考核结果常年不理想的员工，要对其职级或职等进行调降。

薪酬设计要具备竞争性。薪点表取值注意其激励性，保证对优秀员工具备足够的吸引力。在奖金设置上，除设置年度奖金、十三薪等之外，还可以设置专项奖金，以鼓励为完成企业目标做出重大贡献的个人或团队，从而提高整体薪酬的激励性。专项奖金由董事会决议，根据实际情况，对于表现优异、业绩突出的个人或团队给予定向激励。

16.6.2 薪酬调整

薪酬管理是一个动态的过程，需要根据企业的经营状况和市场水平进行动态调整。

16.6.2.1 薪酬调整分类

薪酬调整一般分为整体人员调薪和个别人员调薪。整体人员调薪主要依据公司年度经营效益与企业薪酬管理制度，一般在次年初或年底开展，调薪范围覆盖公司全体人员，按照固定的浮动比例进行增减。个别人员调薪主要根据员工的岗位变化和职位调整，一般发生在岗位或职位变化时，按照既定的薪酬标准进行涨薪或降薪。

16.6.2.2 薪酬调整流程

整体人员调薪：由人力资源管理者制定《薪酬调整方案》，经过党委会/总经理办公会（主要根据章程来确定参会人员）讨论通过后，实施调薪方案。

个别人员调薪：根据岗位或职位变化，填写《个别人员薪酬调整申请表》，经相关权限人员审批同意后执行。

16.6.3 个人所得税

16.6.3.1 税前扣除项

（1）社会保险、住房公积金、企业年金个人部分等。

（2）交通补贴。根据陕财税的［2015］10号文，"对其他企业事业单位职工取得的公车补贴收入，暂按公务费用扣除标准据实扣除，超过公务费用扣除标准的按标准扣除，超出部分按照'工资、薪金'所得项目计征个人所得税。公务费用扣除标准暂时比照《陕西省省级机关公务用车制度改革实施方案》规定的党政机关及所属参公事业单位职工扣除标准确定，扣除标准上限为：企业董事、总经理、副总经理等企业高层管理者每人每月1690元；企业各部门经理等中层管理者每人每月1040元；其他人员每人每月650元"。

16.6.3.2 个税税率与速算扣除数一览表（见表 16-8）

表 16-8

级数	全月应纳税所得额（含税级距）	全月应纳税所得额（不含税级距）	税率（%）	速算扣除数
1	不超过 1500 元	不超过 1455 元的	3	0
2	超过 1500 元至 4500 元的部分	超过 1455 元至 4155 元的部分	10	105
3	超过 4500 元至 9000 元的部分	超过 4155 元至 7755 元的部分	20	555
4	超过 9000 元至 35000 元的部分	超过 7755 元至 27255 元的部分	25	1005
5	超过 35000 元至 55000 元的部分	超过 27255 元至 41255 元的部分	30	2755
6	超过 55000 元至 80000 元的部分	超过 41255 元至 57505 元的部分	35	5505
7	超过 80000 元的部分	超过 57505 元的部分	45	13505

16.6.3.3 年终奖一次性奖金计提个税

年终奖计算标准主要依据与薪酬管理制度，下面主要介绍年终奖的全年一次性奖金计提个税。

先将雇员当月内取得的全年一次性奖金，除以 12 个月，按其商数确定适用税率和速算扣除数。如果在发放年终一次性奖金的当月，雇员当月工资薪金所得低于税法规定的费用扣除额，应将全年一次性奖金减去"雇员当月工资薪金所得与费用扣除额的差额"后的余额，按上述办法确定全年一次性奖金的适用税率和速算扣除数。

计算公式如下：

如果雇员当月工资薪金所得高于（或等于）税法规定的费用扣除额的，适用公式为：

应纳税额＝雇员当月取得全年一次性奖金×适用税率-速算扣除数

如果雇员当月工资薪金所得低于税法规定的费用扣除额的，适用公式为：

应纳税额＝（雇员当月取得全年一次性奖金－雇员当月工资薪金所得与费用扣除额的差额）×适用税率－速算扣除数

在一个纳税年度内，对每一个纳税人，该计税办法只允许采用一次。

16.7 社保公积金

16.7.1 社会保险

16.7.1.1 开户

新设立的 PPP 项目公司，建议在 1 个月内建立社会保险单位账户，保障员工的合法权益。开户流程与资料具体需参考当地社会保险管理机构的规定。

16.7.1.2 缴纳

新参统——员工首次参保，收集一寸电子版白底照片、身份证、户口本户主页和本人页、定点医院等信息；

普通增员——前单位减员后，出具《养老保险转移凭证》，录入个人编号等信息后可增员。

16.7.1.3 转出

在社保经办系统或办事大厅进行养老转出，向员工出具《养老保险转移凭证》。

16.7.1.4 异地就医信息备案

员工在外省市缴纳社会保险的，填写《异地就医信息备案表》（见表 16-9）。

异地就医信息备案表　　　　　　　　　　　　　　　　　　　表 16-9

单位名称（章）：						
统一社会信用代码（社保登记号）：						
姓　　名		性　　别		险种	□. 职工医保 □. 城乡居民医保	
人员类别	□. 异地安置退休人员 □. 异地长期居住人员 □. 常驻异地工作人员 □. 异地转诊人员	登记类别		□. 新增 □. 变更 □. 取消备案		

续表

社会保障号码 （身份证号）			社会保障卡号 （可选）		
参保地 家庭住址			异地联系地址		
联系电话 1			联系电话 2		
转往省 （市、区）		地区 （市、州）	西安市	县（区）	
定点医疗机构	定点医疗机构代码			定点医疗机构名称	
异地定点 医疗机构					
本市定点 医疗机构					
本人签字			填表日期		
单位经办人 签字		联系电话		经办日期	
社保经办机构：					
办理日期　年　月　日，自办理备案登记次日起生效。					
经办人员：		社保经办机构盖章：			年　　月　　日

16.7.2　住房公积金

16.7.2.1　开户

同社会保险一样，也建议在 1 个月内建立住房公积金单位账户，保障员工的合法权益。开户流程与资料具体需参考当地住房公积金管理中心的规定。

16.7.2.2　整体转移

转出单位填写《住房公积金内部转移申请表》；

转入单位填写《汇缴变更清册》及《封存启存》。

16.7.2.3　缴存

单位按月事先做好报表，按照汇缴书核定的月缴存额，在每月发薪时，先代扣职工个人缴存额，再连同单位缴存部分，统一转账缴存至公积金管理中心指定的银行归集专户。缴存期间，单位当月有人员增减变动的，需先办理增减变动手续后再办理缴存。

16.8　人才培养

16.8.1　外部培训

一般外部培训采取的方式无外乎"请进来"与"走出去"。

"请进来"——制定员工培训计划

站在公司全局的角度，充分发挥培训体系的支撑作用，按照全年工作目标要求，按阶段、分层次的制定系列培训计划并开展培训，加速人岗匹配，从而促进年度公司目标的实现。具体来说，人力资源管理者对各业务系统的培训需求要进行必要梳理，确定出重点培训项目，而重点培训项目应围绕PPP专业知识与专业能力两方面展开（见表16-10）。

表 16-10

分类	内容	涉及部门/人员
PPP专业知识的培训	PPP项目与产业投资基金运作模式	投融资类部门 财务管理类部门 合约审计类部门 对外协调类部门 工程管理类部门等
	PPP项目会计核算实务操作	
	PPP项目投融资模式实战案例与结构化融资设计专题	
	PPP模式在城市基础建设中的应用	
	PPP项目审计关键点	
	管廊建设中管线单位迁改流程和要求	
	建设单位与总承包单位商务合约管理专题	
专业能力的培训	领导力的培训	中层干部
	沟通协调力与商务礼仪的培训	全体员工

"走出去"——制定考察方案

虽然PPP项目在我国处于新兴阶段，但全国各地不乏公司正在进行着初试，并逐渐开始总结经验和收获成果。他山之石可以攻玉，我们需多向不同地区优秀的、创新的PPP项目公司学习，把他们的经验融会贯通，对于自身而言，可以少走很多弯路。考察的主要内容为：对于优秀项目的考察学习内容，学其创新的基础设施建设工艺、PPP项目全流程管理经验或者更科学的公司治理方式等。

16.8.2　内部培训

16.8.2.1　周学习分享计划

针对大量新领域的知识与流程，项目公司采用每周各部门自行组织培训与分享的方式不断加强业务学习。培训与分享的类型倾向于对各业务系统现阶段的工作沉淀，内容主要分为专业类与文化类。

专业类包括：核算要点、法务培训、质量安全培训、预算编制培训、招投标类培训、综合管廊附属设施管理、市场分析类培训、风险分析类培训。

文化类包括：企业文化培训、执行力培训、新闻写作类培训、政府工作报告学习、时间管理等。

16.8.2.2　新员工导师带徒计划

对于新引进的毕业生，他们往往综合素质高，但缺乏工作经验；学生气较重，职业化程度不高。针对应届毕业生以上特点，项目公司采用导师带徒方式并制定相应计划，帮助新员工进入职业状态。项目公司导师带徒计划，首先为新员工指定业务能力强或经验丰富的骨干员工作为导师，并将培养计划分为共性培养与个性培养。

1. 共性培养

旨在帮助员工快速熟悉公司文化及各部门工作。

（1）制定部门轮岗计划

新员工入职半年内，由人力资源管理部门制定轮岗计划，促使新员工通过在各部门各岗位的交流学习，加速熟悉公司各部门分工，帮助新员工树立主动了解各部门工作的意识。原则上，新员工在公司每个部门都需进行交叉轮换。新员工自轮岗之日起，至轮岗结束前，需每周完成工作总结，帮助新员工养成良好工作习惯。

由人力资源管理部门定期组织座谈会，了解新员工的现阶段工作状态与思想动态。

（2）设置导师赠书环节

导师为新员工挑选与工作相关的书籍赠予新员工。新员工按期阅读完成，进行读书总结，并与导师讨论。通过导师赠书活动，进一步营造师徒间密切沟通氛围。

（3）心理辅导

对新员工的思想波动、困惑适时开解。新员工可与心理导师预约谈心，时间不受限制。

2. 个性培养

旨在帮助员工逐渐明晰其职业发展通道，并指导其修正与践行目标。

师徒签订合同书后，导师填写《导师带徒信息表》。新员工轮岗期内，导师需要在新员工每次轮换部门前，与新员工进行沟通指导，帮助新员工明确轮换部门的学习重点。新员工轮岗结束后，导师根据徒弟的性格特点和擅长领域明确其培养方向及培养计划，并与徒弟沟通达成一致意见，由新员工需要填写《个人职业生涯规划表》，导师进行确认。另外，要求新员工在轮岗结束后至导师带徒合同期满间，进行每月总结。

3. 阶段测试

新员工入职三个月后，针对企业文化进行测试；六个月后针对公司管理制度进行测试；试用合同期满时，针对业务工作进行测试。

16.8.3　培训效果评估

关于培训效果评估，更多采用传统评估法，即利用培训效果评估表或培训考试的方法进行效果反馈。评估的维度主要分为对课程的理解程度、对培训师的满意程度及培训的满意程度。

第八篇　企业党建篇

第十七章 企业党建

17.1 综述

17.1.1 PPP项目公司党建工作要求

（本书所指党的工作等特指中国共产党的工作，文中不再使用全称）

PPP模式由于国家政策支持，中央及地方政府的推动，已成为城市基础设施建设投资的主力军。政府、社会资本的加入，令PPP项目公司在管理结构体系及经营方式上出现了新的变化。因此，注重党的组织形式和工作方法上的协调与适应，既要充分体现党的先进性，积极推动企业党建工作路径的探索与实践，把党的领导内嵌到PPP项目公司的治理结构中，让国企党建的独特优势在企业发展的实践中得到充分体现与切实践履。又要与当地发展实际相切合，因地制宜打造具有PPP模式特点的特色党建品牌，实现企业建设与党建工作的同步发展。

17.1.2 工作目标

总体工作目标：在企业的生产决策、组织建设等方面持深入贯彻并将依法工作原则、法定工作程序等融入实践中，从完善内部管理的角度出发，构建企业党建工作体系，进一步促进企业发展。

具体目标分解如图17-1所示。

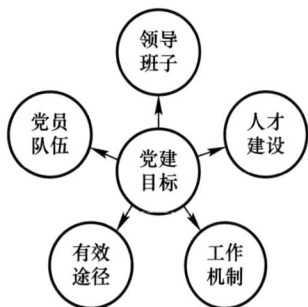

图17-1 目标分解图

（1）建设一个对党忠诚、勇于创新、治企有方、兴企有为、清正廉洁，能够在PPP项目公司发展过程中实现创新管理并保持企业核心竞争力的公司领导班子；

（2）建设一支经得起困难和风险考验，有担当、敢创业，能够在PPP项目推进及企业发展中发挥先锋模范作用的党员队伍；

（3）建设一支有理想、有道德、有文化、有纪律，能够熟练掌握PPP项目所要求的专业知识和创新精神的职工队伍；

（4）建立一套符合当地发展和适应PPP项目公司管理要求，保证党组织充分发挥领导核心和政治核心作用的工作机制；

（5）形成一条PPP项目公司加强思想政治工作、企业文化建设和党组织自身建设的具有品牌特色的有效途径。

17.2　党建工作责任制

17.2.1　明确责任制

通过出台《党建工作管理规定》，明确规定各级党组织工作责任，明确党组织书记履行第一责任人责任、专职副书记"直接责任"、班子其他成员履行"一岗双责"，要求党组织成员牢固树立责任意识。

纪委聚焦党风廉政建设和反腐败斗争中心任务，履行好监督、执纪、问责的责任，定期或不定期检查责任落实情况，纪委书记为党费廉政建设监督第一责任人。

17.2.2　建立责任体系

17.2.2.1　定期召开党建工作会议

年初、年中召开党的建设、党风廉政建设和反腐败工作专题会议，全面部署本单位党的建设、党风廉政建设和反腐败工作，明确当前和今后一段时期，把抓党建作为一条主线，把业务发展中心工作和各项重点工作贯穿起来，用抓党建引领其他各项工作。

17.2.2.2　签订责任书

针对各自工作性质，与各级党组织、各部门层层签订《党建工作责任书》《廉洁从业责任书》，明确党建的重点职责。

17.2.2.3　重大决策程序

（1）党委会决策前置

《公司党建管理制度》明确了党组织的机构设置、工作职责、工作任务、参与重大问题决策的主要程序等，明确了党组织在企业决策、执行、监督各环节的权责和工作方式。公司的重大决策、人事任免、重大项目安排等，先通过公司党委会，做到党委会前置。

党委会决策流程图——部门副职以上干部选拔（见图 17-2）

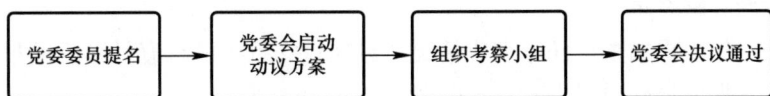

图 17-2　部门副职以上干部选拔党委会决策流程

（2）"三重一大"事项由党政联席会讨论决定

重大决策、重要人事任免、重大项目安排和大额度资金运作（简称"三重一大"）事项必须由党政联席会议作出决定。

党政联席会议每月召开一次，遇有特殊情况或紧急事宜，可临时召开。

会议由总经理召集并主持，公司领导班子成员参加，党委班子参与，议题相关人员可根据需要列席会议，出席会议的成员需多于三分之二。

规定"三重一大"事项决策的回避机制，健全决策失误纠错改正机制和责任追究制度（见图 17-3）。

会议流程表

```
                  ┌─────────────────┐
                  │  总经理召集主持  │
                  └────────┬────────┘
                           │
          ┌────────────────┤
          │                │
  ┌───────┴────────┐       │
  │ 综合办公室负责  │       │
  │ 会议通知、组织、 │       │
  │ 纪要等工作       │       │
  └───────┬────────┘       │
          │                │
  ┌───────┼────────────────┼─────────────────┐
  │       │                │                 │
┌─┴──────────┐   ┌─────────┴──────┐   ┌──────┴──────┐
│领导班子、党委成│   │  "三重一大"    │   │ 决策失误纠错 │
│员参会；议题相关│   │  事项决策      │   │ 改错机制     │
│人员列席会议   │   └────────┬──────┘   └──────┬──────┘
└────────────┘            │                 │
                  ┌───────┴──────┐   ┌──────┴──────┐
                  │ 重大事项决策 │   │ 责任追究制度 │
                  │ 回避制度     │   │             │
                  └─────────────┘   └─────────────┘
```

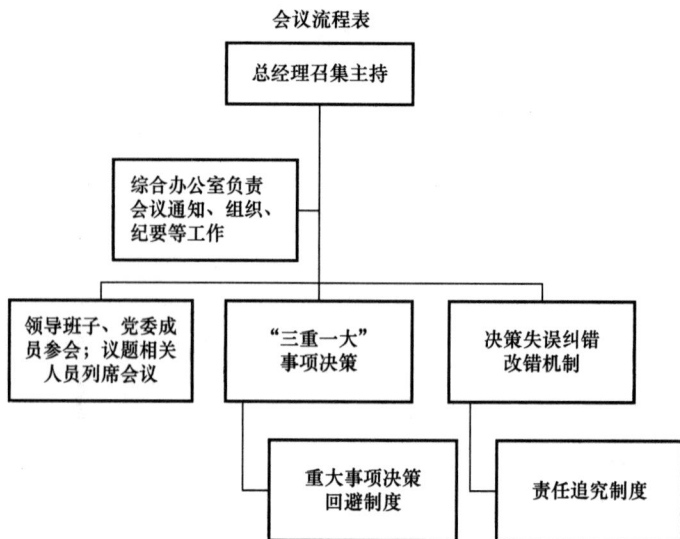

图 17-3　会议流程

（3）责任追究

与会人员须对会议的决策承担责任，明确责任范围，并依据《中国共产党纪律处分条例》《关于实行党政领导干部问责的暂行规定》《国有企业领导人员廉洁从业若干规定》等相关法律法规，按照干部管理权限提出责任追究意见，进行组织处理或给予党纪政纪处分。

17.2.3　建立考核体系

17.2.3.1　确定考核标准

定量考核：公司下发文件，对各项目党组织设立情况、党建工作计划及完成情况、每季度开展党员学习及党员活动次数、开展反腐倡廉教育活动次数、党员活动室设立等进行量化考核。

民主评议：公司党委、纪委每季度组织人员成立考核组，走访各项目基层党组织，现场提问、考核人员与参会人员单独交谈、重点约谈等形式，进行考评，重点突出群众评议。

17.2.3.2　开展专题考核

公司党委、纪委根据重点任务完成情况，对项目党组织进行有针对性的抽查，组织专人进行检查，并形成考核通报下发。

17.3　组织建设工作

17.3.1　组织设置

以党章为依据、与党的新任务相适应，出台制度明确党组织设立流程（见图 17-4）、党组织换届选举流程等。公司组建了党委、纪委，党委设立党委书记 1 名，副书记 1 名，党委委员 2 名；纪委设立纪委书记 1 名。切合项目公司生产、经营的需要，为方便相关业务线党员的管理，成立了公司第一、第二党支部，第一支部为机关党支部，包含综合办公室、财务资金部、设计规划部、合约法务部、投资业务部、运营事业部、对外协调部共计

7 个部门党员同志，设立党支部书记 1 名，组织委员、宣传委员、纪检委员各 1 名。第二党支部由工程管理系统党员组成，设立支部书记 1 名，纪检委员 1 名。

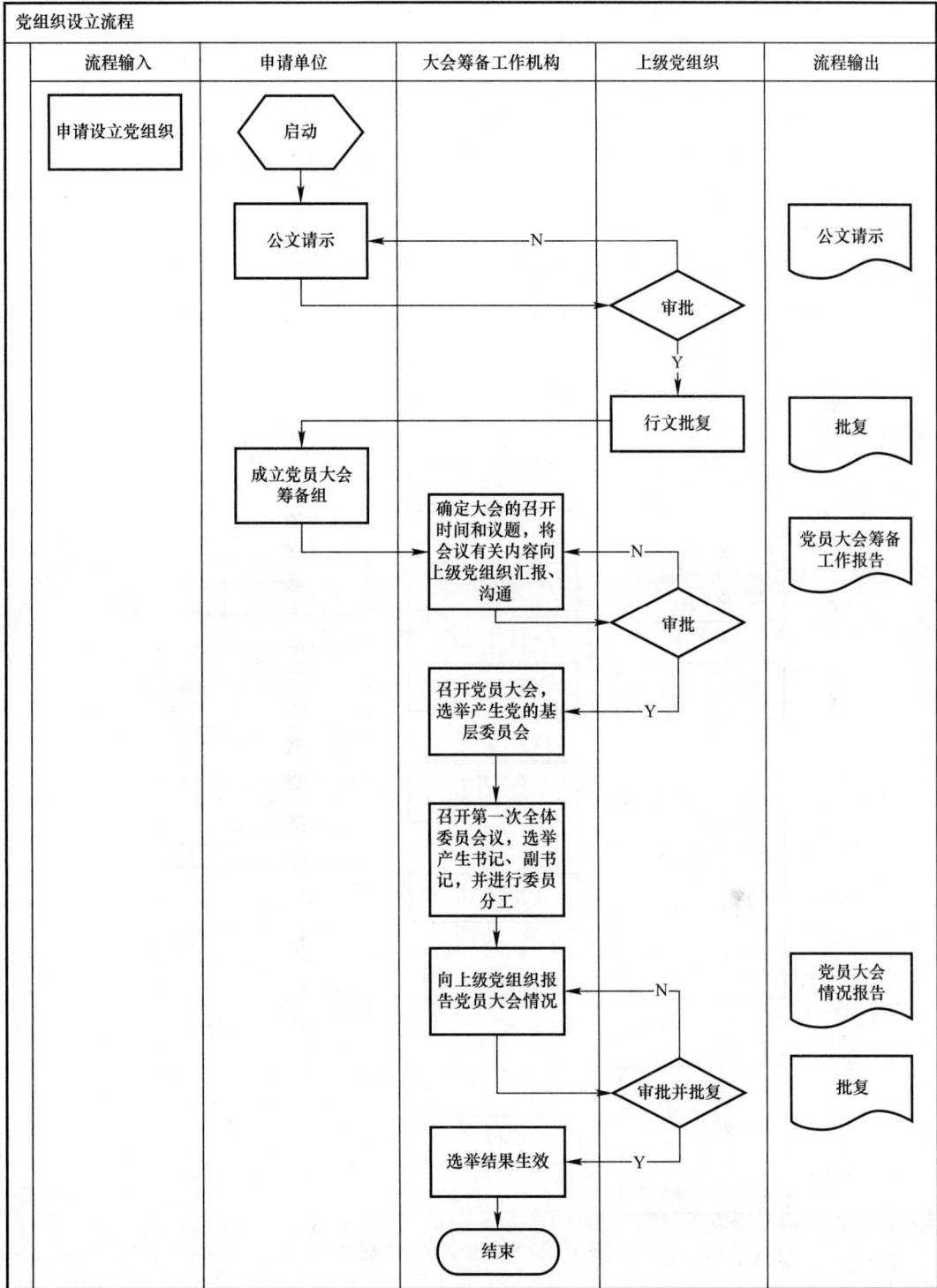

图 17-4　组织设立成立流程图（详见附表）

17.3.2　基层组织建设

17.3.2.1　完善基层党组织设立

西安市地下综合管廊 PPP 项目 I 标段涉及西安市多个区县，范围广、工期紧，项目人员流动性大，开展党员的管理及党建工作要建立自下而上的党组织。PPP 项目公司成立之初，党员人数较少，流动党员数量多、分散广，具体工作流程如下：

（1）实时统计所有党员信息，录入党建系统云平台，掌握党员人数。

（2）根据《关于进一步明确司属全体党员组织关系的通知》要求，组织关系未办理转移的党员同志必须于规定期限内完成转移。

（3）结合工程部季度考核，增设精神文明建设考核项，要求各项目根据实际情况于期限内完善组织建设，成立党支部（或党小组）及工团组织等，并将此项纳入计分项。

17.3.2.2　党员常规管理工作

（1）党员发展工作，公司党委号召全体员工向党组织靠拢，加强对入党积极分子的培养教育，对发展对象的确定和考察，对预备党员的接受、教育、考察和转正工作（见图 17-5）。

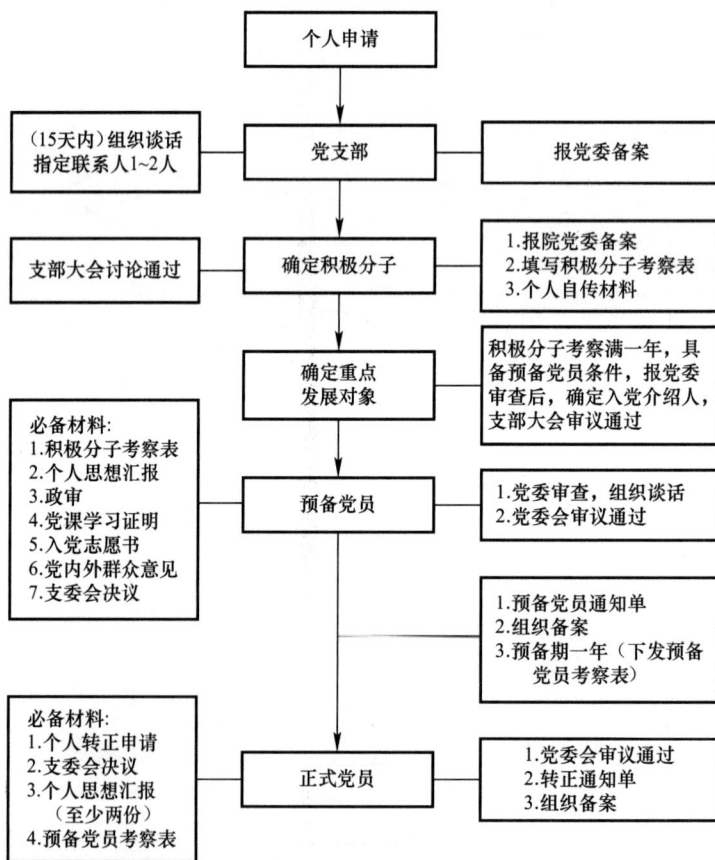

图 17-5　发展党员程序流程图

（2）党员教育工作

各基层党支部坚持定期与非定期相结合，通过举办党员培训班、上党课、举行报告会和专题研讨等形式，有计划地开展党员集体学习。

组织党员立足本职工作，深入开展"创先争优"主题实践活动。公司党委开展了"优秀共产党员""优秀党务工作者"评选工作，并号召各项目支部开展"党员先锋岗""超英示范点"等方式；在机关开展设岗定责，出台岗位说明书，发挥党员先锋模范作用；有计划地组织年轻见习生党员到基层项目锻炼，跟进完整的管廊建设，并制定了详细的培养计划。

（3）党员管理

组织党员按期参加党的组织生活。把每位党员同志，不论职务高低，编入党的支部，参加党的组织生活，接受党内外群众的监督，出台制度规定党员领导干部必须参加党的民主生活会。

组织党员定期向党组织汇报思想和工作。组织党员同志撰写思想汇报；党委领导班子开展党员约谈，了解党员思想动态。

组织党员按期缴纳党费。按照党章要求，收缴、上交、管理党员党费。

17.3.2.3　流动党员管理工作

作为基础设施PPP项目建设工程，要做好农民工党员的管理。

（1）建立流动党员台账。中建西安综合管廊投资发展有限公司依据管廊PPP项目"遍地开花"的特点，要求各基层党支部建立流动党员台账，对流动党员的去向、联系方式、外出时间等进行摸底调查。

（2）组织针对农民工党员的专题活动，提出"离乡离土不离党，我与管廊共成长"的口号。要求各基层党组织严格执行流动党员的日常管理制度，组织参加党组织生活，按期缴纳党费，参加党员学习等。

（3）加强农民工党员的教育，设立农民工夜校，组织农民工党员学习培训以及开展创先争优活动，对优秀农民工党员所在村党支部致送"表扬函"，极大地提高农民工党员的积极性。

17.3.3　队伍建设

17.3.3.1　领导干部队伍建设

（1）领导干部的选拔。公司党委坚持将党性原则与企业家精神相结合的原则，坚持高标准、高要求选拔干部，在选人用人工作中发挥领导和把关作用，保证党委会前置，严肃党组织的管理监督责任。

（2）领导干部的教育培训（见表17-1）。制定中心组学习制度，学习党的章程、党规党纪、习近平总书记讲话以及重要会议文件，并注重加强PPP项目理论研究的学习。

培训课程列表　　　　　　　　　　　　　　　表17-1

序号	课程名称	培训时间	参训人
1	陕西省党校中层干部培训	90天	纪委书记、专职副书记
2	西安市委党校市管干部培训	90天	党委书记
3	党风廉政教育	30天	领导班子、中层干部
4	警示教育《永远在路上》	1天	领导班子、中层干部

注重领导干部企业家精神的培养。PPP项目公司领导人必须具有现代的企业家精神，成为企业开拓创新、服务大局、勤奋敬业、清正廉洁的表率。

（3）领导干部的管理。加强日常管理，注重抓早抓小、抓苗头抓预防，坚决防止失之于宽、失之于软。加大公司临高人员交流力度，做到天天交流、周周开会、月月总结。领导班子注重分工协作，主动互相补台，按照各自所长分管相应业务线。严格执行民主集中制，明确"三重一大"决策范围及内容，公司所有"三重一大"事项都要经过班子集体民主决策，防范决策失误，使班子的整体能力得到有效发挥。

（4）领导干部履职行权的监督。公司完善领导人员责任追究机制，制度规定了重大决策终身责任追究制，对因违规决策、"拍脑袋"决策等造成重大损失的，严肃追究责任。开展了廉政风险排查工作，强化对公司合约法务、财务资金、人才选拔、投融资等重点部门和岗位的监督，总结廉政风险，监督关键部门。如合约法务部招投标工作，设立专门的纪检监督人员参与。

17.3.3.2 党务工作者队伍建设

公司通过分类分段培训、形势任务培训，提高基层党务工作队伍的思想政策水平和业务能力。

分类培训是指根据工作特点不同开展的业务培训，如公司开展了对工团工作人员、党支部书记的培训等。

分段培训是指根据每个时期、每个阶段的具体任务要求组织开展专题培训，如公司在2017年争创省级青年文明号期间的专题培训、党费补缴工作培训等。

形势任务培训是指结合传达贯彻中央、省、市委会议精神，通过专题辅导报告的形式向基层党务工作人员讲述相关理论等。如中共十九大召开以来，公司通过"书香中建大讲堂"、十九大精神专家解读、马栏干部学院开展《关于十九大精神的学习》专题教育等方面，开展政策宣贯与培训。

17.4 思想政治建设工作

17.4.1 工作范围

中共十九大报告要求将党的政治建设摆在首位。内容包括进行系统的共产主义和中国特色社会主义思想教育以及进行日常和适时的各项专题思想教育。

PPP项目公司党的思想政治建设包括以马克思列宁主义、毛泽东思想和中国特色特色社会主义理论体系为基础，按照中共十八大、十八届历次全会精神以及党的十九大精神，尤其是习近平总书记关于国有企业党建工作的相关论述的要求，不断学习、实践、创新关于国企党建的相关理论，并在理论的指导下推动PPP项目公司党建工作的发展。

17.4.2 工作途径

17.4.2.1 学习教育

中建西安综合管廊投资发展有限公司党委在开展理论学习、实践、创新过程中，主要采用以下措施。

（1）理论学习制度化

在日常工作中，公司制定中心组学习制度、党员学习制度、职工培训制度等，中心组学习每月一次，党员学习制度每月一次，职工培训每周一次。

制定党委书记讲党课制度，设立"管廊书屋"，发放党员学习材料、书籍，要求党员同志抄党章，增强四个意识，提高理论水平。

（2）注重实践，开展专题学习

开展"两学一做"学习活动，学习党章党规，学习总书记讲话。针对七一、国庆、党的重大会议（十九大）等，适时开展专题学习活动（如开展"迎七一"党员学习周、"学懂、弄通、作实党的十九大精神"专题学习活动、党风廉政建设学习月、观看"永远在路上"警示教育篇、学习廖俊波同志的先进事迹、开展向陈超英同志学习的活动等）。

（3）开启"智慧模式"，创新学习方法

搭建党群学习平台。采用"互联网＋党建"的模式，通过手机微信群、微信公众号、QQ群、易企秀等形式，推动党员学习常态化建设。如在微信群每天开展党员"微"党课，分享最新的政治理论、专家讲解以及重大会议文件等，党员利用碎片化时间进行学习，大大提高了学习效率及频率。

搭建党群信息平台。以新媒体为抓手构建思想舆论阵地，关注"共产党员""陕西先锋"等党政微信号，直观接受最新资讯，生动学习理论成果。

搭建党群互动平台。以自建微信公众号为阵地，开展"核心标语征集""党员学习问卷调查""读书活动交流""践行十九大精神，助力追赶超越"摄影作品网络投票等，实现由"单边灌输"向互动交流的转变。

17.4.2.2　思想宣传

（1）出台新闻宣传制度规范。西安市城市地下综合管廊PPP项目作为陕西省百年民生工程，具有很高的新闻关注度。为了规范新闻宣传，对外统一宣传口径，营造企业文化氛围，中建西安综合管廊公司出台《新闻宣传制度规范》，明确对外发布信息的审批流程（详见企划篇）。

（2）树立党建工作的先进典型，开展正面舆论引导。公司针对昆明路项目重大节点进行集中宣传，联系省级电视台、地方重要纸媒、主流网站等进行宣传，树立按期履约、服务民生的企业形象。针对十九大盛会的召开，组织全体员工观看十九大、开展系列活动，联系中央电视台、省级电视台等进行报道，弘扬传承红色基因的企业文化。

17.5　制度建设工作

17.5.1　建立健全制度体系

公司党建制度包括三大方面：一是包括党章，相关准则、条例、规则、规定、办法、细则等党内法规和规范性文件；二是PPP项目公司党组织在开展工作、发挥政治核心作用的相关硬性或软性的制度约束和规范要求，如《公司党建工作管理规定》《党员领导干部民主生活会管理办法》以及《贯彻执行〈国有企业领导人员廉洁从业若干规定〉实施办法》等从党的基础工作、党风廉政建设等方面明确了党建工作的管理职责、管理内容、工作流程等；三是 PPP 项目公司在生产经营管理应遵循的国家范围内的法律法规与国资委相关规章制度和规范性文件。

17.5.2　严格制度执行

（1）树立制度权威，使之内化为全体党员的自觉行动。公司组织制度宣贯会，明确党建制度，加强全体员工制度学习。

（2）强化监督机制。严格按章办事，公司党委设立举报公示牌、举报信箱、举报电话等，加强党内外群众监督，如有违规行为，一律严惩、绝不姑息。

（3）及时梳理、更新各项制度。公司各级党组织根据工作实践，对每一项制度进行季度梳理，根据客观事实和工作实际进行制度修订。

（4）坚持从严治党与依法治企相结合。严格执行《中国共产党党员领导干部廉洁从政若干准则》和《国有企业领导人员廉洁从业若干规定》等文件要求，认真落实《中国建筑工程总公司党风廉政建设工作管理规定》；坚持和完善公司领导人员述职述廉、诫勉谈话、任职和公务回避、有关事项报告等制度。

17.6　党建服务品牌建设

17.6.1　组织队伍

领导班子建设融入生产经营核心工作。党委书记担任生产经营指标第一责任人，常抓生产第一线。党委班子全体分工明确，紧抓全年生产指标落实。公司党委为核心，确定公司总目标，建立了以专业分工为基础的责任分解框架，根据工作内容制定责任清单，并分层级、分专业签订目标责任状，从设计保障，拆改协调，生产进度控制，投资估算、概算、施工图预算、审计确认，融投资推进，五个方面层层分解责任。日检查、周调整、月考核、季度排名奖惩、半年总结，在系统内部形成了可进可退的竞争机制。

17.6.2　思想政治

贯彻落实党中央的号召，上级党工委的部署，以为企业负责、为人民负责的宗旨，公司党委把创新、绿色、协调、开放、共享的发展理念全面融入到生产经营活动中，把党的思想政治优势转化为企业的发展优势。

在机构设置、运作模式、融投资工作中，融入创新理念。例如，设计上，采取一体化设计（以昆明路为代表），推进盾构施工管廊，预制装配式管廊、顶管施工管廊。运营上，综合考察，吸收国内管廊运营经验教训，确定了"一中心、两个分控中心、多个监控站的模式"，实现可视化、自动探测、自动报警、自动处理功能。

在规划、设计、建造、运营全流程中融入绿色发展理念。在规划设计上，充分考虑保护既有市政设施，少占地，选用环保材料，减少材料消耗、能耗。建造过程中，全程融入绿色建造理念，单独策划、编制绿色施工方案，在除尘减霾、降噪、废水排放、垃圾再利用等方面开展工作。

17.6.3　督导考核工作

17.6.3.1　建立督导考核组织体系

（1）公司成立了由党委委员、纪委书记为组长，相关部门负责人为成员，综合办公室统一协调的督导考核领导小组，出台了《综合效能监察管理办法》，在以往考核的基础上，出台了考核实施细则和评价标准，选取典型项目进行效能考察，坚持督导考核工作与业务工作有机结合，对工程进度、现场质量、党风廉政工作等实行考察。

（2）建立周例会督导考核机制。各部门根据日常工作，提交周计划及完成情况，实现督导考核工作的常态化。

17.6.3.2　规范工作流程

根据项目进展，把项目的进度、安全、质量、文明施工及精神文明建设同步推进作为督导考核的重要内容，通过约谈相关项目负责人，现场督查等方式，推进项目管理能力提升和各项目标的实现。

17.6.3.3　建立各种奖惩机制

（1）充分运用各种奖罚机制。督导考核组与工程部门的自行检查相结合，每季度集中组织一次现场联合检查；采用问题减分的方式通报每季度所有项目的考核评价和排名。

（2）设立优秀项目奖。对于顺利完成节点目标的项目，如昆明路项目顺利完成"530"节点目标，在半年度管廊建设推进会上予以颁发奖牌及奖金。

（3）针对项目推进不力，业务发展靠后的项目领导人员进行告诫谈话，直至问责和解聘职务。

（4）纪委牵头，本着到位不越位、参与不干预、督办不包办的原则，介入管理，发挥党建工作政治优势，形成良性互补，加深督导考核工作的慎独，增强效果，使党建工作变无形为有形。

（5）开展"打造百年管廊，建设品质西安"劳动竞赛，营造比、学、赶、帮、超的氛围，通过竞赛促生产、促管理、促发展，激发员工的工作热情。截至2017年初，常宁新区管廊项目顺利完成"1230"节点任务，取得首场攻坚战的胜利。昆明路项目通过7个月时间完成主体施工，完成"530"节点任务。

17.6.4　社会责任

政府出资方代表与社会资本所建立的公共基础设施领域的PPP项目公司，必然涉及公共管理与服务职能，关系到社会民生的利益。

公司党委倡导、承诺并实施社会责任与企业关怀理念，以"打造百年民生工程，助力大西安追赶超越"作为企业发展方向，从设计规划、工程质量、后期运营等各方面，要求、督导企业履行社会责任。

公司党委开展精准扶贫工作，以××县YFP村为试点，利用中国建筑全产业链优势，提出"打造魅力乡村"的理念。

17.7　反腐倡廉建设

17.7.1　严格落实党内法规制度

（1）增强"党组织是党风廉政建设的责任主体"意识，严格落实党风廉政建设责任制，切实把规定要求与工作实际结合起来，建立健全以责任分解为基础、责任考核为动力、责任追究为重点的责任运行机制，坚持把党风廉政建设与实际工作紧密结合，做到同部署、同落实、同检查、同考核。

（2）严格落实"一岗双责"，分层次签订《党风廉政建设责任状》，及时组织党风廉政建设责任制检查考核，确保责任分解到位、工作落实到位、检查考核到位。

（3）制定公司政务公开的制度，对重要信息进行公示，如干部任免、大额资金使用等，保证群众的知情权、参与权、表达权和监督权。

（4）制定内部审计检查制度，定期对财务、资金和项目审批进行审计检查，及时纠正可能出现的问题。

（5）制定干部述职述廉、民主评议和年度考核等制度，通过落实责任和制度，真正形成建制度促廉、用制度管权、按制度办事、靠制度管人的有效机制。

（6）增强党规党纪执行力。严格执行廉洁自律、履职待遇等各项规定。对上级党组织重大决策部署的执行落实情况、事关全局重大事项和突发事件、领导干部个人重大事项等做到了及时的请示报告。

17.7.2　加强监督，提升公开透明度

（1）纪委全方位监督，做到事前、事中、事后监督相结合，把日常工作责任监督、日常自律行为监督和日常重大事项监督作为监督制约的主要内容，如纪检工作人员全程参与合约法务部的招投标工作、干部选拔工作、工程款支付工作等。

（2）公司纪委畅通举报途径，要求各项目设立举报公示牌、举报箱，建立举报台账，要做到事事有回复。

（3）公司党委、纪委组织开展"回头看"工作，建立健全党风廉政建设的长效机制，针对项目公司工作特点和运行特点，深入分析廉洁风险，制定工作计划。

17.7.3　保持惩治腐败高压态势

（1）党委支持纪委开展监督执纪问责工作，党委书记定期听取纪委书记关于纪检工作的汇报。公司坚持有案必查、有腐必反，积极实践监督执纪"四种形态"，落实"两为主一报告"，坚决遏制"苍蝇"式腐败。

（2）始终保持从严查纠的积极姿态，广泛畅通信访、投诉、查访渠道，实行领导干部下访制度，全面加强纪检监察信访、投诉、举报工作。

（3）加强"综合监察"效能建设、"马上就办"作风建设和"OA"办公软件、财务软件等软环境建设，签订目标责任书，推行责任追究制度，实行 AB 角工作制、民主评议活动等。

17.7.4　落实中央八项规定，强化作风建设

（1）逢重要时间节点，下发通知纠正"四风"，要求全体员工严格按照中央八项规定，杜绝公款吃喝等不正之风。

（2）公司纪委以明察暗访、突击检查等多种形式，开展监督检查，按照一个节点一个节点坚守，一个阶段一个阶段推进的方式进行排查。如公司纪委组织财务、综合办公室等部门对高档烟酒消费进行了专项的排查，严肃打击公款吃喝等行为。

17.8　工团建设

17.8.1　工作原则

公司开展群团组织工作紧扣党政中心，坚持以党建带工建、党建带团建，通过服务、引导职工群众，加强政府出资方、社会资本方以及参建单位等多方人员的融合，建立 PPP 项目公司温馨、和谐的氛围。

17.8.2　组织建设

17.8.2.1　工会组织建设

（1）成立企业工会筹备组，指定专人负责筹备工作；

（2）发展工会会员，组织员工填写《入会申请书》；

（3）各部门组成工会小组，派出代表召开代表大会，推荐工会委员会、经费审查委员会、女工委员会候选人名单；

（4）提名报请上级工会批复文件；

（5）召开工会大会，选举产生工会委员会、经费审查委员会、女工委员会，其中工会委员会采用差额选举。

17.8.2.2　青年队伍建设

公司择优选择了一批政治素质过硬、业务能力精进、思想作风扎实的青年中层干部。公司青年比例 65%，青年干部比例 47%。

公司重视开展青年员工的培训，组织对新员工的轮岗、各业务条线的培训等（详见综合管廊篇）。

17.8.3　争先创优活动

17.8.3.1　成果展示

开展了"青年文明号""中国建筑红旗班组""青年安全生产示范岗"以及"中建十佳团建案例"等青年创优工作。目前，已获得 2016 年"中国建筑红旗班组"、陕西省第十届"青年安全生产示范岗"荣誉称号。

17.8.3.2　案例分析：创建省级"青年文明号"的工作流程

（1）根据团省委文件要求，确定创建集体（35 周岁以下青年占比 50% 以上）；

（2）成立公司创建"青年文明号"领导小组；

（3）专人负责，撰写创建计划，明确创建目标；

（4）召开全体员工动员大会；

（5）开展活动，做好台账记录，保留相关活动影像、文字资料；

（6）申请团省委进行考核，做好迎接考核检查的准备；

（7）完成评定。

17.8.4　工团活动开展

17.8.4.1　开展团性意识教育

在日常的管理活动中，以在施项目为平台，引导青年员工立足本职、开拓进取，通过设置不同阶段的考核目标和安排各种类型的业务培训，着力发扬青年员工"不怕苦""不怕累"的艰苦奋斗精神和提升青年员工的知识储备及业务水平。

以重大事件为契机，开展"两学一做"学习活动，帮助青年员工树立正确的世界观、人生观、价值观，提升青年员工荣誉感、使命感和责任感。

17.8.4.2　开展特色工团活动

由于职工群体的自主性、流动性、多元性增强，根据项目公司工作实际，本着融合政府及社会资本方多元化需求，使各方快速融入到 SPV 公司。组织了针对不同参与主体特点的活动。如妇女节组织蛋糕烘焙、绘制油画、拍摄古装艺术照、春游赏花等活动，并通过开展巾帼"建功丝路"等创先争优活动鼓励女职工群众的积极性。

举办"青年员工座谈会""篮球赛""羽毛球比赛""读书征文活动""丝路杯劳动竞赛"等不同类型活动，发挥青年员工积极性，增加团队凝聚力，为青年员工营造良好的交流、融合的氛围。

17.9　方法总结及案例分析

以中建西安综合管廊投资发展有限公司党建工作为例，总结出有效推动项目公司党建工作所采用的几种方法，如特色工作法、全员参与法、说服教育法、精神感召法、寓教于乐法等。

17.9.1　特色工作法

17.9.1.1　方法介绍

立足于核心工作目标，对党组织的工作目标定性、定位，将党建工作的"规定动作"与本单位"自选动作"相结合，创造性地开展党建工作，使基层党组织的特色活动在生产经营中发挥出来，让党员的个人才智在生产实践中体现出来，在促进党组织和党员作用发挥的同时，实现党建工作与经济工作的相互融合。

17.9.1.2　案例分析

（1）中建西安综合管廊公司关于十九大的系列活动

"喜迎十九大"系列活动：结合陕西省追赶超越的发展局面，公司 2017 年 9 月开展

"传承红色基因,助力追赶超越"演讲比赛,组织政府出资方代表、管廊所有参建单位以及监理单位等参与,弘扬社会正能量,展现青春向上的企业形象,PPP 项目的投资方、参建方等齐聚一堂,共迎党的十九大。

"践行十九大精神"系列活动:在十九大会议期间,公司组织系列活动,学习党的十九大精神,加强党性教育,鼓励岗位建功,助力追赶超越。

组织全体党员同志、各个项目集中观看"党的十九大开幕式",认真聆听总书记报告。

组织全体员工赴马栏干部学院开展党性教育培训,活动主题为"不忘初心始终跟党走,追赶超越喜迎十九大"。本次培训安排了参观革命先烈故居、聆听烈士遗属讲座、革命纪念碑进献花篮、集体宣誓、参观革命纪念馆等活动。在培训期间,组织全体员工专题学习了党的十九大工作报告,进行了分组讨论,并在当地县委党校开展了党委书记讲党课活动。

组织开展"不忘初心,牢记使命,深入学习贯彻党的十九大精神"主题征文活动,号召全体职工、农民工通过讲述身边人的故事,反映在学习贯彻党的十九大精神的过程中自身的成长、身边的变化以及企业、家乡和社会的发展等,展现新时代管廊人执着专注、作风严谨、创新奔跑的工匠精神。

组织开展了"学懂、弄通、做实十九大精神"的学习活动,通过发放《习近平的七年知青岁月》,号召全体员工学习十九大精神,立足岗位,建功管廊。

组织开展"践行十九大精神,助力追赶超越"摄影比赛,通过影像讲述中建管廊人锐意进取、埋头苦干的先进事迹,记录中国管廊人践行十九大精神,助力大西安追赶超越的精彩瞬间,彰显中建管廊公司的品牌形象。

(2)中建西安综合管廊公司按照上级党工委要求开展日常党员管理工作,如党员发展、党员转正、党员学习以及党费收缴等。同时,公司党委结合西安市城市地下综合管廊 PPP 项目"遍地开花"的特点,组织各管廊项目成立各自党组织,提出"离乡离土不离党,我与管廊共成长"的口号,加强对流动农民工的管理。

17.9.2 全员参与法

17.9.2.1 方法介绍

参与者是各尽其能、各司其职。这是全体员工主人翁地位的体现,能够使员工认识到只有大家共同努力才能为企业和个人带来效益。

17.9.2.2 案例分析

(1)公司通过组织全体员工座谈会、全体员工批评与自我批评、全体员工述职会、全体员工赴富平爱国教育基地参加爱国教育、全体员工赴马栏干部学院参加党性教育培训等活动,教育党员和员工了解自身价值的重要性,通过搭建各种平台,通过开展各种活动,增强了全体员工相互的了解,增强企业的凝聚力、战斗力。

(2)设立管廊书屋,通过网络平台征集员工意见购买书籍,组织"书香管廊"读书活动,促进了全体员工主动学习,与组织共同分享知识、经验、价值。

17.9.3 说服教育法

17.9.3.1 方法介绍

说服教育是指通过摆事实、讲道理,使教育对象提高认识、明辨是非。第一类主要讲的是通过党员学习、人员培训等开展思想教育工作，此处不做赘述。第二类指运用事实进行说服教育的方式，主要包括参观、访问等。

17.9.3.2　案例分析

（1）公司通过组织全体人员参观习仲勋纪念馆、习仲勋故居，在习仲勋墓前进行红色祭扫及党员宣誓的仪式，主题为："传承红色基因，传播管廊能量"，号召全体员工学习革命先辈艰苦奋斗的精神，弘扬企业正能量。

（2）公司组织"学先进事迹，做合格党员"的活动，对廖俊波同志的先进事迹进行学习，培养全体员工爱岗敬业的精神。

（3）公司组织开展创建"陈超英廉洁文化示范点"的活动，号召各项目开展对陈超英先进事迹的学习，建设管廊廉洁文化，并检查落实情况。

17.9.4　精神感召法

17.9.4.1　方法介绍

这是通过发挥党员的榜样作用和精神力量来赢得广大群众的信赖和尊敬，从而增强思想政治工作的感召力、向心力。身教重于言教。作为教育者，必须先受教育，相信真理、身体力行。要求群众做到的，各级党员干部首先必须做到。党员干部只有做到以身作则，加强自律，才能具备影响人们思想行为的人格力量，增强思想政治工作的效力。

17.9.4.2　案例分析

（1）作为基础设施 PPP 项目，对工期的要求很紧迫，员工们的工作压力大，任务重。公司领导干部以身作则，每天提前 1 小时到单位，下班后依然坚持在岗，对员工有很强的带动力。

（2）逢春节、元旦、中秋等节日，领导班子带领中层干部值班。

（3）党委书记、纪委书记讲党课的制度。紧扣"两学一做"学习教育主题，党委书记、纪委书记围绕党章党规、学深悟透习近平总书记系列讲话，结合业务工作，立足岗位、建功管廊，争当"大西安追赶超越的先锋"、"践行十九大精神"的先锋等内容开展。授课对象包括公司全体员工，授课形式包括传统的课堂教育、实地参观学习、微信授课等。

17.9.5　寓教于乐法

17.9.5.1　方法介绍

把思想政治教育寓于生动活泼、丰富多彩的文化娱乐之中，在潜移默化的过程中使群众受到教育和感染。这种方法离不开文体活动，关键点在于坚持思想性为主的前提下加强趣味性、知识性，具体、生动、具有感染力的方式达到思想教育的目的。

17.9.5.2　案例分析

（1）公司组织全体员工开展 2017 年初新年座谈会，以全体员工互赠"福卡"的形式，促进员工之间相互了解、彼此融合。

（2）公司组织妇女节互动，首先进行问卷调查，充分尊重群众意见，开展了绘制油画的活动，主题为"我为管廊添色彩"，并在公司范围内进行了画展。

（3）公司组织全体员工参与"传承红色基因，传播管廊正能量"的羽毛球比赛，促进了多方人员融合，展现了员工积极向上的想象。

（4）组织开展了以"丝路杯"篮球联赛，以循环赛的方式，邀请了来自政府出资方代表、参建单位、设计勘察单位、监理方等多方人员参与，以文体活动的形式促进了多方人员的融合。

参 考 文 献

[1]   娄宇，钟景华，等. GB 50174—2008 电子信息系统机房设计规范［S］. 北京：中国计划出版社，2009.

[2]   丁宏军，徐宝林，等. GB 50166—2007 火灾自动报警施工及验收规范［S］. 北京：中国计划出版社，2007.

[3]   丁宏军，刘凯，等. GB 50116—2013 火灾自动报警系统设计规范［S］. 北京：中国计划出版社，2013.

[4]   李淑惠，刘激扬，等. GB 25201—2010 建筑消防设施的维护管理［S］. 北京：中国标准出版社，2010.

[5]   魏捍东，施巍，等. GB/T 29179—2012 消防应急救援作业规程［S］. 北京：中国标准出版社，2010.

[6]   王金元，洪元颐. JGJ 16—2008 民用建筑电气设计规范［S］. 北京：中国建筑工业出版社，2008.

[7]   赵济安，邵民杰，等. GB 50314—2015 智能建筑设计标准［S］. 北京：中国计划出版社，2015.

[8]   李青，朱建，等. DG/T J08—2168—2015 J13053—2015 城市综合管廊维护技术规程［S］. 上海：同济大学出版社，2015.

[9]   王恒栋，薛伟辰，等. GB 50838—2015 城市综合管廊工程技术规范［S］. 北京：中国计划出版社，2015.

[10]   东靖飞，宋旭东，等. GB 50347—2004 干粉灭火系统设计规范［S］. 北京：中国计划出版社，2004.

[11]   赵晓宇，徐珍喜，等. JGJ/T 334—2014 建筑设备监控系统工程技术规范［S］. 北京：中国建筑出版社，2004.

[12]   刘希清，靳秀凤. GB 50348—2004 安全防范工程技术规范［S］. 北京：中国计划出版社，2004.

[13]   郑立宁，杨超，王建. 城市地下综合管廊运维管理［M］. 北京：中国建筑工业出版社，2017.

[14]   李淑慧，何一申，刘激扬. GA 503—2004 建筑消防设施检测技术规程［S］. 北京：中国计划出版社，2004.

[15]   王恒栋，薛伟辰，丁向京. GB 50838—2015 城市综合管廊工程技术规范［S］. 北京：中国计划出版社，2015.

[16]   吕适翔，陈文良，陈济良. GB 50052—2009 供配电系统设计规范［S］. 北京：中国计划出版社，2009.

[17]   王丙强，毛仲德，刘俊成. GB 50093—2013 自动化仪表工程施工及验收质量规范［S］. 北京：中国计划出版社，2009.

[18]   陈发宇，杨荣凯，薛瑛. GB 50168—2006 电气装置安装工程电缆线路施工及验收规范［S］. 北京：中国计划出版社，2006.

[19]   焦永达，苏耀军，杨毅. GB 50268—2008 给水排水管道工程施工及验收规范［S］. 北京：中国计划出版社，2008.

[20]   傅慈英，余立成，沈志桥. GB 50303—2015 建筑电气工程施工质量验收规范［S］. 北京：中国计划出版社，2015.

[21]   李淑惠，刘激扬，丁余平. GB 25201—2010 建筑消防设施的维护管理［S］. 北京：中国计划出版社，2010.

［22］ 周兰萍. PPP 项目运作实务［M］. 北京：法律出版社，2016.

［23］ 筑龙网. PPP 项目合同核心条款设计要点分析［Z］. 建筑技术杂志社，2017.

［24］ 西安红盾信息网. 办事指南［Z］.

［25］ 国务院. 国务院关于创新重点领域投融资机制鼓励社会投资的指导意见［Z］. 2016-11-26.

［26］ 财政部. 关于推广运用政府和社会资本合作模式有关问题的通知［Z］. 2014-9-23.

［27］ 国家发展改革委. 国家发展改革委关于开展政府和社会资本合作的指导意见［Z］. 2014-12-2.

［28］ 国家税务总局. 国家税务总局关于进一步明确"营改增"有关征管问题的公告（国家税务总局公告 2017 年第 11 号）［Z］. 2017-4-20.

［29］ 国家税务总局. 国家税务总局关于建筑服务等"营改增"试点政策的通知（财税［2017］58 号）［Z］. 2017-7-11.

［30］ 国家发展改革委办公厅. 城市地下综合管廊建设专项债券发行指引［Z］. 2015-3-31.

［31］ 国务院办公厅. 关于推进城市地下综合管廊建设的指导意见［Z］. 2015-8-3.

［32］ 国务院. 关于调整和完善固定资产投资项目资本金制度的通知［Z］. 2015-9-14.

［33］ 全国人民代表大会常务委员会. 中华人民共和国招标投标法［Z］. 1999-8-30.

［34］ 国务院. 国务院关于固定资产投资项目试行资本金制度的通知［Z］. 1996-8-23.

［35］ 中国银监会. 中国银监会关于信托公司开展项目融资业务涉及项目资本金有关问题的通知［Z］. 2009-9-1.

［36］ 国务院. 国务院关于清理规范税收等优惠政策的通知［Z］. 2014-11-27.

［37］ 国家税务总局. 国家税务总局关于执行《西部地区鼓励类产业目录》有关企业所得税问题的公告［Z］. 2015-3-10.

［38］ 财政部，国家税务总局. 关于全面推开营业税改征增值税试点的通知［Z］. 2016-3-23.

［39］ 国家税务总局. 关于进一步明确营改增有关征管问题的公告［Z］. 2017-4-20.

［40］ 财政部，税务总局. 关于建筑服务等营改增试点政策的通知［Z］. 2017-7-11.

［41］ 国家税务总局. 关于创新跨区域涉税事项报验管理制度的通知［Z］. 2017-9-15.

［42］ 住房城乡建设部办公厅. 关于征求《建设项目总投资费用项目组成》《建设项目工程总承包费用项目组成》意见的函［Z］. 2017-9-4.

［43］ 国家税务总局. 关于执行〈西部地区鼓励类产业目录〉有关企业所得税问题的公告［Z］. 2015-3-10.

［44］ 国家发展改革委. 产业结构调整指导目录（2011 本）（修正）［Z］. 2013-2-28.

［45］ 财政部，国家税务总局. 关于执行公共基础设施项目企业所得税优惠目录有关问题的通知，2008-9-23.

［46］ 财政部，国家税务总局，国家发展改革委. 关于公布公共基础设施项目企业所得税优惠目录（2008 年版）的通知［Z］. 2008-9-8.

［47］ 国家税务总局. 关于推广实施商业健康保险个人所得税政策有关征管问题的公告［Z］. 2017-5-19.

［48］ 财政部. 关于推广运用政府和社会资本合作模式有关问题的通知［Z］. 2014-9-23.

［49］ 财政部. 关于印发政府和社会资本合作模式操作指南（试行）的通知［Z］. 2014-11-29.

［50］ 国家发展改革委. 发改委关于开展政府和社会资本合作的指导意见［Z］. 2014-12-2.

［51］ 国家发展改革委，财政部，交通运输部，等. 基础设施和公用事业特许经营管理办法［Z］. 2015-4-25.

［52］ 财政部. 企业会计准则解释第 2 号［Z］. 2008-8-7.

［53］ 财政部. 基本建设财务规则［Z］. 2016-4-26.

［54］ 财政部政府和社会资本合作中心. PPP 丛书：政府和社会资本合作项目会计核算案例［M］. 北京：中国商务出版社. 2014.

［55］ 全国人民代表大会常务委员会. 中华人民共和国公司法［Z］. 1993-12-29.

［56］ 全国人民代表大会常务委员会. 中华人民共和国建筑法［Z］. 1997-11-1.